I0609268

Johann Jakob Sturz

Die Krisis der deutschen Auswanderung und ihre Benutzung für jetzt und immer

ein Hebel für deutsche Schiffahrt, deutschen Handel, deutsche Rhederei und Gewerbe

Johann Jakob Sturz

Die Krisis der deutschen Auswanderung und ihre Benutzung für jetzt und immer
ein Hebel für deutsche Schiffahrt, deutschen Handel, deutsche Rhederei und Gewerbe

ISBN/EAN: 9783743406469

Hergestellt in Europa, USA, Kanada, Australien, Japan

Cover: Foto ©Suzi / pixelio.de

Weitere Bücher finden Sie auf **www.hansebooks.com**

Die Krisis

der

Deutschen Auswanderung

und

ihre Benützung für Jetzt und Immer.

Ein Hebel

für

deutsche Schifffahrt, deutschen Handel, deutsche Rhederei und Gewerbe,

zur deutschen Flotte

und eine Gewährleistung für deutsche Einigung, Kräftigung und Selbstachtung diesseits und jenseits des Weltmeers.

Von

J. J. Sturz,

Verfasser von: „Die Beseitigung der Sklaverei in N.-A." (1843), „Nach Ost oder West?" (1840), „Die Ausgleichung des Bodenwerths in Deutschland und N.-A." (1847), „Kann und soll Deutschland eine Dampfflotte haben, und Wie?" (1847), „Kann und soll ein Neu-Deutschland werden?" und „Der Fischfang auf hoher See" (1862).

Berlin, 1862.

Druck und Verlag von G. Hickethier.

Inhaltsangabe des Nachtrags.

Anhang.

I.

Der Wandertrieb germanischer Völker nach seinem Auftreten in der Geschichte.

Der Wandertrieb germanischer Völkerstämme ist eine seit Tacitus Zeiten den fremden Nationen ganz bekannte Thatsache, und seine Aeußerungen sind mannigfaltigster Natur. Zuerst trat er als Völkerwanderung in die Geschichte ein, setzte sich in ebenso kriegerischer Form in den Kreuzzügen und in den Fahrten der Landsknechte fort, nahm aber in späteren Jahrhunderten, nachdem der 30jährige Krieg und dessen Folgen ihn zeitweise gedämpft, eine völlig andere Gestalt an. Neben den fortwährenden individuellen Wanderungen der fahrenden Schüler (Bacchanten und Schützen, — die handwerksmäßig betriebenen Fahrten der ritterlichen Minnesänger), welche denn doch größtentheils nach einigen Jahren wieder zurückkehrten, verlassen vorzüglich Landbewohner, zum Theil leidlich wohlhabend oder doch wenigstens von Nahrungssorgen nicht unmittelbar bedrängt, die Orte ihrer Geburt, um ein größeres Vermögen in der Fremde zu gewinnen und da draußen zu leben und zu sterben. Der Wandertrieb germanischer Völker.

Diese Auswanderer, deren Waffen einzig Axt und Pflug sind, wurden von jeher als Urbarmacher wirthschaftlich roher und verkommener Gegenden von deren Herrschern willig, ja sogar freudig aufgenommen, in ihren ersten Arbeiten unterstützt und mit Vorrechten ausgestattet; sie gediehen mit wenig Ausnahmen, und ihre Enkel bildeten nicht den niedrigsten Stand in Bezug auf Besitzthum und Achtung der eingebornen Bevölkerung. Religionszwistigkeiten gaben immer mehr und mehr Impuls zu Wanderungen, und ihr Erfolg rief immer neue Zuzüge herbei. (Salzburger- und Tyroler-Kolonien in Preußen.) Colonisten und ihre Erfolge.

Da, wo solche Kolonisten nicht gar zu vereinzelt, sondern gauweise in größeren Trupps nach bestimmten und begrenzten Territorien sich wandten, bewahrten sie nicht allein ihre Eigenthümlichkeiten, sondern zwangen oft, kraft ihrer höheren Kultur und ihres Zusammenhaltens, den Eingebornen mit der Zeit ihre Sprache auf. Wir haben hier die Kolonien der Engländer (im Kapland und Neu-Seeland) und der Holländer (in Java) im Sinne, denen sich allerdings hinsichtlich des Aufdrängens der Sprache auch romanische Stämme angeschlossen haben; allein bei den letzteren geschah dies unter Anwendung äußerster Gewalt und ohne daß die Eindringlinge sich herabließen, die friedlichen Geschäfte der Urbewohner zu theilen, und diese sich dadurch in den Sitten zu assimiliren. (Z. B. die Spanier in Mexiko, Peru und Chili, und die Portugiesen in Brasilien.)

Deutsche Auswanderungen.

An den Wanderungen der Germanen in neuerer Zeit haben auch die Deutschen einen hervorragenden Antheil genommen. Siebenbürgen und Ungarn, Südrußland, Litthauen und die ehemals polnischen Provinzen Preußens sind Zeugen davon; hier trat die deutsche Kolonisation massenhaft auf, bewahrte die Sprache und Sitte der Heimath, und hebt sich noch heute leicht und sicher durch höhere Industrie, durch gesegnetere Fluren vor den benachbarten Ortschaften der ersten Bewohner des Landes heraus. Allein sie trachtete weder darnach noch vermochte sie es in vielen Fällen, ihre deutsche Sprache und Sitte auch den Ureinwohnern einzupflanzen; sie beschränkte sich auf die Erhaltung und Vermehrung ihrer Zahl und ihres Besitzes. (So die Siebenbürger Sachsen; die Deutschen in Odessa und der Ukraine.) Eine gleiche Erscheinung zeigen diejenigen Wanderungen, deren Ziele jenseits des Oceans lagen. Dort fanden sich die Bedingungen zum Erwerb von Macht und Einfluß in Fülle, wenn nur das nationale Unbewußtsein und die Selbstsucht der deutschen Fürsten es über sich vermocht hätten, eine nationale Angelegenheit im großen Sinne zu behandeln.

J. v. Moser's patriotischen Briefen zufolge verließen schon in dem Zeitraum von 1756—1766 nicht weniger als 200,000 Deutsche ihr Vaterland, um hauptsächlich jenseits des Oceans sich eine neue Heimath zu gründen. Seitdem stand die Auswanderung niemals wieder still. Als im

Jahre 1784 allein 17,000 Menschen seewärts abzogen, glaubte das Reich dagegen einschreiten zu müssen, und auch später noch versuchten die Herrscher einzelner Länder, durch Gewalt und künstliche Mittel den Wandertrieb zu bannen — aber immer ohne nachhaltigen Erfolg.

Nicht zu hoch schätzt man die ganze Summe der seit jener Zeit seewärts ausgewanderten Deutschen auf 2,400,000.

Kein anderes Land des europäischen Kontinents läßt eine so außerordentliche Masse betriebsamer Hände in die Fremde gehen, als Deutschland. Berücksichtigt man die dennoch stattfindende Vermehrung des Volks, welche neben der englischen einzig in Europa dasteht, so kann diese Erscheinung nicht als ein positives Unglück betrachtet werden. Gewissermaßen darf man sie sogar als vortheilhaft bezeichnen; denn bereits die bloße Erweckung des Vorsatzes der Auswanderung erhöht die Energie des Menschen und zeigt den Weiterumsichschauenden häufig in der Heimath selbst einen Weg, ihre Fähigkeiten zu eigenem Nutzen zu entfalten. Daß Kosmopoliten begeisterte Anhänger der Auswanderung sind, ist leicht begreiflich, da dieselbe nicht nur die Racen der Gesellschaft einander nähert und die Weltwohlfahrt mehrt, sondern auch unmittelbar die untersten Volksschichten von Geist und Körper zerrüttenden Beschäftigungen ableitet, mithin als Beförderer der öffentlichen Gesundheit wirkt. Aber nicht die Kosmopoliten allein, auch die Staatsmänner können einer gesunden, freien und unerkünstelten Auswanderung nicht feindlich gegenüberstehen, wenn sie beherzigen, daß dieselbe, Angesichts der jedenfalls sie noch bedingenden geistigen und materiellen Unvollkommenheiten des Landes, den Einzelnen als Rettungsanker, oder doch wenigstens höchst wünschenswerth erscheint, und wenn sie weiter sehen, daß aus dem allgemeinen Schatze latenter, noch unverwendeter Kraft ein voller Ersatz der fortgegangenen unmittelbar darnach entsteht.

Wie die Auswanderung zu betrachten ist.

Freilich ist jede massenhafte Auswanderung ganz dazu angethan, das Bedauern von Staatsmännern aus rein volkswirthschaftlichen Gründen zu erregen, doch auch sie geben zu, daß jede Art gewaltsamer Hemmung des Auswanderungstriebes ein noch größeres Uebel sei. Betriebsame Menschen, welche durch Unzufriedenheit mit ihrer Lage, durch Besorgniß um die Zukunft ihrer Angehörigen, durch Unternehmungsgeist oder bloße Lust an Abenteuern zu dem Entschluß, auszuwandern, gekommen sind, würden — durch mittel- oder unmittelbare Gewalt daran verhindert — nur die Reihen der Unzufriedenen um ein gewichtiges Element verstärken. Und auf die Dauer bricht der Trieb trotz Zaum und Zügel durch die Schranken.

Gegen eine Regierungsmaßregel zur Abwehr der Auswanderung sind die evidentesten Gründe. Man bedenke nur, wie Viele, die einmal von der Wanderlust beseelt auf der neuen Scholle tüchtige Menschen wurden, in der Heimath zurückgehalten nur versumpft und schließlich der Kommune zur Last gefallen sein würden. Der Tüchtigere, der Vorsichtigere, der im Lande bleiben will, muß jeder Auswanderungshemmung aus Vernunftgründen entgegen stehen, weil sie ihm nur Mißstände zuzieht. —

Folgen der Auswanderung bei Theilnahmlosigkeit der deutschen Regierungen.

Mangel an Klugheit und Vorsicht hat allerdings auswanderungslustige Landleute zu allen Zeiten, hauptsächlich jedoch in den letzten beiden Jahrzehnten, den unmenschlichsten Schwindlern in die Hände geliefert, und in Peru und Brasilien sind Tausende von ihnen elendiglich um's Leben gekommen. So geschah es denn auch, wie Dr. Carl Müller in seiner trefflichen Abhandlung „über deutsche Auswanderung" sagt: „daß die Abkömmlinge eines Volkes, welches wie kein anderes das Recht der Individualität im höchsten Maße anerkennt und ausbildet, in vielen Fällen einem Loos anheimfielen, das man nicht anders, als mit dem furchtbaren Worte „weiße Sklaverei" bezeichnen kann," freilich nur in Folge der unglaublichen Indifferenz und Indolenz der deutschen Regierungen, welche gewissenlose Werber für transatlantische Land-Magnaten, unter dem Gewande von Ministern und Konsuln, den schmählichsten Betrug gegen Deutsche ausüben ließen, wodurch eine förmliche Mißachtung der deutschen Nationalität und selbst in geschäftlicher Beziehung erhebliche Nachtheile entstanden, wie z. B. eben in Brasilien, wo man deutsche Kolonisten schon seit 14 Jahren mißbraucht, und zugleich den deutschen Staaten Konsular-Traktate versagt, die man bereitwilligst jedem andern Lande zugesteht. (In Betreff des Vererbungsrechts, und konfessioneller Freiheit, obschon von dem respectiven Gesandten und Werbeagenten der Negerbarone vorher contractmäßig zugesagt ꝛc.)

Das ist der beste Weg, moralisch vor Anderen und in sich selbst unterzugehen. Wenn die deutsche Auswanderung nationale Zwecke erfüllen soll, wie sie es ja kann, so müssen ihr vor allen Stücken die Wege dazu geebnet werden.

Daß Brasilien nicht das Land sein kann und darf, auf welches deutsche Auswanderer ihr Auge richten sollen, ist schon tausendmal und aller Orten gesagt worden, auch ist nicht hier der Platz, um ein Näheres darüber zu sprechen. Wer aber unsere Behauptung bewiesen zu haben wünscht, findet im Anhang eingehende Auskunft. Hier handelt es sich nur darum, die nationale Bedeutung der Auswanderung überhaupt zu beweisen und derselben dann die Richtungen zu geben, nach welchen sie ihre eigene Bestimmung, das Glück der Auswandernden, erreicht, und das Wohl des Mutterlandes mit schafft.

II.

Die deutsche Auswanderung, eine nationale Frage ersten Ranges.

Die deutsche Auswanderung als National-Frage.

Die deutsche Auswanderung bildet jedenfalls eine National-Frage ersten Ranges. Sie berührt nicht allein tief die materiellen Interessen, die Ehre der Nation, sondern ihre nationale Behandlung ist eben deswegen auch sehr geeignet, in der ganzen Nation das Bewußtsein ihres Zusammenhanges, ihrer Zusammengehörigkeit zu beleben und die traurige Zerstückelung unseres Vaterlandes wenigstens auf diesem Gebiet praktischer Interessen verschwinden zu machen.

Man fragt den Ausgewanderten nicht, ob er ein Badener, Hesse oder Preuße sei, gerade durch den Akt der Auswanderung streift er alle Bande des Partikularismus ab und wird schlechtweg ein Deutscher.

Es scheint in der That, als ob Deutschland oder doch dessen Regierungen bisher noch nicht reif waren, zu begreifen, daß das Mutterland auch gegen seine Auswanderer noch Verpflichtungen hat, und daß es durch die Erfüllung dieser Verpflichtungen außer der Wahrung seiner eignen Würde sich unberechenbare Vortheile sichern kann, während es sich durch die Vernachlässigung derselben beträchtliche Nachtheile zufügt. Die Halbheit und Zerfahrenheit der bisherigen Zustände Deutschlands und der so entstandene Mangel an gemeinsamem Nationalgefühl macht die Hunderttausende derer, die Deutschland verlassen, zu bloßen Parias fremder Nationen. Mit dem jetzigen Streben nach nationaler Einheit ist die Fortdauer eines solchen Zustandes der Dinge völlig unvereinbar.

Außer dem Nationalgewissen, das nun zu erwachen scheint,*) in Betreff der Verbindlichkeiten, welche Deutschland selbst den Auswanderern noch schuldet, macht sich auch die Ueberzeugung geltend, daß sich aus diesem Menschenkapital ein hoher Werth für das Mutterland entfalten kann, — ein größerer sogar als der, welchen dieselbe Personenzahl, bei durchschnittlich guter Beschäftigung, zu Hause ergeben hätte, — ein unberechenbar größerer Werth als alle exportirten Ballen und Güter bringen, denn selbst von diesen kann der Ausgewanderte, der richtig und vernunftgemäß untergebracht ist, mit seinen Kindern Dutzende, ja Hunderte von dem Mutterlande brauchen. — Es müßten demnach fürsorgliche Maßregeln getroffen werden, zu einer nicht schwierig auszuführenden Leitung der Auswanderer, zu einer Zusammenschaarung derselben an Orten, wo sie

Verhütung einer Entnationalisirung der Deutschen.

*) Freilich nur zu erwachen scheint! — Daß das deutsche Gewissen noch gar sehr in den Banden der bisherigen Träumereien gehalten wird, beweist erst jetzt wieder die völlige Indifferenz gegen das Loos von 24 Landsleuten, die in Petropolis, trotz verbriefter und besiegelter Rechte, — trotz Fürstenwort und Königseid, Deutsche zu bleiben und keinerlei Verpflichtungen in Bezug auf Heerwesen und Landpolizei zu haben, — als sie sich geweigert, unter die Neger und Colonisten quälende, brasilianische Nationalgarde zu treten, gemißhandelt und in's Gefängniß geworfen sind. — Ja, so ist es um das Erwachen des National-Gewissens bei den Deutschen beschaffen. — England schlug Lärm, als bloß Einem Landeskind auf deutschem Boden zu nahe getreten wurde, und alle Zeitungen stießen ins Horn. — Deutschland sagt gar nichts, wenn 24 seiner Söhne lebendig geschunden werden, nein, es beordnet noch die gierigen Seelenwucherer, die unter dem Namen von Gesandten, Konsuln und K. Agenten die armen Opfer verfeilscht haben. Und die Mehrzahl der deutschen Zeitungen? Nun, die fürchten sich eben vor den Orden, und der Glanz der Sterne an dem bunten Rock blendet sie so, daß sie nicht einmal das deutsche Wehgeschrei hören und noch weniger ihm Ausdruck vor dem Publikum geben mögen!

Deutsche bleiben in Sitte und Sprache, wo sie fortfahren in stetem geistigen und materiellen Austausche mit Deutschland, sammt ihren Kindern und Kindeskindern.

Bewahrung der deutschen Sprache durch deutsche Schulen, deutsche Prediger, deutsche Zeitschriften und Bücher: dadurch ermöglicht und vermittelt man direkte Handelsverbindungen mit Deutschland: das sind wesentliche Mitfaktoren national-deutscher Macht und Garantien für die Erhaltung der Auswanderer als Gründer deutscher Brudervölker.

Assimilation des deutschen Elements.

Wenn neulich ein Organ der konservativen Partei, ein Berliner Blatt, in „Plaudereien aus Rio" sagte: „Das germanische Element werde mit fabelhafter Leichtigkeit von dem so verschiedenartigen brasilischen assimilirt und verschlungen, — so sollte man fast an einen sich bei der Kolonisation der Deutschen in Amerika bewährenden Fluch deutscher Unselbstständigkeit und nationaler Zerrüttung glauben. Dem ist aber nicht ganz so. Jene Assimilation läßt sich nur bei den unter den Brasilianern lebenden deutschen Familien niedrigsten Standes, wie sie dort gesucht und planmäßig vertheilt werden, annehmen. Natürlich müssen diese eben dann selbst unter Brasilianern aufgehen, da sie systematisch entnaturalisirt, in dieser Weise auch unter Malayen, Chinesen, ja, wohl unter Patagoniern aufgehen würden. Aber man lasse unter Brasilianern oder Spaniern nur zwanzig Familien nahe an einander leben, gebe ihnen deutsche Schulen und einen protestantischen oder auch katholischen Seelsorger ihrer Heimath — und sie werden sich auch in Jahrhunderten noch nicht von so abstoßenden Elementen assimiliren lassen.*)

Anders ist es in Nord-Amerika, wo der Deutsche ohne Centralisation seiner Landsleute erstaunlich schnell Yankee wird, und so dem Vaterlande, das ihn als unnütz aufgegeben, mit seinen vielen schönen, reichen Kräften und seiner neuen Bedeutung für die deutsche Nation verloren

*) Im Uebrigen ist der Deutsche ein tief angelegter nationaler Charakter, welcher im Ganzen lebt und zu seiner Blüthe nicht nur äußerlicher Cultur und Machtattribute, wie der Engländer, sondern einer lebendigen religiösen Ueberzeugung bedarf — einer Ueberzeugung, die nach seiner ganzen Natur für die rechte Ordnung und Weihe selbst seinen alltäglichen Beschäftigungen nothwendig ist. Der heutige Mangel daran trägt zu der von der konservativen Presse gerügten Assimilirung bei, aber freilich nicht mehr als der so verbreitete pharisäische Pietismus.

geht. — Was Noth thut zur Benutzung einer durch möglichste Centralisation deutscher Auswanderer gebotenen Gelegenheit, viel des Versäumten gut zu machen, ist die tiefe allgemeine Erkenntniß, die feste Ueberzeugung, daß dem ganzen deutschen Volke im Unterlassungsfall große Verantwortlichkeit auferlegt wird, — daß ihm jetzt eine um so höhere Pflicht obliegt, bisherige Uebelstände, nachdem sie erkannt wurden, zu beseitigen, und — daß es an Nationalwürde und Nationalreichthum dadurch einen unermeßlichen Gewinn haben würde.

Wahrung des deutschen Elements unter Colonisten und bedeutungsvolle Folgen derselben.

Die nothwendigsten Vorbedingungen sind dazu entschieden gegeben . . . es bleibt nur ihre Benutzung noch übrig, um Gewaltiges hervorzubringen.

Diese Bedingungen sind: das Vorhandensein einer bedeutenden, von Nord-Amerika abgehaltenen Auswandererzahl und zugleich von Landstrichen, welche für deren Aufnahme in national-ökonomischen Beziehungen am Besten geeignet sind — von Landstrichen, deren geringe einheimische Bevölkerung und große natürliche Hülfsquellen, gepaart mit einer sich weit in's Innere eines großen Kontinents erstreckenden Flußschifffahrt, deren Mündungs-Länder die deutsche Kolonisation friedlich besetzen muß, so daß ihr ein unbegrenztes Entwickelungsfeld nach dem tiefen Inlande geboten wird, und die Sicherheit, die Vermittlerin des Handels des ganzen Innern mit Europa und der übrigen Welt zu werden.

Ehrenvoller wäre ein bornirtes Nationalgefühl, wie das der Franzosen, das sich aller Auswanderung entgegenstellt, als die Fortsetzung eines flachen Kosmopolitismus der deutschen Nation, als diese böswillige Ignorirung, welche Seitens der deutschen Regierungen den Auswandernden gegenüber bisher geübt worden. Wanderung ist nun einmal ein Charakterzug des deutschen Volkes, und für Viele wird Auswanderung sogar eine Nothwendigkeit, fast eine Pflicht. Wir können diese wohl bemitleiden, aber nicht zurückhalten wollen. Auch die angeborene Wanderlust ist zur Befriedigung berechtigt. Wer sie fühlt, würde nur verkümmern, wenn er seiner Sehnsucht in's Weite nicht genügen könnte. Auch die Schweizer, Genuesen und Portugiesen haben diesen Wandertrieb, doch weichen sie darin sehr wesentlich von den Deutschen ab, daß sie fast alle, nachdem sie ein Vermögen erworben haben, in ihre Heimath zurückkehren, um den Rest ihres Lebens in Behaglichkeit zu genießen. Wie dies auf den Wohlstand der betreffenden Länder zurückwirkt, weiß Jeder, der dieselben besucht hat; denn mit den Mitteln scheint auch ein erhöhter Bildungsgrad einzukehren, es steigen die Arbeitslöhne und andere gute Zeichen thun sich kund. Eine solche Art Auswanderung, die zugleich ein neues Capital und reiche Erfahrung schafft, kann Niemand tadeln wollen. Nur jene unbedingte Auswanderung, die dem Vaterlande Arbeitskräfte, Kapital und Intelligenz zugleich und für immer raubt, wie es fast durchweg mit der bisherigen Auswanderung aus Deutschland der Fall war, muß tief beklagt werden, um so mehr, als der deutsche Charakter bis jetzt so wenig von eigner nationaler Geltendmachung in sich trug, daß dadurch ein gänzliches Aufgehen in fremden, nur halbwegs civilisirten Nationalitäten, ohne bemerkbare Rückwirkung auf das Mutterland, befördert wird *).

Es scheint das baldige Verschwinden des Heimwehs, oder die Schwäche dieses bei andern Nationen so hervorstechenden Gefühls bei den Deutschen durch den Mangel an nationaler Einheit verursacht zu sein, der dem Entfernten das Vaterland als etwas Zerrissenes darstellt, dem er nicht helfen, und das er nicht ergänzen kann, weshalb er sich leichter an das Fremde anschließt, das doch wenigstens ein Ganzes bildet und in der Welt etwas bedeutet.

Die Deutschen in Brasilien.

Wie bejammernswerth und schmachvoll die deutsche Nation sich in ihren Sprößlingen selbst von sclaventreibenden Magnaten behandeln ließ, ist aus den Verhandlungen deutscher Landtage noch im Gedächtniß der Leser, und dennoch hatten diese Verhandlungen nicht die mindeste Verbesserung der Lage mißbrauchter Deutscher zur Folge! An Vertretung in Süd-Amerika hat es zwar dem deutschen Volke nie gefehlt, und es gab schon vor dem Freiherrn

*) Wie sehr aber auch eine nur kleine Anzahl Auswanderer, die an einem für den Verkehr wohlgelegenen Orte ein gutes Unterkommen fand, zur Vermehrung der Beziehungen mit der Heimath beitragen kann, davon liefern die Deutschen der meist aus Holsteinern bestehenden Kolonie in und um Buenos-Ayres einen schlagenden Beweis; sie waren es, welche den direkten Handel zwischen der Elbe und den La Plata-Staaten in Gang brachten, durch welchen nun in Altona und Hamburg mehrere hunderttausend Stück Häute jährlich von dort importirt werden.

v. Meusebach Vertreter deutscher Fürsten und Senate in Süd-Amerika. Aber obschon deren Besoldung von den Angehörigen und Landsleuten der Kolonisten aufgebracht wurde, waren sie so gut wie gar nicht vorhanden. Ohne jedes Pflichtgefühl und vollkommen herzlos haben sie fast Alle weder die moralische Existenz der ihrem bezahlten Schutze Anvertrauten, in der Wahrung ihrer Glaubensfreiheit und Ermöglichung der Erziehung ihrer Kinder bestehend, noch die materielle zu wahren versucht, und sich mit den futilsten, geradezu an das Lächerliche grenzenden diplomatischen Formen und sinnlosen oder doch widersinnigen Expectorationen begnügt, und nicht das mindeste für den deutschen Auswanderer gethan. Ja, einer dieser Herren brüstete sich schon in Deutschland damit, daß er gar nicht gesonnen sei, in Brasilien etwas für die Auswanderer zu thun, „weil sie als solche keine Preußen mehr seien." Und in der That hat der Mann sein Wort gehalten, drüben einige bedeutungslose aber pompös klingende Worte gesprochen, die Colonisten ignorirt, wie Einer, und sich endlich spurlos entfernt, um für die lange Entbehrung von Bällen, Wettrennen und Schachspiel in der Heimath mit einem weniger riskanten und noch weniger anstrengenden Posten entschädigt zu werden.

Nie würde das Unheil des Mißbrauchs mit deutschen Einwanderern so weit gediehen sein, wenn die jenseitigen deutschen Minister ihre Schuldigkeit zu allen Zeiten erfüllt, die dortigen Verhältnisse genau ergründet und eben so genau darüber berichtet hätten, und wenn diese Berichte gleich denen, die von den englischen Gesandtschaften heimgesandt und dem englischen Parlamente alljährlich unterbreitet werden, auch den deutschen Kammern im Drucke vorgelegt und somit zur allgemeinen öffentlichen Einsicht gebracht worden wären. Längst würde auf diese Weise durch die einfache Darstellung der dortigen Bodenvertheilung, des Sclavereiwesens, der Rechtspflege und der konfessionellen Zustände ein so abschreckendes Bild offiziell vorgelegen haben, daß auch die unverschämtesten offiziellen und Winkel-Agenten, trotz allen plutokratischen Einflusses durch Vettern- und Muhmen-Kamarillen-Protektion und Ordensaustausche, nicht mehr dagegen hätten agiren können. Freilich wäre der allereinfachste Weg zur Beseitigung des unehrlichen Treibens gegen die Freiheit und das Familienglück Deutscher der gewesen, die bei diesem wahrhaften Menschenraub noch heute interessirten Männer selbst als hohe Staatsbeamte, wie Gesandte und Consuln, wegen ihrer Nichtachtung des Völkerrechts und ihres Vergehens gegen das Landrecht auszuweisen, statt ihnen diplomatische Honneurs angedeihen zu lassen. Daß man dieses nicht that, hat Brasilien Deutschland gegenüber nur übermüthig gemacht, hat es in der Vorstellung gestärkt, es könne unbeschränkte Arbeiter-Razzias in Deutschland anstellen, und hat es durch Vernachlässigung aller Reformen, Ueberschätzung an Lebenskraft, Zeitverlust zur Besserung und Verkennung unsinniger Institutionen an den Rand des Verderbens gebracht. — Jetzt, wo nun so unerwartet schnell die Stunde der Aufhebung der Sklaverei geschlagen hat, muß Brasilien, das ja nicht den hundertsten Theil der Kraft Nordamerika's einer so gewaltigen Krisis entgegenzusetzen vermag, und doch weit weniger auf friedlichem Wege die große Frage lösen kann, unvermeidlich untergehen. — Die deutschen Regierungen sind Mitschuldige an der gegenwärtigen Lage Brasiliens, indem sie dazu mitwirkten, daß Brasilien sich überschätzte, daß es sich vermessen konnte, Deutsche zu Heloten machen zu wollen, bis es selbst dem Negerthume erliegen muß. Die deutschen Regierungen sind vor allem Schuld an der Lage der dortigen Deutschen. Sie brauchten weder eine Flotte noch sonst Zwangsmittel, um ihren Angehörigen jenseits Recht zu verschaffen; das Einzige, was dazu erforderlich gewesen wäre, war nur und ist noch, den brasilianischen diplomatischen Werbern das Handwerk zu legen und ihnen die Blutgelder, die sie sich an Deutschen verdient haben, abzunehmen und als Entschädigungen für die betrogenen Auswanderer zu verwenden.

Brasilien und deutsche Diplomaten gegenüber der deutschen Auswanderungsfrage.

Jene Summen, um die deutsche Auswanderer betrogen worden sind, belaufen sich wenigstens auf Millionen Thaler. Sie würden hinreichen, um die unter Negern verzettelten Ueberbleibsel der Betrogenen insgesammt nach der südlichsten Provinz Brasiliens, Rio-Grande, zu verpflanzen und ihnen eine kleine Ausstattung zu geben, um ihr Leben von vorn anzufangen. Diese Provinz ist die einzige Brasiliens, welche bei der Befreiung der Sklaven, deren sie nur 80,000 hat, nicht wie alle anderen eine völlige sociale Auflösung erleiden wird, in der die Weißen untergehen, oder auf die niedrigste Stufe der Cultur herabgezogen werden müssen.

III.

Die Krisis der deutschen Auswanderung.

Vorschlag zur Benutzung der jetzigen Auswanderungs-Krise.

Während unter tüchtiger Leitung und Zusammenfassung der ohne Zwang und Kontract Ausgewanderten sich bereits vor Jahren ein für das Vaterland ungemein günstiger Erfolg herausgestellt hätte, ging derselbe unter der Verzettelung der auswandernden Individuen bisher durchaus verloren, und — was schlimmer ist — Söhne Deutschlands dienten fast als Leibeigene einer intellectuell und moralisch unter ihnen stehenden Race. Gegenwärtig wird durch den Bürgerkrieg der nordamerikanischen Union die Hauptabzugsquelle der deutschen Auswanderung größtentheils verstopft, und für diese ist somit eine Krisis eingetreten, welche auf's Beste benutzt werden muß, wenn die geschilderten Uebelstände sich nicht nach kurzer Frist verdoppeln sollen.

Wahrung der Nationalehre, Schaffung deutscher Bruderstämme im Auslande, Hebung der Gewerbe und des Handels, Vermehrung der Schifffahrt und Bildung tüchtiger Grundlagen für eine Flotte, darum handelt es sich, und zwar dies alles wesentlich durch Auswanderung hervorgebracht, — oder das gerade Gegentheil von Allem geschieht! — Deutschland ist am Entscheidungspunkte angelangt.

Man sagt oft: schafft nur erst eine Kriegsmarine, so wird der transatlantische Handel von selbst kommen, und doch ist das Umgekehrte die Wahrheit, nur eine tüchtige Rhederei und überseeischer Handel der Zollvereinsstaaten kann die Bedingungen und Motive für eine Deutsche resp. Preußische Kriegsmarine schaffen, denn noch ist die Zahl von Seeleuten, welche die Preußische und Hannöversche Kauffartheischifffahrt beschäftigt, viel zu gering, als daß sie zur Basis einer Kriegsmarine, wie sie uns gebührt, dienen könnte. Beläuft sich ja ihre Gesammtzahl kaum auf den siebenten Theil der Mannschaften der englischen **Kriegsmarine**.

Hebung des Seehandels, der Rhederei und Flotte.

Wo aber soll die Verstärkung der **Zollvereins**-Rhederei herkommen, wenn dieser auch nicht der mindeste Vortheil aus der deutschen Auswanderung erwächst, von der die „Weserzeitung" sagt: „Das Geschäft des Auswanderer-Transports steht im innigsten Zusammenhang mit der Blüthe der Rhederei, des Seehandels, der Industrie Deutschlands; alle großen Emporien West-Europa's haben dieses Geschäft als eine **wesentliche** Bedingung **ihres Flores** kennen gelernt. Liverpool ist durch dasselbe groß geworden, und alle Staaten bemühen sich, es ihren Häfen zuzuwenden. Ohne Auswanderer keine Rhederei, ohne Rhederei kein Waarenaustausch; diese Regel gilt überall."

In der That war auch die Auswanderung aus den Zollvereinsstaaten die Grundlage des großen Aufschwungs der Rhederei und des Handels der Hansestädte, und trug nicht wenig bei zur **Vermehrung** der Schifffahrt der belgischen und französischen Häfen.

Will Preußen, wollen Deutschland und die **Zollvereins**-Staaten eine Flotte erlangen, so müssen sie auch erst **ihre** Schifffahrt zu vermehren, und daher **ihre Auswanderung für diese** zu verwerthen suchen. Von weit über 4000 Schiffen, welche seit 22 Jahren eine Million deutscher Auswanderer aus den Hansestädten, — deren Seeschifffahrt seit jener Zeit von 500 auf 1000 gestiegen ist, — abgeführt haben, waren noch nicht 50, also kaum das 80ste ein preußisches Schiff, und doch soll Preußen **allein** eine Marine herstellen! Wie soll das möglich werden, wenn der Zollvereins-Rhederei, wenn seinen Hafenplätzen der **überseeische** Handel durch den Verlust des Auswanderungstransports entgeht? Die ganze Sache ist ein purer Unsinn, den nur die Hanseaten in ihrem curo pro vobis System ganz gescheidt finden können.

Doch auch diesem enormen Nachtheil kann der Zollverein bei einem festen Willen abhelfen und dabei eines der Mittel in Ausführung bringen, welche mit einigen anderen ähnlichen, völlig friedlichen Mitteln, die sich der

Zollverein selber schuldig ist, dazu beitragen müssen, die Hansestädte zum Eintritt in den Zollverein zu bewegen.

Bevorstehende Erneuerung der Anziehungskraft der Vereinigten Staaten und zwar stärker als je zuvor.

Trotz der tiefen Erschütterung der Vereinigten Staaten rüstet sich jetzt wieder in verschiedenen Theilen Deutschlands eine nicht unerhebliche Zahl von Auswanderern zur Abreise dahin; freilich wird sich diese heuer kaum auf den zehnten Theil der in einzelnen Jahren des vorigen Jahrzehntes dahin Ausgewanderten belaufen. Natürlich genug ist dies, denn viele, die wohl unter dem früheren Bestande der Vereinigten Staaten dahin auszuwandern Lust gehabt hatten, bleiben bedenklich daheim, oder sehen sich nach anderen Wanderzielen um, wo sich ihnen Besserung ihrer Verhältnisse in Aussicht stellt. Canada, Australien, das Kap und das tropische Queensland sprechen durch ihre Sicherheit der eigenen streng rechtlichen Zustände in allen englischen Colonien lebhaft für sich, und so wandern denn auch manche Deutsche dahin.

Selbst zur Uebersiedelung nach Brasilien und zur weißen Sklaverei auf den dortigen Kaffeeplantagen werden auch dieses Jahr noch einige Hunderte, vielleicht selbst noch einige Tausende, durch Vorschüsse und Ueberfahrtserleichterungen, für welche die Empfänger schwer zu büßen haben, durch privilegirte Gauner verleitet.*)

Es ist nun einmal ein gewisses Quantum von Auswanderungsstoff da, der sich nicht minder bei dem gesunden, wie bei dem gestörten Lebensprozesse einer thatkräftigen, das Familienleben hochhaltenden Nation entwickelt, und der seine Verwendung suchen muß. Man vergleicht vielleicht nicht unrichtig diese Aussonderung in ruhigen und normalen Zeiten mit dem Aderlaß, den der überkräftige Körper bisweilen erfordert. Was freiwillig abgeht, ist jedenfalls entbehrlich als Productionskraft, denn sonst würde es durch Angebote zurückgehalten werden, deshalb ist auch gegen den Abzug desselben keine gegründete Einwendung zu machen, und kann nur aus unverständiger Selbstsucht solcher gemacht werden, die sich durch Menschenmißbrauch auf Kosten des Gemeinwohls zu bereichern suchen. Auch wird der Abgang sogleich numerisch ersetzt durch vermehrte Heirathen unter den Rückbleibenden, veranlaßt durch Er-

*) Siehe Note 1 im Anhang.

höhung der Löhne und vermehrten Antheil an Lebensmitteln.

In diesem Beweise liegt zugleich die Anleitung zur Benutzung der ausgeschiedenen Glieder.

Hohe Löhne sind aber in der Volkswirthschaft das sicherste Zeichen des Volksbehagens und Gemeinglücks; sie kennzeichnen einen kräftigen Nahrungszustand und tüchtige Arbeit, die oft doppelt das leistet, was bei niedrigem Lohne und unzureichender Nahrung naturgemäß nur geleistet werden kann, während selbst bei dieser schwachen Arbeit das Menschenkapital früh aufgerieben wird, und oft keine, meistens aber geschwächte Nachkommenschaft hinterläßt, die dem Staate weder Gewinn noch Stärke geben und die durch den Mangel fast aller Erziehung nur die staatlich gefährlichen Elemente vermehren kann. (Ein Verhältniß, das in Rußland am schlimmsten existirt, wo der Tagelohn grade bloß vor dem Hunger schützt und die jährliche Vermehrung der Bevölkerung etwa ein Procent beträgt!)

Es ist und bleibt wahr, daß alle Arbeit, die blos hinreicht, ein kümmerliches Leben nothdürftig zu fristen, und dem Arbeiter gar keinen Ueberschuß zur Befriedigung anderer Bedürfnisse läßt, im volkswirthschaftlichen Sinne und für das Gemeinwesen unersprießlich wird.

Deshalb schon ist die Entfernung einer so überflüssig gewordenen, demnach überschüssigen und wegen obwaltender Localumstände unverlangten oder unzureichend vergoltenen Arbeit sogar nützlich und wünschenswerth. Sie ist eine Rodung überdichter Waldung, ein Ausjäten zu dicht gesäter Kornsaaten oder des den Nutzpflanzen ihren Bodenraum verkümmernden Unkrauts!

Aus diesem Gesichtspunkt betrachtet, wirkt eine ungezwungene und unerkünstelte Auswanderung an sich nicht nachtheilig für das Land, von dem sie ausgeht, denn sie findet ja nur statt, weil sie ein wirkliches Bedürfniß der Auswandernden selbst und daher der Gesellschaft ist. Nicht nachtheilig wäre sie selbst, wenn sie gar keine günstigen Rückwirkungen auf das Mutterland ausübte, und das ist bisher selbst mit der deutschen, die von allen Auswanderungen solcher Länder, welche keine Kolonien besitzen, ungleich die für das Mutterland verlorenste ist, nicht ganz der Fall gewesen. Ohne die Ortsveränderung deutscher Handwerker und Gewerbtreibender nach England und Frankreich, wo deren permanente, obschon in den Individuen

Der von selbst gekommene Nutzen der deutschen Auswanderer für ihr Vaterland.

selbst ziemlich fluctuirende Zahl sich zusammen auf nahe an 150,000 M. beläuft, auf gleichen Fuß mit der überseeischen Auswanderung zu stellen, — indem von diesen doch durchschnittlich ungefähr der fünfte Theil mit einigem Vermögen mit erhöhter Geschäftserfahrung und zugleich gesteigerter individueller Selbstschätzung auf Grund größerer Leistungsfähigkeit und des ihnen als gemachten Menschen zustehenden Ansehens nach Deutschland zurückkehrt, kann nicht geleugnet werden, daß auch die Auswanderung Deutscher nach den Vereinigten Staaten von einer belebenden, freilich nur sehr geringen Rückwirkung auf die gewerblichen und Handels-Verhältnisse Deutschlands war. Wir wollen nicht gerade von einem directen Nutzen sprechen, obschon sich einige deutsche Handelshäuser zur Vermittelung der Verbindungen zwischen den Ausgewanderten und Deutschland bildeten. Diese Häuser gingen, da die Colonisten meist in dem fernen Innern zerstreut sind, und so also keine directen Schifffahrtsbeziehungen mit ihnen aufrecht erhalten werden konnten, bald ein, und die durch sie angeknüpften Geschäftsbeziehungen lösten sich wieder auf, weil die schon so sehr vorgeschrittene Fabrikation der Vereinigten Staaten die Einfuhr der meisten Artikel allgemeinen Gebrauchs entbehrlich machte.

Der wesentlichste Vortheil, den Deutschland von seiner Auswanderung nach den Vereinigten Staaten noch vor einigen Jahren zog, war unstreitig der einer Anregung zu energischerer Arbeit und zu einem betriebsameren Unternehmungsgeist, der ihm durch die so vervielfachte Verbindung mit den Vereinigten Staaten mitgetheilt wurde, und der wohl auch die Beschleunigung des Eisenbahnbaues in Deutschland, bei List's unvergoltenen Anstrengungen, veranlaßte. Uebrigens gewannen auch die deutschen Schiffe durch die Frachten der Auswanderer, die sich seit 20 Jahren auf mehr als 35,000,000 Thlr. beliefen, auf fast 5000 Schiffe vertheilten, und den deutschen Konsumenten durch Verminderung der Rückfracht auf die von Amerika importirten Rohproducte zu gute kamen.

Wie man von der bisherigen Auswanderung für Deutschland hätte mehr Nutzen ziehen können.

Einige Vortheile ergaben sich demnach unter allen Umständen aus dieser Auswanderung nach den Vereinigten Staaten, aber sie waren nur sehr gering im Verhältniß zu denen, welche die seit 20 Jahren dahin ausgewanderte Million Deutscher, oder auch nur ein Zehntel davon, gewährt hätte, wenn dasselbe, in einem geeigneten Küstenlande Südamerika's vereinigt, in dauernden Beziehungen mit Deutschland geblieben wäre. — Die Frachten und der Absatz mit dieser Kolonie wären für Deutschland 10fach so groß, stets geometrisch zunehmend, und dabei von Dauer gewesen.

So aber blieb es bei den Frachten der jedesmaligen Auswandernden; die bereits Ausgewanderten steuerten wenig mehr zur Schifffahrt und dem Handel mit Deutschland bei, und für Deutschland stieg mit jedem Jahre die Gefahr, die Vereinigten Staaten, bei fortdauernder Auswanderung dahin, bei ihren größeren Naturvorzügen und einem Alles benutzenden Unternehmungsgeist, zu seinem gefährlichsten Konkurrenten auf dem Weltmarkt zu machen. Der Umschlag oder doch zeitweilige Einhalt der Auswanderung nach den Vereinigten Staaten ist daher für Deutschland als ein Glück anzusehen, wenn es die ihm nun gebotene Gelegenheit zu einer bessern Verwerthung seiner Auswanderer rechtzeitig und wohl zu benutzen versteht.

Eine einheitliche Richtung der Auswanderung ist das erste Mittel, sie Deutschland nutzbringend zu machen.

Statt Nichtabnehmer seiner Producte und Manufacte aus ihnen heranzubilden, statt sie gerade zu den gefährlichsten Konkurrenten seiner eigenen gewerblichen und Fabrik-Industrie werden zu lassen, muß Deutschland seiner Auswanderung von nun an eine dauerhafte Wirkung für seine Industrie, seinen Handel und seine Schifffahrt zu geben suchen und verstehen. Diese aber kann nur durch eine einheitliche Richtung der Auswanderung erzielt werden.

IV.

Der Grund der Auswanderungs-Krisis.

Woher die Krisis kommt.

Nachdem wir also dahin gelangt sind, einzusehen, daß für unser staatliches Leben sowohl, wie in unserer Auswanderungsfrage eine Krisis, d. h. ein Entscheidungs- und Wendepunkt, eingetreten ist, wollen wir die Quelle der letzteren erklären, um erstere einer guten Zukunft zuzuführen.

Die deutsche Auswanderungskrisis rührt von dem Krieg der Vereinigten Staaten her, und mit ihm endet sie, so oder so. — Selbstverständlich wird der Riesenkampf mit keinem blos politischen Ergebniß enden, sondern muß durch die Beseitigung der Sklaverei eine totale Erneuerung der Institutionen, so wie eine Kräftigung aller socialen Springfedern zur Folge haben. Damit geht eine Entfernung der Schwarzen Hand in Hand, wenn man nicht etwa einen Theil derselben unter wohlmeinenden Institutionen in Süd-Florida colonial-staatlich bindet.

Wie unmöglich eine Ausscheidung der Schwarzen aus den bisherigen Südstaaten vielen Staatsökonomen geschienen haben mag, so wird sie doch jetzt durchgeführt werden, und es sind die materiellen Mittel vollauf vorhanden, dieses auf eine allerseits billige Weise zu thun, wenn es die Südstaatlichen nicht auf das Aeußerste treiben und so die gewaltsame plötzliche Aufhebung der Sklaverei zur Nothwendigkeit machen.

Diese Mittel bestehen in den fast unerschöpflichen finanziellen Hülfsquellen, die den Vereinigten Staaten, auch nach dem noch so kostspieligen Kriege, zu einem populären Zwecke stets zur Verfügung stehen, und ganz besonders in dem weit über dreitausend Millionen Acker betragenden Staats-Land; nächstdem aber auch noch in dem Bedürfniß anderer tropischen Länder nach freier Arbeit als Ersatz der Arbeit der Schwarzen, deren sich als Sklaven die Vereinigten Staaten entschlagen müssen, und die sie als Freie nicht behalten können. Dies Bedürfniß wird Hayti bei seinem gewiß bevorstehenden Rücktritt unter die französische-Oberherrschaft fühlen, und mit ihm werden es die englisch-westindischen Inseln sammt den festländischen Colonieen von Guyana theilen, welche jetzt alljährlich mehrere hunderttausend £ für Prämien (von £ 18 bis 20 pro Kopf) für Einfuhr von freien Coolies oder von freien Afrikanern bezahlen.*) Auch in den französisch-westindischen und in den englischen, französischen und portugiesischen Colonieen in Afrika, mit Einschluß des Nigers, wird sich gleiches Bedürfniß regen.

Geben diese Colonieen und Länder an Amerika nur eine der obigen gleiche Prämie, so ist der jetzt so ermäßigte Werth des Negers schon fast zum dritten Theile

---

*) Eben hat sich Dänemark erboten, befreite Neger in Massen auf seinen westindischen Inseln unterzubringen. Siehe Nachtrag.

bezahlt. — Diese Summe könnte freilich nur in einer Reihe von 5 bis 10 Jahren voll berichtigt, aber doch durch Creditoperationen voraus erhoben werden. Bezahlte die Gesammt-Republik selbst 20 pCt. des durchschnittlichen Gesammtwerths nach der Base von 60 £ für den besten Neger, so wären kaum noch 250,000,000 Dollars also nur noch ein Drittel oder 20 £ für jeden Neger abzutragen, ehe er auswandern oder der Hörigkeit entzogen werden kann, was jedenfalls bildend auf ihn wirken würde, wenn eine ruhige Abwickelung mit den Sklavenherren möglich wird. — Der Transport nach Westindien wäre von sehr geringer Bedeutung, kaum von 2 £ pro Kopf, und der auf den Eisenbahnen würde frei sein müssen. Nach Afrika würden sich die Kosten schon auf mehr (auf 7 bis 8 £) belaufen.

Alle diese Auslagen würden für die Vereinigten Staaten selbst, so wie für die Arbeit bedürftigen Länder eine nicht minder productive Anlage bilden, als die von den meisten Staaten innerhalb der letzten zwei Jahrzehnte an Eisenbahnen zu ungleich größerem Belaufe gemachten Anlagen.

Ist nur aber einmal die Abschaffung der Sklaverei in Nord-Amerika und die Entfernung der Schwarzen im Gange, dann wird die von den Vereinigten Staaten auf Europa früher geübte Anziehungskraft sich diesmal mit der vollsten Berechtigung, weil fürder kein Uebel dort mehr zu Grunde liegt, nicht nur erneuert, sondern vielfach verstärkt einstellen und aller menschlichen Voraussicht nach wahrhaft enorm, ja geradezu unwiderstehlich werden.

Es wird gegen diese Attraktion keine andere Auswanderungsrichtung mehr aufkommen, ja kaum sich behaupten können, wenn sie sich nicht etwa schon vor dem Eintritte dieser, innerhalb weniger Jahre unfehlbar sich einstellenden Periode, ihre eigene Geltung, eine völlig selbstständige Grundlage und einen unbeirrten Nachzug gebildet hat. —

Der durch die Emigration entstandene ungeheure Ausfall in der Bearbeitung vieler Tausende von Quadratmeilen Landes, das zwar gelichtet ist und in theilweisem, aber bereits vernachlässigtem Anbau steht, muß auf jede Weise wieder ersetzt werden.

Was die deutsche Auswanderung bisher war und nicht sein sollte, und wie sie so fortgehend zerrüttend wirken muß.

Die deutsche Auswanderung sollte ein Theil unsers auswärtigen Wirkens sein, sie war aber bisher nur die Fortsetzung unserer inneren Zerfahrenheit nach außen.

Eine Rückwirkung von ihr im volkswirthschaftlich wohlthätigen Sinne hatten wir nur in dem oben bezeichneten geringen Maßstabe. Sie schwächte uns durch Kapital-Abzug und nahm zu mit den erleichterten Transportmitteln zu Land und zur See, so wie auch in ihr, je nach den Zeiten politischer oder bürgerlicher Unbehaglichkeit, stets ein launenhafter Wechsel von Ebbe und Fluth bestehen wird, welcher durch ein Zusammentreffen unberechnenbarer Umstände wieder in eine noch weit stärkere Springfluth umschlagen kann, als selbst im Jahre 1854, wo 261,000 Deutsche über See gingen.

Auswanderungsfeindliche Regierungsmaßregeln.

Das große Unglück der deutschen Auswanderung ist das, daß die Auswandernden aufhörten, Deutsche zu sein, und von den deutschen Regierungen selbst durch aufgenöthigte Auswanderungspässe dazu gezwungen wurden. — Durch solche Pässe ihres Heimathsrechtes beraubt, flohen sie, unglücklich und des letzten Besitzes baar, mit der alleinigen Hoffnung auf die neue Heimath; gar Mancher im Herzen den sehnsüchtigen Wunsch tragend, mit dem im fremden Land erworbenen Gut als gemachter Mann heimzukehren, um auf vaterländischer Flur begraben zu werden. Der und jener kehrte heim, aber die große große Mehrzahl blieb draußen und vergaß das Vaterland, wie es sie vergessen hatte; es ging mit ihr ein ungeheures Kapital verloren, vor allem ein moralisch-nationales, das unersetzbar blieb.

Das Alles geschah und geschieht heute noch in optima forma und von Rechtswegen. Niemand aber wehrt den Reichen und Vornehmen, die früh an ein Schlaraffenleben gewöhnt nach Paris, Rom, Wien oder sonst wohin ziehen, und dort das aus dem Vaterlande genommene Geld verprassen; Niemand denkt daran, solchen Leuten Zwangspässe einzuhändigen, die sie ihres väterlichen Grundes verlustig gehen lassen, die sie heimathslos machen!

Einfluß anderer Nationen durch Colonien und ihre Bestrebungen zur See.

Während andere Nationen von kaum dem zehnten Theile der Bevölkerung Deutschlands mit dem geringen Ueberschusse ihrer Bevölkerung an der Kultivirung und

Beherrschung großer, von ihnen eingenommener, Gebiete arbeiten, — während die Sprachen kleiner Völker, wie die der Portugiesen und Holländer in allen Welttheilen über Landstriche hin gesprochen werden, die 30 Mal größer sind, als das Stammland der Sprache — ist deutscher Einfluß kaum ersichtlich, wenigstens nie national, und wird die deutsche Sprache als Umgangs- und Landes-Sprache auch nicht auf einem Zipfelchen Landes jenseits des Meeres gesprochen. — Der verrottete Spanier hat seine Zunge vier Welttheilen aufgezwungen, und doch hat er nun gerade 4 Jahrzehnte wie begraben von dem historischen Fluch, den er auf sich geladen, niedergelegen. Mittelst seiner verbesserten Flotte hat er seine Kräfte an Marocco geübt, und sucht sie nun weiter zu stählen in St. Domingo, Anam und in Mexiko. — Frankreich, welches seine Herrschaft auf dem Kontinent unter dem ersten Napoleon mit einem großen Theil seiner Kolonien gebüßt hatte, ist durch den dritten Napoleon aus dem beschränkten Kreise, in dem es sich unter den Bourbonen herumbewegt, herausgeführt worden, hat die Ergiebigkeit seiner amerikanischen und afrikanischen Kolonien verdreifacht und seine Fischerei, Rhederei, Kauffarthei und Marine wenigstens verdoppelt. Durch die Besetzung der Mündungen der großen Ströme Hinterindiens hat es die dortigen Reiche von sich abhängig gemacht, und wird sie von nun an fiskalisch und commerciell eben so wirksam beherrschen, als England Mittelindien vor einem Jahrhundert durch die Besetzung der Mündung des Hooghly; ferner sucht es sich nun auch auf Madagascar fest und zugleich an die Spitze einer südamerikanischen Romanischen Liga zu stellen.

Selbst Italien hat Deutschland überflügelt. Wie früher Sardinien bei dem Krimzuge, so erbot es sich noch vor Kurzem in der Expedition gegen Mexiko, Schiffe und Mannschaften zu stellen, und richtet bereits von neuem seine Aufmerksamkeit auf die La Plata-Länder, wo schon an 35,000 Italiener angesiedelt sind. Italiens Handel beträgt nur ein Viertheil des deutschen, und doch sucht es mit dieser geringen Bedeutung sich in die Wagschaale der Weltpolitik zu werfen und so nach außen an Kraft zu gewinnen. Bereits baut es ein halbes Dutzend Panzer-

Widder zur Mitbeherrschung des Mittelmeeres, wenn erst nach dem Ableben des Papstes Napoleon die Consolidirung Italiens gestattet haben wird.

Endlich strebt auch die Türkei, sich durch eine Widderflotte von Neuem wenigstens vertheidigungsfähig zu machen, und Dänemark hegt noch kühnere Pläne!

Mit einem Wort, alle Nationen fühlen, was zuerst die Hansa und mit ihr gleichzeitig Venedig und Genua wußten, was bis noch vor Kurzem nur Holland, England und die Vereinigten Staaten bedachten, daß die See einzig und allein das bewegliche fulcrum ist, durch das Nationen gehoben werden, und daß nur durch Geltung auf dem Meere sich eine Nation im ersten Range behaupten kann.

Bloß Deutschland merkt, fühlt, weiß davon, thut dazu noch Nichts. — Es ist höchste Zeit! Alle greifen zu, und die Meeresherrschaft ist bald unwiderruflich dahin an Andere, die ihr nationales Leben besser zu würdigen wissen.

Wenn Deutschland noch einmal Deutschland sein, deutsch bleiben und ein deutsches Reich werden will, so gilt es jetzt! Die Auswanderung giebt ihm Gelegenheit zu einen wahrhaften Halt auf der großen See durch gesicherte Endziele für die nationale Schifffahrt und den nationalen Handel und zwar in den gemeinsamen Sammelplätzen der Ausgewanderten, die, geschaart, ihre Sitten, Gebräuche und Religion — kurz Nationalität — und somit allein passende Bedeutung für das Vaterland behalten werden.

V.

Das Gebot der Auswanderungskrisis.

Wenn die Auswanderung aus Deutschland nach den Vereinigten Staaten unter letztbezeichneten Umständen einmal im Zuge ist — und sie wird es sein, ohne ein Präservativ, in wenigen Jahren, so ist gleichzeitig auch die Krisis der deutschen nationalen Lebensfrage entschieden.

Die Gründung deutscher Brudervölker im Auslande, in Folge dieser

Hebung des Nationalgefühls, Kräftigung des Einflusses Deutschlands auf die Weltangelegenheiten und die

Sicherung der deutschen Industrie gegen überwältigende Concurrenz des Auslandes, besonders aber gegen die der Vereinigten Staaten und Nord-Amerikas überhaupt werden zweifellos vernichtet sein.

Gefahr der Auswanderung nach den Vereinigten Staaten für Deutschland.

Deutschland thut nichts für seine Landeskinder als solche, — es werden also die so Verlassenen auch nichts für's Vaterland thun und als Nordamerikaner im Gegentheil Deutschland mit ruiniren helfen. — Nach dem glücklich beendeten Krieg werden die Vereinigten Staaten durch ihre jetzige Demüthigung geläutert, sittlich und staatlich verjüngt und gestärkt, sich erst recht entwickeln, und gegen ihre Macht und Beeinflussung selbst Millionen Deutsche nicht im Stande sein, sich als solche zu halten, sondern spurlos in dem Riesenbau des neuen Weltreichs aufgehen. In den Mittelstaaten Maryland, Tennessee, Kentucky, Missouri und anderen Territorien harren jetzt schon ungeheure, unabsehbare Flächen bereits angebauten, aber schwach bestellten oder erst bestell- und fruchtbaren Bodens der Arme freier Männer.

Noch vor zwei Jahrzehnten muß bei gänzlicher Erschöpfung Deutschlands an Arbeitskraft Nord-Amerika ersteres in Industrie, Schifffahrt und Handel vernichtet und damit zugleich zu Hause für immer entnervt haben. Die Schuld an einer solchen Gestaltung der Dinge wird aber dann den deutschen Staatsmännern und After-Diplomaten, die den Deutschen in Süd-Amerika nie eine würdige Stellung zu verschaffen wußten, nebenbei wohl auch den deutschen Kapitalisten zuzuschreiben sein, welche nichts dazu thaten, den Abzug deutscher Köpfe, Arme und Hände nach den Vereinigten Staaten zu vermindern und dahin zu lenken, wo er einzig und allein Deutschland in nationaler Rücksicht würdig und erfolgreich in volkswirthschaftlicher Beziehung zu vertreten, und also gerade die entgegengesetzte Wirkung hervorzubringen im Stande ist.

Die Heimstätte Bill übt erneute Attraktion auf deutsche Auswanderer.

Je unerwarteter und schneller der amerikanische Bürgerkrieg beendigt und mit ihm unfehlbar die Sklaverei beseitigt wird, desto größer und näher ist für Deutschland die Gefahr, welche ohnedieß in den letzten Tagen noch um ein

Bedeutendes erhöht wurde durch die Annahme der Heimstätte-Bill, jenes Beschlusses,*) der **jeden Bürger** der Vereinigten Staaten von 21 Jahren zur Besitznahme von 160 Acres Land berechtigt.

Die moralische und materielle Folge wird sein: daß die Fabriken ihre Arbeiter nur vermittelst eines sehr hohen Lohnes halten können, und daß der Congreß, um **jene in den Stand zu setzen, diesen zu zahlen**, ein maßloses Schutzzoll- wo nicht gar Prohibitiv-System annehmen wird. Deutschland und England werden dadurch nicht nur **sogleich** einen großen Theil ihres bisher nach Amerika gehabten Absatzes schnell ganz verlieren, sondern auch **bald** viel von ihrem Export in andere Welttheile einbüßen, da es keinem Zweifel unterliegen kann, daß irgend einige Industrie-Branchen, welche auf **einem so ungeheuren inländischen** Markte, unter sonst günstigen Bedingungen, einige Zeit das Monopol genießen, bei der den Amerikanern eigenen inneren Concurrenz, einen hohen Grad von Vollkommenheit erreichen und in ihren Ueberschüssen über den inländischen Bedarf ungewöhnlich wohlfeile Fabrikate an das Ausland abgeben werden, deren Verschleiß über die ganze Welt hin durch den rastlosen Unternehmungsgeist, und durch die kühnste, schnellste und wohlfeilste Schifffahrt ganz außerordentlich gefördert werden wird.**)

---

*) Siehe im Anhang Heimstätte-Bill.

) **Ueber Vermehrung des Handels durch Auswanderung. Die kleine Schweiz, bei der nicht einmal Seefracht- viel weniger Flottenbestrebungen bestehen, hat ihre Handelsbeziehungen durch ihre Auswanderung befestigt und ausgedehnt, gründet gegenwärtig **in drei** verschiedenen Ländern ausschließlich **schweizerische** Ansiedelungen und sichert sich noch immer ausgedehnteren Landbesitz, wie z. B. in Urugay, Sta Fé (argentinische Provinz) und in Central-Amerika. In Folgendem haben wir die Ansichten der **Belgier** über die Verwendung **ihrer** Auswanderung zu gleichem Zwecke. Der Belgische Ingenieur Capitain Du Craty, der selbst 4 Jahre lang Mitglied des **Oberhauses** des Congresses der Argentinischen Conföderation war, sagt in seinem neuesten Buche über Paraguay:

„Nach 12jährigem Aufenthalte am La Plata wollte ich vor meiner Rückkehr nach meinem Vaterlande auch Paraguay besuchen, um auch darüber einen zuverlässigen Bericht abstatten zu können, besonders über dessen Hülfsquellen und Zukunft und über die Vortheile, welche es dem Handel und der Einwanderung bieten könnte.

Ich fühlte mich um so mehr hierzu angetrieben, als diese Plata-Länder mir wohl disponirt erschienen, nahe Beziehungen mit den **kleinen** europäischen Staaten anzuknüpfen, die unter den kommerciellen Hülfsquellen der größeren Nationen, und der Aussicht auf eine Einwanderung von intelligenten und arbeitsamen Leuten ihnen zu keinen Be-

Attraktion an die Vereinigten Staaten, — die Kunde von dem Wohlsein bereits hinüber Gezogener — Alles das wird, verbunden mit einem so wohlthätigen und klug berechneten Gesetz, wie die Heimstätte-Bill ist, Deutschland das Mark und Blut aus den Adern ziehen.

Neu beginnende Emigration nach den Vereinigten Staaten.

Schon kommen aus Ost- und Westpreußen, Pommern, Posen, vom Rhein, aus Schwaben, Baiern und Thüringen täglich Nachrichten von bedeutenden Emigranten-Zügen nach Nordamerika, nach den Vereinigten Staaten. Wenn wir nicht zu spät kommen wollen, müssen wir mit unserm Präservativ uns beeilen. Worin aber besteht dasselbe?

---

fürchtungen Veranlassung geben, die bei größeren Mächten eintreten und besonders bei solchen, die sich Handelsvortheile erzwingen wollen. Obschon ich während meines langen Aufenthaltes in Südamerika völlig gewahr worden bin, daß es schwer ist, die Staatsmänner meines Geburtslandes zu bewegen, diese gute Stimmung zu benutzen und die geeigneten Maßregeln zu treffen, damit Belgien die Vortheile genösse, welche die La Plata-Länder seinen Handelsunternehmungen und seinen Fabriken sowie auch dem Ueberschusse seiner Bevölkerung darbieten; so hatte ich doch der Hoffnung nicht entsagt, in Bezug auf diese Länder, in Belgien eine thätige auswärtige Politik angenommen zu sehen, welche positive handgreifliche Resultate gäbe und für Belgiens Handel, der ohnehin zu wenig unternehmend ist und deßhalb um so mehr angespornt und unterstützt werden muß, in dem Bestreben neue Märkte aufzufinden, förderlich sei.

Nach uns wäre das sicherste Mittel hierzu das gewesen, die Belgische Auswanderung auf diese Länder zu richten, denn um Absatz im practischen Sinne zu erhalten, genügt es keineswegs blos Handelsverträge abzuschließen. Ist ein Markt durch diese geöffnet, so muß man ihn auch für die Industrie des Landes, für die der Vertrag geschlossen worden ist, zugänglich machen, ohne welches letztere jene Verträge auch nicht die mindeste Bedeutung besitzen.

In dieser Ueberzeugung hatte ich die Ehre, Sr. Maj. dem Könige der Belgier am 1. Januar 1857 (wie es sich in dem Buche desselben Verfassers „La Confederation Argentino" gedruckt findet) zu sagen:

„Die Belgische Colonisation in den Argentinischen Staaten würde der Belgischen Industrie einen neuen Markt eröffnen, denn die Einwanderer werden aus Gewohnheit an die Producte des Mutterlandes diese vorzugsweise verbrauchen.

„Das Eintreffen Belgischer Waaren auf den Argentinischen Märkten muß der Belgischen Industrie vortheilhaft werden, weil sie gute Qualität und Wohlfeilheit, Eleganz und Dauerhaftigkeit vereinigt.

„Die Richtung der Belgischen Auswanderung auf die Argentinische Confederation würde, wenn man sie encouragirte und begünstigte, zur unausbleiblichen Folge haben:

1) Die Verbesserung der Lage eines Theiles der Belgischen Bevölkerung;
2) Den Wachsthum unseres Handels und unserer Marine."

„Der König verstand dieses Alles vollkommen, davon hatte ich sichere Beweise, aber in einem Lande wie Belgien, dessen Institutionen so vorzüglich constitutionell-repräsentativ sind, reicht es noch nicht hin, daß das Staatsoberhaupt eine Ueberzeugung gefaßt habe, sie muß auch von den Kammern getheilt sein und deßhalb völlig im Volke **verbreitet** sein." Deßhalb ging ich nach Paraguay ab u. s. w."

Daß es eben so wenig Sache der Deutschen Regierungen ist, noch für diese und das Gemeinwohl förderlich sein würde, ein Verbot gegen die Auswanderung nach den Vereinigten Staaten, auch wenn dieses möglich wäre, zu erlassen, liegt auf der Hand.

Eine nationale Frage muß durch die Berather der Nation entschieden werden.

Ebenso wenig aber hat die Deutsche Natur und ihre historische Entwicklung der Mehrzahl von Individuen einen horror gegen alles Antinationale eingeprägt. An den Besseren der Nation ist es also, in Voraussicht der Gefahr um sich zu schauen und Wache zu halten, daß Deutschland nicht untergraben werde. Will der National-Verein recht eigentlich seine Aufgabe erfüllen, will jeder echte Patriot sich und dem Vaterlande genug thun, so müssen sie jetzt Cicero's Rath (ut consules videant respublica ne quid detrimenti capiat) in der Auswanderungsfrage befolgen. Sie sind die Berather, die Consuln, deren Eifer das Vaterland entweder Leben und Glück, oder Untergang im Elend droht.

Alle Turnerei, alle Schützen- und Wehrvereine, alle Genossenschaften in Handwerk, Gewerbe oder Wissenschaft sind recht gut — ja wohl für ein dereinstiges Deutsches Reich unentbehrlich — aber die Erhaltung der tausend Deutschen Brüder, die sich aus den heimischen Gauen auswandernd eine neue Heimath gründen, ist es nicht weniger.

Mittel zu einer national-zweckdienlichen Anwendung.

Als nächstes und bestes Mittel dazu darf vor allen Dingen die Concentrirung des Deutschen Auswandererstroms nach Ländern gelten, wo der Emigrant bei dem jetzt noch so wenig verbreiteten und geringen National-Gefühl und den ebenso mangelhaften Deutschen Handels-, Seeschifffahrts- und praktisch-diplomatischen Verbindungen nicht Gefahr läuft, sich einer mächtigeren Nation assimilirend, der Seinigen verloren zu gehen, sondern, wo er, ein Neu-Deutschland bildend, mit dem alten Vaterlande in allseitiger Verbindung bleibt, und so sich, d. i. dem neuen Deutschen Staat, und dem verlassenen für Zeit und Zukunft ein wirkliches nützliches Mitglied in jeder Beziehung wird. Dahin wären wir also gelangt, nicht jedes Land für die Auswanderung geeignet zu halten, aber das genügt noch nicht: wir müssen auch wissen, welches Territorium gerade den für uns in beregter Frage unentbehrlichen Bedingungen entspricht.*)

Wir sind hierbei in der überaus günstigen Lage, uns auf die Untersuchungen und deren Ergebnisse stützen zu können, die vor Kurzem in einer Reihe 15 trefflicher Artikeln über Deutsche Auswanderung von Prof. Dr. Carl Müller, veröffentlicht in der gediegenen naturwissenschaftlichen Zeitung „die Natur," mitgetheilt worden sind.

Uruguay ist das einzige Land, wohin eine deutsche Auswanderung im wahren und guten Sinne des Wortes geleitet werden darf.

Der Verfasser geht darin nebenbei mit dem Auge des Naturforschers die hauptsächlichsten Länder der Erde in Bezug auf Deutsche Auswanderung durch, und gelangt schließlich zu dem Resultate, daß außer Uruguay am La Plata kaum noch eine vortheilhafte Stätte vorhanden sei, wo der Ueberfluß Deutschlands sicher geborgen werden könne. Nach unserer dreißig- und mehrjährigen Erfahrung können wir nur dem Urtheil des Gelehrten beistimmen, und wiederholen, daß das genannte Gebiet wie keines werth sei, das Auge Deutscher Emigration auf sich zu lenken.

Warum wir Uruguay empfehlen, und auf welche Weise dies Land für uns national-wohlthätig auszubeuten ist, davon im nächsten Kapitel.

VI.

Uruguay als das beste Land für deutsche Auswanderung im nationalen Sinne.

Herr Dr. Karl Müller sagt in den zitirten Aufsätzen über deutsche Auswanderung: Ist die Neue Welt nach wie vor dem Europäer und speciell dem Deutschen Auswanderer in's Herz gewachsen, so wüßten wir, da — Kanada ausgenommen — der ganze Norden, die Länder des mittleren und südlichen Amerika durch die triftigsten Gründe für lange Zeit keine günstigen Stätten mehr für den Auswanderer sind, auf diesem Kontinente keinen andern Punkt ausfindig zu machen als die Länder, welche von jenen

*) Wir verweisen hier auf die eximirten Aufsätze des Dr. Oscar Peschel im „Ausland," auf die Schriften des Geheim-Rath Kerst, Dr. K. Müller, Dir. Lehmann in Glogau, der Dr. Neumann und Wagner in München, des Louis Fröbel, Dr. Wappaeus in Göttingen, Dr. v. Scherzer in Wien, endlich auf unsere eigenen zahlreichen Artikel früherer Zeit hierüber und besonders auf unsere Schrift (1846), „Kann und Soll Deutschland eine Dampfflotte haben, und Wie?"

herrlichen Strömen durchfurcht werden, deren Vereinigung man als den Plata- oder den Silberstrom kennt.

Selten dürften sich auf diesem Planeten ähnlich günstige Verhältnisse für das Gedeihen von Millionen wiederholen, wie wir sie hier gegeben finden. Wenn auch das Stromgebiet des Plata erst das dritte der Neuen Welt nach dem Amazonenstrome und Missisippi ist, so übertrifft doch sein Gebiet, welches man auf 56,000 Quadrat-Meilen veranschlagt, mindestens dreimal das unsers größten Deutschen Stromes, der Donau. Wie man weiß, ist der Plata die Vereinigung des Paranà und Uruguay, zweier Ströme, welche innerhalb der Tropenzone Brasiliens ihren Ursprung nehmen. Bevor jedoch Ersterer mit dem Letzteren sich vereinigend den eigentlich nur an der Mündung Plata genannten Strom bildet, ist der Paranà selbst nur die Verbindung mit dem ungeheuren Paraguay. Diesen drei an sich schon so bedeutenden Flüssen gesellen sich aber eine solche Menge beträchtlicher Nebenflüsse, oft von der Größe des Rheins und darüber (Pilcomayo, Vermejo, Salado) zu, daß man das ganze Stromgebiet wie ein Netz von natürlichen Straßen betrachten kann, die, weithinauf schiffbar, die Tropenwelt mit der gemäßigten Zone verknüpfen und dadurch Handel und Wandel auf das Herrlichste begünstigen. Vergegenwärtigt man sich, daß auf dem ähnlich bedeutsamen Missisippi bereits 600 Dampfschiffe den Verkehr vermitteln, und nimmt man für den Plata ähnliche Verhältnisse für die Productivität der Natur an, dann gewinnt man eine Vorstellung von der enormen Zukunft, welcher der Plata bei vorgeschrittener Population und Civilisation mit Nothwendigkeit entgegengeht. Diese Bedeutung muß aber um so größer werden, als der Plata, durch die in der Tropenzone erhitzten Gewässer fortdauernd erwärmt, nicht wie der Missisippi gefriert, also niemals die Schifffahrt hemmen kann.

Welche Bedeutung der Plata-Strom für eine Niederlassung fleißiger Europäer haben könnte und müßte, ist aus dem Vorigen evident. Erinnert man sich aber, daß sowohl der Uruguay wie der Paranà tief im Innern von Brasilien entspringen, so gewinnt diese Thatsache auch eine speciellere Bedeutung. Brasilien nämlich hat, trotz der außerordentlichen Ausdehnung seiner Küsten, nur wenige gute Häfen, am wenigsten im Süden. Hier vermittelt allein der Hafen von Rio Grande de San Pedro do Sul den Verkehr mit dem Innern (und das zwar auf einer Küstenstrecke von 400 Stunden). Eine berüchtigte Barre aber macht denselben für die Schifffahrt so gefährlich, daß sich schon die Regierung von Brasilien der Sache annahm, indem sie zwischen Porto Allegre und Sa. Catharina in Torres einen neuen Hafen anzulegen beabsichtigte. In der That auch sandte sie zur Auskundung des Ortes bereits ihre Dampfer dahin ab und erhielt natürlich die Genugthuung, daß sich die Führer dieser Expedition günstig darüber aussprachen. Was jedoch hiervon zu halten, erfahren wir durch Fr. Gerstäcker in der „Austria." „Ich habe," erzählte derselbe, „den Platz besucht und den zum neuen Hafen bestimmten Ort gesehen. Es werden dort Millionen nutzlos in's Meer geworfen werden und nie ein neuer Hafen zu Stande kommen. Es ist nur wieder eine Quelle des Reichthums für so und so viele schurkische Unterbeamte." Die Folge dieser seltsamen physischen Verhältnisse könnte nur die sein, daß bei einer thätigen Bevölkerung an den Ufern des Uruguay und Paranà dieser der ganze Verkehr mit dem Innern des südlichen Brasilien zufallen, die Mündung des Plata, der Ausgangspunkt alles Handels und Wandels für das ganze atlantische Südamerika außerhalb der Tropenzone werden müßte.

In der That vereinigen sich in dem Stromgebiete des Plata die seltsamsten Gegensätze. Während der Uruguay und Paranà bis in die Region des Zuckerrohrs und der Baumwolle hineinreichen, durchströmt der Paraguay die Heimat des für ganz Südamerika so wichtigen Mate-Thees, dieses aromatischen Ersatzmittels des chinesischen Thees und der rechts von seinem Laufe entspringende Pilcomayo führt gar zu den silberreichen Minen Potosis hinauf und zu den Goldregionen von Cuiaba und Matto Grosso. Dazu kommt, daß alle diese Flüsse bis zu einer ansehnlichen Entfernung schiffbar bleiben. Nach den amerikanischen Aufnahmen unter Lieutenant Page (1853—1856) kann wenigstens darüber kein Zweifel mehr obwalten. Derselbe befuhr z. B. den Paranà bis 19 Grad südl. Br., wo er nur durch ein Verbot der brasilianischen Regierung Halt machte. Das ist, von der Mündung des Plata an gerechnet, eine Strecke von mehr als 15 Breitegraden, und obwohl sein

Fahrzeug diesen Weg im September, zur Zeit des niedersten Wasserstandes zurücklegte, und einen Tiefgang von 8 bis 9 Fuß gebrauchte, so fand er doch überall eine genügende Wassertiefe. Zahllose Inseln pflegen zwar an manchen Stellen in das Bett des Flusses gesetzt zu sein; dennoch wird durch sie die Schifffahrt nicht wesentlich gehindert. Unter solchen Umständen dehnt sich der Fluß oft 15 engl. Meilen weit aus, während er sonst allerdings nur eine Breite von $\frac{1}{4}$ und 1 Meile besitzt. Ebenso bedecken zahllose Wälder die Ufer und liefern für Dampfer das beste Holz. Ja, die Inseln selbst, oder doch viele von ihnen, welche sich hinlänglich über den Wasserspiegel erheben, eignen sich, geschützt vor Ueberschwemmungen, in äußerst günstiger Weise noch für Reisbau. Noch ungefährlicher ist der Paraguay. In engere Ufer eingezwängt, welche höchstens um $\frac{1}{8}$—$\frac{3}{4}$ Meilen von einander entfernt sind, hat er auch weniger Untiefen und einen weniger veränderlichen Wasserstand. Von seiner Mündung in den Paranà bis 250 engl. Meilen aufwärts fand Page selbst zur Zeit, wo er schon um 2 Fuß gefallen war, noch eine Tiefe von 20 Fuß, die sich auf mehrere hundert Meilen aufwärts gleich blieb und erst nach einer Entfernung von 700 Meilen unter 12 Fuß herabsank. „Wie vorzüglich diese Flüsse — setzt Page hinzu — für die Dampfschifffahrt sich eignen, muß auch dem oberflächlichsten Beobachter einleuchten. Nirgends finden sich umgestürzte Bäume (welche bekanntlich den Mississippi so gefahrvoll machen), Untiefen oder Felsen; eine Fülle des besten Holzes kann unmittelbar an den Ufern eingenommen werden, und wenn jene Gegenden erst bevölkert sind, so wird man ohne Schwierigkeit seinen Bedarf an Brennmaterial, das zum sofortigen Gebrauch zubereitet ist, erlangen können.“ Nach einer Nebenbemerkung desselben Gewährsmanns kommt eine Klafter Paraguay-Holz bei der Verwendung in der Dampfmaschine einer Tonne der besten Anthracit-Kohle gleich. Selbst die im vorigen Artikel erwähnten Nebenflüsse des Paraguay *), welche auf seiner rechten Seite entspringen, gewährten ähnliche Resultate. So befuhr Page den Vermejo mit einem Dampfer von 20 Zoll Tiefgang 250 Meilen hinauf und fand es von da an möglich, wenigstens noch in Booten die

*) In Paraguay gehen bereits 12 Lokomotiven auf 20 Stunden Eisenbahn, und besitzt diese Stadt auch 20 Dampfer.

Nebenadern des Vermejo bis zu einer ansehnlichen Entfernung zu befahren; er nahm die Ueberzeugung mit sich, daß es möglich gemacht werden könne, auf diesen Flüssen noch bis Bolivia, der Heimath des Fieberrindenbaums, vorzudringen. Ungleich wichtiger zeigte sich aber der Salado. Page befuhr diesen wichtigsten aller Nebenflüsse des Parana in einem Dampfer von 25 Zoll Tiefgang bis auf 260 Meilen oberhalb seiner Mündung in den Paranà. Hier besaß der Fluß zwar nur 2½ Fuß Wasser; allein es war auch gerade zur Zeit des niedersten Wasserstandes, wo der Fluß um 12 bis 15 Fuß gefallen war. Doch währte diese Periode auf eine Strecke von 700 Meilen nicht länger als 2 Monate, und es würde möglich sein, den Fluß sogar bis auf 900 Meilen Entfernung schiffbar zu machen. Selbst Nebenadern, wie der Tercero und Corrientes, dürften wenigstens mit Hilfe der Kunst und kleinerer Fahrzeuge der Schifffahrt zugänglich gemacht werden können. Der Uruguay endlich, der seine Fluthen zuerst der Plata-Mündung zuwälzt, gestattet seine Beschiffung bis 250 Meilen oberhalb der Mündung. Dann schiebt sich am Salto Grande freilich quer durch den Fluß eine Felsenleiste derart, daß sie ihn für die Schiffe jetzt gänzlich verschließt;*) allein dieses Hinderniß würde durch Sprengung der Felsen zu beseitigen sein und um so mehr beseitigt werden müssen, als oberhalb des Salto Grande noch kleinere Schiffe von 5 Fuß Tiefgang um 100 bis 200 Meilen weiter aufwärts gelangen können, und auch der zeitweis schiffbare Mirinay oberhalb der Felsenschwelle in den Uruguay mündet.

Dieses ungeheure Flußgebiet ist gleichsam die natürliche Grenzscheide zweier Welten. Betrachten wir nämlich den Plata in gerader Linie vom Atlantischen Oceane bis tief in das Herz von Bolivia eindringend, so durchschneidet er ein Gebiet, das auf der rechten Seite (d. h. am linken Ufer) ein mehr bergiges, auf der linken Seite oder an seinem rechten Ufer ein völlig ebenes ist. Wie seine Oberfläche, ist auch seine Zusammensetzung eine geognostisch gänzlich verschiedene. Während die rechte Seite zum größten Theile aus Tertiär-Ablagerungen besteht, wird die Ebene der linken, Patagonien zugeneigten Seite vorherr-

*) Hier wird schnell eine bedeutende Stadt entstehen, sowohl wegen des Hindernisses der Schifffahrt, als wegen der Wasserkraft zu Sägemühlen ꝛc.

schend aus Diluvialgeschieben zusammengesetzt. Sie bildet jene unendlichen Flächen, die man an Ort und Stelle, nach dem Quichua-Worte pampa (Ebene), die Pampas genannt hat. Nordwestlich von Buenos Ayres schätzte Humboldt ihren Flächeninhalt auf 40,000, südlich davon auf 30,000 Quadrat-Meilen. Buchstäblich bedeckt kein Baum von Bedeutung diese unendlichen Flächen; ein grünes Meer, wird ihre Oberfläche allein von einer Grasnarbe bedeckt, in welche sich zahlreiche Futterkräuter weben. An manchen Orten haben von Europa aus eingewanderte Disteln ihre Stelle angenommen und breiten sich über unermeßliche Strecken wie ein undurchdringlicher Staudenwald mitten in Wiesen aus, dem Gaucho oder dem Nomaden dieser Steppen entweder das Material zu seiner Hütte oder zu seiner Feuerung darbietend. Erst im Norden, jenseits des Rio Salado, gewährt die Ebene ein freundliches Bild, indem sie sich mit einem üppigeren aus zarteren Gräsern bestehenden Pflanzenkleide schmückt und allmälig in ein herrliches Waldland übergeht. Aehnliche Verhältnisse treten auch nach Süden, d. h. Patagonien zu ein. Was die Pußten für Ungarn, die Steppen für das europäische und asiatische Rußland, die Llanos für das tropische Südamerika sind, das sind die Pampas für die gemäßigten Gürtel dieses Welttheiles: die Fleischkammer für das ganze Südamerika der atlantischen Seite und die Lederkammer für die halbe Welt, für Europa insbesondere. So maßlos die Pampas sich von dem Atlantischen Oceane bis an den Fuß der Cordilleren im Norden und Westen des Landes ausdehnen, so maßlos auch sind die Heerden, welche vollendeter Freiheit hingegeben über sie hinschweifen. Besonders sind es Rinder, aus denen die Heerden bestehen, und man liest, daß bei der ungeheuren Dürre in den Jahren 1827 bis 1830 allein in der Provinz Buenos-Ayres über 1 Million Stück dem Hunger und Durste erlagen, so kann man sich eine Vorstellung davon machen, welche Massen von Thieren hier, wo noch der Strauß Südamerika's scheu über dieselben Flächen irrt, ernährt werden. Der Besitzer einer Estanzia mit 20,000 Schafen, 1500 Stück Rindern und 500 Pferden gehört noch lange nicht zu den Reichen, sondern nur zu den Wohlhabenden in Buenos Ayres. Schon diese eine Thatsache genügt, das Gebiet des Plata für eines der bedeutungsvollsten der ganzen Neuen Welt zu erklären, ein Gebiet, das siegreich sich mit dem des Mississippi-Beckens zu messen vermag. Wenn der Handel mit Rohhäuten schon jetzt, wo dieses unendliche Gebiet erst zum kleinsten Theile bevölkert und bewirthschaftet wird, die größte Bedeutung für den europäischen Ledermarkt erlangte, welche Ausdehnung würde derselbe erst bei einer Massen-Einwanderung fleißiger europäischer Land- und Viehwirthe gewinnen können! Vergegenwärtigt man sich namentlich, daß der Deutsche ein geborener Ackerbauer ist, dem die Viehzucht nicht minder am Herzen liegt, so hat man zugleich eine Vorstellung von der Bedeutung des Plata-Gebietes für die deutsche Auswanderung.

Wir wollen damit nicht gesagt haben, daß dieselbe gerade nach den Pampas geleitet werden müßte. Im Gegentheil, wo weder Baum noch Busch, da gedeiht der Deutsche nicht, dessen beschauliches Wesen ihn auf das innigste Zusammenleben mit der Natur anweist und dafür eine heitere Baumlandschaft voraussetzt, mindestens die baumlose Ebene nicht gänzlich vorherrschend verlangt. Allein die gerühmten Verhältnisse kehren in Uruguay in einer Weise wieder, daß wir uns jetzt ernstlicher mit diesem Lande zu beschäftigen haben werden.

Uruguay ist gleichsam das Piedestal Brasiliens. Eingekeilt zwischen dessen südliche Spitze, den Uruguay und den Atlantischen Ocean, gehört es seinen physischen Verhältnissen nach zu Brasilien und bildet das merkwürdige Uebergangsglied aus dem üppigsten Pflanzenlande zu den baumlosen Steppengebieten. Wenn man, wie Burmeister es that, von der südlich am Ocean gelegenen Hauptstadt Montevideo quer durch die Südspitze des Landes aufwärts nach Mercedes, d. h. dem Rio negro entgegen eilt, empfängt man ein ähnliches Bild, wie es die Pampas in der argentinischen Conföderation darbieten. Weite, baumlose Ebene, eine terrassirte Hochfläche darstellend, würden ganz die Pampas wiedergeben, wenn sie nicht von sanften und flachen, mäßig breiten Thalfurchen oder von granitischen Gebirgsstöcken durchfurcht oder durchsetzt würden. Dieser Umstand ist es auch, weshalb man diese Flächen nicht Pampas, sondern Campos nannte. Allmälig gehen die

Hügel in wirkliche Gebirgszüge über, die, gleich langgestreckten schmalen Graten, aus der Ferne betrachtet einen überaus phantastischen Eindruck hervorbringen. Durch die überall angehäuften Rollsteine an ihren Gehängen gleichen sie dem, was wir in Deutschland etwa als Felsenmeere bezeichnen; durch ihre ruinenartigen Auszackungen gewähren sie den Anblick dessen, was wir gern mit dem Namen von Teufelsmauern belegen. Gneis, Granit, Quarzschiefer und Kalk pflegen sie vorherrschend zusammenzusetzen. Die eigentlichen Campos bleiben ebenso baumlos wie die Pampas. In den Niederungen wird die dünne Erdkruste dunkel und moorartig, der Graswuchs erhebt sich zu hohen Büscheln von derber, harter Beschaffenheit, ähnlich denen unserer Haiden. Mit ihnen wechseln jene Distelfluren, welche ich schon oben berührte. Mit prächtigen Blumenköpfen versehen, gereichen sie der Landschaft wohl zur Zierde, verrathen aber überall die Armuth des Bodens an Ackerkrume. Nur den Thalfurchen zu verschwindet ihre Region, und das hohe Bülkengras tritt an ihre Stelle, so daß jeder Hügel sein einförmiges, starres Distel-, jede Thalfurche ihr unaufhörlich von den Winden geschaukeltes, zartes Graskleid trägt. Bäume hält es schwer, selbst künstlich aufzubringen; nur selten widersteht ein Einzelbaum oder eine ärmlich aussehende Pappel diesen zum Theil sehr heftigen Winden, die ja überall — wie auf unsern Nordseeinseln, in den Ebenen Algeriens, den Steppen Rußlands u. s. w. — die Gipfelknospen verdorren und somit das Leben des Baumes entweder gänzlich knicken oder doch nur eine verkrüppelte Gestalt hervorrufen. Wo jedoch, wie es in der Nähe des Rio Negro oder des Plata der Fall ist, beständigere Wasserfurchen auftreten, da erkennt man ihr Dasein schon in weiter Ferne an der lebhaft grünen, laubreichen Pflanzendecke. Wenn es auch niedrige Gesträuche, heckenartig dicht wachsende, feinblätterige und dornige Hülsengewächse sind, so tragen sie doch wesentlich dazu bei, den Flußufern als wichtige Faschienen zu dienen, indem sie durch das Flechtwerk ihrer Wurzeln das Erdreich in einer Weise befestigen, daß dem Wasser überall eine große Reinheit erhalten bleibt. In den Flüssen treten zahlreiche Inselchen auf, hie und da von ausgedehnten Sümpfen begleitet, in denen sich ein lieblicher, herrlich duftender Blumenflor ausbreitet. „Es ist wahrhaft erquickend," sagt Burmeister, „den balsamischen Luftstrom einzuathmen, der aus ihnen dem Reisenden zuströmt, wenn er, ermattet unter dem Staube der Hochfläche, in sausendem Galopp durch diese Bäche von den keuchenden Pferden fortgerissen wird." In der Regel auch pflegen Vögel massenhaft an solchen Stellen einzukehren: kreischende Kibitze, große Störche, schlanke Reiher u. A. Auf den Höhen dagegen weiden Strauße in Gesellschaft dickköpfiger Grabeulen, rothbrüstiger Staare u. A., oder die beiden zierlichen Hirsche dieser Gegenden — der Sumpf- und Campo-Hirsch — unterbrechen das liebliche Bild in belebendster Weise. „Vielmehr aber als diese wilde Thierwelt fesselt den Reisenden das zahme Vieh, welches in stolzer Fülle sich vermehrt. Heerden von Pferden, Rindern und Schafen, jene aus 200 bis 300 Stück, diese aus ebenso vielen Tausenden bestehend, sieht man überall in mäßigen Abständen über die weite Fläche des jedesmaligen Horizontes verbreitet und staunt über die Menge nutzbaren Stoffes, den diese dürftig ausschende Flur hervorbringt." Nicht durch die Schönheit an sich, sondern durch den Blick auf die außerordentliche Nützlichkeit des Gebietes bringt dieses einen tiefen Eindruck auf das Gemüth des Reisenden hervor.

Ganz ähnliche Schilderungen gab Charles Darwin über diese Ländereien. Hören wir ihn z. B. über das nördlich von Montevideo an der Küste gelegene Maldonado. „Die Stadt ist von dem Flusse (gleiches Namens) durch eine Reihe von Sandhügeln getrennt, die ungefähr eine Meile breit sind. An allen übrigen Seiten wird sie von einer offenen, etwas wellenförmigen Landschaft umgeben, die von einem gleichförmigen grünen Rasen bedeckt ist, auf welchem zahllose Heerden von Rindvieh, Schafen und Pferden grasen. Selbst nahe bei der Stadt giebt es nur sehr wenig bebautes Land. Einige Cactus- und Agave-Hecken deuten an, wo etwas Weizen oder Mais gepflanzt worden ist. Auch die Landschaft am ganzen nördlichen Ufer des Plata ist eine sehr ähnliche, nur daß die granitischen Hügel kühnere Formen annehmen. „Die Landschaft ist zwar sehr uninteressant, und doch ist es ein eignes freudiges Gefühl, auf grenzenlosen Grasebenen zu wandeln, wenn man eine Zeit lang in ein Schiff eingepfercht war.

Selbst wo der Blick auf einen kleineren Raum beschränkt ist, giebt es viele schöne Gegenstände. Einige kleinere Vögel haben glänzendes Gefieder; der hellgrüne Rasen dagegen schmückt sich, nachdem er von den Rindern abgeweidet ist, mit zwerghaften Blumen, von denen eine wie ein Gänseblümchen aussieht und wie ein alter Freund erscheint. Was würde aber ein Blumenliebhaber dazu sagen, hier große Strecken zu finden, die so dicht mit Verbenen (Verbena melindrys) bekleidet sind, daß das Ganze selbst in der Entfernung im feurigsten Scharlach erscheint?" Reitet man tiefer in das Land hinein, so empfängt man wohl oft den Anblick ganzer Heerden (von 20 bis 30 Stück) von Straußen, die auf den Anhöhen als stattliche Erscheinungen gegen den klaren Horizont abstechen; allein um so länger muß man auf die Spuren des Menschen warten. Selbst in den bewohntesten Theilen, wie doch die Nordufer des Plata sind, kann es sich ereignen, daß man während eines Tages kaum einen einzigen Menschen bemerkt. Das giebt einen Begriff von der Weite des Raumes, der hier noch auszufüllen ist. Bei einer Größe von halb Deutschland oder des preußischen Staates, d. h. bei einem Flächeninhalte von 5000 deutschen Quadratmeilen, zählt Uruguay doch kaum über 250,000 Einwohner; und diese verbreiten sich, in einigen Ortschaften oder zerstreuter wohnend, fast nur über das Küstenland, an welchem 26 Ortschaften gezählt werden. Dieselben gruppiren sich in der Regel sehr symmetrisch um ihre Kirche; doch erheben sich die Häuser aus der unendlichen Ebene wie einsame Wesen, indem der Sinn der Städter und Gauchos (Landleute), welche die freieste Ungebundenheit lieben, sie nicht immer mit Gärten oder Höfen umgiebt, weshalb sie auch auf den häuslichen Europäer einen unbehaglichen Eindruck ausüben. Das Charakteristische aber ist der Gaucho selbst. In helle, farbige Gewänder gekleidet, mit großen klingenden Sporen an den Füßen, mit dolchartigen Messern im Gürtel bewaffnet, üben sie, in Verbindung mit dem langgelockten schwarzen Haar, dem kriegerischen Schnurbarte und der graciösen Elasticität ihrer Bewegungen, den Eindruck aus, als ob man es mit einer eigenen Menschenrace zu thun habe, fähig, ebenso zuvorkommend zu sein, wie Einem gelegentlich die Kehle abzuschneiden. Doch ist, wie wir durch Burmeister erfuhren, der so lange mit dieser wunderbaren Menschenklasse verkehrte, ihr Kern ein guter.

So etwa ist der erste Eindruck beschaffen, den Uruguay auf den Reisenden und Ankömmling macht. Landeinwärts ist das Gebiet viel zu wenig bekannt, als daß man zuverlässige Schilderungen von seinem Innern erwarten dürfte. Daß es aber von einem großen Netze von Flüssen und einem wahren Labyrinthe von Höhenzügen (Cuchillas) ohne jeglichen Centralpunkt ausgefüllt ist, dürfte als zweifellos dastehen. Das Gefundene reicht aber auf alle Fälle aus, einen Anhalt für das Gebiet abzugeben, in welchem nach einem beachtungswerthen Vorschlage, künftig am sichersten ein Neu-Deutschland gegründet werden könnte.

Vergleichen wir Alles, was über die Plata-Staaten im Allgemeinen und über Uruguay im Besonderen gesagt wurde, so ist es gar keinem Zweifel unterworfen, daß in dem Plata-Gebiete eine unberechenbare Wichtigkeit für den deutschen Auswanderer sich kund thut. Fassen wir noch einmal alle Vortheile zusammen, so sind sie, verbunden mit neuen von uns noch nicht berührten, folgende:

Zunächst erschließt ein mächtiges Flußsystem der Schifffahrt das Land bis tief in sein Inneres hinein und legt damit den ersten Grund zur Entwickelung von Handel und Wandel. Dazu besitzt die Küste von Uruguay die drei besten Häfen an der meerbusenartigen Mündung des Plata in den Atlantischen Ocean: Maldonado, Montevideo und Colonia. Das ist um so wichtiger, als ganz Südbrasilien keinen einzigen guten Hafen besitzt, folglich genöthigt ist, den Verkehr aus dem Innern des Südens mittelst des Uruguay und Parana nach dem Plata-Strome zu ermöglichen. Indem diese Flüsse bis tief in das südliche Brasilien hineinreichen, eröffnen sie dem Handel die Region des Zuckerrohrs, der Baumwolle, des Palmenöls u. s. w. Der Paraguay führt in das Gebiet des Mate-Thee's, sowie seine rechts (westlich) von ihm entspringenden Nebenflüsse in das Herz Bolivias, in das Gebiet des Chinabaumes und der Silberminen Potosi's vordringen. Andere führen in Territorien, deren Hauptexistenz auf einem reichen Thierleben und Viehzucht beruht. Hier ist das Hauptdepot für Häute und Felle aller Art: von Stieren und Kühen, Kälbern und Pferden, Schafen und Maulthieren, Vicuna's und Chinchilla's, Silberlöwen, Tigern, Wölfen u. s. w. Salzfleisch, Speisefett, Seife, Hörner von Ochsen und Kühen, Schaf- und Vicuna-Wolle, Pferdehaare, Straußfedern, Klauen, Wachs, Oel u. s. w. begleiten diese Geschenke einer überaus freigebigen Natur. Selbst Apfelsinen und Holz gesellen sich hinzu. Von ersteren wurden im Jahre 1854 an 6,602,000 ausgeführt; die zahllos am Paraná verbreiteten Pfirsiche werden kaum gerechnet. Brasilien und Cuba sind hauptsächlich auf das Salzfleisch der Plataſtaaten, die nordamerikanischen Freistaaten auf Häute, Hörner und Wolle angewiesen. Das Holz des Innern bedingt einen wichtigen Handelsartikel, insofern alle baumlosen Gegenden sämmtlicher Platastaaten darauf angewiesen sind. Darum werden auch die Hölzer sofort zum Häuserbau im Innern zugeschnitten und bezeichten. Welche Masse von menschlichen Beschäftigungen diese Naturgaben bedingen können, welche vielfache Gewerke durch sie hervorgerufen und erhalten werden müssen, ist so selbstverständlich, daß wir diesen Punkt nur andeutend zu berühren nöthig haben. Dafür müssen wir aber den Hauptnachdruck auf die Elemente der Landwirthschaft legen, weil sie dem Sinne des Deutschen, als eines geborenen Ackerbauers, am nächsten bei einer Massenanswanderung stehen. In dieser Beziehung bietet nun das Territorium von Uruguay ungleich größere Vortheile, als sie vordem Nordamerika darbot oder noch darbietet. Hier bekam es der Ansiedler in den meisten Fällen mit einem Waldlande zu thun. Ungeübt, wie er war, ist nicht selten der üppige Urwald sein Ruin geworden, indem er ihn nöthigte, eine bedeutende Zeit und ein nicht minder bedeutendes Kapital an die Ausrodung des Waldes zu wenden, dessen Boden er erst im achten Jahre aufpflügen konnte. Selbst die hierauf eingeübten amerikanischen Squatter fanden die Urbarmachung eines solchen Waldbodens selten oder nur wenig lohnend. In Uruguay dagegen fällt dieses Hinderniß hinweg; der Ansiedler findet sogleich ein pflügbares Ackerland vor und hat die Aussicht, dasselbe bei gehöriger Umsicht und Verwerthung der Viehzucht nachhaltig mit dem nöthigen Dünger zu verbessern. Ebenso große Vortheile bietet ihm das Klima. Nicht umsonst trägt Buenos-

Ayres seinen Character, daß ihm eine gute Luft beschieden sei, schon in seinem Namen. Alles stimmt darin überein, daß das hiesige Klima, gemäßigt, wie es ist, um ein Bedeutendes das von tausend Extremen heimgesuchte Nordamerika's übertrifft und wesentlich günstig auf die Gesundheitszustände des Menschengeschlechts einwirkt. Nach der klar-verständlichen Karte Mühry's in „Petermann's geographischen Mittheilungen" (1860) fällt das ganze Gebiet in jenen Subtropen-Gürtel, dessen Jahreszeiten im Winter, Frühling und Herbst durch Regen, im Sommer durch Trockenheit ausgezeichnet sind; eine Zone, welche auf der südlichen Halbkugel zugleich durch die besten Gesundheitsverhältnisse für den Menschen characterisirt ist.

Fassen wir solche außerordentliche Verhältnisse unter einem einzigen Gesichtspunkte zusammen, so muß auch der Vorurtheilsvollste gestehen, daß das geschilderte Gebiet, daß, mit andern Worten, die Mündung des Plata das Emporium für die ganze südliche Hälfte Südamerika's zu werden bestimmt ist. Damit haben wir übrigens durchaus nichts Neues ausgesprochen. Es liegen eine Menge von Anschauungen bedeutender Männer vor uns, welche wie aus Einem Munde das eben gefällte Urtheil bestätigen. Auch gedruckte Zeugnisse sind vollauf beizubringen. „Schon im Jahre 1843 — schreibt in Petermann's Mittheilungen (1856, S. 15) der bekannte National-Oekonom Freiherr v. Reden — entstand bei mir die Ueberzeugung, daß kein Landstrich in jeder Beziehung der deutschen Auswanderung so viele Vortheile darbietet, als das Stromgebiet des La Plata. Deshalb entwarf ich im März 1846 „Grundzüge des Statuts eines Vereins für deutsche Auswanderung nach dem La Plata-Strom-Gebiet" und führte einen dem entsprechenden Verein in's Leben. Sowohl direct in Montevideo als in Buenos Ayres wurden Verbindungen angeknüpft, um über die politischen Verhältnisse und die Gesetzgebung wahrhafte Berichte zu erlangen, sowie auch ähnliche Erkundigungen hinsichtlich der südlichen Provinzen Brasiliens durch die Vermittelung des Visconte d'Abrantes und des Consuls Sturz eingezogen wurden. Allein unser Plan konnte damals nicht verwirklicht werden, weil die Gesetzgebung Brasiliens (die wir ja hinreichend kennen lernten) dem Fremden keine hinreichende Gewähr zu bieten schien, und weil die Ereignisse in La Plata der Sicherheit der Einwandrer gefährlich waren. Eine friedliche Ansiedlung sollte durch die Leitung der deutschen Auswandrer nach dem Plata-gebiete bewirkt werden. Ihre unendliche Wichtigkeit ist seither nur von Wenigen hervorgehoben; fast Niemand hat daran erinnert, daß dadurch Sammelplätze für die auswandernden Zweige unseres Stammes gebildet werden können, wo jede Knospe zu einer Frucht für das deutsche Vaterland reift, wo jeder Pulsschlag der alten Heimath seinen Widerhall findet. Die friedliche Colonisation verpflanzt deutsche Sprache, deutsche Sitte, überhaupt deutsches Leben in die neue Heimat; das hierdurch bleibende geistige Band ist unzerreißbar, wie zahlreiche Beispiele beweisen. Es wirkt zugleich kräftig belebend auf den äußeren Verkehr, und die Fabriken der alten Heimat liefern den landbauenden Colonisten ihren Bedarf, ohne eines Monopoles oder eines Schutzes zu bedürfen." In ähnlicher Weise sprechen sich sämmtliche Männer aus, die besagtes Gebiet entweder durch tieferes Studium oder durch eigene Anschauung kennen lernten. Zu Letzteren gehört Fr. Gerstäcker. Dieser spricht es geradezu als seine feste Meinung aus, daß die ganze Südspitze Südamerika's mit der Zeit nur den Deutschen anheimfallen könne und müsse; wir hoffen aber zugleich, daß er nicht gewillt sei, etwa Patagonien, dieses an sich zwar großartige und vegetationsreiche, aber auch zu stürmische und feuchte Gebiet hinzu zu rechnen. Noch viel motivirter setzte J. Fröbel die Bedeutung der Plataländer auseinander, und zwar in einer Weise, die gänzlich unsern eignen Anschauungen entspricht. Wir wissen recht wohl, daß es auch Stimmen gibt, welche nicht unsrer Meinung sind, und diese Stimmen gehen sonderbarer Weise von Bremen aus, wo man die Baumlosigkeit der Platastaaten als Haupthinderniß für eine deutsche Auswanderung hinstellte. Doch wissen wir auch, was wir von diesem Grunde zu halten haben, indem wir, zunächst nur Uruguay im Auge haltend, alle Flußufer und bewässerten Thalgründe daselbst als hinreichend bewaldet kennen gelernt haben. Wir vermuthen darum wohl nicht mit Unrecht, daß einige Bremer Rheder eine beträchtliche Einbuße zu erleiden fürchten, wenn sich die deutsche Auswanderung plötzlich von Nordamerika hinweg wenden sollte, von woher die Auswanderungsschiffe Tabak vortheilhaft zurückzubringen pflegten. Doch würde auch diese Furcht für die Zukunft ungegründet sein, weil das Plata-Gebiet sich auf alle Fälle ebenso für den Tabaksbau eignen muß, wie die südlichen Staaten Nordamerika's.

So weit das Werk. Im Folgenden geht Herr Dr. K. Müller auf unsere unlängst veröffentlichte Broschüre über, und fährt fort: „Nachdem ich meine Leser durch Vorstehendes und durch die beiden Artikel hinreichend vorbereitet zu haben glaube, muß ich sie nun mit einer Flugschrift (Berlin in der Nicolaischen Buchhandlung) bekannt machen, die unsern Plan in energischer Weise auffaßt. Sie betitelt sich: „Kann und soll ein Neu-Deutschland geschaffen werden und auf welche Weise?"*) Schon indem sie denselben Mann zum Verfasser hat, der oben von Herrn v. Reden als Consul Sturz angeführt wurde, wird sie uns bedeutungsvoll. Denn er gerade ist es, welcher so viel dazu beigetragen, die schanderhafte Wirthschaft Brasiliens in Deutschland aufzuhellen und somit Tausende unsrer Landsleute dem sicheren Verderben zu entreißen. Er ist es auch, der schon früh, weil Brasilien trotz seiner eifrigsten Vorstellungen sich nie zu einer humanen Reform seines Treibens zu Gunsten des deutschen Auswandrers bekehren mochte, die Blicke Deutschlands, mehr durch brieflichen Verkehr als durch die Presse, auf Uruguay hinzulenken suchte. Kein Wunder darum, daß er nun selbst öffentlich für die hochwichtige Sache in die Schranken tritt und ihre Bedeutung von den verschiedensten Seiten einleuchtend zu machen sucht. Auf jeden Fall rückt die Schrift auf die Lösung besagter Aufgabe mehr als eine andere energisch und praktisch vor.

Im Ganzen folgt Herr Sturz bei Beurtheilung des Plata-Gebietes ähnlichen Gesichtspunkten, wie wir sie bereits in unsrer Weise ausführlicher dargestellt haben. Ganz richtig faßt auch er den Plata-Strom als die Basis eines künftigen europäischen Staatensystemes auf und berücksichtigt das ganze Gebiet, die Pampasländer eingeschlossen. Dennoch ist auch er nicht gewillt, den Strom der deutschen Auswanderung zunächst wo anders hin zu lenken, als an die Ufer des Plata und in die Flußthäler seiner Neben-

*) Diese meine Schrift erschien 1862 in den ersten Monaten.

dern, d. h. nach Uruguay. „Ist es doch", setzt er hinzu, „wie wenn die Vorsehung dieses Gebiet ganz ausdrücklich für die Deutschen aufgespart habe, nachdem es von den großen Colonisationsvölkern so auffallend vernachlässigt worden! Denn der Spanier, der sich nach Hochebenen sehnte, fand sein Neuspanien in den Cordilleren. Der Britte suchte sich die hafenreiche Küste und fand sein Neuengland an der Massachusetts-Bai, von wo bekanntlich die ganze Entwicklung der Vereinigten Staaten ausging, wie später auch die Revolution. Hier aber war ein Land, das weder durch seine Küste noch durch seine Höhen anlocken kann, allein von einer unvergleichlichen fluvialen Ausstattung. Das soll Neu-Deutschland werden!" Natürlich nur, soweit das Klima ein temperirtes und dem des wärmeren Europa's ähnliches ist. Höher hinauf werden farbige Menschen den Ackerbau übernehmen müssen. „Aber was thut das? Haben wir nur den unteren Lauf, so beherrschen wir den ganzen Strom. Die farbigen Völker lassen wir im Frieden oben wohnen. Ihre Nachbarschaft, weit entfernt uns lästig zu fallen, wird uns vielmehr die reichsten Produkte zuführen, die alle den Strom herunter müssen und also schließlich durch unsere Hände gehen." Aller Wahrscheinlichkeit nach wird aber — und das ist wesentlich festzuhalten — dieses Gebiet niemals zu einem Concurrenten für das Mutterland heranreifen, wie Nordamerika für England und das ganze Europa heranwuchs. Hier war der Norden, wo der Schwerpunkt der ganzen Union fortdauernd lag, unserer eigenen Heimat so ähnlich, daß daselbst ungefähr derselbe Ackerbau und dieselbe Manufactur sich entwickeln mußten wie bei uns. Damit ist hinlänglich erklärt, warum Nordamerika mit Nothwendigkeit zuletzt ein Concurrent Europa's werden mußte. Ganz anders in den Plataländern. Ein mildes Klima, dem ein Winter in unserm Sinne gänzlich fremd ist, ernährt die Heerden jahraus jahrein im Freien und unterbricht die Arbeit des Landmannes ebensowenig, als er die Schifffahrt zur Ruhe zwingt. „Da ist wenig Anreiz zur Fabrikation, und bei dem leichten Leben wenig Bedürfniß zu Industriegewinn, während hingegen eine viel reichere Vegetation, als sich in den nördlichen Staaten der Union findet, um so mehr zur Benutzung der Bodenkraft einladet. Dieser Boden bringt viele Produkte hervor, die uns in Deutschland fehlen, und seine Produktion kann noch außerordentlich vermannigfacht werden, da in dem unteren Theile des Platagebietes alle Gewächse des südlichen Europa's fortkommen, während in dem oberen Theile der vorzüglichste Tabak, Reis, Baumwolle, Zuckerrohr, selbst Kaffee gedeihen. Hier ist also ein Austausch von Naturprodukten gegen deutsche Manufakte wie von selbst gegeben, und die Nicht-Concurrenz wird zur gegenseitigen Assistenz, sobald wir nur die natürliche Gunst der Verhältnisse gehörig zu benutzen verstehen." Mit unsrer Auswandrung würden wir auch zugleich unsern Handel nach diesen Ländern hinlenken, wo wir noch so wenig Verbindungen haben; denn die Auswandrerschiffe pflegen in der Regel auch Waaren mit sich zu führen und als Rückfracht nicht Ballast, sondern andere Produkte einzunehmen. Ein massenhafter Austausch wird die Folge davon sein, und dieser wird, wie bei allen Völkern, die erste Grundlage unseres Welthandels bilden. Er kann aber nur da begründet werden, wo eine vollständige gegenseitige Ergänzung möglich ist, und diese findet sich für uns nur in den Küstenländern, welche den südlichen Theil des Atlantischen Oceanes einfassen. In Nordamerika ist kein Tauschverkehr von uns zu begründen, in Westindien nur in geringem Maßstabe; ist Ostindien wie im Stillen Ocean und in der Südsee vermögen wir nicht mit England, im Mittelmeer nicht mit Frankreich zu concurriren. Wir würden mithin an den Ufern des Plata denjenigen Concentrationspunkt finden, der uns bisher so auffallend mangelte, und ohne welchen unsere gesammte Schifffahrt unser ganzer überseeischer Handel doch nur ein ebenso zerrissenes Ding wie unser Vaterland selbst ist. Denn man bedenke wohl, daß wenn das Platagebiet unser Stützpunkt wäre, sich für uns auf dem Wege von der Elbe bis dahin auch ein ebenso bedeutender Zwischenhandel an den Westküsten Südeuropa's, wie des nördlichen und mittleren Afrika's entwickeln müßte. So zöge der Platahandel die Küstenländer dreier Erdtheile in seine Bewegung hinein, einen Handel bedingend, welcher in jeder Beziehung ein Welthandel zu nennen wäre, indem derselbe ganz von selbst die Basis unseres Gesammthandels bildete. In diesem Handel würde sich das Princip erfüllen, das jedem Welthandel innewohnen muß: „daß alle Theile genau ineinandergreifen, auf jede Leistung die Gegenleistung erfolgt, kein Weg vergebens oder doppelt geschieht, keine Kraft und kein Material unbenutzt bleibt." Mit diesem Maßstabe gemessen, sinkt der gegenwärtige Handel Deutschlands zu einem plan- und principlosen herab; alle seine Linien gehen auseinander, keine führt zu einem Centralpunkte, und so kann man auch nicht erwarten, daß dadurch eine lebendige Kraft erzeugt werde, die mit Nothwendigkeit nur aus dem Zusammenstreben aller Linien nach Einem Punkte hervorgebracht werden kann. So erst würde unser Handel zu einem Ganzen erstarken, der nur fördernd für unsere Industrie zurückwirken könnte.

So ist das Platagebiet sowohl nach seinen physischen, wie nach seinen handelspolitischen Beziehungen vor unsern Augen zu einem wahren Principe für Deutschland herangewachsen. Nach jeder Seite hin betrachtet, wie wir das in unsern drei letzten Artikeln ohne Vorurtheil und Schwärmerei gethan haben, wäre es unbegreiflich, wenn Deutschland ein so enormes Glück, daß ihm noch eine so werthvolle Stütze bei der Theilung der Erde unter die colonisirenden europäischen Völker übrig geblieben, mit Gleichgültigkeit aufnehmen oder gar von sich stoßen wollte. Wenn der Strom unsrer Auswanderer hierher gelenkt würde, so müßte der erste Erfolg zum ersten Male in der Geschichte unserer modernen Auswanderung der sein, daß unser Volk nicht von den Ureinwohnern absorbirt, sondern lebenskräftig vereint eine compacte Masse unter den 250,000 gegenwärtig vorhandenen Bewohnern Uruguay's bilden würde. Wenn wir nun bedenken, daß Uruguay gegen 15 bis 20 Millionen Bewohner fassen kann, während jetzt nur 50 Seelen auf die deutsche □Meile kommen, so muß auch wohl der letzte Zweifel an der Lebensfähigkeit des Platagebietes für die deutsche Auswanderung schwinden.

VII.

Der einzige Weg, die deutsche Auswanderung im nationalen Sinne zu leiten.

Wie zahlreich bisher auch die Mittel waren, Deutsche „in der Nation angemessener, für sie und die Emigranten selbst vortheilhafter Weise" in fernen Ländern unterzubringen: der Erfolg hat gelehrt, daß die Mehrzahl der zu diesem Zweck gebildeten Gesellschaften, der sich damit beschäftigenden Handelshäuser, Bureaux, Agenturen, Consulate ꝛc. mehr ihr eigenes und nur zu oft ein der Gemeinsamkeit und dem Wohle der Auswandernden entgegenstehendes Interesse als das der sich ihnen anvertrauenden im Auge hatte und selbst die durch öffentliche Fonds und mit allgemeiner Sympathie erhaltenen Institute nicht selten durch Bestechung mit Orden und Geldern zum geradezu entgegengesetzten Zwecke gemißbraucht worden sind.

Im Nachtrage sind nähere Notizen über neue Einrichtungen gegeben.

Wenn es also nun Allen in Fleisch und Blut gegangen ist, daß eine deutsche Auswanderung nicht mehr nutzlos vorübergehen, sie also sich, wie eben auch schon bewiesen, nur einem Lande zuwenden darf, wo die Deutschen ihrem Vaterlande nicht verzettelt werden, wenn ferner der deutsche Fortschritt, Gott Lob dafür! schon so weit vorgeschritten ist, daß sich einzelne Befähigtere nur aus Nationalsinn an die Spitze des Volkes stellen und „über die Zinne jeder Partei erhaben", den großen blinden Haufen dem rechten Ziele zuzulenken streben, — so gilt es einen Verein zu gründen, der auch in der deutschen Auswanderungsfrage, wie sie war, wie sie ist und sein soll, die rechte Anschauung überall verbreitet.

Männer wie Herr von Bennigsen, Geh. Rath Kerst, Schultze-Delitzsch, Geh. Rath Engel, Dr. Michaelis, Prof. Frh. v. Holzendorff, Dr. Otto Hübner, Director Lehmann, Präsident Lette, Präsident Hansemann, Prof. Virchow, die Prof. Roscher und Dr. Wappäus, Dr. Peschel und Prof. Karl Müller — das sind Leute, an die namentlich der Ruf des Vaterlandes geht. Männer von allen Ständen, nur mit erprobter Erfahrung und gediegenem Wissen müssen zusammentreten und die gewaltige Frage in die Hand nehmen.

In der Art und Weise der Thätigkeit des National-Vereins, der übrigens sicher von seinem wahren Programm nicht abweichen würde, wenn er sich der deutschen Emigration annähme, — müßte dem Auswanderungslustigen, sowie überhaupt dem Volke klar gemacht werden, daß es ihre Pflicht, ihr Recht ist, auch noch ferner Deutsche zu bleiben, daß sie aber, um dies zu erreichen, sich nur jenseits des Oceans schaaren, so ihr Feld bebauen, so ihre Niederlassungen gründen dürfen. Die schwache und bei dem Hinausweh des Deutschen nur immer noch schwächer werdende Liebe zur Heimath müßte allerorts gestärkt und dem Mann selbst ein klares Bild gegeben werden, wie er noch draußen ein Glied seiner Nation ist, die ihn fortan nicht mehr im Stich läßt.

Der Verein müßte dafür sorgen, daß alle die Zwangsmaßregeln, die ja eben dem Emigranten jede Rückkehr verbieten, wie Pässe u. s. w. aufhörten, oder doch wenigstens unter anderer Form gegeben würden. Bei vernünftiger Organisation in dem „Neudeutschland" stünde gar nicht zu befürchten, daß nutzlose Subjekte wieder heimkehrten und ihrer Commune zur Last fielen. Beispiele sind dafür bei Colonien anderer Staaten genug vorhanden. Der Verein müßte ferner darauf dringen, daß die Deutschen Diplomaten und Consuln sich um das Loos der Ansiedler drüben bekümmerten und in immer bestimmten Zeiten von den Befinden derselben genauen Bericht erstatteten, der, den Kammern vorgelegt, ein Zeugniß zugleich für die bis jetzt nur zu wenig geprüfte Befähigung der Vertreter des heimathlichen Staates ablegen würde, wie dies z. B. bei den englischen Diplomaten schon innerhalb des ersten Semesters der Fall ist.*)

Was die Auswahl des Landes selbst anbelangt, so ist im vorigen Kapitel davon genug gesagt worden. Der Verein hätte den Strom der Auswanderung nach Uruguay zu concentriren, um all seine vorherigen Bestrebungen zweckentsprechend zu machen. Gründliches Studium der Topographie, Geographie und Naturwissenschaft — Volkswirthschaft und Staatenkunde — Industrie und Gewerbekenntniß — das sind die Wissenschaften, mit denen der Verein Großes leisten und auf die gestützt er Nachhaltiges schaffen kann. Er muß sich mit Leuten in Verbindung setzen, die mit Uruguay genau vertraut sind, wie z. B. der schon genannte Geh. Rath Kerst, welcher in einem vortrefflichen Buche seine Erfahrungen und Beobachtungen am La Plata niedergelegt hat, mit Professor Burmeister, der nun am La Plata sich niedergelassen hat u. a. m. Endlich aber, und das ist der nervus rerum zu einer Concentration der

*) Wäre dieses auch bei Deutschen Diplomaten geschehen, wie ganz anders wäre jetzt unsere Stellung im Auslande!

Deutschen Auswanderung muß der Verein eine Gesellschaft bilden oder doch wenigstens unterstützen und beaufsichtigen, die in einem bestimmten Bureau sich nur mit der bewußten Angelegenheit beschäftigt.

Nähere Andeutungen in Betreff dieser Gesellschaft später; hier mögen folgende kurze Andeutungen genügen. Bei der Indifferenz der deutschen Presse gegen Fragen, die, obgleich noch so wichtig, noch nicht genügend zu brennenden Objekten der Tagesbesprechung geworden, und in Rücksicht auf die heutige Macht des gedruckten Wortes, wenn es unter das Volk kommt, — bedarf der Verein, und später noch mehr die Gesellschaft eines Organs, eines Blattes, das für wenige Groschen die wahre Anschauung der Idee verbreitet. Wenn die Ansiedler im fremden Land selbst der zweite Fuß sind, auf dem der Deutsche Nationalkörper Land und Meer beherrschend steht, so muß die angeregte Zeitung einer jener Gedanken werden, der die gesammten Glieder mit Vernunft beherrscht und, nach den Gesetzen der Weisheit bewegt und geregelt, ihrem Dienst entsprechen macht.

Dieses Organ muß, alle verwendbaren Zweige des Wissens umfassend, aufmerksam machend, aufklärend, unterrichtend, fördernd in Praxis und Theorie, das „Neue Deutschland" und in wechselndem Bezug das alte umfassen, so daß es das Eine durch das Andere heranbildet in Handel und Wandel, in Gewerbe in allen Zweigen der Land- und Forstwirthschaft, in Kunst und Wissenschaft, in der Idee und dem zur That gewordenen Gedanken.

Es muß der telegraphische Strom sein, der wahr und getreu, jede persönliche und staatliche Verbindung vermittelt und zusammt mit den Schiffen, die das bedruckte Blatt tragen, echt Deutsch durch und durch, vernünftig, praktisch nationalvereinlich Deutsch.

Ganz ruhig könnte, ja müßte sogar ein derartiges Blatt der Bildung einer Gesellschaft vorausgehen, die daran an und für sich schon ein bequemes und sicheres Fundament für ihre Gründung, Gestaltung, Fortbildung und Einigung fände.

VIII.
Die Gesellschaft zum Zweck einer national-wohlthätigen Gestaltung Deutscher Auswanderung.

Wie der Verein als Gedanke das psychische Leben, die Auswanderungs-Zeitung, so muß diese wiederum einen Körper haben, auf den einwirkend, sie zum selbstständigen, starken Faktor wird. Der Körper aber ist nichts Anderes, als die schon intentirte Gesellschaft. Ihr liegt die Errichtung eines Central-Bureaus ob, von welchem aus sie ihre Fühlfäden hinüber nach Uruguay ausstreckt, und die gesammelten Errungenschaften dann gemeinnützig verwendet. Mit der kompakten Form des Comtoirs, geht die Erwerbung von zweckmäßigen Siedelungsplätzen durch Aktien-Kapital Hand in Hand, ebenso die Wahl der Emigranten und die Fürsorge für deren Transport auf inländischen, das heißt zollvereinlichen, gut kontrolirten Schiffen.

Zu den Pflichten, Rechten, wie auch Interessen gehört es, für obrigkeitliche Vertretung der Emigranten durch die Deutschen Diplomaten und kommerziellen Bevollmächtigten zu sorgen. Ebenso dürften die Schul-, Kirchen- und Rechtsverhältnisse des „werdenden Neudeutschland" nicht außer Acht gelassen werden. Durch wohl ausgewählte Bücher-, Instrumente-, Handwerkzeugs- und Maschinensendungen, die in eigenen Stapelplätzen zum doppelten Nutzen der Ansiedler und des Vaterlandes verkauft werden können, ist sodann auch das geistige Leben drüben aufrecht zu erhalten, — im steten Rückblick auf Deutschland und die lokalen und temporalen Anforderungen der Andsiedlung der anfänglich selbst noch verstreuten Emigranten. Eigens erlesene Prediger und Lehrer müssen von der Gesellschaft für die sich bevölkernden, angekauften Ländereien nach Bedürfniß engagirt werden, auf daß auch so ein letzter und wichtigster Impuls Deutsch zu bleiben und der Heimath zu nützen entsteht. Aerzte, Chirurgen, Apotheker, liberale Juristen, Geometer — all solche Leute würden, wenn sie anders in wahrhaft zweckmäßigem Sinn ausgesucht und für die aquirten Ländereien gewonnen werden könnten, was uns heut zu Tage nicht schwer dünkt, der Gesellschaft, so wie dem sich bildenden „Neudeutschland" unberechenbaren Vortheil bringen.

Wie die bezeichneten Vorkehrungen allein schon die Existenz und zwar ein moralisch und materiell gutes Fortbestehen der Gesellschaft zum Zweck einer national-thätigen Gestaltung der deutschen Auswanderung sichern, wird Jedem klar, es läßt sich aber auch auf rein praktischem Wege beweisen.

Angenommen, man brächte 1,000,000 Thlr. zusammen, für die man in Uruguay Land kaufte, so würde man dafür circa 100 Quadrat Leguas (1 Legua = $\frac{3}{5}$ deutsche Meile) vom besten Grund und Boden erwerben können. Concentrirte man nun auf der Quadrat-Legua 1—2000 Menschen — eine Zahl, die noch lange nicht der Bevölkerung einer nur mittelmäßig besetzten Gegend hier gleichkäme — so würde der Bodenwerth verzwanzigfacht werden und billiger Weise wenigstens $\frac{1}{5}$ des Mehrertrags an die Ankäufer selbst zurückfließen, die Ansiedler aber würden kraft des Zusammenwirkens, wie sie sich einzeln schon durch die Fracht dem Land gegenüber diskontirten, einen so bedeutenden Ueberschuß ergeben, daß sie — was ja immer eintrifft, wenn Menschen etwas mehr als das liebe Leben haben — bald auch Handel und Wandel treiben, und sich moralisch fortbilden könnten. Ist aber erst das physische und geistige Auge des deutschen Eingewanderten, bei der Möglichkeit eines Verkehrs mit dem Vaterlande, geöffnet — so unterliegt es keinem Zweifel, daß wir, wie die Engländer, auch bald billigen, uns also und doch auch den Exportanten nützlichen Import, so wie eine ergiebige Ablagerungsquelle für unsre überschüssigen Produkte haben würden.

Dieser eine Punkt allein, den wir der Kürze und Uebersichtlichkeit wegen nur hier anführen wollten, wird aber auch wiederum die Concentration der Emigranten erleichtern und anbahnen.

Zur Unterstützung der Gesellschaft in ihren Zwecken noch Folgendes: Wenn selbst in den Vereinigten Staaten, die nur einzig dazu angethan wären, eine Einigung des Auswanderungsstromes zu stören, — eine Heimstätte-Bill die Niederlassung des Ansiedlers erleichtert: so bedenke man sehr wohl auch das, daß diese freisinnige, kluge, commerciell-umsichtige Republik ihren Vortheil nicht aus den Händen giebt. Ohne die Heimstätte-Bill dürfte sich so leicht Keiner entschließen, in das vom Krieg bewegte und doch etwas erschütterte Land hinüberzuziehen, — während aber ein neuer Zuzug von freien Arbeitern, bei dem durch die Entfernung der Sklaven entstandenen Vakuum von anzubauendem Lande, unumgänglich Noth thut. Ein Stück Grund und Boden für beinahe nichts zu erhalten, ist freilich recht lockend, zumal für den deutschen Auswanderer, den meistens nur Noth und Mangel hinaustreibt, aber die bedeutenden Steuern, die der Ansiedler, als Staatsbürger, der durch den Krieg ausgebeuteten Staatskasse zu zahlen haben wird, verdienen auch in Betracht gezogen zu werden.

Ueberdies sind die durch das Heimstätte-Gesetz gebotenen Ländereien, wer weiß wo, ganz sicher meistens so weit von allen Verkehrswegen, daß der Anbauer entweder seine Producte selber also unmittelbar nutzlos verbrauchen, — hunderte von Meilen bis zum nächsten Markt zurücklegen, oder bis auf die Zeit warten muß, wo endlich einmal ein Kanal oder eine Eisenbahn ihn mit der Welt in Communikation bringt.

In den Vereinigten Staaten fehlt auch das offene Hinterland, was in Uruguay durch Brasilien, Peru, Chile, Paraguay und die Argentinischen Staaten in so reichem und unersättlichem Maße gegeben ist. Uruguay steht im wahren Sinne des Wortes überall und überallhin der Welt offen; das Netz von schiffbaren Flüssen ermöglicht einen Verkehr, wie ihn Deutschland trotz seiner Canäle, Eisenbahnlinien 2c. kaum besser hat.

Hierzu kommt, daß, während sich der Deutsche in Nord-Amerika nur schwer an die schnelle Abwechselung der extremsten Temperaturgrade gewöhnt, das liebliche, milde, anerkannt gesunde Klima Uruguay's wenig oder gar keine Krankheiten aufkommen läßt, und, ohne irgend je einmal beschwerlich zu sein, jegliche Bodenkultur zehnfach belohnt.

Zu dem Allen müssen wir noch hinzufügen, daß die Heimstätte-Bill, welche von allen Theilen der Republik angenommen worden, eine so sporadische Kolonisirung hervorbringen muß, daß die Betreffenden zum Theil lange genug in Einöde und Wildniß versetzt sein werden, bis sie nach Jahren vielleicht erst aus allen Nationen zusammengewürfelte Nachbaren erhalten.

Nachtrag.

Wir haben hier noch einen Antrag zu unsrer Broschüre vorbereitet, um darin die Theile unserer Abhandlung ausführlicher behandeln zu können, welche in vorstehendem Text in erweiterter Form nur das Verständniß erschwert hätten.

In eigens bestimmten Kapiteln möge er hier folgen, bestimmt für Den oder Jenen, der näher in unsere Idee eingehen will.

Als rother Faden für den Nachtrag diene eine kurze Notiz.

Voran schicken wir einen Auszug aus dem Reisewerk Dr. K. v. Scherzer's („Expedition der Novara um die Erde"), welcher im Allgemeinen von Auswanderung, Colonisation und Deportation handelt, und dem verständigen Leser reichen Stoff zu eignen Beobachtungen bieten wird. Hierauf führen wir noch einmal, und zwar in einem Kapitel, „die deutsche Auswanderung nach den Vereins-Staaten und die Heimstätte-Bill", und in dem anderen „die deutsche Auswanderung nach Brasilien" vor, um die furchtbaren Folgen beider Emigrations-Richtungen zu zeigen. Sodann folgt eine Statistik der gesammten deutschen Auswanderung von 1820 bis 1861, um zu beweisen, welchen Schatz Deutschland sich bisher nutzlos hat entgehen lassen; hieran reiht sich ein Kapitel von dem Verhältniß deutscher Regierungen, Diplomaten und Consuln zur Landesemigration, und endlich eine nähere Durchführung der handelspolitischen Bedeutung der Auswanderung im nationalen Sinne.

Mit einigen wohlgemeinten Schlußworten schicken wir das Büchlein hinaus in die Welt. Möge es wirken und schaffen, so treu und rastlos, wie wir es selbst mehr als 30 Jahre hindurch gethan haben, ohne Rücksicht auf persönliches Leid, und mit Aufgabe alles dessen, um das Andere ihren ehrlichen Namen verkaufen.

Möge dies kleine Werk endlich in der Nation das Bewußtsein anregen, daß sie wieder groß zu werden geeignet ist, den Muth für die eigene rechte deutsche Sache geben, der der Verfasser Geld und Gut, das eigene Glück und das seiner Familie, Amt, Ehren und ein friedliches, sorgenloses Alter geopfert! —

Auszug aus der Reise der Oestreichischen Fregatte „Novara" um die Erde. Band III.

(Wien im Juni 1862.)

„Um eine genaue Vorstellung von der Macht und Größe der britischen Nation zu gewinnen, und sich die Ursachen jenes beherrschenden Einflusses klar zu machen, welchen dieses Weltvolk auf die Geschichte der Menschheit übt, muß man nicht Großbritannien, sondern dessen Colonien in Amerika, Asien, Afrika und Australien besuchen. Hier finden wir jenes System in glücklichster Anwendung, welches einer der größten deutschen National-Oekonomen, der edle Friedrich List, bereits vor mehr als drei Decennien deutschen Regierungen empfahl, als er von den ernsten Verlusten sprach, welche das Mutterland alljährlich (1840) durch massenhafte Auswanderung arbeitstüchtiger Deutschen zu erleiden hat.

England hat es besser als Deutschland verstanden, die Kräfte seiner emigrirten Söhne sich auch in fremden Welttheilen nutzbringend und dienstbar zu erhalten; es nahm sich der Auswandernden fürsorgend an, dehnte seine Unterstützung und seinen Schutz auch auf deren Adoptivheimat aus, und betrachtete jede neue Niederlassung nur als eine Erweiterung der Gränzen des britischen Reichs, als eine Vermehrung der Abzugsquellen für seine Fabrikate, als einen neuen Stapelplatz für seinen Handel.

In allen Theilen der Erde wurden auf diese Weise englische Kräfte thätig, die Bedürfnisse des einheimischen Marktes an Naturproducten der mannigfaltigsten Art zu befriedigen, und dafür in Austausch englische Manufakturen zu beziehen; englische Schiffe wurden die Vermittler des Welthandels, und das englische Idiom die Nationalsprache aller Seefahrer.

Australien bietet in dieser Beziehung das belehrungsreichste Beispiel. England hat nicht nur diesen gewaltigen Continent der europäischen Cultur erschlossen, denselben mit hunderttausenden seiner Söhne bevölkert und sich selbst, so wie allen seefahrenden Völkern einen neuen großartigen Markt eröffnet, es hat hier auch eine psychologische Frage gelöst: daß es nämlich keineswegs ein dem Menschen inne wohnender, natürlicher Hang zum Bösen, sondern hauptsächlich die Macht der Verhältnisse ist, welche ihn zum Uebelthäter und Verbrecher stempelt, und daß sogleich die Göttlichkeit seines Ursprungs sich wieder kund giebt, so bald er nur, in eine andere günstigere Lebenssphäre versetzt, Gelegenheit findet, durch freie, unbehinderte Entwickelung seiner physischen und geistigen Kräfte auf rechtschaffene Weise seinen Lebensunterhalt zu verdienen.

Die Auswanderung aus Deutschland nach Australien hätte gewiß schon größere Dimensionen angenommen, wenn nicht die Art und Weise, wie man die deutschen Emigranten dahin auf deutschen Schiffen zu befördern und auf denselben zu behandeln pflegte, Viele abgeschreckt haben würde, ihren Weg nach dem fünften Erdtheil zu nehmen. Man trieb eine Reihe von Jahren ungehindert eine Art Handel mit den deutschen Auswanderern nach Australien, der nicht nur den Gesetzen der Gesundheitspolizei, der Sittlichkeit und Humanität, sondern auch jenen Vorschriften zuwider lief, welche alle maritimen Staaten als erste Bedingung zur Aufnahme von Einwanderern festzustellen für nöthig erachtet haben.

Ein officielles Aktenstück, welches zur Zeit der Anwesenheit der Novara-Reisenden in Sidney über das bestehende System der deutschen Auswanderung nach der Colonie von N.-S.-Wales im Drucke erschien, brachte über die Entbehrungen, Verkürzungen und Kränkungen, welche deutsche Auswanderer zu erdulden hatten, wahrhaft haarsträubende Dinge zur öffentlichen Kenntniß. Es war das Resultat genauer gewissenhafter Untersuchungen, welche in Folge von einer von 60 in Sidney ansäßigen Deutschen der gesetzgebenden Versammlung überreichten Petition, um Abhülfe der auf deutschen Auswanderungsschiffen herrschenden Uebelstände, von einem eigends zu diesem Zwecke niedergesetzten Comité angestellt worden waren. In dieser Petition wurde namentlich darüber Beschwerde geführt, daß an Bord deutscher Auswandererschiffe ein totaler Mangel an geziemender Trennung der Geschlechter bestehe, daß sich im Allgemeinen auf solchen Schiffen kein qualificirter Arzt befinde, daß in keinem der deutschen Seehäfen eine gerichtliche Inaugenscheinnahme der an Bord befindlichen Provisionen für die Reise, sowohl in Bezug auf Qualität als auf Quantität vorgenommen werde, daß die Schiffe zuweilen nicht die hinreichende Mannschaft besitzen, und in Folge dessen die Emigranten selbst bei Tag und Nacht gleich dem Schiffsvolk zur Arbeit genommen werden; daß endlich in mehreren Fällen eine grobe Verletzung des Contracts von Seiten der Schiffrheber vorkam, die betheiligten Parteien gleichwohl nicht im Stande waren, sich bei den Colonial-Gerichtshöfen Recht zu verschaffen, indem die zum Schutze englischer Emigranten in Kraft bestehenden Gesetze und Regulative bisher nicht auch auf die aus Deutschland kommenden Auswanderer in Anwendung gebracht wurden. Der 32 Folioseiten umfassende Bericht des Comité's ist voll der merkwürdigsten Enthüllungen. Die vernommenen Zeugen, von denen wir selbst mehrere persönlich kennen lernten, sind zum größten Theile angesehene Männer aus den verschiedensten Berufssphären, deren Aussagen volles Vertrauen verdienen. —

Wir theilen hier einige dieser Eröffnungen mit, weil wir glauben, daß die Expedition einer deutschen Großmacht vor Allem die Aufgabe habe, jene Mängel und Gebrechen aufzudecken und öffentlich zur Sprache zu bringen, welche das Ansehn des deutschen Volkes im Auslande untergraben und seine Ehre verletzen. Vielleicht gelingt es durch Anführung so haarsträubender Thatsachen, wie der nachfolgenden, die Aufmerksamkeit deutscher Regierungsmänner von neuem auf die hohe Wichtigkeit einer Organisirung des Auswandrungswesens und eines staatlichen Schutzes des germanischen Stammes in fremden Zonen zu lenken, welcher vom politischen, wie vom humanen Standpunkte aus in dem Maaße dringlicher wird, als sich die deutsche Emigration über alle Länder der bewohnten Erde ausbreitet.

Einer der Zeugen, der mit einem Auswandrerschiffe von Hamburg nach Sidney gekommen war, sagte aus, daß in Folge schlechter Verpflegung an Bord der Typhus ausbrach und vierunddreißig Passagiere während der Ueberfahrt starben. Der Schiffsarzt widmete den Kranken so wenig Aufmerksamkeit, daß einmal eine alte Frau thatsächlich in Strohleinwand eingenäht wurde, um über Bord geworfen zu werden, welche sich noch am Leben befand. Sie öffnete während dieser grauenvollen Vorkehrung plötzlich die Augen und frug, was man mit ihr vorhabe? Die Unglückliche war bereits zur Hälfte eingenäht. Der Arzt hatte sie niemals besucht. Am nämlichen Abend starb sie wirklich. Alle Passagiere waren über den Vorfall höchst aufgebracht; es quälte sie der Gedanke, daß vielleicht Mancher von den vielen Begrabenen noch nicht todt war, als er ins Meer versenkt wurde!¹)

Ein zweiter Zeuge, welcher mit der Barke Helvetia von Bremen mit 240 Passagieren in 124 Tagen nach Sidney gesegelt war, gab an, daß schon in den ersten Tagen der Reise Seewasser mit süßem Wasser vermengt zu Kochzwecken gebraucht wurde. Der Capitän bemerkte, man habe nöthig dies zu thun, um das süße Wasser zum Trinken aufzusparen. Es war nur ein einziger Kessel vorhanden, in dem alles gekocht werden mußte. Eines Tages erhielten die Passagiere das Wasser in einem dermaßen ungenießbaren Zustande, daß sie 24 Stunden (bis zur nächsten Rationvertheilung) ohne einen Trunk Wasser ausharren mußten. Man sagte, es tropfe aus einem Fasse verdorbener Heringe in den Wasserbehälter. Dasselbe faule Wasser wurde zur Bereitung von Thee, Kaffee, so wie zum Kochen überhaupt verwendet.

Während des größten Theils der Reise erhielten die Passagiere nur ein Seidel Wasser täglich! Die Nahrung war so karg zugemessen, daß zuweilen Kinder, um ihre Eßlust zu stillen, gierig vom Boden aufhoben und verzehrten, was man den Hühnern als Futter vorgeworfen hatte. Mädchen dagegen, welche mit den Matrosen unerlaubten Umgang pflogen, hatten Nahrung genug, und konnten sogar andern davon überlassen. Als sich einer der Passagiere einmal gegen den Kapitän über die magere Kost und schlechte Behandlung beklagte, erwiederte dieser, „daß für ihn als Oldenburger die Bremer Gesetze nicht bindend seien!"*)

Die für die Auswanderer bestimmten Räume entbehrten jeder Ventilation; die Luft in denselben war äußerst drückend und gesundheitswidrig, und dabei hatte das auf den Schiffen eingeführte System der Vertheilung der Schlafstellen die empörendste Unsittlichkeit zur Folge. Es war nicht die geringste Vorkehrung für Sonderung der Geschlechter getroffen; männlich und weiblich, alt und jung, ledig und verheirathet, Alles lebte und schlief den in nämlichen Räumen zusammen. Das ganze Zwischendeck war zu beiden Seiten zu Schlafstellen eingerichtet, deren jede 6 Fuß Breite und 6 Fuß Länge hatte, und für nur 4 Personen bestimmt war. Da sich dieselben über einander befanden, so pflegte es zu geschehen, daß man z. B. bei einer Familie aus 6 Personen den Vater, die Mutter und die beiden kleineren Kinder in die obere Schlafstelle legen ließ, und vielleicht zwei erwachsene Mädchen in die unterste. Auf diese Weise blieben noch zwei Plätze zu besetzen übrig, und es wurden nun ohne viel sittliche Scrupel zwei junge Männer in die nämliche Schlafstelle gelegt. Obschon sich Kranke und Wöchnerinnen im Raume befanden, stießen die Matrosen des Nachts mit roher Gewalt die Thür auf, sangen ausgelassene Lieder und mischten sich unter leichtfertige Dirnen. Ja selbst Schiffsjungen traten in den Schlafraum und rissen die Bettdecken vom Lager schlummernder Mädchen.

Die Aussage von eilf Zeugen über die Art und Weise, wie seit eine Reihe von Jahren die Beförderung von deutschen Emigranten am Bord des Gottorp, der Helvetia, der Fanni Kirchner, des Cesar Godefroy und anderer deutscher Auswandererschiffe nach Australien ungeahndet und ungestraft gehandhabt wurde, rief allgemeine Entrüstung hervor und einer der Sanitätsbeamten im Hafen von Sidney ließ sich zu der peinlichen Bemerkung hinreißen, „daß keine englische Behörde die Einschiffung von britischen Unterthanen auf Fahrzeugen dulden würde, welche so kleine, finstere, schmutzige und ungesunde Räumlichkeiten besitzen, wie die deutschen Auswandererschiffe", wo überdies nicht die geringste Vorkehrung zur Absonderung der Geschlechter getroffen ist und ärztliche Hülfe häufig gänzlich mangelt!

*) Um einem solchen Betruge abzuhelfen, sollte kein Auswandererschiff clarirt werden, ohne daß dessen Kapitain sich den Gesetzen des respectiven Hafens für die Fahrt unterzuordnen verpflichtet. J. J. St.

Da sich im Laufe der angestellten Untersuchungen herausstellte, daß keiner der in Bezug auf fremde Einwanderung bestehenden Gesetzesacte in seiner dermaligen Fassung für den gegebenen Fall in Anwendung kommen könne, so wurde beschlossen, die Aufmerksamkeit der Kolonial-Regierung auf die schleunigste Vorbereitung und Vorlage eines Gesetzesactes zur Regulirung des Fremdenverkehrs mit auswärtigen Staaten (for regulating tho Passenger's traffic with foreign states) zu lenken. Es wäre jedoch sehr wünschenswerth, daß vorläufig mindestens die wichtigsten Punkte des sogenannten „British Passengers-act" auch für deutsche Auswandererschiffe in Anwendung gebracht und nur solche Schiffe in australische Häfen zugelassen würden, welche den nachfolgenden Bedingungen entsprechen: Bestimmter Raum für Auswanderer; vollständige Absonderung der Geschlechter; genau bezeichnete Gattung und Quantität der zu liefernden Provisionen und des Trinkwassers; gute und hinreichende Medicamente, so wie entsprechende ärztliche Hülfe.

Im Laufe der Zeugenverhöre war vielfach von den Bedingungen die Rede, unter denen Deutsche nach Australien befördert werden, und obgleich die verschiedensten Anklagen hauptsächlich gegen die Schiffscapitäne und die Behandlung während der Ueberfahrt erhoben wurden, so sind doch die Contracte, welche arme deutsche Emigranten mit den verschiedenen Agenten in Frankfurt a. M., in Bremen und Hamburg eingehen, nichts anderes als eine Verbindung zu einer Art Sclavendienst für die Dauer von zwei Jahren gegen sehr geringen Lohn."

Hier folgt die Beschreibung eines beträchtlichen Wuchers mit eigenen Landsleuten; eine Beschreibung, die ein Verfahren beurkundet, welches dem von England aus mit englischen Auswanderern stracks entgegengesetzt ist, das aber dennoch großmüthig genannt werden kann, wenn man es mit den begleitenden Umständen der Parceria-Contrakte vergleicht, welche von dem Brasilianischen Consul Araujo in Hamburg im Jahre 1847 eingeführt, von demselben als Minister-Resident in Preußen 1852 fortgesetzt, und ebenso von ihm als **Außerordentlicher Botschafter und Bevollmächtigter Minister** der Negarbarone zur Blüthe gebracht sind. Diese Parceria-Contrakte warfen durch solidarische Haft die Emigranten mit Weib und Kind in willkürlicher und verschmitzter Weise nur zu oft mit krüppelhaften und geistesschwachen Schicksalsgefährten zusammen, deren Lösung von der prämiiren Verpflichtung bei ihrer Emigration bei der angestrengtesten Arbeit, selbst in 10 mal längerer Zeit, als oben angegeben, unmöglich war. Diese boshafte Niederhaltung der besseren Kräfte mußte nun natürlich Entartung und Verwilderung der mit Krüppeln zusammen gefesselten Auswanderer hervorbringen. Wenn man dies bedenkt, so kann es nicht unerklärlich bleiben, wenn selbst die Besten nach ihrer Befreiung, in einer durch und durch verdorbenen in Auflösung begriffenen Gesellschaft von Unterdrückten oder dem Namen nach freien Negern, Mulatten und entarteten Weißen aufgingen, — in einer Gesellschaft, bei der Religion zur Posse geworden und die Gerechtigkeit die Milchkuh, an der sich Schlangen vollsaugen.

„Die heutige Bevölkerung von Neu-Süd-Wales liefert trotz aller ihrer Laster und Verirrungen den belehrenden und erfreulichen Beweis, was aus einer noch so verderbten Menschenmenge unter gewissen Umständen durch eine verständige Leitung und Benutzung ihrer Kräfte werden kann.

Zwischen hohen Gefängnißmauern in düstere Zellen eingesperrt, die Hände und Füße mit schweren eisernen Ketten gefesselt, auf hartem Lager zu einem lebenslänglichen Nichtsthun verdammt, würden die seit 50 Jahren nach Botany-Bay gesandten Verbrecher dem Staate und der Gesellschaft ohne irgend einen Ersatz ungeheure Summen gekostet und ihre traurige Existenz in einem dumpfen Dahinbrüten über ihr Schicksal und die Möglichkeit, sich an ihren Mitmenschen zu rächen, geendet haben.

Nach einem fremden gesunden, fruchtbaren Lande versetzt, mit der glücklichen Aussicht, durch Arbeit und Thätigkeit sich neuerdings eine ehrliche Existenz zu gründen und sogar zu Wohlhabenheit und Reichthum gelangen zu können, erwiesen sich die nämlichen Menschen ohne erhebliche Kosten von größtem Nutzen für den Staat und die Gesellschaft, indem sie ein bisher so viel wie unbekanntes Land urbar machten und bebauten, und so die Gründer einer Gemeinde wurden, welche gegenwärtig so viele herrliche Keime großartigster Entwickelungsfähigkeit zur Schau trägt, daß Zukunftspolitiker schon jetzt Australien als „das Großbritannien der südlichen Hemisphäre" bezeichnen!"

Ein System, das trotz seiner höchst fehlerhaften, von egoistischen Absichten beeinflußten Durchführung solche Resultate zu erzielen vermochte, kann von einem unbefangenen Beurtheiler unmöglich als völlig verwerflich und unzweckmäßig bezeichnet werden; dasselbe verdient vielmehr bei der Begründung neuer überseeischer Colonien in noch wenig besuchten Theilen der Erde, deren erste Besiedelung mit gewissen localen Schwierigkeiten verbunden ist, ja sogar unter gewissen Umständen, bei der Anlegung von Ackerbaucolonien, in der Heimath selbst die größte Beachtung.

Nur müßte man sich die in Botany-Bay gemachten Erfahrungen zu nutze machen, die Krebsschäden, unter welchen das System bisher in den britischen Colonien, vielleicht mit Ausnahme der musterhaften Deportations-Colonien in Singapore litt, beseitigen, und solche Maßregeln treffen, damit die eigentlichen Zwecke der Deportation, nämlich Strafe durch Verbesserung des Individuums durch Arbeit auch wirklich erreicht, und nicht durch egoistische Nebenabsichten der jeweiligen Administratoren entweder nur halb erzielt oder gar völlig vereitelt werden. Hier folgt ein Vorschlag empfehlenswerther Modificationen in der Durchführung des bisherigen Deportations-Systems, wie es in der letzten Zeit noch in den englischen Colonien in Anwendung ist — diese sind zumeist auf „die werthvolle und erschöpfende Arbeit" des Prof. Dr. Fr. v. Holtzendorff gefußt, und erheischen die eingehendste Kenntnißnahme solcher deutscher Staatsmänner, welche mit Herrn von Holtzendorff die Ansicht theilen, daß auch Deutschland noch sich die Last seiner fast 100,000 Sträflinge zum großen Theil erleichtern und dabei einen Act der Menschlichkeit vollbringen kann.

Wir entnehmen dem Werke noch die folgenden auf diese Eventualität bezüglichen Bemerkungen:

„Die nachhaltige Sorge und der ausreichende Schutz, welche die britische Regierung ihren emigrirenden Unterthanen zuwendet, erweckt in der Brust jedes Patrioten immer wieder von Neuem den Wunsch, daß auch die deutschen Regierungen die Sache der Auswanderung zu einer nationalen Angelegenheit erheben und sich im eigensten Interesse mehr als es leider bis jetzt der Fall war, um das Schicksal und die Zukunft der deutschen Emigranten kümmern möchten. Die vielen Millionen Deutsche, welche seit Anfang dieses Jahrhunderts den vaterländischen Boden verließen, um, über die weite Erde zerstreut, Knechte und Kärner fremder Nationen zu werden, gehen mit ihren gewaltigen Arbeitskräften, denen die meisten der gegenwärtigen Culturstaaten der nordamerikanischen Union ihr Dasein verdanken, für das Mutterland völlig verloren. Ihre Produktion kam allein dem Lande zu Statten, das ihnen, den gleichsam (?) Verstoßenen, ein gastliches Asyl bot! würde sich dagegen das Vaterland derjenigen seiner Söhne annehmen, welche alljährlich aus Erwerbslosigkeit, Unfruchtbarkeit des Bodens oder zeitweiliger Uebervölkerung ihre Heimath zu verlassen gezwungen sind; würde man den Strom der Auswanderung in weiser Berechnung nach Ländern zu leiten sich bemühen, deren glückliche geographische Lage und klimatische Verhältnisse, deren zahlreiche und verschiedenartige Naturerzeugnisse einen unausgesetzten Verkehr mit dem Mutterlande gestatten, nach Ländern, in welchen durch deutschen Fleiß gewonnene Colonialprodukte werthvolle Tauschartikel für deutsche Manufakte abgeben könnten, so dürften nicht nur die Arbeitskräfte vieler deutscher Auswanderer dem Mutterlande erhalten bleiben, sondern es würde sich gleichzeitig der deutschen Nation, ihrem Handel und ihrer Industrie eine neue glückliche Aera erschließen."

NB. Die Regierung von Neu-Süd-Wales hat von 1832 bis 1858 mit einem Aufwande von 1,700,000 £, 110,000 Einwanderer aus England eingeführt.

Die größte Schwierigkeit, welche sich der Ausführung des Deportationssystems entgegenstellt, liegt in der Auffindung geeigneter Oertlichkeiten. Berücksichtigt man die Anforderungen, welche theils aus allgemeinen Strafzwecken, theils aus Humanitäts- und Nützlichkeitsgründen bei der Wahl einer Oertlichkeit für eine Verbrecher-Colonie in Bezug auf klimatische Verhältnisse, die Bodenbeschaffenheit, die Entfernung, die handelspolitische Bedeutung des Landes u. s. w. in Betracht gezogen zu werden verdienen, so dürfte sich die Zahl der herrenlosen Territorien auf der Erdoberfläche, wo eine zwangsweise Colonisation in größerem Maßstabe durchgeführt werden könnte, als eine sehr geringe herausstellen.

Für Deutschland namentlich scheint wenigstens bei seiner dermaligen politischen Gestaltung eine Anlage überseeischer Strafcolonien beinahe unausführbar. Es müßte erst eine großartige Entwickelung seiner maritimen Kräfte vorausgehen. Aber das Mittel einer vertragsmäßigen Deportation wäre schon jetzt geboten, um den gewöhnlichen Kreis einer vertragsmäßigen Deportation zu erweitern. Es ist in dieser Beziehung der Vertrag von Wichtigkeit, welcher zwischen dem General-Consul der freien Stadt Hamburg, James Colquhoun, und den Agenten der australischen Ackerbaugesellschaft bereits im Jahre 1836 vereinbart worden war, und wenngleich derselbe nicht zur Ausführung gelangte, so zeigt er doch, in welcher Weise auch Staaten ohne colonialen Länderbesitz die Deportation in Anwendung bringen könnten. Es handelte sich in diesem Vertrage um die Fortschaffung von Sträflingen, welche sich freiwillig dazu entschließen würden, einen Lohncontract zu unterzeichnen, der sie für eine gewisse Zeit dem Arbeitszwange in Australien unter denselben Bedingungen unterwarf, wie solche gegen englische Sträflinge in Anwendung kamen.*) (Der Transport eines Sträflings von Hamburg nach Australien war damals auf 18 Pfd. St. festgestellt.) Erwacht einmal in Deutschland bei fortschreitender Machtentwickelung der Wunsch und das Bedürfniß nach überseeischem Besitzthum, sind seine maritimen Hülfsmittel ausreichend, denselben zu schützen und zu vertheidigen, dann wird die Wahl der Oertlichkeiten zwar beschränkt, aber die Aufgabe keineswegs unausführbar sein u. s. w.

Freilich dürften die Staatsmänner Deutschlands nicht gar lange mehr zögern, und über die brennenden Fragen der Gegenwart nicht die Zukunft allzusehr aus dem politischen Auge verlieren, denn die Engländer nehmen geräuschlos aber systematisch eine um die andere herrenlose Insel in Besitz, wie sie dieses noch in der neuesten Zeit mit der Adamanen-Gruppe gethan, oder sie lassen sich wie von den herrlichen Fidschi-Inseln durch einen einflußreichen Missionar ein verdächtiges Protectorat antragen, während der Kaiser der Franzosen, mit seinem unwiderstehlichen Hang zu Annexionen, unaufhörlich bemüht ist, geographisch- oder handelspolitisch-wichtige Punkte, wie jüngst erst Neu-Caledonien, sich anzueignen. Ein allzulanges Harren und Warten dürfte somit für den sinnenden Germanen ähnliche Folgen haben, wie in Schiller's schöner Dichtung „des Musensohnes Verspätung", dessen Geschick auch in Bezug auf die politische Stellung des Deutschen gar manchen betrübenden Vergleich aushält! —

---

*) Das erinnert uns an ein erst im Jahre 1860 von N.-S.-Wales nach England gelangtes Ansuchen um einige tausend „down right unadulterated" (tüchtige unbearbeitete) Sträflinge, welche man dort am liebsten hat.

Das in neuerer Zeit arg verschrieene System der Deportation hat gerade in Australien so wesentlich zur Entwickelung des Landes beigetragen, daß es kaum gerechtfertigt werden könnte, von Botany-Bay zu scheiden, ohne unseren Schilderungen einige Bemerkungen über die bis zum Jahre 1840 bestandene Strafcolonie beizufügen. Denn es giebt wohl keinen Punkt der Erde, wo man die Vortheile und Uebelstände des englischen Deportationssystems, so wie dessen Einfluß auf die entstehende Gesellschaft genauer zu studiren und zu prüfen im Stande wäre, als die britische Colonie N.-S.-Wales. Ja wir beabsichtigen sogar dem System, wie es über ein halbes Jahrhundert hindurch in Australien in Anwendung kam, eine ausführliche Besprechung zu widmen, indem uns bei der Unnatürlichkeit unsrer socialen Zustände die Deportation, die plötzliche Versetzung des Verbrechers in völlig verschiedene Lebensverhältnisse, als diejenige Maßregel erscheint, von welcher noch am ersten eine dauernde sittliche Hebung des Individuums erwartet werden kann. Unsre Gefängnisse, namentlich jene, in welchen noch keine Zellenhaft eingeführt ist, sind nur Bewahrhäuser, keine Besserungsanstalten.

Der eingesperrte Verbrecher ist sich selbst und der Gesellschaft zur Last, welcher er nur in den seltensten Fällen gebessert zurückgegeben wird; die Unterhaltungskosten mehren sich jährlich, ohne daß derlei Anstalten durch die Thätigkeit der Sträflinge dem Staate irgend eine erhebliche Einnahme lieferten. In Strafcolonien dagegen arbeitet der importirte Verbrecher eben so zum Nutzen der Gesellschaft, wie in seinem eigenen Interesse. Er öffnet der Cultur, dem Handel und der Industrie neue unermeßliche Länderstrecken. Der schädliche Einfluß gewisser Klimate auf die Gesundheit des Deportirten kann durch verständige Anordnungen auf ein kaum berücksichtigungswerthes Minimum reducirt werden. Auch der freie Ansiedler ist in primitiven Ländern gefährlichen Krankheiten ausgesetzt, aber sie vermindern sich im Verhältniß, als er die Natur zu beherrschen, die Wälder zu lichten, den Boden für den Anbau zu gewinnen, die Sümpfe trocken zu legen beginnt.

Wir glauben kaum, daß sich in den österreichischen Gefängnissen auch nur ein einziger zu 10- oder mehrjähriger Kerkerstrafe verurtheilter Verbrecher finden würde, der nicht geneigt wäre, seinen dermaligen Aufenthalt mit jenem auf einer selbst ihres feindlichen Klimas wegen verrufenen Insel des indischen Oceans zu vertauschen, wenn ihm dabei die Aussicht eröffnet würde, nach einer Reihe von Jahren der Arbeit und redlichen Strebens es daselbst wieder zu einer freien, selbstständigen Thätigkeit bringen zu können. Was aber aus einer unwirthbaren Wildniß durch Zwangsarbeit zu werden vermag und wie sittlich regenerirend die Deportation wirkt, das beweist der heutige Zustand der ehemaligen Verbrechercolonie N.-S.-Wales.

Selbst die verwerfliche Art und Weise, wie dieses System länger als 50 Jahre in Australien und Vandiemensland gehandhabt wurde, konnte dessen günstigen Einfluß auf die Verbrecher nicht ganz aufheben, und einen vorurtheilslosen Beobachter die Vortheile und den Nutzen der Deportation als Strafmittel nicht übersehen lassen."

Sogar den Sträflingen in Australien wird nach Maßgabe der von ihnen geleisteten Arbeit ein bestimmter Lohn bezahlt, um sie auf diese Weise zur Thätigkeit anzueifern und sie die Segnungen des Fleißes anschaulicher und besser erkennen zu lassen. Jeder in gefänglicher Haft befindliche Sträfling erhält nur so viel Nahrung als zur Erhaltung seines Lebens unumgänglich nothwendig ist; alles übrige muß er sich erst durch Arbeit verdienen. Die Früchte seiner Thätigkeit sollen verwendet werden auf die Besserung seiner Nahrung und die Bestreitung der Unkosten der Anstalt, so wie zur Gründung eines Fonds, aus welchem jeder Sträfling bei seiner endlichen Entlassung unterstützt werden soll, und aus dem er schon früher bei guter Aufführung geringe Beträge zur Bestreitung seiner Annehmlichkeiten erhalten mag. Der

Gouverneur empfiehlt den Ankauf von Steinbrüchen und Grundstücken, von welchen sich durch Zwangsarbeit das Material zum Straßenbau und zur Pflasterung gewinnen ließe. Die Kosten, die dem Staate aus der Erhaltung und Verwaltung derselben erwachsen, sind 30 Pfd. Sterl. pro Kopf.

Die Novara-Commission giebt eine Reihe von beherzigungswerthen Vorschlägen zur Durchführung eines besseren Deportationssystems, als das bisher in den Britischen Colonien bestehende — und zwar 1) solle die Assignation der Sträflinge an Arbeitsherren unterbleiben. Die Lage dieser Sträflinge sei um weniges verschieden von der von Negersklaven in der Union, in Cuba und Brasilien. Sie wurden ernährt gleich Zuchtthieren ohne den geringsten Lohn für ihre Arbeit. Der Staat dürfe wohl strafen aber den Nebenmenschen nicht zum Sklaven machen. (Buchstäblich geschieht dieses nur von der Brasilianischen Regierung, die nicht nur eigene Sklaven hat, sondern auch eine große Anzahl von englischen Prisennegern, die ihr als Lehrlinge anvertraut wurden, gleichwie hunderte der ersten Staatsbeamten es thun, als Sklaven bis zum heutigen Tage benutzt.) Dieses Verfahren habe unsägliches Unheil hervorgebracht.

2) Sollen die Arbeitskräfte des Sträflings statt zur Bereicherung einzelner Grundbesitzer zur Förderung communaler oder nationaler Bauten, zur Lichtung und Urbarmachung von Grundstücken, zur Vorbereitnng derselben für spätere freie Colonisten u. s. w. verwendet werden.

3) Die Verpflegung solle nicht ganz gleich sondern verschieden sein für fleißige und nichtfleißige.

4) Von Wichtigkeit für eine dauernde Besserung sei das Band der Familie; deßhalb sei anzuempfehlen, daß in einer Strafcolonie auch für verhältnißmäßige weibliche Bevölkerung gesorgt und es den verheiratheten männlichen Sträflingen gestattet werde, ihre Frauen und Kinder auf Kosten der Regierung nach dem Orte ihrer Verbannung nachkommen zu lassen. Auch könne die weibliche Bevölkerung durch entlassene weibliche Sträflinge vermehrt werden, welche ohnedies im Mutterlande nur mit mehr Schwierigkeit ein ehrliches Fortkommen zu finden vermögen.

5) Der Verbrauch von Spirituosen wäre auf ein Minimum zu beschränken und der von Thee und Kaffee möglichst zu fördern u. s. w.

Wir geben diesen Auszug, weil dieser Gegenstand wohl in einigen Jahrzehnten oder selbst früher bei den Vorpostenarbeiten Deutscher Ansiedelungen leicht für diese so wie für Deutschland selbst von großer Wichtigkeit werden könnte.

Die unglückliche Lage der deutschen Colonisten in Peru.

(Auszug aus der Novara-Reise III. 362.)

Trotz der contractmäßigen Verpflichtungen der Peruanischen Regierung (durch gleich schwindlerische Regierungsagenten wie die Brasiliens in Deutschland) — bereits vor Ankunft der Emigranten die Wege bis zur Colonie von Pozuzu herzustellen und dort eine entsprechende Anzahl Felder mit Mais, Reis, Bohnen und Kartoffeln bestellen zu lassen und Schlachtvieh vorräthig zu haben, damit die Colonisten (302) wenigstens in der ersten Zeit nicht Mangel litten, war auch nicht die mindeste Vorkehrung der Art getroffen worden. Sie mußten oft Monate lang in ungesunder Gegend kampiren und sich die Wege selber machen, und erst anderthalb Jahre nachdem die Auswanderer ihre Heimath verlassen hatten, erreichten sie den Zielpunkt ihrer Wanderung und waren diese ganze Zeit hindurch den unverantwortlichsten Entbehrungen ausgesetzt. — Die Zahl der neu im Pozuzu-Thale befindlichen Colonisten beträgt (Juni 1859) an 100 Personen; der Rest jener Auswanderer-Colonne, welche 1857 aus

Antwerpen in Callao ankam, ist theils gestorben, theils nach Lima und Iquique gegangen, um in den Salpeterminen Arbeit zu suchen. Man erzählte uns, daß dieser verunglückte Versuch der peruanischen Regierung 100,000 Dollars gekostet hat und daß dieselbe keine Ansprüche deshalb an die Colonisten erhebt (von denen wohl auch wie in Brasilien die Hälfte von schurkischen Beamten unterschlagen worden ist.) Die Maßregeln einiger Gouverneure gegen dieselben beweisen jedem gerade das Gegentheil.

Nicht unerwähnt darf hier die Großmuth eines angesehenen deutschen Kaufmannes in Lima, des Herrn Johann Renner gelassen werden, dessen warme Hülfe und thatkräftige Unterstützung den Colonisten so reichlich gespendet wurde, um so mehr als das Loos dieser, welche aus Verzweiflung und Hungersnoth von der Wildniß nach Lima zurückzuflüchten beabsichtigten, um bei der peruanischen Regierung Klage über die Nichterfüllung der gemachten Versprechungen zu führen, sich noch trauriger gestaltete, als jenes der Leidensgefährten, welche in der Colonie zurückgeblieben waren. Viele dieser Flüchtlinge wurden von der ihnen nachstellenden Soldateska und den halbwilden Indianern eingeholt, mit Steinen und Musketenschüssen angegriffen, mit Lazos eingefangen und gefesselt wieder zurückgeschleppt. Die Wenigen, welche dieser grausamen Menschenhetze glücklich entgingen, kamen (einige sogar mit Weib und Kindern) in dem schauderhaftesten Zustande in Lima an, und fanden daselbst bei den Behörden des Landes nur wenig Gehör und Schutz. Man benutzte ihre Noth, ihr Unglück, ihre natürliche Unwissenheit und ihre Unkenntniß der spanischen Sprache, um ihre Arbeitskraft, so lange sie noch welche besaßen, nach allen Richtungen hin auszubeuten.

Während man absichtlich*) die ihnen gemachten Versprechungen und schriftlichen Zusicherungen ignorirte, bestand man um so hartnäckiger auf der stricten Erfüllung der von den Emigranten eingegangenen Verpflichtungen und suchte selbige durch die peinlichsten Strafen zu erzwingen. Man behandelte die armen Deutschen wie Sclaven, sie mußten sich mit dem erbärmlichsten Obdach, mit der dürftigsten Nahrung begnügen, man bürdete ihnen Arbeiten und Dienstleistungen*) auf, welche die emanzipirten Negersclaven zu thun sich weigerten. Bei der geringsten Klage, welche die grausam Betrogenen erhoben, bei den leisesten Ansprüchen, die sie für die genaue Erfüllung jener Punkte ihrer Kontracte geltend machten, welche sich auf ihre Rechte und Begünstigungen bezogen, wurden sie mißhandelt, beschimpft, eingekerkert, ja sogar in Eisen gelegt. Ein in Lima ansässiger englischer Kaufmann erzählte, daß mehrere aus diesem Grunde mit Ketten belastete Unglückliche gezwungen wurden, mit gemeinen Verbrechern zusammengeschmiedet, an öffentlichen Bauten zu arbeiten!

Diejenigen, welche bisher einem ähnlichen Schicksale entgangen sind, wagen nur verstohlen Arbeit zu suchen**), um ihr Leben

---

*) Buchstäblich so, wie es in Brasilien mit den von dessen eigenem Minister in Deutschland contractlich (!) engagirten Colonisten gemacht wird.

) Deutsche also wagen es kaum, verstohlen Arbeit zu suchen und das in einem Lande, von den abgefeimtesten Pfaffen regiert, dessen Weiber fast ohne Ausnahme ehrlos, dessen Männer Assassinen, Spieler und Feige sind, dessen Gerichte wahre Räuberbuden; und dort giebt es wohl einige Dutzend Deutsche **Consuln, vielleicht gar den einen oder den andern Minister-Residenten! Es ist aber auch gar nicht zu verwundern, wenn die Sachen so stehen, wie sie eben stehen, wenn man ein Pack von brasilianischen bevollmächtigten Seelenverkäufern mit Orden und Sternen versieht, und einen solchen Ehrenmann, wie Elmore und Andere, unberücksichtigt läßt. Freilich ist Elmore Engländer und würde also nach seiner Nationalsitte sich nicht viel aus einer Decoration machen, aber eine Anerkennung wie ein prachtvolles Exemplar eines auf

zu fristen, indem sie beständig gewärtig sein müssen, von den Häschern aufgefangen und zur Erfüllung ihrer kontractlich eingegangenen Verbindlichkeiten gezwungen zu werden. Wie strenge und rücksichtslos die peruanischen Behörden in dieser Beziehung verfahren, mag am besten nachfolgender Fall beweisen. Herr Friedrich Elmore, ein in Lima ansässiger geschätzter englischer Kaufmann, welcher sich große Verdienste um die Linderung des Looses unserer armen Landsleute erworben, hatte die Absicht, zwölf derselben in seinem Etablissement zu Iquique bei der Gewinnung von Salpeter zu verwenden, und wollte dieselben in einem Schiffe dahin senden, als im Moment, wo der Dampfer die Anker lichtete, der Gouverneur von Callao sie festzunehmen und auszuschiffen befahl. Erst nachdem Herr Elmore für jeden derselben eine Caution von 1000 Dollars mit der Verpflichtung erlegt hatte, bei der ersten Aufforderung die Arbeiter der peruanischen Regierung zur Verfügung zu stellen, wurde ihre Beförderung nach Iquique gestattet.

Die schmerzliche Thatsache, daß namentlich österreichische Staatsangehörige als die Parias unter den Einwanderern betrachtet werden, daß selbst ihre gerechtesten Ansprüche nirgends Schutz und Berücksichtigung finden, muß wohl hauptsächlich dem Mangel einer entsprechenden Vertretung in überseeischen Ländern zugeschrieben werden. Längs der ganzen Westküste des amerikanischen Continents von der Magelhaensstraße bis Kalifornien besitzt Oesterreich ein einziges Consulat (und ein einziges tüchtiges wäre besser als 50 wahrhafte Spott-Consulate, wie sie das übrige Deutschland vornehmlich in Brasilien besitzt, von denen fast die Hälfte nicht einmal von Deutschen verwest, oder vice-verwest und im nationalen Sinne geradezu verwesen sind), in Chili, und das wird nur von einem Honorar-Consul, einem allerdings hoch angesehenen, einflußreichen Kaufmanne in Valparaiso, verwaltet. Auf den Südsee-Inseln, auf Neu-Seeland, in Australien, in China (mit Ausnahme von Hongkong), auf den Philippinen, ja sogar in Point de Galle, und auf dem für die Handelsinteressen so wichtigen Singapore, ist der Kaiserstaat bis zur Stunde noch gar nicht vertreten. Daß auch das große deutsche Reich mit 70 Millionen Menschen in den außereuropäischen Ländern nur theilweise und sehr mangelhaft repräsentirt erscheint, bleibt ein geringer Trost und macht höchstens den Zustand noch unerträglicher. Das Schicksal der Tyroler in Pozuzu und in Lima ist nur eine betrübende Wiederholung jener Leiden und Drangsale, welchen deutsche Auswanderer in den verschiedenen Ländern der Erde ausgesetzt sind, und in neuster Zeit namentlich in Brasilien, Australien und Mittel-Amerika ungeahndet erdulden mußten. Zwar haben mehrere deutsche Regierungen, Bayern voran, vor Jahren den Antrag auf eine gemeinsame Organisation der Auswanderung gestellt, damit die Emigranten nicht wie bisher dem Zufalle und der Speculation preisgegeben bleiben, sondern in angemessenere Gegenden versetzt, durch Fleiß und Arbeit Aussicht auf eine sichere Existenz gewinnen, dabei ihr Deutschthum, Sprache und Sitten bewahren, und mit ihrem Vaterland in einer, beiden Theilen zum Vortheile gereichenden Beziehung verbleiben könnten. Allein, trotz der Wichtigkeit dieses Antrags für die Förderung deutscher Interessen jenseit des Meeres, trotzdem, daß man dadurch nicht nur eine Rechtspflicht, sondern zugleich einen Act der Humanität und weisen Politik erfüllen würde, geschah nichts, um der bisherigen Schutzlosigkeit der deutschen Nation in fremden Erdtheilen zu begegnen und namentlich das Loos armer Auswanderer zu verbessern und zu sichern.

Es ist ein peinliches Gefühl für den deutschen Reisenden, und noch peinlicher ist es, dasselbe auszusprechen, aber der Zustand der

---

Staatskosten gedruckten Werkes dürfte er sicher sehr hoch halten, als Zeichen des Volksdankes, der heute, obwohl verspätet, immer noch ehrenvoller für die Nation wäre, als wenn man wahres Verdienst gar nicht berücksichtigt.

deutschen Auswanderung ist nur eine Wiederspiegelung der Zerfahrenheit des deutschen Volks zu Hause, der geringen Einheitlichkeit seiner Regierungen selbst in den wichtigsten Lebensfragen.

Um der deutschen Nation zu jener Machtstellung auf Gottes weiter Erde zu verhelfen, zu welcher es ihre Intelligenz und ihr Einfluß auf den geistigen und materiellen Fortschritt anderer Völker berechtigt, ist vor Allem eine gemeinsame Consular- und maritime Vertretung Deutschlands in fremden Ländern nöthig. Das jetzige System, daß sich jeder winzige deutsche Staat durch einen besonderen Ehrenconsul vertreten läßt, der häufig nicht einmal ein Deutscher, immer aber selbst Handeltreibender ist, muß aufgegeben und in jedem wichtigen Handelsplatz ganz Deutschland, durch Einen besoldeten, unabhängigen Consul repräsentirt, die commerciellen Interessen gemeinsam durch Eine Marine bewacht und geschützt werden.

Oesterreich steuert jährlich an zwei Millionen Gulden in Silber zur Erhaltung und Erbauung deutscher Bundesfestungen bei, es unterhält zugleich in diesen Festungen Truppen, deren Versorgung eine weitere Summe von zwei Millionen Gulden erfordert; warum sollten andrerseits die deutschen Staaten nicht auch eine entsprechende Geldquote für eine gemeinsame Flotte, für die Aussendung von Kriegsschiffen zur Hebung und zum Schutze des deutschen Ansehens, zum Schutze des deutschen Handels und der deutschen Emigration in überseeischen Ländern beitragen?

Nur wenn die deutsche Nation es einmal dahin bringt, eine gemeinsame Consular- und maritime Vertretung nach Außen zu besitzen, wird auch das Loos ihrer ausgewanderten Söhne ein minder trauriges sein, und der Deutsche nicht länger mehr, wie dermalen, mit Beschämung, sondern mit Stolz sich seines Vaterlands erinnern und seinen germanischen Ursprung preisen. So lange dieses nicht sein kann, ist die Ab- und Ausweisung aller Gesandten, Consuln oder selbst des reisenden Eingebornen der Länder, die sich an deutschen Auswanderern schlecht bewiesen, ein vollständig genügendes Surrogat einer Flotte, unfehlbar wirksam, und vollständig kostenlos. —

Dr. Karl von Scherzer's Bemerkung über französische und englische Colonisation. („Reise der Novara III. 218.")

„Die Franzosen haben einmal kein Glück mit ihren Colonisationsversuchen, sie sind keine practischen Kolonisten. Diese Wahrnehmung wird doppelt auffällig in der südlichen Hemisphäre, wo sie von englischen Colonien umgeben sind. Wohl haben auch die Engländer ihre Besitzungen in Ozeanien, Australien, Asien u. s. w. meist nur durch Acte roher Gewalt an sich gerissen, und Niemand kann vom humanen Standpunkt aus jene Mittel billigen, durch welche sie sich zu Herren der herrlichsten und fruchtbarsten Länder der Erde machten. Was waren aber die versöhnenden Resultate dieser Gewaltacte, dieser faits accomplis? England hat jene naturbevorzugten Inseln und Kontinente mit ihren thatlosen, hinsterbenden Menschenracen dem unbeschränkten Verkehr aller handeltreibenden Nationen geöffnet, es hat sich bemüht, durch freie Institutionen arbeitsfähige Colonisten anzuziehen, die Naturschätze der besetzten Länder durch die Hand der Wissenschaft und Forschung zu heben und zum Nutzen Aller auszubeuten, es hat den Samen christlicher Kultur bis in die entferntesten Theile der Erde getragen, und selbst den wildesten Völkern die Energie, Arbeitstüchtigkeit und den sittlichen Ernst, ein Gefühl der Achtung und Bewunderung für die geistige Ueberlegenheit, für die Macht und Größe der weißen Race aufgedrungen. Unter dem Einfluß liberaler, aber sittlich strenger Gesetze würde auch bald Tahiti sich zu einem Emporium in der Südsee, zum Singapore Ozeaniens emporgeschwungen haben. Unter französischem

Protectorate dagegen ist die Insel mit ihrer von jeher zur Frivolität und Sinnlichkeit geneigten Bevölkerung in der That das geworden, was sie einmal ein französischer Seefahrer scherzweise nannte: „La Nouvelle Cithère“ “ *)

Von den englischen Colonieen in Westindien haben sich besonders zwei seit Aufhebung der Negersklaverei zu ansehnlichem Wohlstand aufgeschwungen und die Masse ihrer Erzeugnisse alljährlich vervielfältigt: Barbados und Guyana. In Barbados hat der befreite Neger dem Pflanzer die nämlichen Dienste geleistet, und diese haben dem Pflanzer dieselben Vortheile abgeworfen, als er in der Sklaverei von den Leuten zieht. Barbados aber befand sich in der unerhörten Lage, daß jedes urbare Fleckchen der Insel bereits angebaut war und seinen Eigenthümer hatte. Bei starker Uebervölkerung blieb den Schwarzen nichts mehr übrig, als sich gegen mäßigen Lohn an die Pflanzer zu verdingen. Sie mußten arbeiten, wenn sie nicht hungern wollten.**) Die andere Colonie, die sich zu höherem Gedeihen nach Aufhebung der Sklaverei emporschwang, nämlich Guyana, verdankt dagegen ihre blühende Lage nicht den befreiten Negern, denn diese hörten kaum die Glocke ihrer Freiheit schlagen, als sie sich völlig von den Pflanzungen zurückzogen und sich seitdem nur selten und nur gegen hohen Lohn ihren ehemaligen Herren verdungen haben. Die Pflanzerwirthschaft wird sich niemals auf das Angebot freier afrikanischer Arbeit begründen lassen, nicht sowohl, weil diese sehr kostspielig, sondern weil das Angebot nicht stetig und regelmäßig erfolgt. Soll der Pflanzer etwas unternehmen können, so muß er mit Sicherheit darauf zählen können, zur Zeit der heißesten Arbeit die nöthigen Hände zu finden. Der Neger dagegen will sich nicht binden, sondern nur arbeiten, wenn er hungert, und faullenzen, bis er hungert. Daher sind in Guyana die freigesprochenen Sklaven sämmtlich zum sogenannuten Freisquatterleben übergegangen Sie kaufen den Grund und Boden der verlassenen ehemaligen Pflanzungen nnd siedeln sich gemeinsam in Dörfern von 1000 bis 1500 Feuerstellen an, wo sie in einer Art von Communismus leben, entweder Gemüse in ihren Gärten ziehend, um die Früchte nach den städtischen Märkten zu bringeu, oder auf Zwergpflanzungen Zuckerrohr bauend, oder endlich sich dann und wann auf kurze Zeit gegen Lohn den Pflanzern verdingend. welche die Arbeit der Schwarzen deswegeu gut bezahlen, weil sie als geschulte Arbeiter besser zu benutzen sind als die Fremdlinge.***)

Die neue Flor des britischen Guyana beruht auf der Einführung asiatischer Arbeit, die von den Behörden besorgt und überwacht wird.

*) Bedeutungsvoll ist die von dem jetzigen Gouverneur von Tahiti, vormaligen Commissaire Imperiale in Cayenne, Hrn. Dr. von Scherzer gegebene aufrichtige Auskunft über die gräuelhafte Colonisationsweise in letzter Colonie, und bestätigt durchaus die von Dr. von Holtzendorff bereits vor drei Jahren hierüber gemachten Enthüllungen in dessen Schriften: „Die Resultate der französischen Strafrechtspflege und die Zwangscolonisation in Cayenne", sowie in dessen „Deportation als Strafmittel alter und neuer Zeit rc."

**) Sollten die Vereinigten Staaten, wie wir nicht glauben können, darauf eingehen, emancipirte Neger auch für die winzigen deutschen Inseln St. Thomas und St. Croix herzugeben, so würden diese, weil dort bereits Ueberbevölkerung besteht, in einen unglücklicheren und hoffnungsloseren Zustand gerathen, als in der Sklaverei selbst. Es würde dort ein größerer Menschenwucher von den Dänen getrieben werden, als von den Peruanern auf den Chicha-Inseln.

***) 100 Chinesen leisten in gleicher Zeit so viel als 150 Hindus. Es giebt Portugiesen, die auf obige Weise eingewandert sind, die durch ihre Genügsamkeit und unermüdliche Erwerbslust sich schon große Vermögen erworben haben, und Etliche davon haben sogar 6—700,000 Frs. in der Coloniebank stehen.

Der Gouverneur der Colonie versammelt jedes Jahr die Pflanzer in Demerara und ermittelt durch sie das Bedürfniß an neuen Arbeitskräften für das nächste Jahr, und nach diesem Maßstabe ertheilt er seine Befehle an die Auswanderungsagenten in Calcutta, Madras und auf Hongkong. Treffen die bestellten Asiaten ein, so vertheilt der Statthalter sie nach Gutdünken an die Pflanzer. Man sieht sogleich, daß auf diese Art der Gouverneur die Pflanzer vollständig in seinen Händen hat, und diese mehr oder weniger von seiner Gnade und seinem Wohlwollen abhängen. Die Einführung eines chinesischen Kuli bis Demerara erfordert einen Aufwand von 120—125 Gurd oder ca. 180 Thaler, der Ankömmling wird aber dem Pflanzer für 80 Gurd oder ca. 110 Thaler überlassen, da der Rest der Uebersiedelungskosten von der Colonie getragen wird. Der Pflanzer zahlt entweder sogleich an den Colonialschatz oder in fünfjährigen Raten, in welchem Falle er das Darlehen mit 6 pCt. verzinsen muß; allein von dieser kostspieligen Gestundung wird nur ausnahmsweise Gebrauch gemacht.

Der indische Kuli kostet der Regierung etwa 75 Gurd und wird dem Pflanzer um 50 Gurd überlassen. Die Portugiesen, welche von Madeira oder den Capverdischen Inseln auswandern, werden dagegen nur um 18 Gurd abgegeben, obgleich ihre Uebersiedelung 17 Gurd kostet. Endlich werden alljährlich noch eine Anzahl Neger gelandet, die von aufgebrachten Sklavenhändlern herrühren, und welche der Gouverneur unentgeldlich oder gegen Erstattung von etlichen Pence für das Vertragsformular an die Pflanzer abgiebt. Alle Verträge lauten übrigens bei den Chinesischen Einwanderern auf die Dauer von fünf, bei den Negern auf drei, bei den Hindus auf zehn und bei den Portugiesen auf zwei Jahre. Der Chinese kann sich indessen schon nach Verlauf des ersten Jahres freikaufen, wenn er seinem Herrn je 15 Gurd für jedes noch übrige Dienstjahr erstattet, und dem Portugiesen steht das Nämliche unter den entsprechenden ähnlichen Bedingungen nach Ablauf von sechs Monaten frei.

Der Hindu dagegen muß volle fünf Jahre ausharren, dann kann er sich entweder auf neue fünf Jahre verdingen oder auch einen eigenen Hausstand begründen. Hat er volle 10 Jahre in der Colonie gelebt, so erwirbt er damit das Recht der kostenfreien Rückkehr in seine Indische Heimath und nicht blos für sich, sondern auch für seine Familie. Von diesem Recht mag indeß nur ein Theil der Einwanderer Gebrauch machen, denn seit 1838 sind nur 4638 Personen unter einer Gesammtzahl von 35,600 Köpfen in die Heimath zurückgekehrt. Nur wenige Hindus verdingen sich indessen nach Ablauf ihrer fünfjährigen Dienstzeit von Neuem, obgleich die Pflanzer solchen erfahrenen Arbeitern hohe Löhne bieten. Der genügsame Hindu besitzt nämlich schon nach Ablauf seiner fünfjährigen Dienstzeit so viel Ersparnisse, um einen eigenen Hausstand zu begründen. Außerdem haben sich unter den befreiten Kulis Actiengesellschaften gebildet, um Viehzucht zu betreiben. In der Umgegend von Demerara giebt es viele Heerden, die solchen Indischen Actionären gehören, und in Berbice existirt eine große Gesellschaft, die nicht weniger als 200 Häupter Großvieh und 2000 Ziegen besitzt. Mit Fleiß und Genügsamkeit bringt es fast jeder Hindu mit der Zeit zu ansehnlichen Ersparnissen, denn die 1923 Rückauswanderer, welche 1854 bis 1859 Guyana verließen, nahmen 193,649 Gurd in baarem Gelde, also 100 Gurd oder 250 Fl. oder 140 Thlr. pr Kopf (einschließlich der Frauen und Kinder) und etwa einen gleichen Werth an Geschmeide aus der Colonie mit in die Heimath.

Die Deutsche Auswanderung nach Nord-Amerika.

Wenn die amer.-rom. Race die Germanische durch Trägheit entnationalisirt, ja wir können wohl sagen, entnaturalisirt hat, so ist der Deutsche Charakter, durch die Geschwindigkeit und Energie des Yankee's angesteckt, in Nordamerika nicht minder verloren gegangen. Julius

Fröbel sagt sehr richtig, daß der Nordamerikaner eine abstrakte Leidenschaft für hastige Thätigkeit habe, auch wenn er dabei nichts gewinne; er zöge das schnellste Schiff vor, selbst wenn es das gefährlichere wäre und er gar keinen Grund zur Eile habe. — Durch diese rastlose Geschäftigkeit, welche fast etwas Fieberhaftes für jeden neuankommenden Europäer hat, wird ein so starker Realismus erzeugt, daß er den vollkommensten Gegensatz zu der idyllischen Beschaulichkeit des Deutschen bildet. Treffend bezeichnet es darum Fröbel als einen Salto Mortale, welchen Jeder zu machen hat, der sich aus Deutschen Verhältnissen in diejenigen des Yankeelandes versetzt. Dasselbe ist und bleibt für ihn im vollsten Sinne des Worts eine „neue Welt," die ihn zwingt, ein völlig anderer Mensch zu werden, wenn er nicht binnen Kurzem als Besitzloser auf die niederste Stufe der dortigen Menschheits-Leiter gesetzt sein will. Um die ganze Härte dieser Thatsache zu verstehen, hat man sich schon lange eines vortrefflichen Vergleiches bedient. Der Jude, sagt man, bietet hier zu Lande das Bild eines der rührigsten, spekulativsten und schlauesten Arbeiter; wenn derselbe aber die Schwelle des Yankeelandes betritt, findet auch er, daß er hier erst seine hohe Schule gefunden, in welcher selbst er nochmals von vorn zu beginnen gezwungen ist. Wir sind weit davon entfernt, einen Zustand zu tadeln, in welchem Jeder auf die eigene Kraft angewiesen, Jeder nur selbst Etwas aus sich zu machen im Stande ist. Im Gegentheil nennen wir diesen Zustand geradezu das Fundament eines demokratischen Staatslebens, (obschon er auch in dem am meisten monarchisch, aber zugleich constitutionell gesinnten Lande der Welt, in England besteht), da er dem Individuum gestattet, in unbeschränkter Freiheit seine Kräfte und Talente zu entwickeln. Wer indeß unter den völlig entgegengesetzten Verhältnissen des Deutschen Vaterlandes, unter dem niederhaltenden Einflusse scharfgezogener Grenzen für jede Art der Arbeit, unter Kastenwirthschaft, Gewerbezwang, Polizei-Bevormundung u. s. w. aufwuchs, der hat unter allen Umständen jene Beweglichkeit verloren, die in dem Norden der neuen Welt unbedingt verlangt wird, und diesen so groß in seiner materiellen Entwickelung gemacht hat. Hier zu Lande, wo Jedem seine Sphäre angewiesen ist, in der er allein erfolgreich wirken kann, wenn er nicht gegen tausende von Hindernissen und Vorurtheilen ankämpfen will, hier zu Lande nistet sich bei einer solchen Theilung der Arbeit ein unbedingtes Vertrauen zu dem eben Bestehenden ein. Dort, wo man heute Stiefelputzer, morgen Schulmeister, Prediger, Advokat, Arzt u. s. w. oder Alles in Allem sein kann, wenn nur die Kräfte und Talente ausreichen, dort heißt es, bei jedem Schritt die Augen aufthun, um nicht übervortheilt zu werden. Das aber ist dem Deutschen, welcher an Prüfungen und Examen wie an das Evangelium glauben lernte, so neu und unerhört, daß er diesen Staatszustand bald mit dem Worte „Schwindelei" bezeichnet und sich unter dessen Einwirkungen unglücklich fühlt. Hunderte von Urtheilen, von einsichtsvollen und aufrichtigen Deutschen, die eine lange Erfahrung in Nordamerika gemacht haben, bezeugen dieses und unter ihnen Niemand besser, als Herr Otto Ruppius in seinen so anziehenden tiefsinnigen Schriften. Selbst der Unbefangenste und wirklicher Freiheit aufrichtig Ergebene sagt sich, daß jede Freiheit auch ihre gewissen Schranken haben müsse, daß man eben nicht Alles vereint in Einen Topf werfen könne, wenn aus diesem Gebrau nicht endlich der wüsteste Humbug hervorgehen soll. Daß es unter solchen Umständen nur Solche zu Etwas bringen, die entweder in früher Jugend auswanderten oder, mit derber Willenskraft begabt, ein Ziel unverrückbar vor Augen haben, auf welches sie alle Kraft des Leibes und Geistes concentriren, das liegt unverkennbar auf der Hand. Die Freiheit der Bewegung in Nordamerika erschwert zugleich, wo sie zu erleichtern scheint. Wo es keinen festen Beruf giebt, da kann der unter strenggeregelten Berufsverhältnissen aufgewachsene und Mann gewordene Deutsche, selbst von den demokratischesten Ideen beseelt, nur mit Schrecken inne werden, wie conservativ doch eigentlich der National-charakter des Deutschen ist, und wie wenig er zu dem echten Yankee paßt. Er, der so viel Werth auf Bildung und specielle Kenntnisse legt, findet zu seinem Schrecken, daß gesunder Menschenverstand, Entschlossenheit, Charakter und Beweglichkeit mehr wiegen, als alle aus dem Blute seines Gemüthslebens aufgeschossenen Blumen der Bildung und Geschicklichkeit. Der Deutsche ist eben das tiefste Gemüth, während der Anglo-Amerikaner der stärkste, aber auch rücksichtsloseste und materiellste Charakter ist.

Das aber ist noch nicht Alles, was dem Deutschen so leicht das Leben in der amerikanischen Union verleidet. Dem familienhaftesten Volke entsprungen, kann er nur mit tiefster Wehmuth bemerken, wie verwahrlost im Allgemeinen das auf die Spitze getriebene republikanische Prinzip die amerikanische Jugend fortdauernd macht. Ich besitze Freunde in der Union, sagt Prof. Dr. K. Müller, welche gerade um dieses Grundes willen sich entweder geradezu nach dem alten Vaterlande oder nach den dichtesten Urwäldern sehnen, nur um ihren Kindern das böse Beispiel fern zu halten, und den schönen einigen Geist ihrer Familie zu hüten.

Unter solchen Verhältnissen bliebe dem Deutschen in Nordamerika, um dem Einflusse der Yankee-Jugend auf die deutsche Kindheit zu entgehen, nichts weiter übrig, als sich massenhaft bei und nebeneinander niederzulassen. Das ist indeß leichter gesagt, als gethan. Wenn wir oben, den beschaulichen Charakter des Deutschen mit dem stürmisch-energischen des Yankee vergleichend, zu dem Resultat kamen, daß Letzter auf realistischem Boden unfehlbar der Meister des Deutschen sei, so folgert sich auf's Neue daraus, daß der Deutsche, einmal in das Yankeeland versetzt, nur in unmittelbarer Berührung mit dem Anglo-Amerikaner diejenige energische Initiative gewinnen wird, die seinem ursprünglichen Charakter fehlt. So groß auch die Bedeutung der deutschen Bevölkerung für die Entwickelung der Vereinigten Staaten ist und bleiben wird, so hätte sie doch — darüber sind alle Vorurtheilsfreien einig — aus eigener Kraft niemals mit dieser Schnelligkeit die riesige Entwickelung der materiellen Seite des Lebens herbeiführen können. Es wäre folglich mit anderen Worten nicht zu wünschen, daß auf dem Boden der Vereinigten Staaten die Deutschen ein abgesondertes Element bilden, wenn nicht der ganze Jammer des Mutterlandes, die ganze deutsche Zerfahrenheit dem Yankee gegenüber auf's Grellste hervorstechen und die Existenz der deutschen Niederlassungen auf's Höchste gefährden soll. Die Deutschen in Nordamerika können sich keinen Augenblick darüber täuschen, daß sie, zwischen dem Yankee lebend, nur dazu bestimmt sind, in der anglo-amerikanischen Masse aufzugehen und zum Glück für diese wiederum, derselben denjenigen idealeren Beisatz zu verleihen, welcher dem Yankee so auffallend mangelt. — Auf alle Fälle aber wird hierdurch für das deutsche Mutterland nichts gewonnen. Wo das deutsche Wesen höchstens als Hefe für den anglo-amerikanischen Most dient, und wo der Deutsche, wahrte er auch die Sprache seiner Väter noch so rein, weder im Gemüth noch im Geiste Deutscher bleiben, mit Leid und Freud an den Schicksalen des alten Vaterlandes theilnehmen, noch weniger zu Zeiten großer Kriegskatastrophen die Partie des Vaterlandes ergreifen kann, da ist für das Letztere eben auch der Mensch so gut wie verloren, und mit diesem Vergessen das halbe Gefecht in dem großen Entwickelungskampfe der Staaten.

Man kann sich daher auch nicht wundern, daß Letzterer instinktiv gegen das deutsche Ferment reagirt. Wie gegen die Iren verhält sich der Yankee auch gegen die Deutschen. Weit entfernt, ihre guten Eigenschaften anzuerkennen, hält sich derselbe mit wahrhaft olympischem Stolze für das Urbild eines Herrn dieser Welt und ist damit schon seinem hochmüthigen Wesen nach dem „Knownothingismus" bewußt oder unbewußt verfallen, mag er auch jetzt, wo der Deutsche so unentbehrlich ist, diesen für eine Zeit zurückdrängen. Mit gemüthlichem Behagen haben die Vereinigten Staaten die Hunderttausende verschluckt, welche alljährlich, vertrieben durch Noth und Mißstände aller Art, mit ungeheurem Kapital, mit physischer und geistiger Arbeitskraft in ihren großen Magen strömten. Kein Wunder, daß die Yankees endlich glaubten, gar weiter nichts zu thun haben, als wie ein Wallfisch das Maul nur recht weit aufzusperren, um durch ihre Barten hindurch die angenehme Beute zu filtriren. Kein Wunder, daß endlich die Partei der Knownothings auftauchte, welche sich wohl den Strom der Einwandrer gefallen ließ, aber nichts davon wissen wollte, denselben auch ihre gleichen Rechte einzuräumen, vielmehr Jeden von allen öffentlichen Staatsämtern auszuschließen trachtete, der nicht auf Yankee-Boden geboren war. So unvernünftig und unklug diese Fremde behaglich Aufnehmenden aber zugleich Hassenden auch handelten, indem sie auf Kosten des Fleißes die Faulheit, auf Kosten der Sparsamkeit die Verschwendung und den Luxus für sich in Anspruch nahmen: so wenig sind sie doch bis heute ausgerottet. Noch heute sehen wir in den Wirren Nordamerika's, wie sie sich zwar die kriegerische Kraft der Deutschen gern gefallen lassen, aber sofort auf die Hinterbeine treten, wenn einer dieser Deutschen durch seine Erfolge Ansprüche an den höchsten Lohn befürchten läßt. Man gebraucht eben die deutsche Kraft wie einen Fußschemel, auf welchem man sich kopfhoch über die andern bequem erhebt. Man räumt ihnen gern das Vorrecht ein, zu karren und zu ackern, Holz und Wasser, Stein und Mörtel herbeizuschleppen; allein den Baumeister wünscht der Yankee selbst zu spielen Heloten dürfen die Deutschen sein, so viel sie wollen und können; von einer Gleichberechtigung im amerikanischen Staatssysteme aber soll keine Rede sein bei diesen modernen Spartanern. „Wenn ich aufgefordert würde — schreibt bereits der edle Washington mitten aus dem Kriegslager, das die Unabhängigkeit Nordamerika's mit Gut und Blut auszufechten hatte — nach dem was ich gesehen, gehört und aus Erfahrung weiß, ein Bild der Zeit und der Menschen zu entwerfen, so würde ich sagen, daß Müßiggang, Ausschweifung, Verschwendung fast überall herrschen; daß Speculation, Veruntreuung öffentlicher Gelder ein unersättlicher Durst nach Reichthum die Oberhand erlangt zu haben scheinen; daß Privatstreitigkeiten, persönliche Zänkereien das Hauptgeschäft des Tages bilden, während die Angelegenheiten des Reiches, die Noth und das Elend des Heeres von Woche zu Woche verschoben werden." So schrieb der Vater der Union vor mehr als 80 Jahren, und so ist es noch heute. Der ganze Staatsorganismus hat sich nie gräßlicher gezeigt, als in dem Ausbruch der heutigen Wirren, die eine Feilheit an den Tag legten, wie sie schwerlich je in Rußland oder anderwärts bestand; eine Feilheit, die sich von den niedersten bis auf die höchsten Stufen erstreckte.

Auf dem Thurme des Staatenhauses zu Philadelphia läutete man am 4. Juli 1776 zur Feier der Unabhängigkeitserklärung eine Glocke, auf welcher die Worte eingegraben waren: „Verkünde Freiheit dem ganzen Lande und allen seinen Bewohnern!" Wie viel hierzu die Deutschen beigetragen, muß man in der Geschichte des Unabhängigkeitskrieges, in der Geschichte der deutsch-amerikanischen Colonien, namentlich Pennsylvaniens, in der Geschichte des Generals v. Steuben, eines Ziegler, Fersen, Glasbeck, Rudolph und v. Kalb nachlesen. Es war dieselbe Geschichte, die sich heute in gleicher Weise mit einem Schurz, Sigel, Blenker, Hecker und so vielen Andern zuträgt, welche den Kampf wahrer republikanischer Freiheit gegen Sklaverei kämpfen, während der Yankee nach wie vor in den großen Hauptstädten des Nordens Dasselbe wiederholt, was schon Washington zu seiner Zeit von ihm sagte, wenn er schrieb: „Eine Gesellschaft, ein Concert, ein Diner, ein Souper, die 3—400 Dollars kosten, sind Ursache, daß so Manche nicht nur Nichts für uns thun, sondern kaum daran denken, daß Etwas zu thun sei; während ein großer Theil der Offiziere unseres Heeres aus Noth den Kriegsdienst verläßt, und nur die Tugendhafteren Noth und Elend dem Rücktritt vom Heere vorziehen." Nun vergleiche man die staatsmännischen Prinzipien des

Knownothingismus mit dem in diesem Satze Gegebenen, und wenn uns dann nicht die Galle überläuft über den olympischen Hochmuth des Yankee gegen den Deutschen, so laufen wir allerdings Gefahr, nie ein tieferes deutsches Nationalgefühl in uns zu entwickeln.

Alles aber in Allem betrachtet, ist Nordamerika nicht mehr das Land, daß den Ueberfluß unserer physischen und geistigen Kräfte verdient. Zu eng auch ist das Loos unseres Vaterlandes mit seinen Auswanderern verknüpft, als daß wir nicht ernstlich daran denken sollten, sie uns dadurch zu erhalten, daß wir sie nicht mit einer andern Rasse verschmelzen lassen. Um dies jedoch am Leichtesten zu erreichen, um die großartigste Wechselwirkung zwischen Mutterland und Auswanderer in Bezug auf Handel und Entwickelung einer nationalen Flotte möglich zu machen, dazu giebt es nur Ein Mittel, und dieses heißt: die Platastaaten für Deutschland erschließen!

Die Heimstätte-Bill, welche von dem Repräsentanten-Hause bereits im Monat Februar, vom Senate am 6. Mai angenommen, von Präsident Lincoln am 20. Mai d. J. bestätigt worden ist, gestattet die unentgeltliche Besitznahme von 160 Acres*) Staatsland an allen Punkten der Vereinigten Staaten, wo solches vermessen und zum Verkaufe sich bereit findet, Seitens jedes amerikanischen Bürgers oder Eingewanderten, der die Erklärung abgegeben hat, daß er Bürger werden will, gegen die Entrichtung von 10 Dollars als Registratur-Gebühr. Der finale Besitztitel wird ihm nach Verlauf von 5 Jahren, während der er persönlich das Land besessen und es nie auf längere Zeit als 6 Monat verlassen hat, ausgefertigt. Stirbt er vor dieser Zeit, so geht der Besitztitel mit allen Rechten und Verpflichtungen auf die Erben über. Will der Acceptant den gesetzlichen Eigenthumstitel vor Ablauf der 5 Jahre ausgefertigt haben, so geschieht dies gegen Entrichtung von einem halben Dollar per Acre.

Die Bremer Deutsche Auswanderungs-Zeitung, als Vertreter der ausschließlichen Emigration nach den Vereins-Staaten, macht folgende Bemerkung: „Es bedarf wohl von unsrer Seite keiner besonderen Hinweisung, daß dieses Gesetz eine große Wohlthat für Millionen von Menschen diesseit und jenseit des Oceans in sich schließt. Die Folgen desselben sind von der deutschen Presse bereits mehrfach gewürdigt und werden bald deutlich zu Tage treten. Wer im Vaterland ein paar gesunde Arme und guten Muth hat, wird künftig nicht mehr darben oder sich drücken lassen, sondern wird nach Amerika ziehen, wo ihm neben voller Freiheit in politischen und religiösen Dingen durch die Liberalität der Vereins-Staaten-Regierung die Gelegenheit geboten ist, sich und den Seinen auf eigenem Grund und Boden eine Nahrungssorgenfreie Zukunft zu verschaffen.

Selbst nach der „Weser-Zeitung“, demjenigen Bremer Blatt, welches das specifische momentane Rhederei-Interesse in dem Auswanderer-Transporte nach Nord-Amerika sammt dem des Bremer Tabak-Imports von dort mit unerbitterlicher Anfeindung jeder anderer Auswanderungs-Richtung als der nach Nord-Amerika vertritt, muß die Homestead-bill, wie sie so bezeichnend für ihre Motive sagt, zur Folge haben, daß: „alle diejenigen, welche die deutsche Auswanderung nach halbbarbarischen Ländern richten wollen, ihre Bude für immer zu schließen haben werden.“ — Als wenn Bremer Schiffe Auswanderer nicht auch nach den La Plata-Ländern bringen könnten, wobei sie sogar eine längere und dadurch lohnendere Fracht hätten, und als wenn sie nicht auch sehr bald viel und sehr guten Taback von dort her bringen könnten und dabei noch hunderttausende von Häuten und viele Wolle, und auswärts drei ja zehnmal so viel deutsches

*) 100 Acres = 158 Preuß. Morgen, 160 Acres = 200 Magdeburger, 1 Section = 650 Acres oder 1 Q.-Meile.

Gut für jeden deutschen Auswanderer, den sie dahin brachten, obenein auf 20 Mal längere Zeit, der Nachkommenschaft dieser Auswanderer gar nicht zu gedenken, als für einen Auswanderer, den sie nach Nord-Amerika hinübertragen.

So trübt das ungestüme Particular-Interesse, kurzsichtig auf den unmittelbar einzusteckenden Nutzen hinarbeitend und verknöchert im langgewohnten Geschäftsgange, die schönsten nationalen Zwecke. Doch wir sind weit davon entfernt, dem Bremer Handelsstande, als einem Ganzen die Motive zu jener Notiz in der „Weser-Zeitung" zuzuschreiben. Er besteht aus zu einsichtsvollen und weitsehenden Männern, die wahrhaft deutsch fühlen, und bei der sich endlich kundgebenden Morgenröthe deutscher Freiheit, Gemeinsamkeit und einer liberaleren Handelspolitik wird auch er sich nicht auf lange Dauer mehr dem Zollverein entziehen, zu dessen dauerhaftem Gedeihen auch eine dauerhaft productive Verwendung der deutschen Auswanderer noch bei weitem nothwendiger ist, als die einmalige Fracht derselben nach Nord-Amerika für Bremens Rhederei. Möchten die betreffenden Bremer Rheder ihre und Deutschlands Interessen besser einsehen als jene Hamburger, welche dem sofortigen Erlös, aus der künstlich gemachten Auswanderung nach Brasilien gezogen, das Wohl vieler tausend Landsleute und ihres Vaterlandes und ihre eigene Zukunft in dieser Richtung aufopferten, und dabei noch Brasilien selbst durch Täuschung in den Bedingungen seiner Lebensfähigkeit einem sichern Ruin entgegenführten.

Wichtigkeit der Kultus-Freiheit zur Erhaltung der deutschen Sprache in Ansiedlungs-Ländern.

Die evangelischen Deutschen im Westen Nord-Amerikas *). Eine im ersten Aufbau begriffene Gesellschaft bedarf mehr als jede andere geistiger und sittlicher Triebkräfte, soll sie nicht in der Rohheit und Gemeinheit des allgemeinen Alltagslebens untergehen. Die Religion nimmt bei der Ansiedelung eine vorzügliche Stelle ein; sie ist im Großen das einzige Band, welches die Einwanderer mit den idealen Gesammtzwecken der Menschheit verknüpft, wie oft auch das einzige noch übrige Band, das an die aufgegebene Heimath erinnert. Man nennt uns die Sprache! Aber die Sprache hängt gerade in Kolonien wesentlich von der Religionsübung ab: Predigt und Unterricht in deutscher Sprache, das ist, nach mannigfacher Erfahrung, der mächtigste Hebel zur Wahrung des Deutschthums im fernen Amerika gewesen. Es ist darum eine heilige Pflicht für die Brüder im Vaterlande, den Deutschen Nordamerikas, denen die Gunst der Verhältnisse so wenig entgegenkommt, deutschen Gottesdienst und deutschen Unterricht sichern zu helfen, zumal den Evangelischen, welche nicht den amtlichen Schutz eines Kardinal-Kollegiums de propaganda fide und der kosmopolitischen Centralisation des Katholizismus genießen. Der „Berliner Verein für die ausgewanderten evangelischen Deutschen im Westen Nordamerikas," der mit anerkennenswerthem Eifer sein Augenmerk auf die Nothstände unserer Landsleute jenseit des Weltmeeres gerichtet hat, lenkt in seinen „Mittheilungen" aus dem Jahre 1860 unsern Blick namentlich auf die Niederlassungen im Staate Wisconsin, der bei seiner vorwiegend deutschen Bevölkerung, wenn nur vom Mutterlande her die Flamme des deutschen Seelenlebens mindestens ein Jahrzehent lang wirksam genährt wird, ein deutscher Staat werden könnte! Gegenwärtig freilich sieht es, zu unserer geringen Ehre, mit der Aussicht hierauf ziemlich schwach aus, wenn man z. B. erwägt, daß die in Mercersburg, Lancaster und Tiffin ausgebildeten

*) Mittheilungen des Berliner Vereins für die ausgewanderten evangelischen Deutschen Nordamerikas. Jahresbericht für 1860. Berlin, Wiegand und Grieben, 1860.

Geistlichen der evangelischen Kirche das Deutsche „nur nebenbei“ getrieben haben, also der Lehrstand sich großentheils aus englisch gebildeten Männern ergänzt! Haben Kirche und Schule in den Hinterwäldern erst einen anglo-amerikanischen Anstrich, dann ist es mit dem Deutschthum gar bald vorbei! Denn der Einfluß der Deutschen auf die amerikanische Artung, von welchem jene „Mittheilungen“ ein paar sprachliche Beispiele aus den Berichten unseres „Magazin“ citiren, ist doch viel zu gering, als daß er uns irgendwie trösten könnte, und muß nach Maßgabe der fortschreitenden Anglisirung aufhören. Darum ergeht mit Recht eine ernsthafte Mahnung an unser deutsch-evangelisches Volk, nicht müssig zuzuschauen, wie das deutsche Wesen der protestantischen Einwanderer allmälich abstirbt! — T. v. B."

So wird also die Kultus-Freiheit deutscher Einwanderer, in welchem Lande auch immer, für den in religiösen Dingen noch so blasirten deutschen Staatsmann und deutschen After-Rheder, Kaufmann und Diplomaten, für den noch so materiell gesinnten und nur auf unmittelbare Ausbeutung trasatlantischer Länder verpichten Negocianten doch der Beachtung werth, denn ohne die Erhaltung der deutschen Sprache ist auch die Erhaltung deutschen Einflusses und vorwiegender Handelsbeziehungen mit Deutschland nicht denkbar.

Dr. Lothar Bucher sagt in seinem Berichte aus der Londoner Ausstellung über die Abtheilung der Kolonien, und insbesondere über die englischen Kolonien, deren Zahl gerade ein Hundert weniger eines ist, bei der Keule eines Neuseeländers sinnend stehen bleibend, unter Anderem Folgendes über den Besitz von Kolonien, oder die Schaffung von heutzutage gleichbedeutenden bluts- und sprachverwandten Brudervölkern jenseits des Meeres. — „Abgesehen von der, man möchte sagen übermüthigen Verschwendung, mit der die Natur einzelne von ihnen ausgestattet hat, werden sie durch mehr als Einen Grund bestimmt, ihre Schätze bestens zur Schau zu stellen. Sie sind noch dabei, Inventarium von ihrem Besitzthum aufzunehmen. Sie müssen Auswanderer anlocken. Sie wollen Ausfuhrartikel an den europäischen Markt bringen, wollen die europäische Industrie mit neuen Rohstoffen bekannt machen, wollen den bei kleinen und jungen Gemeinwesen lebendigeren Heimathstolz befriedigen und von dem „alten Lande,“ das sie mit ihrer Industrie nicht ausstechen können, um den Reichthum ihrer Natur beneidet sein.“

„Die englischen Kolonien in Nordamerika und auf der südlichen Halbkugel haben mir 1851 und 1855 verursacht und verursachen mir jetzt wieder ein aus Wohlgefallen und Verdruß, aus Befriedigung und Ungeduld seltsam gemischtes Gefühl, das mich noch lange prickeln wird, wenn ich wieder hinter dem deutschen Kachelofen gebannt bin und nicht weiter als bis an den Schafgraben sehe. Trete ich in eine solche Abtheilung, so überfallen mich Erinnerungen an Frühjahr und Herbst, so wie sie ein Jemand haben kann, der in einer kleinen Landstadt aufgewachsen ist u. s. w. Soweit ist der Eindruck angenehm; sofort stellt sich aber der Gedanke ein, daß Deutschland keine Kolonien hat, und man möchte sich eine der Keulen der Neuholländer da herablangen und nach verschiedenen Seiten mit Nachdruck handhaben. Jeder tüchtige Stock schwärmt und die Auswanderer verzetteln sich nicht in andere Stöcke, sondern gründen einen neuen. Wie würde die Welt aussehen ohne die Kolonien der Phönizier, der Griechen, der Römer, der Hansa, der Spanier, Holländer und Engländer? ohne die Kolonisten, welche die sieben Burgen, welche Dresden, Berlin, Königsberg gebaut? Die Engländer haben soviel Kolonien, daß es ein Kunststück ist, sie alle herzuzählen (es sind 99!); die Franzosen haben sich nach allen ihren Verlusten doch wieder bis auf zwölf, ohne Algier, hinaufgearbeitet; die Italiener haben schon vor dem Jahre 1859 von einem mächtigen Neu-Italien am La Plata geträumt und für den Traum gearbeitet; sogar die kleine Schweiz macht es möglich, ihre Auswanderer in geschlossenen Gemeinden, aus denen Staaten werden können, zusammen zu halten. Und Deutschland? Doch wozu soll ich einen schlechten Auszug machen aus so viel guten Büchern, die über den Jammer geschrieben sind? In der neuesten Broschüre von J. J. Sturz: „Kann und soll ein Neu-Deutschland geschaffen werden" ist alles zu lesen für wenige Groschen, die noch dazu der deutschen Flotte zu Gute kommen. Leset sie, o Germanen, männlichen und weiblichen Geschlechts, und gebt sie Euren Kindern zu lesen; es liegt nicht blos an den deutschen Regierungen, an den preußischen Landräthen und Landwehr-Premierlieutenants. Leset sie, denn es ist Zeit. Wenn wir endlich einmal mit dem Bundestage und dem Dualismus, wenn wir in Süddeutschland mit dem Konkordat und in Norddeutschland mit den komischen Vorstellungen von den Wirkungen des Konkordats, wenn wir mit der Heiligkeit des Nationalitätsprincips, das uns verbietet, über andere Racen, ich vermuthe auch über Gaucho's zu herrschen, und uns gebietet, unsere Landsleute von anderen Racen, ich vermuthe, auch von Gaucho's, beherrschen zu lassen, wenn wir mit dem Nichts als Freihandel und seinen rohen Vorstellungen vom Staat einmal fertig sind und Vetter Michel sich jenseits der Meere umsieht, so wird es heißen: die Welt ist weggegeben und auch der Himmel nicht einmal mehr offen. Wo war doch die Keule?

Französische Meinung von der Englischen Auswanderung.

Wir dürfen hier die Französische Ansicht über die Englische Auswanderung nicht überspringen, da sie, wie Legoyt sagt,*) als anglosächsische gemeinsamen Ursprungs ist und analoge Eigenschaften hat. „Sie ist weniger geschmeidig, nicht so beständig (endurante), nicht so aufgelegt, auch nur zeitweilig die Fremdherrschaft zu ertragen, sie entfaltet ihre Thätigkeit nur in den Ländern, die ihr selbst gehören oder angehört haben, oder in welchen sie noch herrscht durch die Sitten und Gebräuche, die Sprache, die Institutionen, mit einem Worte, durch das ganze ihr selbst eigene Wesen."

„Voran in der Auswanderung aus dem vereinigten Königreiche stand bisher das Irländische (celtische) Element durch seine Zahl; dann kommen in fast gleichem Verhältnisse zur bezüglichen Bevölkerung erst die Schotten, dann die Engländer. Die Irische Auswanderung besteht aus den dürftigen Klassen; sie unterzieht sich auf fremdem Boden jeder Arbeit, die sich darbietet, besonders bei öffentlichen Bauten, Canälen, Eisenbahnen u. s. w., und hat in dieser Weise den Vereinigten Staaten große Dienste geleistet. Wo sie diese Beschäftigung nicht findet, zieht sie sich nach den Städten und beschäftigt sich nützlich in der großen wie in der kleinen Industrie oder auch im häuslichen Dienste. Sie bildet eine arbeitsame, aber dem Trunke ergebene, unwissende, leichtgläubige und leidenschaftliche Race, und ist nicht dazu angethan, neuen Ländern wünschenswerthe Garantien für öffentliche Ordnung und innere Ruhe zu geben."

„Die Schottische Auswanderung rekrutirt sich hauptsächlich aus den kleinen Pächtern und kleinen Kaufleuten und Gewerblichen. Sie wird hauptsächlich durch die Folgen des Erstgeburtsrechts, welches bis in die untersten Klassen den Nachgeborenen die Sorge ihres Durchkommens überläßt, veranlaßt. Sie ist jedoch nie ganz mittellos und nur sehr selten geschieht es, daß die Aeltern ihren auswandernden Kindern mit einer Unterstützung, welche im Verhältnisse zu ihrem Vermögen steht, nicht zu Hülfe kommen."

„Der Schotte ist im Ansiedelungslande weniger oft Bodenbauer, Tagelöhner oder gar Dienstbote, als vielmehr Pächter oder Handeltreibender. Dann ist er häufig Werkführer oder Commis in größeren Unternehmungen. Als Arbeiter tritt er in den Bergwerken oder

*) L'émigration Européenne par Legoyt. Paris 1862.

größeren Fabriken auf. Er ist thätig, unternehmend, arbeitsam, ausdauernd, ehrlich und unvergleichlich nüchterner, als der Irländer und findet daher überall die bereitwilligste Aufnahme."

„Das Recht auszuwandern gehört zur Berechtigung zu leben. Es ist das unveräußerliche, absolute, göttliche Recht, die eigene Lage und die seiner Angehörigen zu verbessern. Es ist daher das Recht eines Jeden, das Land aufzusuchen, wo seine Arbeit am besten bezahlt wird und wo er am wohlfeilsten leben kann; das Recht, nach dem Erdtheil zu gehen, wo er den freiesten und nützlichsten Gebrauch von den Fähigkeiten, die ihm Gott gegeben hat, machen kann. Als im Jahre 1858 die deutsche Diät Miene machte, dieses Recht beschränken zu wollen, wobei sie ganz die Nutzlosigkeit des Kais. Gesetzes vom 7. Juli 1750, welches Todesstrafe auf die Auswanderung setzte, aus den Augen gelassen hatte, erhob sich ganz Deutschland gegen eine so veraltete Ansicht.

Die Regierungen heutzutage haben nur ein einziges Recht und das Recht ist vielmehr eine Pflicht, es ist das Recht und die Pflicht, sich durch guten Rath zu betheiligen und so ihre Angehörigen von jeder Auswanderung abzurathen, die weder dem Ursprungslande noch dem der Bestimmung von Nutzen sein kann. Die Regierungen haben ferner noch die Pflicht, die Auswandernden über die Tragweite der Engagements oder Contracte, die man ihnen vorschlägt, **aufzuklären** und sich zu vergewissern, daß die, welche Auswanderer recrutiren, auch ihre Versprechungen erfüllen können und erfüllen. Sie sollen ferner noch die erforderlichen Maßregeln treffen, auf daß die Leiden der Trennung, selbst wenn diese freiwillig ist, nicht noch während der Ueberfahrt durch schlechte Einrichtungen an Bord, durch schlechte oder unzureichende Nahrung oder durch Mangel an ärztlicher Hülfe vermehrt werden. Sind ihre Angehörigen einmal im fremden Lande etablirt, dann sind die Regierungen verpflichtet, darauf zu sehen, daß die heiligen Rechte der Menschheit in ihnen nicht beleidigt werden, daß sie keine Art von Verfolgung oder auch nur Benachtheiligung erfahren und keiner ungerechten Maßregel unterworfen und keiner ihnen zugesagten Vortheile beraubt werden."

Ja, (so sagt der französische Verfasser) wir möchten sogar die Forderung an sie stellen, im Nothfalle das Beispiel der väterlichen Fürsorge der belgischen Regierung nachzuahmen, als diese von der beklagenswerthen Lage einiger Hunderter ihrer Angehörigen, die aus Elend und Krankheit am Hinsterben waren, keine Zeit verlor, sie von einem Kriegsschiffe aufnehmen zu lassen, um die Ueberlebenden dem Vaterlande wieder zu geben."

Der Charakter der deutschen Auswanderung nach französischer Ansicht. (Mr. Legoyt.)

Die deutschen und anglo-sächsischen Bevölkerungen haben von jeher das größte Contingent zur europäischen Exportation geliefert, liefern es noch jetzt, und werden es voraussichtlich für alle Zeiten liefern. Außer den socialen Bedingungen, welche bei den Ersten zu diesem sonderbaren Hinausweh bestehen, als: eine schlechte Organisation der Arbeit, besonders der industriellen, des ausschließlichen Grundbesitzes, in gewissen deutschen Staaten, in den Händen einer privilegirten Klasse, — wohnt der Bevölkerung jenseits des Rheins eine instinctive, unwiderstehliche fast angeborne („congénitale") Tendenz inne, auszustrahlen (rayonner) und der ganzen Welt ihre ruhige und ausdauerliche (calme & perseverante) Thätigkeit zu bringen. Sie scheint, sich selbst unbewußt, einer höheren vorsehenden Macht zu gehorchen, die sie überall dahin führt, wo das Werk der Civilisation ihre Anstrengungen, lang anhaltende Opfer, eine ungemeine Entwickelung sittlicher und physischer Kraft, opferwilligen Geist und die vollste Entsagungsfähigkeit erheischt.

Von diesem Gesichtspunkte aus sind die Deutschen die vorzüglichsten Colonisten der Welt, denn sie besitzen im höchsten Grade dieses heroische Vertrauen (einzelne Individuen besitzen es, aber die Stämme und noch viel weniger die ganze Nation besitzt es nicht!) in die Zukunft, und auf dieses Vertrauen hin arbeiten sie mit unglaublicher Standhaftigkeit an fernliegenden und unsicheren Resultaten.

Als ihnen noch der Ausweg einer transatlantischen Auswanderung fehlte, wandten sie mit unglaublicher Geduld und Ausdauer diese Eindringungs- und Aufhäufungskraft, die sie fast willenlos dazu antreibt, überall ihre lebenskräftige Nationalität aufzupflanzen, auf ihre Nachbarn an. Und sehe man nur, wie erfolgreich und schnell ihre Erfolge waren! Sie nahmen Polen in Angriff und bereits sind die Deutschen im Herzogthume Posen, in Gallizien und in anderen Provinzen des alten Vaterlandes Kosciusko's fast so zahlreich vertreten als die Slaven selbst. Ja in die dänischen Herzogthümer sind sie eingefallen, in **Holstein und Schleswig**, und schon retirirt das scandinavische Element vor ihnen. (!)

Auch in den russisch-baltischen Provinzen machen sie schon Miene zu dominiren. Ungarn haben sie tief durchsetzt, und in diesem Augenblicke steigen sie gemächlich auf beiden Ufern der Donau hinab und echelloniren ihre Route mit Ansiedelungen, die sie dann später durch eine ununterbrochene Reihe von Stationen, wie sie solche schon längst in der Krim angelegt haben, verbinden werden. Aber auch das westliche Europa zeigt überall die unverwischbaren Spuren ihren Durchzugs. (?)

Holland ist ihr Werk, die flämischen Bevölkerungen Belgiens gehören ihr; sie herrschen in Zweidrittheilen der Schweiz, und selbst in Elsaß und in Lothringen mühen sie sich ab, obschon ohne alle Aussicht auf Erfolg gegen die französische Assimilation (ils se debattent encore), und selbst wenn sie, wie sie sich gewärtigen, endlich unterliegen müssen (succombent), so haben sie sich doch schon im Voraus an uns dadurch gerächt, daß sie uns alljährlich den Kern ihrer Arbeiter in der kleinen Industrie zu Hunderten zusenden, die unsern Nationalen eine furchtbare Concurrenz machen!

Uebrigens ist die germanische Auswanderung wesentlich eine ackerbauende; durch die Bebauung des Bodens bemächtigt sie sich der neuen Länder, die sie heimsucht.

Seit 15 Jahrhunderten hat sie das Schwerdt Genserich's und Attila's gegen den Pflug vertauscht. Sie zerstört nicht mehr; sie schafft, sie befruchtet, sie belebt nur. Man flieht nicht mehr vor ihr, man zittert nicht mehr vor ihr, man sendet ihren siegreichen Legionen nicht mehr hochehrwürdige Pontifexe entgegen, um ihre Umkehr zu erflehen, man bewirbt sich um sie, man ruft laut nach ihr, man sucht sie durch die verführerischsten Anerbietungen anzulocken. Im Ackerbau besteht ihre Stärke! In dem Ackerbau entwickeln sich ihre hervorragenden Eigenschaften von Ausdauer und Energie, welche die Elemente ihres Gedeihens bilden. Möglich, daß es ihr auch in anderen Zweigen der menschlichen Thätigkeit gelänge; da ihr aber die Kapitalien fehlen und da ihr Land zu niedrigem Preise oder unentgeltlich angeboten wird, so concentrirt sie ihre schöpferischen Kräfte im Allgemeinen nur auf den Boden. —

Mr. A. Legoyt giebt in seinem neuesten Werke „L'émigration Européenne, ihre Wichtigkeit, ihre Ursachen und Erfolge" mit einem Anhange über die Afrikanische, Hindu- und Chinesen-Auswanderung," wozu er einen großen Theil seiner Notizen dem Herrn Professor Roscher und dessen gediegenem Werke: „Colonien und Auswanderung" verdankt. Das gebührende Lob verdienen die wohlbasirten Schlüsse Legoyt's, obschon er Roscher's treffende Bemerkungen über die Unfähigkeit der Franzosen etwas scharf findet und, weil „nur theilweise" begründet, auf eine etwas zu leichte Weise abzustreifen bemüht ist.

„Jenseits des Rheins," sagt er, „glaubt man nicht an unsere Colonisationsfähigkeit." „Nur die," meint Roscher, „sind tauglich zur Colonisirung, die schon an eine gewisse locale Unabhängigkeit gewöhnt sind, und die nicht unter einer absolutistischen Bevormundung gelebt haben." („Als wenn nicht auch Deutschland „elle aussi" unter diesem Centralisations-Regiment lebte!" schreibt Legoyt) Deshalb haben die Franzosen, die niemals etwas Großes anders als in Masse vollbracht haben, und die nur als eine Masse befriedigt werden können, gar kein Colonisations-Genie. La preuve? frägt hier Mr. Legoyt, und findet es hart, daß Professor Roscher in dieser Beziehung sich auf Say's und Tallandier's Aussprüche beziehe, denen zufolge der Franzose nun einmal das unvermeidliche Bedürfniß eines bereits feststehenden Centrums habe, und wäre es ein von Kanibalen gebildetes; und gar auf Vater Arndt's Erklärung, daß die Franzosen im Auslande nur zu Haarkräuslern, Parfümeurs und Tanzmeistern (warum nicht auch noch Köchen, um die Carricatur complett zu machen, wirft hier Legoyt ein) paßten — und daß es ihnen an energischer und ausdauernder Individualität gebreche; daß nur da, wo eine commercielle, der städtischen sich nähernde Thätigkeit vorherrsche, der Franzose sich geltend machen könne; daß ja die Franzosen schon vor den Engländern in Ostindien etablirt gewesen seien, daß sie in Nordamerika das „magnifique" Missisippi-Thal, und in Canada das „vaste" Flußgebiet des „St. Laurent" besessen hätten, als England nur die sterilen Küstenländer hatte, die sich bis zu den Alleghanies erstreckten, daß man ja wisse, was daraus geworden ist, und daß in der That die Franzosen selten die Geduld gehabt hätten, die Ernte abzuwarten, wenn sie gesäet hatten; daß sie stets sogleich an der Zukunft verzweifelten, wenn sie nicht augenblicklich heimsen konnten."*) Diese Kritik nennt Mr Legoyt „vive", aber nicht völlig begründet. Die Colonien Frankreichs seien nur durch die tiefe Unerfahrenheit der Regierungen und die daraus entsprungenen „desastres maritimes" verloren gegangen. Frankreich, unter einer aufgeklärten und entschlossenen Regierung, verstehe wohl zu colonisiren. Den Beweis habe es ja schon in Canada selbst, trotz aller ausnahmsweisen Schwierigkeiten, und auch in Algerien geliefert." —

Bedeutungsvoll ist folgende Ansicht des gründlichen Statistikers: Uebrigens hat sich Frankreich wegen der Anhänglichkeit seiner Bevölkerung an den Geburts-Boden nur zu gratuliren, denn wenn zu der manifesten Tendenz dieser Bevölkerung, stationair zu werden, auch noch eine bedeutende Auswanderung käme, so müßte sie nur zu bald in einem der für ihre Macht wesentlichsten Elemente tief verwundet werden. Glücklicherweise aber hat unsere Bevölkerung gar keine solche Vorneigung (préoccupation). Bei dem steten Steigen der Löhne, besonders auf dem flachen Lande (also verschieden von Deutschland) und daher der Mehrzahl der arbeitenden Klasse, hat Frankreich einen starken Abbruch an seiner productiven Bevölkerung durch Auswanderung nicht zu befürchten. Auch ist es gar nicht nothwendig für die weite Verbreitung seines Genies, über die ganze Welt hin, daß seine Landeskinder, die ihm die lebhaftesten Sympathieen zurückbrachten, es verlassen. Bei den Nationen, welche Frankreich umgeben, sind es wohl die Menschen die auswandern, aber aus Frankreich wandern die „Idées" aus!

Das reicht hin für seine Größe und für seinen gebührenden Einfluß (juste influence.)"

---

*) Das ist nun eben auch mit Deutschland der Fall. Die Bremer und Hamburger Rheder ganz besonders haben diese Gesinnung, und es scheint fast, als wären es die meisten Rheder und Kapitalisten der Preußischen Ostsee und der übrigen Zollvereinsstaaten in Betreff des Seefischfangs auf hoher See, und zögen den bequemen Import des ausländischen Thrans und der Heringe national-förderlicher Arbeit vor.

Hier müssen wir aber auch noch eine anderwärts von Legoyt über die Verluste Deutschlands durch Auswanderung gemachte Aeußerung anführen: „Unbestreitbar ist jedoch, daß selbst ein prolifikes Land wie Deutschland, welches während einer langen Reihe von Jahren über 100,000 Erwachsene verloren, einen schweren Stoß für seine Größe und seine Macht empfangen hat, und zwar nicht gerade wegen dieser Gesammtzahl, sondern wegen der Zahl unter ihnen, welche von 20 bis 40 Jahre zählten und welche geeignet waren, Familien zu gründen. Wahrlich, dieser Gegenstand ist dazu angethan, die volle Aufmerksamkeit der Deutschen Regierungen auf sich lenken."

Die Auswanderung nach Kanada.

Aus den neuesten Listen über die in Kanada im Jahre 1861 geschehene Einwanderung ergiebt sich Folgendes: Es kamen nach Quebec im Jahre 1861 an Passagieren auf 98 englischen Schiffen 9308 Mann,
„ 9 hanseatischen „ 2000 „
zusammen: 11,308 Mann.
(außerdem an 6000 Norweger).

Davon starben auf der Reise auf englischen Schiffen 4 Passagiere
„ hanseatischen „ 39 „

Und im Quarantaine-Hospital befanden sich am 1. Januar noch 14 Kranke von hanseatischen Schiffen, während von englischen Schiffen keiner blieb.

Auf englischen Schiffen starb mithin 1 in 2326 Passagieren, auf hanseatischen 1 in 38.

Was die hanseatischen Schiffe anbelangt, so ist wohl zu bemerken, daß nur eins darunter aus Bremen kam, die anderen sämmtlich Hamburger waren. Die ungemein große Anzahl von Todesfällen auf diesen Hamburger Schiffen läßt sich nur aus einer großen Unachtsamkeit der betreffenden Rheder in Bezug auf Sanitäts-Maßregeln erklären.

Uebrigens muß es auch gar wunderbar erscheinen, daß nicht mehr deutsche Passagiere, die allein auf hanseatische Ueberfahrt angewiesen sind, nach Kanada gehen, sondern immer nur nach den Vereinigten Staaten und Brasilien.

Selbst die „Bremer deutsche Auswanderungs-Zeitung" sagt bei ihrer Beobachtung der Auswanderung nach Kanada: „Mehr und mehr stellt es sich jetzt klar heraus, daß die Republik der Vereinigten Staaten, besonders deren jetzige Zustände, (siehe im Verlauf Weiteres) dem ruhigen Deutschen, der durch Thätigkeit und Fleiß im fernen fremden Lande eine neue Heimath sich zu sichern dachte, jetzt nicht der geeignetste Ort ist.*)

Durch hanseatische Schiffe sind im Jahre 1860 nur 533 deutsche Emigranten und 1861 951 nach Kanada gebracht worden, wohingegen die Hamburger wieder an circa 2000 Deutsche nach Brasilien, und die Bremer Schiffe circa 19,000 nach den Vereinigten Staaten führten.

Wenn man bedenkt, wie sehr sich durch Agenten aller Orts die guten Deutschen überreden lassen, so sind wir wohl berechtigt zu fragen, woher diese Partikular-Interessen, bei der Kenntniß aller Uebelstände der Länder, für die man wirbt? Und wie lange soll noch die Indifferenz der deutschen Regierungen gegen die ungerechtfertigte Verschleppung deutscher Landeskinder fortbestehen?

Wir sind nicht für eine deutsche Auswanderung nach Kanada, weil daselbst der deutsche Emigrant englischer Kanadier wird, und jede nationale Bedeutung für sein Mutterland verliert, aber wir

*) In ganz Kanada existirten nach 1861er Census bei einer Bevölkerung von 2,506,765 Seelen (von denen 1,917,777 in der Kolonie geboren waren) nur 23,835 Deutsche, dagegen 1,037,770 französische Kanadier. —

haben im Vorhergehenden nur einen Spiegel der Bestrebungen der hanseatischen Auswanderungsagenturen geben wollen, um zu zeigen, wie es so sehr Noth thut, die deutsche Auswanderung selbst in die Hand zu nehmen.

Die deutsche Auswanderung nach Brasilien.

Wenn wir in diesem Capitel noch einmal auf die deutsche Auswanderung nach Brasilien zurückkommen, über die schon Bücher geschrieben sind, deren Läuterung wir einen nicht unbedeutenden Theil unserer Thätigkeit gewidmet haben, so geschieht dies, um auch denen, die vielleicht mit den Verhältnissen jenes Reiches noch nicht gehörig vertraut sind, darüber Aufschluß zu geben. Wie lange wir schon nicht ohne Autorität in besagter Angelegenheit sind, mag folgendes Factum beweisen.

Es war im Monat December des Jahres 1846, als Verfasser dieses, damals und noch bis 1858 General-Consul von Brasilien in Preußen, auf einer vom Baron von Werther, dem damaligen Minister der auswärtigen Angelegenheiten, gegebenen Soiree die hohe Ehre hatte, von des jetzigen Königs Majestät, dem damaligen Prinzen von Preußen, als „ein mit Auswanderungsangelegenheiten vertrauter Mann" angesprochen und aufgefordert zu werden, an Ort und Stelle meine Ansichten über diese abzugeben. Ich sprach meine Ueberzeugung rückhaltlos dahin aus, daß die Auswanderung stets zunehmen müsse und daß sie, wenn sie dieselbe Richtung nach den Vereinigten Staaten beibehalte, wie unter den damals bestehenden Umständen vorauszusetzen sei, unvermeidlich in verschiedener Beziehung eine höchst nachtheilige Rückwirkung auf Deutschland zur Folge haben müsse. Als Se. Königliche Hoheit hierauf sogleich fragte: „Und wenn dem wirklich so wäre, wie glauben Sie, daß diesen Nachtheilen abgeholfen werden kann?", erwiederte ich: „Durch eine ungezwungene Ableitung der deutschen Auswanderung von Nord-Amerika nach Süd-Brasilien (mit ausdrücklicher Betonung von Süd-Brasilien, das damals noch vielversprechend schien), nach Uruguay und den La Plata-Staaten überhaupt, und zwar indem man mittelst einer geschickten und thätigen Diplomatie dahin wirkt, die in jenen Ländern noch unerfüllten Bedingungen einer gesunden Einwanderung herzustellen, das sind: Freiheit der Confession, vernunftgemäße Bodenvertheilung (die durch eine angemessene Besteuerung des Bodenbesitzes zu erzielen ist) und drittens verbesserte Rechtspflege. Nur dann würden deutsche Auswanderer dort gedeihen können und kann von dort eine Anziehung auf Diejenigen geübt werden, welche sonst nach Nord-Amerika gehen, wo sie später als Concurrenten deutscher Industrie auftreten müssen In obengenannten Ländern kann das nie der Fall sein, im Gegentheil werden sie da, nach geeigneten Niederlassungen geleitet, sammt Kindern und Kindeskindern vortreffliche und dauernde Kunden Deutschlands bleiben und schon dadurch allein viel zur Bereicherung und Beruhigung Deutschlands beitragen."

Se. Königliche Hoheit nahmen damals augenscheinlich Interesse an dieser Auseinandersetzung und sprachen Ihren Entschluß aus, mit dem Verfasser dieser Broschüre noch einmal über die Sache zu sprechen, was jedoch unterblieb. Neun Monate später veröffentlichte ich mein Schriftchen; „Kann und soll Deutschland eine Dampfflotte haben und wie? mit Hinblick auf die Auswanderung nach Süd-Brasilien und die La Plata-Staaten" (weil ich wußte, daß Brasilien einen Sporn dieser Art nöthig hatte), das von Sr. Majestät dem hochseligen Könige gut aufgenommen wurde, mir aber von Seiten des Baron Canitz wegen der darin erwähnten deutschen Flagge einen gelinden Verweis zuzog Dieselbe Schrift wurde vier Monat später von der National-Versammlung in Frankfurt freundlich aufgenommen und, bei den Vorarbeiten zu einer deutschen Flotte, sowie zur deutschen Auswanderung in Betracht gezogen. Die Frankfurter Versammlung wies mit Entschiedenheit auf Süd-Brasilien und die La Plata-Staaten als die alleinigen erklecklichen Ziele für deutsche Auswanderung hin: aber die deutsche Diplomatie fuhr fort, sich völlig unthätig und theilnahmlos gegen das, was nothwendig war, zu verhalten, und so blieb alles beim Alten. Wie vorausgesagt, wuchs die Auswanderung innerhalb acht Jahren bis auf den acht- und neunfachen Belauf, sie stieg bis auf ½ Million in einem Jahre! Bis auf einen winzigen Bruchtheil zog die ganze Masse nach den Vereinigten Staaten, und nach vollen 16 Jahren fand sich Deutschland um eine volle Million seiner Landeskinder und einige hundert Millionen Thaler durch mit hinweggezogene Baarschaft ärmer. Dagegen besitzen die Vereinigten Staaten einen Stamm von mehreren Millionen Deutschen, die sich, selbst ohne weitere Zuwanderung, nach 25 Jahren auf nahe an 10 Millionen vermehrt haben werden, die unter allen Umständen, seien sie in den Vereinigten Staaten auch noch so ungünstig und anderwärts noch so günstig für deutsche Einwanderung, noch Millionen aus Deutschland an sich ziehen und die Kräfte der Vereinigten Staaten in Manufaktur, Schifffahrt und im Welthandel nur um so schneller und nachhaltiger den durch Natur und Verwaltungssysteme so sehr gehemmten Kräften Deutschlands entgegenstellen müssen.

Aber, wir sind von unserm Thema abgewichen. Wir wollten zeigen, wie auch Brasilien nicht mehr das Land für deutsche Auswanderung (für das es lange Zeit gehalten wurde) ist.

Da hier nicht der Ort ist zu einer ganz eingehenden Abhandlung, so seien nur in Kürze die Hauptgründe für unsere Behauptung gegeben:

Brasiliens physische Zustände, d. h. sein Klima, seine Vegetation, seine Bodenverhältnisse, seine Bevölkerung, mit einem Worte seine Natur ist das Erste, was hier zu berücksichtigen ist.

Es ist wahr, Brasilien ist in gewisser Beziehung ein Paradies. Zwischen 4½° n. und 33° s. Breite gelegen, gehört es zum größten Theile der tropischen und subtropischen, zum kleinsten Theile der gemäßigten Zone an, durchströmt von freilich unbeschiffbaren Flüssen, die wie der Amazonenstrom dem Lande einen außerordentlichen Wasserreichthum und damit eine ebenso erstaunliche Vegetation verschaffen. In letzter Beziehung darf Brasilien geradezu eines der reichsten Länder der Erde genannt werden, um so mehr, als in seinen majestätischen Urwaldungen eine unerschöpfliche Fundgrube vegetabilischer Nutzstoffe vorhanden ist.

Dies Alles klingt nun sehr verführerisch, und die brasilianischen Werbe-Agenten haben es auch nicht daran fehlen lassen, das Gemälde zu einer wahren Edensphotographie herauszuputzen: vernünftige und besonnene Menschen aber fragen sich bei der Einwanderung der Deutschen nach jenem Reich der Glückseligkeit, ob auch ein Kind des gemäßigten Himmelsstrichs, wie der Deutsche, eine zweite Heimath darin finden kann. Die Engländer sind nach vielen verunglückten Versuchen davon gänzlich zurückgekommen, neue Kolonien in tropischen Himmelsstrichen gründen zu wollen, und wenn die indischen Besitzungen nicht eine so enorme und ausnahmsweise Bedeutung für ihre ganze Existenz besäßen, so wäre in der That nicht abzusehen, warum sie nicht je eher je lieber dieses furchtbare Grab der Europäer meiden sollten. Thatsache ist, daß das tropische Klima dem Deutschen Ackerbauer unbedingt verderblich wird. Aber selbst ein Uebergangsklima, schreibt ein gut unterrichteter Publicist, Graf Görz, selbst ein Klima, welches aus tropischen Ländern in die gemäßigte Zone hinüberführt oder durch hohe Lage Kühlung empfängt, schützt nicht vor der Erschlaffung, welche selbst den Südeuropäer in solchen Ländern ergreift und den kreolischen Charakter mit seinen bekannten Schwächen in ihm ausbildet.

Der Deutsche kann nun einmal nicht den kräftigenden Einfluß der Winterkälte oder doch Kühle entbehren; seine gegenwärtige Konstitution ist ein Produkt des deutschen Klimas und wird folglich nur da gedeihen können, wo gleiche oder ähnliche Verhältnisse der Landesbeschaffenheit ihm entgegen treten. Selbst die Nahrungsmittel sind bei einer Ansiedlung in einem fremden Lande nicht gleichgültig. Wo der Deutsche nicht Getreide und Kartoffeln antrifft, da blickt er nach der verlassenen Heimath zurück, wie die Juden nach den Fleischtöpfen Aegyptens. Wie soll er aber jene Nahrungsmittel unter dem Einfluß der Tropensonne bauen können? Alle Surrogate der Tropen ersetzen sie ihm nicht; so wenig er seine deutschen Wiesen und sein kaltes Weihnachten vergessen kann, so wenig gewöhnt er sich an Orangen und Anonen, an Feigen, Mangos, Bananen, Ananas, Kokosnüsse, Quajaven und andere Früchte der heißen Zone. Selbst ein Franzose, der, wie Bonpland in Gemeinschaft mit Humboldt, sich unter den mannichfachsten heißen Himmelsstrichen der Neuen Welt mit Enthusiasmus herumgetrieben, gestand doch später in seinen Briefen aus Südamerika, daß ihn der ewige Orangengeruch manchmal zum Davonlaufen angetrieben, und ihm der gute europäische Weißdorn oder der Hollunder eine Wohlthat gewesen sein würde. Wir wollen nur leicht daran erinnern, daß der Deutsche niemals seinen Bierkrug oder seinen Humpen vergessen wird, die er beide entweder in den Tropen nicht wieder findet oder die ihn binnen kurzer Zeit zu Grunde richten würden, da ein heißes Klima, wie schon Süditalien, Griechenland u. s. w in Europa lehren, den Genuß geistiger Getränke nur unter äußerster Einschränkung gestatten. Man glaube nicht, daß man, unter andere Verhältnisse versetzt, sich diesen auch leicht anbequeme; die alte Natur macht auch da ihre Rechte geltend, wo es offenbar ihr Ruin ist. Aber auch angenommen, man bezwinge diesen „alten Adam" seines Geschlechts und seines Stammes: heißt das ein glücklicher Tausch, bei Orangen und Bananen sich nach Kartoffeln, und bei Sumpf- oder Brakwasser nach einem frischen Trunke aus dem kalten Brunnen Deutschlands sehnen zu müssen, während eine Hitze von 120 Grad Fahrenh., Mosquito-Schwärme und Sandflöhe, die sich, den Leib aufs Höchste gefährdend, wie Maulwürfe unter die Nägel und in die Haut eingraben und Leib und Seele peinigen? Ohne unter solchen Verhältnissen wie ein Nilpferd aufzudunsen oder zu einem Skelette abzumagern, welches in Kürze das gelbe Fieber dahinrafft, das bringt eben nur ein Neger, und höchst selten ein Deutscher fertig. Man hat es oft als einen besonderen Vorzug der weißen Menschenrace nachgerühmt, daß sich dieselbe leicht allen klimatischen Verhältnissen der Erde akkommodire; aber, wo ist denn das Tropenland, in welchem weiße Menschen der gemäßigten Zone, jemals große Reiche gestiftet hätten, ohne gänzlich degenerirt zu werden? Die usurpirenden Beherrscher Brasiliens sind Portugiesen, Kinder eines heißen Vaterlandes, und wir werden nachher finden, wie korrumpirt sie dennoch sind.

Die Portugiesen in Brasilien haben zur Arbeit die Neger zur Hand, und sie führen nur das Regiment. Nun bedenke aber der Deutsche Auswanderer, daß er nicht deshalb nach Brasilien gerufen wird, um Theil an diesem Regimente zu erhalten, bei welchem der Weiße allenfalls noch bei gänzlicher Ruhe des Leibes und Geistes gedeiht; er bedenke, daß er im vollsten Sinne des Wortes im Schweiße seines Angesichts arbeiten soll — und er hat einen Vorgeschmack von der Glückseligkeit, die ihn in Brasilien erwartet. Ich meines Theils bezweifle, daß sich unsere Vorfahren die Hölle gräßlicher vorgestellt haben. — Es ist und bleibt ein Verrath an unserem Volke, dessen Angehörige in ein tropisches Land, wie Brasilien zu ziehen, wo überdies weder für eine Gesundheitsstation noch auch für das Geringste gesorgt ist, was nothwendig beim ersten Eintritt in die Aequatorialzone zur Acclimatisation der Arbeiter bedingt wird.

In unserm Vaterlande, sagt der gemüthvolle und geistreiche Schriftsteller, Prof. Dr. Karl Müller, kann es Keinem so schlecht gehen, daß er bei so offenbaren Thatsachen seine Heimath mit Brasilien in der Meinung vertauschen könnte, einen vortheilhaften Wechsel einzugehen;

denn was ihn dort erwartet, ist immer noch um Vieles schlechter, als was ihn in der Heimath betroffen haben kann, wo er doch noch seine Freunde und Bekannte, mindestens seine Namensgenossen findet, die seine Sprache reden, seine Anschauungen theilen, seine Geschichte ihre Geschichte nennen. —

Wo der Deutsche Auswanderer gedeihen soll, da muß das Land ein stammverwandtes Volk in sich bergen, das gleiche Neigungen und mit diesen einen gleichen oder ähnlichen Comfort, eine Verwandtschaft des Seelenlebens u. s. w. theilt. Diese Erwartungen, ja man kann wohl sagen, nothwendigen Voraussetzungen, erfüllen die Portugiesen nicht im Geringsten. Fremd unserer Geschichte, der bigottesten Religionsrichtung zugewendet, die den Charakter des Gemachten und Fanatischen annimmt, können die brasilianischen Portugiesen keinenfalls irgend eine Anziehungskraft auf den Deutschen mit seinem protestantischen Sinne und seiner stillen Beschaulichkeit ausüben. In der That harmonirt auch der Deutsche nirgends mit dem brasilianischen Abkömmling südeuropäischer Stämme, am wenigsten mit den Kreolen, deren Stammeseigenthümlichkeiten im Laufe der Zeit unter gänzlich veränderten Umständen auch gänzlich verwischt oder korrumpirt sind, korrumpirt durch eine Natur, welche nur die Leidenschaften ausbrütet, korrumpirt endlich durch die vielfache Kreuzung mit dem Blute der Farbigen. Die letzte Thatsache nimmt in Brasilien einen erschreckenden Charakter an. Bei einem Flächeninhalte von etwa 140,000 Quadratmeilen, kaum 40,000 Quadratmeilen kleiner als Europa, beherbergt es doch nur wenig über 7½ Millionen Bewohner, unter denen man nur 1 Million Weiße zählt. Ihnen stehen 2,100,000 Farbige ohne allen Grundbesitz, 400,000 freie Schwarze, 3,700,000 Neger und 800,000 Mulatten, in Summa 4 Millionen Sklaven gegenüber, während die freie (?) Bevölkerung nur 3½ Millionen beträgt. Dieses Verhältniß hat etwas Furchtbares an sich, denn in den Nordamerikanischen Staaten zählt man bei einer Bevölkerung 27½ Millionen Weißen nur 4 Millionen schwarze Sklaven und etwa 450,000 freie Farbige. Mögen wir nun, wie z. B. selbst Humboldt, die Farben gleichwerthig halten, oder, wie es die Geschichte lehrt, uns zu der Ansicht bekennen, daß ein Unterschied in der Bedeutung und somit auch in der Berechtigung der Race existirt, so viel ist gewiß, daß alle Kreuzungen nicht besonders viel taugen. Der Zambo, jener Abkömmling von Neger und Indianer, gehört zu dem verworfensten Gesindel, das die Erde trägt Eine fortgesetzte Kreuzung zwischen Farbigen und Weißen verändert das Blut der Letzteren ebenfalls so, daß ein korrumpirtes Geschlecht auftauchen muß. —

Wenn wir nun bedenken, daß der größte Theil der Machthaber Brasiliens aus solcher Race hervorgegangen ist, daß ferner meist nur weiße Männer, selten weiße Frauen hinübergezogen, also fast die ganze jetzige Generation eine gekreuzte ist, — so kann uns wohl die Lust vergehen, noch mehr Deutsche hinüberwandern zu lassen, um der Brasilianischen corrupten Menschenvegetation als Guano zu dienen. Selbst eine massenhafte Auswanderung der Deutschen nach Brasilien würde nur Wasser in einem Siebe sein; denn gegen die Naturverhältnisse dieser Art ankämpfen, ist das, was die Alten so bezeichnend den Kampf mit den Titanen nannten.

Nachdem wir uns so mit dem wieder etwas bekannt gemacht haben, was später in jeder guten Geographie in dem Artikel Brasilien voran stehen wird, wollen wir auf einige andere Eigenschaften dieses Reiches eingehen, die bei der Einwanderung so sehr ins Gewicht fallen.

Brasiliens schlechte Bodenvertheilung und das daraus hervorgegangene und noch hervorgehende Proletariat ist das Erste, was jedem Unbefangenen eine Kolonisation nicht rathsam erscheinen läßt. Nur einige Wenige haben sich in den Besitz des Landes gesetzt, und von diesem Ueberfluß an Boden geben sie unter den nichtswürdigsten Bedingungen pachtweise Theile ab. In ganz Brasilien herrscht ein

Landmonopol, welches schlimmer als alle russische Sclaverei von einst, die Agrikultoren zu bloßem Nutzvieh macht, das ein gefühlloser Besitzer verkommen läßt, wenn es ausgenutzt ist. Hand in Hand mit dem Proletariat geht nun natürlich die Ausbildung des Gegensatzes von ihm, des Landmagnatenthums Prof Dr. Karl Müller sagt mit Recht: das Grundübel Brasiliens ist eine der heillosesten Magnatenwirthschaften, die je die Welt gesehen.

Wenn die Vereinigten Staaten in richtiger Erkenntniß der Grundgesetze eines Staates alle vorhandenen freien Ländereien von vornherein für Staatsgut erklärten, sicherten sie sich nicht allein auf geraume Zeit hinaus eine außerordentliche Einnahme-Quelle, sondern ermöglichten es auch Tausenden von Familien, sich für eine billige Summe in den Besitz so vieler Ländereien zu setzen, als jede zu ihrer Existenz bedurfte und mit der vorhandenen Arbeitskraft zu kultiviren gedachte. So standen Zweck und Mittel im gesunden Einklang. Bekanntlich geschieht der Verkauf der öffentlichen Ländereien in der Union durch das Landdepartement, welches die Verwaltung dieser Angelegenheit für sämmtliche Bundesstaaten erhielt. Dadurch war der große Grundsatz ausgesprochen, daß die von der Hand der Natur gegebenen liegenden Gründe Eigenthum Aller seien und folglich immer zum Besten Aller an die Einzelnen zu freiem Besitz abgegeben werden konnten. Einschließlich der im Jahre 1848 von Mexiko erworbenen Gebiete, schätzte man, um das sogleich an dieser passenden Stelle zu erwähnen, den Flächeninhalt aller dieser Ländereien, welche von den einzelnen schon bestehenden Staaten der Union auf die Bundesregierung übertragen wurden, auf 1584 Millionen Acker Nach einer genauen Zusammenstellung aller Vermessungen des Landdepartements ergeben die übrigen öffentlichen Ländereien, mit Ausschluß von Oregon, Kalifornien, Neumexiko, Utah, Nebraska und des Indianergebiets, einen Flächeninhalt von 424,103,750 Acker, von denen bis zum Jahre 1850 etwa 105 Millionen in Privathände übergingen. Früher wurde dies dadurch erleichtert, daß die Bundesregierung den Verkauf auch auf Kredit bewilligte. Als natürliche Folge dieser Maßregel fielen nun bedeutende Strecken in die Hände von Spekulanten, welche den ursprünglichen Preis von 1 Doll. 25 Cts. zu einer weit größeren Summe in die Höhe trieben. Man vermied das dadurch, daß nun, nachdem die Ländereien in öffentlicher Auktion ausgeboten waren, gegen baare Bezahlung gekauft werden mußte. Der Vortheil blieb auch nicht aus. Während seit 1840 jährlich kaum für 3 Mill. Doll. verkauft wurden, nahm man vom 1. Juli 1853 bis zum 31. März 18 4 schon die Summe von 5,125,249 Doll ein und sah diesen Betrag Ende Oktober 1854 bereits auf 8,200,000 Doll. sich steigern Aus so gewaltigen Staatseinnahmen, welche von der Größe der Einwanderung ein beredtes Zeugniß ablegen, erklärt sich Alles, was die Union für das allgemeine Wohl in der Anlage öffentlicher Verkehrswege, in großartigen Expeditionen für die Auskundschaftung des Westens u. s. w. thun konnte, ohne ihre Bürger auch nur mit einem Cent Steuer zu belasten.

Halten wir nun hiergegen die Brasilianische Staatswirthschaft, so stoßen wir sofort auf die grauenhafteste Verkennung der einfachsten Staatslehren und auf den grauenvollsten Egoismus, den sich je eine Oligarchie zu schulden kommen ließ. Wir wollen hierfür nur die Geschichte des Grafen Pappendim auszüglich geben. Besagter Herr, der Sohn des Marquis gleichen Namens, ist gegenwärtig einer der größten Landeigenthümer Brasiliens, welcher ein Areal von etwa 200, sage Zweihundert Quadratmeilen für sich allein in Anspruch nimmt. Im Nachfolgenden soll geschildert werden, wie er in diesen ungeheuren Besitz gekommen ist. — Obgleich ein eingewanderter Portugiese aus armer und obscurer Familie, hatte es doch sein Vater verstanden, sich mit angeborner Schlauheit an die Spitze der Bewegung gegen Portugal zu stellen, und das Vertrauen Don Pedro's zu sichern. Bis dahin waren alle liegenden öffentlichen Gründe Eigenthum des Staates gewesen, der über sie nach Umständen verfügte. Nach der Gründung des Kaiserthums aber war es eine der ersten Maßregeln desselben, die fernere Schenkung dieser Ländereien zu verbieten.

Jenem Marquis selbst lag die öffentliche Bekanntmachung des Reichsbeschlusses ob. Doch was that er? Nichts Anderes, als daß er den Zeitraum, von welchem ab jene Maßregel Gesetzeskraft erhalten sollte, so lange als möglich hinausschob und innerhalb dieser Frist so viel Land als möglich in seinen Besitz brachte. Dadurch geschah es, daß zahlreiche Vettern aus Portugal, viele barfuß, dem Glücke des ehemaligen Herrn Nogueira nachzogen, durch ihn mit Land der besten Art beschenkt und schließlich, da diese armen Vettern doch nichts mit dem neuen Eigenthum anzufangen wußten, mit einigen Dublonen abgefunden wurden, wogegen sie ihre Ländereien ihm selbst cedirten. So kam es, daß besagter Herr unter Anderem von 78 Mln. Landes von der Mündung des Rio-Doce an, und von da am rechten Ufer hinauf, über den Guandu bis auf 14—15 Stunden nach Minas hinein, immer nur am Fluß, und von da meist nur 1, selten 2 Legoas tief landeinwärts souveräner Besitzer wurde. Natürlich beansprucht auch sein Sohn das Gleiche, und da derselbe schon seit Jahren Präsident der Brasilianischen Kammer ist, die er als einer der reichsten Grundbesitzer beherrscht, so hat es nicht fehlen können, daß die Anklage, jene Ländereien seien lange nach der Unabhängigkeitserklärung gegen alles Gesetz erworben, nicht einmal auftauchen, geschweige denn zur öffentlichen Verhandlung kommen konnte. Wie hätte das auch durchgeführt werden sollen! Genau dasselbe, was wir über Herrn de Bappendim zu sagen hatten, gilt, nach einem Correspondenz-Artikel aus Rio-Janeiro in der „Deutschen Auswanderer-Zeitung" vom 30. Mai 1859 (Nr. 22), von wenigstens zwei Drittheilen der Kammer-Mitglieder. Man nennt dieselben in Brasilien sehr bezeichnend: Land-Haie: denn in Wahrheit hatten und haben sie es, woraus sie nicht einmal ein Hehl machen, auf nichts Geringeres abgesehen, als das ganze Land an sich zu bringen, und sie lassen sich nun sogar noch theuer für die Streifchen Land bezahlen, durch welche man die ihnen so nothwendigen Eisenbahnen führt. — Was muß die Folge einer solchen Wirthschaft sein? Offenbar zunächst, daß aus Mangel an Arbeitskraft eine Menge Ländereien unangebaut liegen bleiben, der größte Reichthum für den Staat nutzlos und unproductiv wird. Kein Wunder, daß so eins der unerschöpflichsten Reiche, anstatt in jährlichen Ueberschüssen zu schwelgen, an jährlichen Deficits zu kauen hat, und, damit schon binnen wenigen Jahren eine Schuld von 133 Mill. Preuß. Thlrn. auf sich lud. Der Staat lebt gleichsam nur von Verlust, und das hohe Budget des Finanzministeriums, welches sich im Jahre 1854 auf etwa 29 Mill. Frcs. belief, dient zu zwei Drittheilen dazu, die hohe Nationalschuld zu verzinsen. Niemals reichen die Voranschläge aus. Wenn z. B. das Budget von 1857 auf 35¼ Millionen Mil-Reis (à 22½ Silbergroschen) veranschlagt war, erreichte es in Wahrheit die Höhe von 48¼ Mill. Hand in Hand mit diesen Deficits gehen auch die Nachweise über Ein- und Ausfuhr. Wenn z. B. Letztere im Rechnungsjahre 1856/57 sich auf 123,8.6,958 belief, betrug die Ausfuhr nur 114,603,411, worunter der Hauptartikel Kaffee war. Rohstoffe, welche Brasilien im Ueberflusse selbst produciren und exportiren könnte, muß es bis heute vom Auslande beziehen und vollführt das in einer Weise, die wie alles Vorige die gänzliche Unfähigkeit des Brasilianischen Staatensystems kund thut. Statt nämlich durch Herabsetzung der Zölle eine freiere Einfuhr zu begünstigen, dadurch den Austausch zu mehren, und folglich die innere Production zu steigern, läßt es alle Einfuhr-Produkte nur gegen hohe Zölle in der Meinung zu, dieselben dadurch den Fremden allein aufzubürden, während doch in Wahrheit die Konsumenten diese Steuer zu zahlen haben.

Wohin wir auch in Brasilien blicken, es ist und bleibt das alte Lied: eine gänzliche Verkennung der einfachsten Principien einer gesunden Volks- und Staatswirthschaft.

Wohl hatten wir ein Recht, das Grundübel in der Brasilianischen Magnatenwirthschaft zu suchen. Nicht genug, daß daselbst laut unzweifelhafter Dokumente ein Unfug sonder gleichen mit Titeln aller Art eine der egoistischesten, after-aristokratischen Menschenklassen hervorrief; nicht genug, daß dieselbe den größten und besten Theil aller vorhandenen Ländereien an sich riß, liegt es in ihrem Interesse, jede freiere Bewegung zu hemmen, jeder gesunden, volkswirthschaftlichen Maßregel die Ader zu unterbinden. Die feierlichsten Verpflichtungen, welche Brasilien mit England zur Abschaffung des Sklavenhandels eingegangen, waren nicht zu feierlich gewesen, als daß jene Grundherren nach wie vor sich nicht bemüht hätten, ihre weitläufigen Ländereien mit Sklaven zu bevölkern und productiver zu machen. So ist es gekommen, daß z. B. der obengenannte Vappendim der Souverain von nahe an 1000 Sklaven geworden ist, und daß sich etwa 40,000 Familien in die 4 Mill. Sklaven Brasiliens theilen; ein erschreckendes Verhältniß, wenn man bedenkt, daß jene nun bald ihre Ketten brechen und gegen ihre Zwingherren marschiren könnten. Freilich wird dieses Verhältniß auch recht wohl von jenen Sklavenzüchtern gefühlt, freilich hat sich Graf Vappendim, wie Andere neben ihm, mit einer Leibgarde und Dutzenden von Sklavenfängern umgeben; freilich steht ihm auch zur Noth die Nationalgarde Brasiliens bei; allein wo reichten diese Kräfte, ja, wo reichte selbst die ganze Brasilianische Armee aus, die in Kriegszeiten kaum 20,000, in Friedenszeiten kaum 15,000 Mann zählt, wenn jene Sklavenhorden mit ihrer Kraft Ernst machen wollten!

Auch die Negerbarone haben wohl daran gedacht. Aber wie? In der Beantwortung dieser Frage liegt für Deutschland ein Schimpf, der uns und jeden rechten Deutschen auf's Neue empören muß.

Das wirklich sahen auch jene Herren wohl ein, daß Negerarbeit immer Sklavenarbeit, und sowohl die Anschaffung dieser Sklaven, sowie ihre Unterhaltung und Ueberwachung so kostspielig bleiben werde, daß ihre Revenuen um ein Beträchtliches herabgedrückt werden müßten. Wie ganz anders gestalteten sich die Verhältnisse, wenn es gelang, statt der Neger, weiße Sklaven einzuführen! Mit der persönlichen Sicherheit der Grundherren steigerte sich auch durch den fleißigeren Weißen der Ertrag jener Ländereien. Schon dadurch, daß der Weiße als Einwanderer nicht, wie der Neger, erst gekauft zu werden brauchte, fiel eine bedeutende Ausgabe weg. Wenn man aber gar Einwanderer unter der Bedingung erhalten konnte, daß dieselben als Pächter eintraten, den Ertrag der Ländereien und ihrer Handarbeit mit den Grundherren theilten*) und damit ihre Pachtsumme abzahlten, so fiel natürlich auch das Risiko weg, das man bisher gehabt hatte. Ein Sklave kostet immerhin Geld, und wenn er stirbt, ist eben das Kapital dahin. Man muß ihn folglich wohl oder übel menschlicher behandeln, als das ohne Eigeninteresse vielleicht geschehen sein würde. Hier fiel aber auch diese Furcht hinweg. Mit dem Weißen, der nichts kostete, ging, wenn er unter der Last seiner Arbeit wie ein abgetriebener Gaul endlich den Sorgen und dem Klima erlag, nichts als eine Nummer verloren, die sich auf die vorige Weise leicht ergänzen ließ. Der Arbeiter starb sich selbst und seiner Familie, nicht seinem Herrn. Man

---

*) Wenn man bedenkt, daß die Legoa Land (18,000 Morgen), sehr hoch geschätzt, nur 12—15,000 Thlr werth ist, daß der Einzelne nur höchstens 12—20 Morgen bestellen kann, der Werth des Weißen aber im Vergleich zum Neger wenigstens 2000 Thlr. ist, — ein Kapital, welches durch Arbeit, Klima, Krankheit ꝛc. in Brasilien schnell abgetragen wird, — wenn man ferner bedenkt, daß der Colonist dabei noch die Hälfte Ertrag abgiebt und das ihm nicht gehörige Land für immer bebaubar macht, so ergiebt sich eine Association aus dem Halbpacht-System, wo des Weißen Antheil zu dem des Grundherrn sich verhält, wie 30: 1, der Letzte das Kapital empfängt und der Erste die spottschlechten Interessen! —

begreift also leicht, daß dieses System von Haus aus schon um Vieles profitabler für den Grundbesitzer ist und das System der wirklichen Sklaverei noch um ein Bedeutendes übertrifft, indem der weiße Arbeiter durch keinerlei Eigeninteresse des Grundherrn geschützt, vielmehr der ganzen Brutalität desselben überantwortet ist. Selbst angenommen, daß dieser gezwungen sein sollte, die Kosten für die Einwanderung des Weißen zu tragen, so mußten diese doch immer noch weit geringer als der Kauf eines wirklichen Sklaven ausfallen, und überdies konnte man ja diese Kosten — selbst wenn man dem Einwanderer freie Ueberfahrt versprechen mußte, – als herrschende Partei einem rechtlosen Einwanderer gegenüber von den künftigen Revenuen wieder einstreichen, ja diesen Grund sogar zu einer Fessel machen, den erworbenen Arbeiter für immer in seinen Krallen scheinbar gerechter Weise festzuhalten, indem man jene Kosten der Einwanderung nie gänzlich getilgt sein ließ. Man hat dieses schauderhafte System, welches mit so großem Erfolge schon lange von den Bergbau treibenden Weißen bei den Indianern Perus angewendet ist, das Parceria- oder Halbpacht-System genannt, und damit eine neue Art der Hörigkeit und Sklaverei begründet. Sollte es gelingen, so konnte es nur bei einem Volke in Anwendung kommen, dessen Klagen in allen Winden verhallten, das schutzlos gleich den Chinesen, im Auslande niemals weiter von seinem Mutterlande beachtet wurde, bei welchem man keinerlei Gefahr lief, zur verdienten Rechenschaft gezogen zu werden. Für diesen Fall war das deutsche Volk, bei der unglaublichen Indifferenz und Indolenz (s. den nachfolgenden Artikel) seiner Regierungen auf diesem Gebiete, wie geschaffen; mit satanischer Consequenz ist es darum auch von Brasilien heimgesucht, von Werbern und Grundherren in einer Weise betrogen worden, die wir hier nicht näher durchführen, wohl aber Alle anderwärts zusammenhängend geschildert lesen können. Wenn Nordamerika zu einem Roman „Onkel Tom's Hütte" Stoff gab, so bietet Brasilien Stoff zu tausend Romanen, bei denen obenein Verfasser oder Verfasserin nicht die Spur ihrer Einbildungskraft anzustrengen brauchen.

Bei dieser Gelegenheit dürfen wir das Factum nicht unberührt übergehen, daß von allen Reisebeschreibern, Geographen, Naturwissenschaftern nie die ureigentlich Brasilianischen Verhältnisse geschildert, nie die Landfrage besprochen, oder die Rechtsfrage behandelt worden ist. Selbst Dr. Avé-Lallemand*) hat es „wohlweislich" vermieden, etwaige

---

*) Wohl hat Dr. Lallemand über confessionelle Zustände zehnmal klarer gesehen, und auch die Katzenpfoten der Brasil. Pflanzer und Gesandtschaften nach deutschen Arbeitern unter dem Begehr nach deutsch-protestantischen Geistlichen besser erkannt, als der Evangelische Kirchenrath zu Berlin, der nach der pompös angekündigten Reform der Ehegesetzgebung erst zur Einsicht kam. (Erst jetzt nämlich schickt der gute Kirchenrath keine protestantischen Geistlichen mehr dahin, auch nicht auf noch so diplomatisches Ansinnen, wo ihm so furchtbar die Gewißheit gekommen ist, daß sie drüben unter die polizeiliche Aufsicht verstellt-fanatischer Parochos oder Kaplane gestellt werden, oder, wie bereits wiederholentlich geschehen, gleich in den ersten 6 Wochen begraben werden). Bei all der besseren Erkenntniß Lallemand's dürfte es aber einige Aufklärung erheischen, wie der Gelehrte gerade zu der Zeit, als in Rio so heftig von Berlin und Hamburg aus an der Beseitigung des Verfassers dieser Broschüre gearbeitet und am Orte selbst die Landpotentaten, Senhor Felizardo an der Spitze, alle Minen gegen denselben springen ließen, gerade Dr. Lallemand mit Felizardo in ein so intimes Verhältniß getreten war, daß dieser ihm in der Voraussicht einer späteren stabilen Stellung in Europa und Hauptcolonisator Brasiliens in Deutschland werden zu können, noch carte blanche zu einer Reise über ganz Brasilien gab. Dr. Lallemand kannte schon seit Jahren durch die eigenen Studien und den Verfasser die Bedingungen sehr genau, unter denen allein eine Auswanderung nach dem gedachten Lande mög-

zu kitzliche Punkte zu berühren, als noch während des Niederschreibens seiner „Reisen in Süd-Brasilien" die Möglichkeit vorlag, daß er Brasiliens Retter durch die Einwanderung aus Deutschland werden könnte. — Wenn wir dies der Wahrheitsliebe selbst wegen bedauern, so beklagen wir es doch geradezu, weil solches Schweigen Tausende getäuscht und in ein Verderben hat ziehen lassen, denen wir allein, ohne jede literarische Unterstützung, nur in einzelnen Fällen noch zu rechter Zeit die Augen öffnen konnten.*)

Die Landhaie Brasiliens wußten nur zu gut, daß auf die Länge selbst die langmüthigen Deutschen (und das will doch viel sagen!) ihnen gefährlich werden könnten, daher haben sie diese, um sie nur ja recht niederzuhalten, mit weiser Berechnung auf ihren ungeheuren Territorium so sporadisch angebracht, daß sie recht bald versumpften im Elend und in der sklavischen Plackerei, und um so willenlosere Objekte portugiesischer Kreolen-Interessen würden. Von deutsch bleiben ist natürlich bis jetzt noch gar keine Rede gewesen. Wie soll das auch möglich sein? Der arme, von der Heimath verlassene Auswanderer, — der als ein aus den 34 Staaten scheidendes Glied erst nach Paß und Konduiten-Buch sehen muß, um genau zu wissen, welchen National-Charakter er sich beilegen soll, — der, wie sein Fuß die deutsche Erde verläßt, sich erst deutsch fühlen lernt, und nun gerade am empfänglichsten wäre, das deutsche Element zu bewahrheiten und aufleben zu lassen, — der (wir haben hier den unglücklichen Emigranten nach Brasilien im Auge) fällt in dem neuen Vaterlande einem Menschen in die Hände, der schlimmer als der tollste Edelmann zur Hofedienstzeit, den Ankömmling mit einer Schuldenliste begrüßt, die schon begonnen worden, als noch der Emigrant seinen Freunden und Nachbarn den letzten Schmaus in der Heimath gab. Von da ab nun hat der Ansiedler immer und immer und zwar nur auf Abschlag seiner Schuld zu arbeiten, die mit jedem Tage ein neues Glied an die Kette fügt, welche der arme Einwanderer dann mit sich ins Grab auf fremder Erde nimmt. Von Klagen ist gar keine Rede, nur der Eigenthümer hat Recht, und auch der nur, wenn er Eingeborner oder doch mit diesen liirt ist.

Kirchen, Schulen — Alles das existirt für die Mehrzahl der Emigranten so gut wie gar nicht; deutsche Bücher eben so wenig. Aerzte, Apotheken ꝛc. sind lediglich für reiche Brasilianer und fast nie für deutsche Kolonisten vorhanden.

Wenn wir sagten, daß der deutsche Einwanderer in Brasilien völlig rechtlos sei, so ist das im vollsten Umfange des Worts gemeint, die Gültigkeit seiner Kontrakte hängt von dem Belieben und der Willkür seines Plantagenbesitzers ab; die Rechtmäßigkeit seiner nach unserm Gesetz noch so rechtmäßigen Ehe und die davon abhängenden Verhältnisse sind ebenfalls Fragen, über die der betreffende Land-Magnat entscheidet, die ehelichst gebornen Kinder gelten als Bastarde und haben keinen Theil an dem durch sauren Schweiß, ja mit Blut erworbenen Besitz der Aeltern. Nun denke man sich noch dazu die furchtbarste Intoleranz, wie sie kaum zu Torquemada's Zeiten größer sein und in Salzburg scheußlicher in Blüthe stehen konnte, den unduldsamen Fanatismus leidenschaftlicher Kreolen - und wir haben so ziemlich die Töne und Staffage zu jener Ebensphotographie, von der wir im Eingang erzählten.

Der Fluch der Geschichte, oder was gleichbedeutend ist, die strafende Hand Gottes, ist bei Brasilien nicht ausgeblieben. Mit der Versumpfung der Land-Magnaten in Geiz, Grausamkeit, Faulheit und

---

lich war, hatte oft genug in traulicher Unterhaltung sich übereinstimmend mit ihm geäußert, und dennoch schien er nun auf verschiedenen Wegen zu gehen, obwohl noch dieselben Uebelstände, die ein gemeinsames Vorrücken in einer Richtung bedingen, vorhanden sind.

*) Siehe im Anhange: die sächsische W.-Expedition nach Brasilien vom Jahre 1858.

Pietisterei sind auch all die furchtbaren Folgen jener Laster gekommen. Wie von einem feuchten Moor-Grunde täglich Miasmen erzeugt werden, die das lebende Wesen scheuen muß, so ist das schöne Land Brasilien durch sporadische Bevölkerung, Raubbau, unglückliche Lage der Agrikultoren und vieles Andere mehr dahin gebracht worden, einen Pesthauch dauernd zu schaffen, der die moralische und physische Existenz der Bewohner vergiftet. Cholera, gelbes Fieber, Blutruhr, Elephantiasis, Sarna (Lochkrätze), Morphea und die ganze große Krankheitsfamilie der Syphilis datiren in Brasilien erst seit Forcirung der Sklaverei, und sind von da ab beständig, oder doch wie Cholera und gelbes Fieber, periodisch wiederkehrende Leiden der Bevölkerung. — Daß es in einem solchen Reiche mit öffentlicher Sicherheit nicht weit her sein kann, ist evident. „Wo" — frug selbst der Erzbischof von Bahia in einem Hirtenbriefe vom Jahre 1859 — „wo ist diese zu finden, wo ist die Sicherheit der Person, die man so oft schon dem Ausländer versprochen hat, wenn er nach unserm Lande kommen will, um irgend ein erlaubtes Gewerbe auszuüben, und mit der man so viel Lärmen macht, um Einwanderer herbeizuziehen?" — „Die Sicherheit der Person und des Eigenthums — antwortete wie des Erzbischofs Echo im Jahre 1860 der Präsident von Pará — bietet leider kein günstiges Bild, und dieses würde sich nur um so entschiedener ungünstig herausstellen, fehlte in dieser Provinz nicht, wie in fast allen des Reichs, eine wohlorganisirte Kriminalstatistik. Der Mangel an Richtern, welche das erforliche Vertrauen einflößen, und die geringen Mittel, welche zur Verfügung der Justiz stehen, verschwören sich gegen die Absichten der Autorität!" Kein Wunder, wenn im Jahre 1854 der Justizminister im Senate selbst zugestehen mußte, daß in verflossenem Jahre allein nach offiziellen Berichten gegen 840 Meuchelmorde stattgefunden hätten! Schätzt man aber, um recht mäßig zu sein, die Zahl der nicht angezeigten Gräuelthaten auf die gleiche Summe, so muß man erstaunen, von demselben Justizminister in einem Athem zu hören, daß dadurch die öffentliche Sicherheit im Lande nicht gefährdet erschienen sei. Hieraus dürfte wohl am besten hervorgehen, welche Begriffe man in Brasilien, selbst in den leitenden Kreisen, von öffentlicher Sicherheit hat. Vielleicht giebt ein Artikel der Bremer „deutschen Ausw.-Ztg.", — leider der einzigen deutschen Zeitung dieser Art, welcher man volles Vertrauen schenken darf, — datirt von Rio de Janeiro, 8. April 1859 (Nr. 22) bessere Aufklärung als das Vorige. Nach dieser Korrespondenz machte der im Decbr. 1858 abgetretene Präsident der Provinz Pernambuco in einem Berichte an seinen Nachfolger die Meldung, daß binnen 8 Monaten, vom 1. Januar bis 31. Oktober, in dieser einen Präsidentschaft 75 Morde festgestellt seien! — „Pernambuco, heißt es darin weiter — ist an 4000 Quadrat-Meilen groß und zählt angeblich 650,000 Einwohner. Von vielen Orten gehen oft Monate lang keine Nachrichten ein." In der ganzen Provinz fanden für alle Vergehen und Verbrechen zusammen bloß 370 Arrestationen statt! Kaum der fünfzigste Mörder wird zum Tode verurtheilt und noch viel weniger hingerichtet; es sei denn, daß er ein freier Neger oder Mulatte ist. Bei obiger Mordstatistik machte der Präsident die Bemerkung, daß darin leider Glieder der einflußreichsten Familien betheiligt seien.

Um einen Begriff von brasilianischer Moralität zu erhalten, muß man nur hören, mit welcher Noblesse in Brasilien Morde begangen werden. In Maranham war eben die Bevölkerung in der Kirche zur Deputirtenwahl versammelt, als ein „Landpotentat" mit bewaffnetem Gefolge hereinstürmte, die Vorsitzenden und Alle, welche sich vertheidigten, gewaltsam aus der Kirche trieb, welche später des Blutvergießens halber als entheiligt geschlossen werden mußte, und die Wahlen als zu Gunsten seines Vetters ausgefallen erklärte. Das ist konstitutionelles Recht in Brasilien.*) Ein anderer dieser Landpotentaten in der

*) Siehe das Buch: Brasilian. Zustände und Aussichten (Berlin, Nikolai's Verlag) und die Werke der Grafen Pontboz und de la Hure.

Nachbarprovinz Pará läßt den Sohn seines Nachbarn, mit welchem er in Grenzstreitigkeiten lag, durch seine Bravos und Neger einfangen, nackt ausziehen und durch einen Schwarzen geißeln, bis er halb todt um Mitternacht in den Wald geworfen und daselbst vom Ungeziefer fast aufgefressen wird. Dem Mörder — setzt der Korrespondent hinzu — wird von der Obrigkeit nichts geschehen; doch wird auch sein Leben von Niemand hier zu Lande versichert werden. Das ist die brasilianische Selbstherrlichkeit! — Ein deutscher Herr v. Köserlitz, in der Stadt Pelotas, besaß eine Druckerei, aus welcher ein Oppositionsblatt gegen die Provincial-Regierung von Porto Allegre hervorging. Um dasselbe zu Falle zu bringen, erschienen am 11. Decbr. 1858 drei bewaffnete Reiter und spießten besagten Herrn buchstäblich auf; obwohl sofort die Gattin des grausam selbst durch den Kopf mehrmals Gestoßenen und sein Bruder zu Hülfe eilen und den dritten der Banditen einholen, ehe es derselbe vermag, zu seinem Pferde zu gelangen, so steht demselben doch augenblicklich einer der Stadtbewohner bei, der Alles mit ansah. Da entwischt auch der dritte, und Niemand will auch nur einen der Mörder erkannt haben, obwohl sie mehrere Male hintereinander nach der Stadt gekommen waren. Das ist brasilianische Preßfreiheit! Doch das Alles ist nur Kinderspiel gegen die Grausamkeit, mit welcher brasilianische Banditen von Handwerk ihre Opfer heimsuchen können. Unter Anderen hat sich ein solcher berüchtigt gemacht, welcher den Namen Tira Couros (Hautabzieher) erhielt und denselben wie ein Adelsdiplom bestens acceptirte Mit dem Vatermorde begann derselbe, ohne von der Regierung bestraft zu werden, und endete seine Laufbahn erst, nachdem er allein in der Provinz Minas während 15 Jahren 24 Morde mit ausgesuchter Grausamkeit begangen, am 15. Januar 1858 am Galgen. Trotzdem muß man den brasilianischen Banditen lassen, daß sie auch — gewissenhaft sein können. So z. B. zeichnete Diogenes de Almeida seine 19 Morde sämmtlich mit Kerben auf dem Kolben seines Stutzen an, während 20 andere Mordversuche als Bagatellen keine Stelle in diesem edlen Inhaltsverzeichnisse fanden. Wenn man freilich so große Vorbilder vor sich hat, wie z. B. den Padre Aruda, der es selbst in der Provinz Rio Janeiro, der Regierungslandschaft, zu 28 Morden brachte, so braucht man sich nicht zu wundern, daß endlich der Mord wie ein erhabenes Gewerbe sogar am lichten Tage betrieben wird. So erzählt man von einem dieser Gewerbetreibenden, daß derselbe binnen sechs Wochen 2 Morde bei hellem Tage und ohne alle Scheu vor den umstehenden Personen ausführte, ohne auch nur aufgehalten zu werden. „Bei dem letzten ließ sich der Bravo in der Venda selbst, sogleich nach vollbrachter That und als sein Opfer noch blutend vor ihm lag, ein Glas Branntwein geben, drehte die Spitze seines blutigen Dolches darin um, trank den blutgemischten Alkohol bis auf den letzten Tropfen aus, bestieg dann gelassen sein Pferd, sah sich die Anwesenden der Reihe nach sehr genau an, wie es schien, um zu sehen, ob er bei einem derselben auch nur ein Zeichen des Mißfallens entdecken könne, oder als Warnung gegen spätere Zeugenschaft, grüßte kavalierlich und ritt ruhig von dannen." Das geschah im Jahre 1859 in der Provinz Rio selbst. Was will man noch mehr?

Neben solchen Thatsachen brutalster Bestialität ist die Bestechlichkeit der Beamten und der Presse Brasiliens Etwas, was sich eigentlich rein von selbst versteht. Ein Terrorismus ist wie der andere, einer erzeugt den anderen und bringt zuletzt einen allgemeinen Kampf Aller gegen Alle hervor, wo nur noch die gleichen Waffen der Korruption einige Abhülfe gewähren können. —

Für Brasilien ist die sogenannte Konstitution (in Wahrheit eigentlich: eine Schreckensherrschaft von Negerbaronen und Landhaien) das Verderben. Bei seinen Zuständen wäre der rücksichtsloseste Absolutismus mit strengster Säbelherrschaft an seiner Stelle. Wie sollte aber Brasilien dazu kommen, wenn das Heer erstens so verschwindend klein bei der ungeheuren Ausdehnung des Landes ist und zweitens dessen Fundament nach ähnlichen egoistischen Grundlagen bricht, wie die „Konstitution" selber? „Man muß" — schreibt Dr. Otto Hübner im „Bremer Handelsblatte" 1854 mit Recht — „man muß das bras. Rekrutirungssystem kennen, um die erdrückende Schwere dieser mit der oktroyirten Naturalisation aufgezwungenen Militairpflichtigkeit zu würdigen. Dem Europäer dürfte es nahezu unmöglich sein, sich in Mitten des 19. Jahrhunderts einen Begriff von diesem Willkür- und Gewalttreiben zu machen, das selbst Minister, Deputirte und Senatoren in den Kammern und in offiziellen Dokumenten als „Menschenjagd", als „Landplage" bezeichnen und in den härtesten Ausdrücken brandmarken. Die Gesetze vom 10. Juni 1822 und 29. August 1837, welche jeden Brasilianer vom 18. bis zum 35. Jahre als militairpflichtig erklären, suchten zwar einige Ordnung in die Rekrutirung zu bringen und auch die Bedingungen festzustellen, welche vom Militairdienst befreien; allein bei der Ohnmacht der Regierung ist der Willkür ihrer Beamten der freieste Spielraum gelassen, und die Rekrutirung wird von ihnen nur als Mittel zur Befriedigung persönlichen Hasses ausgebeutet." Nach den eigenen Anklagen brasil. Senatoren darf man darauf schwören, in jedem Rekruten einen Oppositions-Mann, niemals aber einen Freund, einen Anhänger der Regierung zu finden. So entriß man unter Anderem, nach der öffentlichen Mittheilung des Senators Vasconcellos, einem angesehenen Bürger seine 5 Söhne, weil er die Kühnheit gehabt hatte, die Wahlurne gegen die Fälschungen der Regierungsagenten zu vertheidigen, und steckte sie in den Soldatenrock. Wehe dem, wer durch patriotische Gesinnung einen Funken von Unabhängigkeits- und Rechtssinn zeigt! Er ist sofort gezeichnet und darf darauf rechnen, daß er oder einer seiner Familie, nachdem man das Haus umzingelt, unvermuthet überfallen, einem Verbrecher gleich in Fesseln geschlagen und unter endlosen Plagen nach der Hauptstadt zum „Volksheere" abgeführt wird. Ob Greis oder Jüngling, ob Krüppel oder Gesunder, ob Familienvater oder Junggesell — das kümmert die wilden Jäger der Regierung nicht. Selbst der freundlicher Angeschriebene hat seine Noth, durch Bestechung, Gewalt oder Protektion sich von dieser Soldateska loszukaufen; wie vielmehr der schutzlos Eingewanderte. Der Graf van der Straten-Ponthoz, dem wir diese Notizen verdanken, setzt hinzu, daß es in der That gerade diese unglücklichen Einwanderer sind, von welchen selbst die Municipalitäten ihren Menschentribut erheben, um die Zahl der vom Kriegsminister geforderten Vaterlandsvertheidiger voll zu machen.

Wie könnte man unter solchen Umständen ein Heer voll Patriotismus und Gerechtigkeitssinn verlangen, angenommen auch, daß man ein solches schaffen wollte! Aber will man das auch wirklich? Nach den vorliegenden Dokumenten darf man es billig bezweifeln, und so kann man sich nicht wundern, daß das Brasilian. Heer weder gegen einen äußeren noch gegen einen inneren Feind irgend welche Bedeutung in sich trägt. Durch den scheußlichsten Terrorismus rekrutirt, auf's Gewissenloseste verpflegt, durch die furchtbarste Brutalität zusammengehalten, zu einem Fünftheil aus Negern, zu einem Zehntheil aus eingefangenen Indianern und dem Reste nach aus gepreßten Vagabonden oder doch aus armen Menschen aus dem Innern bestehend — muß ja ein solches Heer der Auswurf und der Schimpf aller Heere der Welt sein. Hört man nun vollends, daß es eigentlich auch weiter nichts, als ein Object darstellen soll, auf dessen Existenz hin gewisse Summen sich prächtig verrechnen lassen, so weiß man auch, was von brasilian. Kriegen zu halten ist, die dann und wann an den Grenzen geführt werden. Man darf es wohl mit Sicherheit voraussagen, daß Brasilien unter solchen Verhältnissen den furchtbarsten Umwälzungen mit absoluter Nothwendigkeit entgegengeht.

Freilich ist man — so heißt und scheint es wenigstens — sehr religiös; denn der Katholicismus wird nicht allein sehr bigott, sondern auch als herrschende Staatsreligion durchgeführt. Doch hat das nur mehr Bezug auf den Klerus, als auf das Volk. Man schildert dasselbe als tolerant; nicht etwa aus Aufklärung, sondern aus einer Verkommenheit, die ihren Grund in den Geistlichen selbst trägt. Der wohlbekannte englische Botaniker Gardner, welcher Brasilien 6 Jahre lang nach allen Richtungen bereiste, sagt: „Es ist ein hartes Ding, es auszusprechen, aber ich thue es nicht ohne die reifste Erwägung, und behaupte, daß die Geistlichkeit Brasiliens eine erniedrigtere und unmoralischere Menschenklasse ist, als irgend eine andere im ganzen Reiche." Man erlasse uns die Beweise,*) und halte nur daneben, daß der Erzbischof von Theben, um Brasilien fester als je an Rom zu binden, (wie Msgr. Bedini dem Papste selbst versprochen hatte,) plötzlich die Kinder aller Mischehen für Bastarde und die Ehen selbst für Konkubinate erklärte, so hat man abermals ein Stück Brasilien, das sich schon grausam an den Einwanderern bewährte. Man weiß genug, wenn man hört, daß ein brasilian Geistlicher ohne Weiteres die weggelaufene katholische Frau eines protestantischen Einwanderers mit einem andern Katholiken traut, daß ihn selbst der Staat darin unterstützt, daß die Kinder aus Mischehen ohne Weiteres von Amtswegen dem Katholicismus überantwortet werden können, und daß Letzteres selbst bei rein protestantischen Ehen geschehen darf. Um kurz über diesen Punkt zu sein, sagen wir mit dem bekannten Reisenden, unserm Freund W. Heine: „Es herrscht in Brasilien eine Staatsreligion, die römisch-katholische, die andern sind nur tolerirt, und das besagt Alles. So lange Brasilien eine Staatsreligion hat, wird es selbst bei der freisinnigsten Verfassung nur ein übertünchtes Grab sein; außen Marmor und Gold, innen Moder und Verwesung Ich kann das um so freier sagen, als ich selbst ein Katholik bin."

Jeder wahrhaft civilisirte Staat setzt eine Ehre darein, sich der Wittwen und Waisen anzunehmen.**) Was geschieht in Brasilien? „Vom Jahre 1809 an waren von 4395 Nachlassenschaften nur 831 abgemacht und ausgeführt, mit 610 war der Anfang zur Rechnungsablegung (die bei einigen schon an 40 Jahre im Gange ist) gemacht worden, und 3385 Nachlassenschaften liegen völlig unbeweglich!" Weiß man nun daneben, daß das brasil. Gesetz hierbei die Interventionen der Konsuln ausschließt, indem es jedes in Brasilien geborene Kind eines eben verstorbenen Vaters mit Gewalt naturalisirt und somit auch die Erbschaft zu einem brasil. Gute macht, so hat man im Hinblick hierauf und auf den mehr als problematischen Charakter der ausfüh-

*) Siehe das Buch: „Brasilian. Zustände und Aussichten". Berlin. Nicolai'scher Verlag, und die nach diesem Artikel gebrachten Auszüge aus: „L'empire du Brésil" von Graf de la Hure 1862.

**) Hiervon nur ein Exempel: Ein hausirender Juwelenhändler wußte unter falschen Angaben ein zehnjähriges Mädchen, deren Mutter verwittwet war und ihr Kind einem Lehrinstitute anvertraut hatte, aus der Obhut der Vorsteherin der Pension nach seinem Hause zu locken. Hier wartete bereits an der reichbesetzten Tafel einer der vornehmsten Geistlichen Rio de Janeiros, der, nachdem er zwei Contos (1500 Thlr) erhalten, überdies durch vorheriges Kartenspiel und Weingelage günstig gestimmt worden war, nicht anstand, das im Hauskleidchen hereingebrachte Kind, welches angeblich nur zu seiner Mutter in der Nähe der Stadt gebracht werden sollte, mit besagtem Juwelier in rechtsgültiger Form zu verheirathen. Vorher hatte der Juwelenhändler eine Straßendirne vermocht, mit ihm unter der Angabe des Namens des zehnjährigen Mädchens vor den Bischof zu treten und von diesem für einen casus urgens eine Heirathslicenz erhalten. Vergebens sucht nun schon seit 5 Jahren die Mutter des unwissentlich verheiratheten Kindes, einer Erbin von etwa 300,000 Thlrn., jenen kirchlichen Act ungültig zu machen. Kammern und Gerichte erklären sich machtlos den Forderungen der Kirche gegenüber.

renden Beamten eine kleine Vorstellung von dem Glück, welches der Familie eines Einwanderers harrt, selbst wenn dieser bei seinem Leben weniger von den Leiden berührt worden sein sollte, die wir bisher geschildert haben.

Wir deuteten schon auf den furchtbaren Tag der Rache hin, der nur zu bald über Brasilien hereinbrechen wird, denn in der That, die Farbenfrage muß zum Austrag kommen. Die Vereinigten Staaten haben sie schon zum Theil gelöst und werden sie bald vollständig beseitigen durch den Krieg, der Norden und Süden an einander hetzte; wie wird sich Brasilien in einer derartigen Krisis verhalten? Die Farbenfrage ignoriren, geht, da sie schon zur Lebensfrage des Westens geworden ist, nicht mehr gut an, und am allerwenigsten in Brasilien, wo ein Conflikt der weißen und farbigen Race wie eine Tod und Verderben schwangere Riesenwolke über dem Haupte der Konstitution lagert. — —

Konstitution, sagten wir; wenn ein Reich jemals unreif war, eine Vielheit zu proklamiren, die es zu beherrschen vermag und dazu die physische und moralische Berechtigung hat, so ist das Brasilien. Hier ist das Wort Konstitution nur der Deckmantel für eine usurpirte Despotie Einzelner, und zwar gerade der scheußlichsten Ausgeburten eines korrupten Land-Magnatenthums.

In Folgendem ein Bild aus den Ministerien, den Kammern und vom Hofe neuester Zeit.

Da ist zuerst ein Minister Olinda, ein abgetragener Politiker, dessen Haupteinfluß aus den Zeiten des Sklaven-Contreband-Handels herrührt, den er sowohl als Regent, wie auch als vieljähriger Minister während fast 10 Jahren bestmöglichst und auf die verschmitzteste Weise unterstützte. Um den so erreichten Einfluß zu behaupten, warf sich Olinda, nachdem von England die Unterdrückung des Sklavenhandels erzwungen war, auf die Unterstützung des sich allmälich ausbildenden Landmonopols und der von Grund aus verfälschten Kolonisation nach dem Parceria-Systeme, dessen Hauptstützen er und Minister Paraná bildeten, während die Hauptexploiteurs desselben, Vergueiro, der Fürst aller Landdiebe Marquez von Bappendim und ein halbes Dutzend leider Sr. Majestät dem Kaiser nächststehende Hofleute waren. Ohne solche Anmänner hätte sich auch das widersinnige System bei den täglichen Beweisen seiner innersten Lasterhaftigkeit nicht so viele Jahre behaupten können. — Nach einigen Worten, die dem greisen, wir können aber nicht hinzufügen ehrwürdigen, Staatsmanne neulich entfallen sind, ist zu schließen, daß er einsieht, daß seine Endziele bisher nicht die richtigsten waren, aber von da bis zur Wahl und vor allem zur Erkenntniß des Richtigen und Wahren ist noch eine weite Entfernung, und ein Mann, der 30 Jahre lang auf solchen Irrwegen gegangen, wie er, möchte nun in seinem 76. Jahre den rechten Weg schwerlich mehr ausfinden —

Herr Minister Cansançam Sinimbú, den wir Olinda folgen lassen wollen, ist so eben erst wieder in das Ministerium (Olind'-Abrantes) eingetreten, und zwar als ein schlechtes Omen für die Ehrenhaftigkeit der Kolonisations-Bestrebungen Brasiliens. Dieser Mann hat als Präsident von Bahia den Grund gelegt zu dem schmählichen Betruge, der durch den verrufensten aller Sklavenhändler, Hygino Pires Gomes von Bahia mit 199 Sächsischen Kolonisten am Rio das Contas, wo bereits ein großer Theil derselben untergegangen, betrieben wurde. Er hat wenig Tage vor seinem ersten Eintritte in's Ministerium, wie es sich später zeigte blos aus Opposition, den deutschen Kolonisten das außerordentlichste Lob gespendet und für sie kein Geständniß zu groß gefunden. Ihre Sprache, sagte er unter andern, (wohl um zu zeigen, daß er sie selbst verstehe,) sei eine so reiche, so erhabene, daß keine andere ihnen diese ersetzen könne; Freiheit ihres Cultus müsse ihnen unter allen Umständen gestattet werden u. s. w. Und derselbe Mann, was that er als Minister? Er wirkte mit zur

Unterdrückung der Deutschen Schulen, er that auch nicht das Mindeste zur Minderung der Unbilden und der Ungerechtigkeiten, welche allenthalben gegen deutsche Kolonisten, die der brasilianische Gesandte in Deutschland selbst engagirt hatte, begangen wurden. Er zwang seine eigene Gemahlin, eine protestantische Deutsche aus Dresden, in den Missas cantadas und wüstlärmenden Kirchenfesten mit Mulatten und römischen Eunuchen vom Chor herab Solos zu singen. Er machte einen Vertrag mit Rom und kaufte dort einige hundert Dispensen für gemischte Heirathen, von denen einer auch noch seine eigene Ehe legitimirte, und widersetzte sich im offenen Senate im vorigen Jahre noch der Annahme einer liberalen Gesetzgebung über gemischte Ehen auf den Grund hin, „daß die von ihm von Rom aus erhandelten Licenzen noch lange nicht verbraucht seien.“ So daß selbst brasilianische Senatoren erstaunt waren, den Gemahl einer allgemein geachteten protestantischen Dame, obgleich schon nicht mehr als Minister, so auftreten zu sehen, noch mehr aber als er sich in seinen Behauptungen von dem fanatischen Senator Don Manuel de Mascarenhas unterstützen ließ, der ausdrücklich an jenem Tage alle in gemischter Ehe Lebenden der Unzucht zieh und ihnen das Fegfeuer weissagte. Ein einziges Faktum aus Sinimbú's Leben dürfte hinreichen, den Menschen zu charakterisiren. Während seines mehrjährigen Aufenthaltes auf deutschen Universitäten genoß er von der Gemahlin des ehemaligen K. Brasil. Marschall Braun in Dresden die aufrichtigste Freundschaft. Sich momentan verpflichtet fühlend, suchte nun Sinimbú sich dadurch dankbar zu zeigen, daß er seiner verwittweten Gastfreundin die schönsten und besten Versprechungen machte, betreffs persönlicher Verwendung um die Auszahlung des ihr von Brasilien geschuldeten dreißigjährigen Marschall-Soldes ihres Gatten, im Betrage von etwa 140,000 Thlr., und ihrer eigenen Pension. Wie der Brasilianer sein Versprechen gehalten, das er bei seinem bedeutenden Einflusse so leicht und bequem hätte halten können, beweist, daß die arme Dame, deren Gatte Brasilien auf's Wackerste für Nichts, noch schlimmer, mit Aufopferung seiner gesammten Kräfte gedient hat, nunmehr in ihrem hohen Alter darbt. Dank der Ehre, dem Pflichtgefühl und der Erkenntlichkeit der kreolischen Negerbarone und der Vertretung deutscher Rechte, hier obenein der Rechte der Schwiegertochter des wohlverdienten Berliner Stadtkommandanten Braun, des persönlichen Freundes vom großen Friedrich!

Voraussichtlich wird Senhor Sinimbú die Land- oder Grundbesitzfrage, die ihm jetzt als Kolonisations-Minister obliegt, nicht wirksamer lösen, als er ehemals die konfessionelle Frage gelöst hat, trotzdem daß in Brasilien die Registration des Landbesitzes seinen Freunden, den Geistlichen obliegt, welche neben den Kirchenbüchern auch die Landbücher führen sollen, was schon in Betreff der ersteren in beispiellos nachlässiger, und betrügerischer Weise geschieht. Wir sprechen das mit um so größerer Gewißheit aus, als wir wissen, daß Sinimbú von Felizardo de Mello e Souza, der berüchtigte „Jack of all trades“, die Schlüssel des Land-Kabinets, dieser wahrhaften Morgue alles freien Besitzes, überliefert worden sind. De Mello e Souza hatte fast 10 Jahre das Regiment über das Landamt, das unter ihm zur wahren Blaubartkammer wurde, und als deren Gebieter er, im Sklaven-Contreband-Handel wie im Landraube, Hervorragendes geleistet. Ein würdiger Nachfolger eines würdigen Vorgängers, des Marquis de Paraná, war Felizardo schon unter diesem ein unentbehrlicher Verdunkler alles auf den Landbesitz Bezüglichen gewesen. Die im Jahre 1854 für Kolonisationszwecke von den Brasilianischen Kammern votirten 6000 Conto's, und dazu noch einige Tausend aus den Budgets seit etwa 8 Jahren sind durch ihn verzettelt, ebenso kostspielige Ländervermessungen angestellt worden, deren Objekt auf keiner Karte zu finden ist. Das einzige Verdienst Felizardo's, und fast gleich gewichtig für ihn selbst wie bei dem Krieg mit Rosas, der Felizardo als Kriegsminister 800 Conto's einbrachte, machen ein paar Kolonien aus, die übrigens in gänzlichem Verfall sind, und durch das Gesetz gebotene Registrirungen der Landbesitzthümer, die aber derartig sind, daß Niemand nach ihnen das Kronenland berechnen kann.*)

Ein vierter jetziger Minister ist Maranguape, früher unter dem Namen Lopez Gama, Juiz Conservador dos Inglezes und gesetzlicher sowohl als natürlicher Vormünder und Beschützer der ohne Ausnahme versklavten englischen Prisenneger, die vor Kurzem erst wieder vom Tode auferstanden sind.

Mit der Auferstehung nun hat es folgende Bewandniß. Als von der Brasil. Regierung tractatsgemäß bestellter Anwalt der Engländer, somit auch der 20,000 englischen Prisenneger, lag es Maranguape ob, die Uebergabe der Letzteren nach der als Uebergang zu ihrer völligen Freigebung nöthig erachteten Zeit, bei Auszahlung des ihnen zukommenden geringen Lohns von den durch den Justizminister begünstigten Empfängern zu überwachen, Namen, Alter, Geschlecht, Nation u. s. w. der Neger und derzeitigen Miethsherren einzutragen und darauf zu sehen, daß die Sklaven nach Ablauf von 7 Jahren frei wurden. In der That ist aber keiner frei geworden! Senhor Lopez Gama, geschworner Richter und der Unglücklichen Anwalt, protestirte nicht gegen dies Verfahren gegen alles Völkerrecht, und wurde lieber zur Belohnung dafür Senator, mehrmaliger Minister und Ritter vieler Orden.

Jeden Zweifel hierüber werden die Brasilianischen General-Consuln Portalegre de Araujo in Berlin, Vianna de Lima in Hamburg und der Chargé d'affaires Senr. Magalhaës in Wien leicht beseitigen können, da die Herren insgesammt Mitwisser und Mitgenießer jenes gewaltsamen Coup gewesen sind. Erster war damals Mitarbeiter des Correio Official, Zweiter hafenpolizeilicher Dragoman und Quarantaine-Offizier (zur Verhinderung des Sklavenhandels!), der Dritte ein angehender patriotischer Dichter unter dem berüchtigten sklavenhändlerischen Ministerium Aureliano de Souza Oliveira Coutinho.

Um nicht ungenau zu sein, wollen wir, da wir einmal dabei sind, die Brasilianischen Zustände auch in den höchsten Kreisen zu charakterisiren, auch noch Marquis d'Abrantes, jetzigen Minister des Auswärtigen, erwähnen.

D'Abrantes, etwa 67 Jahr alt, war bekanntlich 1845—1846 außerordentlicher Botschafter in Berlin. Als solcher gab er, den Verfasser zur Seite, eine Broschüre heraus unter dem Titel: „die Mittel Brasiliens zu colonisiren." (Sur les moyens d'avancer la Colonisation). In derselben gestand er Brasiliens Fehler und Mängel betreffs aller Einwanderung zu, und ließ nach seiner Rückkehr auf Abstellung aller vorhandenen Mißbräuche hoffen. Baron Kanitz, der wie auch sein Vorgänger im Amte, Baron v. Bülow, unter damals schon obwaltenden Umständen gegen eine Auswanderung nach Brasilien war, griff in einer Note Abrantes in der Meinung an, dieser wolle in Aussicht auf Abstellung aller Uebelstände schon eine Einwanderung nach Brasilien einleiten. Hierdurch wurde Abrantes gezwungen, sich auf das Bestimmteste gegen eine derartige Absicht zu erklären und geradezu auszusprechen, daß er vor einer Reformation der von ihm selbst angedeuteten Mängel niemals die deutsche Auswanderung nach Brasilien zu leiten gesonnen sei. Hierbei nahm er Gelegenheit, sich in seinen Ansichten mit denen des Brasilianischen Generalconsuls (Verfasser dieser Broschüre), die der Preußischen Regierung wohl bekannt und von der Brasilianischen gutgeheißen wurden, völlig einverstanden zu erklären. In Anbetracht dieser Berufung war Baron Kanitz zufrieden gestellt und äußerte sich in einer dem Druck übergebenen Note: Die Preußische Regierung fühle sich ganz beruhigt betreffs der Auswanderung nach Brasilien, so lange ein Mann von so bewährtem Charakter, wie Herr Sturz, Brasilianischer Generalconsul in Preußen sei.

*) Siehe Laudamt- und Registrations-Mulcten unter sächsischer Miss.-Expedition.

Seit der Rückkehr des Marquis d'Abrantes sind nun schon 16 Jahre vergangen, aber Alles ist in Brasilien beim Alten geblieben. Verblendet durch die verschiedenartigsten Präsidenturen, Ehrenstellen und höchsten Grade aller Orden, über welche Brasilien zu gebieten hat, bestochen wohl auch durch die großen und unaufhörlichen Attentions, die ihm und seiner Gemahlin zuerst von Hamburg, später von Berlin aus gemacht wurden, sicherlich auch irregeleitet durch die scheinbar brillanten augenblicklichen Resultate der ersten Sendungen so wohlfeiler und gehorsamer weißer Arbeiter, von Hamburg aus zugleich planmäßig mißtrauisch gemacht gegen eine massenhafte Colonisation an einzelnen Punkten und gegen so möglicher Weise, wenn die Deutschen nicht unter die Pflanzer vertheilt würden, entstehende „pequenas Allemanas", beherrscht durch den Clerus in seiner Gattin und endlich im richtigen wohl schon hoffnungslosen Vorgefühl einer Katastrophe in der Land- und Racenfrage, — sah Marquis d'Abrantes unthätig dem Treiben um ihn herum zu und gab die obengedachten Verbesserungen auf.

Herr Marquis d'Abrantes hatte eben seine Grundsätze einmal ausgesprochen, aber dabei blieb es auch. Weder im Senat noch in der Presse vertrat er das in Deutschland Gesagte mit hinreichendem Nachdruck. Wäre d'Abrantes arm, und hätte er Kinder, — so ließe sich sein Verhalten noch einigermaßen erklären, so aber ist er ein sehr begüterter Mann, reich verheirathet, kinderlos, hat also keine Stellen für diese zu erhandeln, und besitzt das Ohr des Kaisers mehr als irgend ein anderer Diplomat Brasiliens. Wenn man nun noch bedenkt, daß Don Pedro II. selbst den abscheulichen Wahnwitz und das Verbrecherische des gegenwärtigen Landmonopols ganz klar einsieht, daß der Marquis selbst endlich stets früher ein Mann von gesundem Verstande und humanen Ansichten zu sein schien, — so wird sein Schweigen kaum begreiflich. Wie er bei der jetzigen Annahme des Portefeuilles als konsequenter Mann seine einstigen Grundsätze wieder aufnehmen und durchführen wird, was nun dreimal schwerer denn je ist, mögen die Sterne wissen.

Wir können nur Brasilien beklagen, daß bei seiner zahlreichen Diplomatie, die leider mit so vielen Wichten durchsetzt ist, ein rechtschaffener Mann es nicht einmal wagt, sich rechtschaffen zu zeigen.

Nachdem wir nunmehr die brasilianischen Ministerien behandelt, wollen wir uns mit des Landes Vertretern im Auslande beschäftigen.

Da ist zuerst der Kommandeur Carvalho de Moreira, außerordentlicher Botschafter und bevollmächtigter Minister Brasiliens für England, welcher, weil sein Staat und Land an 20 – 22 Millionen Pfd. Sterling an Großbritannien schuldet, und noch immer mehr Geld braucht, der recht eigentliche Finanzminister B.'s ist. Erwägt man, daß aus Brasilien jährlich eine Summe von 6—700,000 Pfund Sterling nach dem Inselreich (400,000 Pfd. Zins für die Staatsschuld und 250,000 für Maschinen, Dampfschiffe und sonstige Regierungs-Requisiten geht,) so wird es einleuchten, daß der Posten eines finanziellen Vermittlers in London Beachtung verdient. Wie begehrenswerth die Gesandtschaft den offenhändigen Brasilian. Diplomaten mit ihrem weiten Gewissen erscheint, beweisen die langjährigen Kämpfe Moreira's, der nur mit der schlauesten Creolen-Politik sich zu behaupten vermag.

Wir haben es uns zur Aufgabe gemacht, Moreira zu schildern, und auch an ihm die Fäulniß aller Verhältnisse in dem Südamerikan. Kaiserreich zu beweisen: ein ganz neues Ereigniß giebt uns bequemen Anlaß dazu.

Unter den unlängst von der Oxforder Universität zu Doctoren creirten Herren ist auch der Brasilian. Gesandte. Wie er zu dieser Würde gekommen, davon schweigt die Geschichte, der Geldbeutel und die kommerziellen Protektoren M.'s würden bessere Auskunft ertheilen können.

Daß es wirkliche Verdienste nicht waren, die ihn an der Seite des Lord Palmerston der seltenen Ehre theilhaftig werden ließen, braucht nicht erst gesagt zu werden, das ersieht man aus M's. Vergangenheit. Vor seiner Versetzung nach London war Senhor Carvalho de Moreira mehrere Jahre Brasil. Minister in Washington, — an der Quelle der Einsicht, was Länderverteilung, — die in Brasilien noch heute eben so im Argen liegt als damals, — was Sklaverei und ihre schrecklichen Folgen auf die socialen Zustände eines Landes, wenn sie in Berührung mit hoher Civilisation tritt, und was freie Einwanderung anbelangt. Glaubt man nun, daß Moreira diese Gelegenheit dazu benutzt habe, die Vorurtheile seines Landes und die oligarchisch-landmonopolistischen Vorneigungen der Brasil. Regierung zu beseitigen, so irrt man gewaltig. Von Nordamerika aus nährte er alle nur möglichen Vorurtheile, zeigte den Brasilianern nur zu oft, daß ihre Stärke und ihre Zukunft auf der Sklaverei und in der engsten politischen Verbindung mit der damals, wie bekannt, ausschließlich von den Interessen der Südstaaten dominirten Nordamerik. Regierung beruhe. — Dieser Augendienerei verdankte M sein Avancement nach dem Hofe von St. James. Noch dort fuhr er mehrere Jahre lang, freilich mit großer Vorsicht, fort, den Landaristokraten in periodischen Artikeln Weihrauch zu streuen, und immer auf die natürliche, durch gleiche Institutionen bedungene Allianz hinzuweisen. Kaum 2 Jahre sind es her, daß mehrere von ihm in diesem Sinne inspirirte Aufsätze in den englischen Blättern erschienen, besonders einer in dem „Quarterly Review" von vorigem Jahre, der zugleich den Zweck erfüllen sollte, kurzsichtige englische Staatsmänner zur nachsichtigsten Behandlung Brasiliens zu stimmen, und zwar schon aus Eifersucht vor Nordamerika, in dessen Hände Brasilien sich sonst werfen müßte. Eine nicht minder im Auge gehaltene Nebenrücksicht war wohl auch die, den Seckel der Londoner Börse für weitere Staatsanleihen und sonstige Unternehmungen zu öffnen. Der Plan wurde aber durchschaut und blieb ohne Wirkung.

Wie sehr das sklavenhaltende Brasilien bis noch in die neueste Zeit mit den versklavten nordamerikanischen Südstaaten liirt war, zeigen am besten die Worte Buchanan's im letzten Präsidenten-Bericht vom März v. J., worin nur zwei Zeilen Brasilien gewidmet waren. Die Worte lauten: „With the wise government of that great and prosperous empire we are on the most amicable terms." Sie geben entschieden genug zu gleicher Zeit einen Maßstab zur Beurtheilung Brasiliens für Aufgeklärte, und kennzeichnen seine nächste Zukunft.

Seit dem Unionskriege hat Sr. Moreira es für praktischer gehalten, seine Verschwisterung mit den Südstaaten aufzugeben, und wendet nun seine ungetheilte Aufmerksamkeit all jenen Manövers zu, die direct Geld bringen und nebenbei auch noch Ehren ꝛc. zur Folge haben. Auf letztere besonders hat er nun sein Hauptaugenmerk gerichtet, weil sie ihm ein unentbehrliches Gegengewicht gegen alle Diejenigen geben, welche gegen ihn in Rio intriguiren und seine Rückberufung betreiben. Moreira vermuthet nicht falsch, da seine Stelle in London stark begehrt ist; verschiedene im Senate gemachte Bemerkungen lassen unschwer auf die gegen ihn vorherrschende Stimmung schließen. Die Gefahr ist um so größer, als englisch-brasilianische Eisenbahn-Compagnieen, Bergwerks-, Dampfschiffahrts- und andere Gesellschaften es zweckmäßig finden, brasilianischen Diplomaten in London Summen, die nicht geringer als die der sehr hoch dotirten Gesandtschaft wiegen, unter den verschiedensten Rubriken zuzuwenden und sich so geneigt zu machen.

Ein hübsches Zeugniß für Moreira wie für seinen Staat giebt der Vortrag, den er bei Gelegenheit des vierten internationalen Congresses in London gehalten hat, welchen wir im „Report of the proceedings of the fourth session of the international statistical congress. London, July 1860." finden können.

Baron Moreira referirt, wie folgt: Mit Stolz nehme er die an ihn ergangene Aufforderung wahr, über die erstaunlichen Fortschritte

Brasiliens in der Aufklärung und Civilisation des Jahrhunderts zu berichten, über die Fortschritte eines neuen Landes (un pays nouveau), in dem Alles neu zu schaffen gewesen wäre.

Wenn dasselbe ein Wenig in einzelnen Zweigen der Statistik zurückgeblieben sei, so müsse dies eben auf Rechnung der neuen Organisation gestellt werden.

Indessen hätte Brasilien, zufolge der Haupt-Existenz-Bedingung jeder Verfassung, vom Beginn seiner neuen Einrichtungen an nicht unterlassen können und auch thatsächlich nicht unterlassen, im Interesse der Verwaltung und der moralischen und materiellen Entwickelung des Landes die unerläßlichsten Elemente zur Beurtheilung aller socialen Phänomene, die Attribute der Statistik, welche, so zu sagen, die Algebra des Gesetzgebers sei, zu berücksichtigen. Demzufolge lege jeder der sechs Minister im Beginne jeder Session des gesetzgebenden Körpers, jährlich den beiden Kammern Rechenschaft von seiner Thätigkeit (son rapport respectif ou compte-rendu) ab. Diese gewichtige Arbeit sei stets begleitet von Urkunden und speciellen Berichten, die das Staatsleben zu zeigen und die Fortschritte in den Hauptzweigen der nationalen Interessen, wie sie eben von jedem Ministerium vertreten würden, klar zu machen genügten.

Von da ab geht Moreira nun auf die einzelnen Ministerien über.

Das innere oder Reichs-Ministerium berichte über öffentlichen Unterricht und wissenschaftliche Institute, Gesundheitszustand und Heilanstalten, Ackerbau, Industrie und Bergwerke, öffentliche Arbeiten, Chausseen und Eisenbahnen, Posten, Flußschifffahrt, Colonisation, Katechisation und Civilisation der Eingeborenen, Demarkirung von Staatsländereien und die Kataster der Privat-Güter.

Die Staatsländereien ständen unter einer Central-Verwaltung mit Unterbehörden in allen Provinzen. Was die Colonisation anbelange, so gäbe es, außer für die an einzelnen Orten und durch verschiedene Einzelunternehmungen zerstreute, eine freie und eine durch die „Association centrale", die durch die Regierung dazu unterstützt sei, im großartigsten Maßstabe besorgte (oder, wie zugestanden, nicht freie).

Das Finanz-Ministerium, dem besonders die Verwaltung des Staatsschatzes und der Steuern obliege 2c. 2c. 2c., thue ebenfalls mit seltener Pflichttreue das Seine. Das Justiz-Ministerium lege sorgfältig Rechenschaft von der öffentlichen Ruhe und Ordnung und über die persönliche Sicherheit, über Civil-, Criminal- und Handels-Justiz-Verwaltung; über gerichtliches und Polizei-Verfahren, welche einzelnen Zweige sie sorgfältig detailire und durch statistische Tableaux dokumentire. Der jedesmalige Stand und der Fortschritt der Volksmoralität werde durch Registrirung der einzelnen Arten der Straffälle, im ganzen Reich nach dem Côde Pénal durch das Geschwornengericht und andere Tribunale abgeurtelt, alljährlich dargethan.

Dasselbe Ministerium berichte ebenso jährlich an die Kammern über den Zustand der sogenannten National-Garde, die die Hülfsmiliz der Armee bilde und zur Aufrechterhaltung der Ordnung im Innern des Landes verwendet werde; über die Gefangenen-, Correctionshäuser, Strafanstalten 2c. 2c.

Endlich beaufsichtige dieses Ministerium die kirchlichen Verhältnisse und alle in's Gewicht fallenden Einzelnheiten des öffentlichen Cultus, „diese vornehmste moralische Stütze der Gesellschaft."

Das Marine-Ministerium dokumentire in ähnlich excellenter Weise seine specielle Thätigkeit.

Das Kriegs-Ministerium statte seinerseits den alljährlich versammelten Häusern ebenfalls Rapport über den Zustand der Armee und der Festungswerke ab, und das

Ministerium des Auswärtigen, obwohl es sich nicht direct mit Statistik beschäftige, beschränke sich darauf, die Resultate der Diplomatie, dieser friedlichen Miliz der civilisirten Staaten, mitzutheilen.

Nach demselben Systeme ginge die Verwaltung der zwanzig Provinzen zu Werke.

Brasilien habe zwar kein statistisches Special-Departement in den Ministerien, erreiche aber auf obige Weise denselben Zweck, wie die statistischen Büreaus anderer Staaten.

Wenn Brasilien keine Populationsstatistik aufweisen könne, so komme das daher, daß es im Gefühle der Sicherheit seiner Existenz als Nation sich nur mit Verbesserung seiner Institutionen beschäftige und mit der Vollkraft des Lebens, welche ja dem Jugendalter eigen wäre, stetig fortschreite, die Hülfsquellen, über die es gebiete, verwerthend, wie es eine starke Nation zu thun pflege: dabei aber habe es vergessen, über seine numerische Stärke nachzusinnen!

Daß man die Wissenschaft übrigens nicht vernachlässigte, davon gäbe die seit 1854 in Rio de Janeiro bestehende, von Sr. Majestät präsidirte statistische Gesellschaft und das brasilianische historische und geographische Institut Zeugniß.

Wir sagten vorher, Moreira's Rede kennzeichne ihn und seinen Staat am klarsten: wir wollen diesen Ausspruch nicht unbewiesen hingestellt haben, demgemäß mögen nun einige Randbemerkungen zu der vorhin citirten Rede folgen.

Es ist Factum, daß die Ministerien alljährlich vor den Kammern referiren; worin aber besteht dies Referat? Nach Moreira sollte man meinen, es müsse wie in anderen civilisirten Staaten sein; dem ist aber nicht so. In Brasilien beschränken sich alle Ministerreferate nur auf eine Rechnungslegung der verwendeten Summen, bei der die erzielten moralischen Erfolge aus guten Gründen gar nicht oder falsch erwähnt werden.

Was zunächst die Unterrichtsanstalten anbetrifft, so ist nicht zu leugnen, daß die höheren, d. h. hauptstädtischen Lehrinstitute im Ganzen gut dotirt sind und einzelne tüchtige Lehrkräfte haben, aber eben diese tüchtigen Lehrer sind so selten, daß man noch keineswegs von einer guten Organisation des Unterrichtswesens sprechen kann. Landschulen sind nur sehr vereinzelt vorhanden und liegen total im ärgsten Argen. Dasselbe gilt von den Sanitätsmaßregeln in kleinen Städten und im ganzen Innern Brasiliens.

Den Ackerbau hier näher zu berühren ist unnütz, da wir ihn schon im Vorhergehenden geschildert haben. Von wirklicher Industrie ist gar keine Rede, und über Bergwerke ist noch nie etwas staatlich veröffentlicht worden. Die Posten Brasiliens erinnern (mit wenig Ausnahmen) an das, was wir aus den uncivilisirtesten Ländern darüber sagen hören. — Was Herr Moreira über Kolonisation, Katechisation und Civilisation der Eingeborenen, sowie über die Demarkirung von Staatsländereien und Kataster der Privat-Güter sagt, ist müßige Erfindung, und wenn jemals mit den Häusern hierüber gesprochen worden, so kann das nur Lug und Trug gewesen sein, da nichts, und wäre auch noch so viel darüber gedruckt, von Allem existirt. Zur Colonisation verwendbare Staatsländereien giebt es nicht, folglich ist auch jede Demarkirung derselben unnütz, und Privatbesitze werden wohlweislich nicht vermessen. Mit der Verwaltung der ersteren hat es nun folgende Bewandniß. Nominell gelten noch immer so und so viel Legoas als Staatsgut, jedoch ist kein Fuß breit, in vernünftiger Weise für Kolonisten verwendbar, vorhanden. (S. Pappendim.) Die zu ihrer Vermessung bewilligten Summen werden ruhig eingesteckt und Karten angefertigt, die einen Besitz repräsentiren, welcher gar nicht da ist, und deshalb werden dieselben auch wieder vernichtet, wie schon zwei Mal nachweisbar geschehen ist. Die Thätigkeit der Central-Association für Kolonisation charakterisirt vollständig das Faktum, daß durch Passagegelder und Agentensolde jährlich etwa einige hundert arme Kolonisten importirt und betrogen werden und immer nur ein neues Stück Sklaverei gespielt wird.

Ueber die Aufrechthaltung der öffentlichen Ruhe und Ordnung macht man die zweckdienlichsten Studien in den von der brasilianischen Regierung unabhängigen Blättern. Eine Statistik des Justizministeriums ist gradezu unmöglich, weil erstens kaum das zehnte Verbrechen bestraft wird, und überhaupt keine pflichtgetreue Jury oder hinreichende Polizei vorhanden ist.

Welche National-Garden-Statistik*) kann das sein, welche es möglich macht, daß Glieder derselben, wie so häufig, an ihrem Geburtsorte selbst in die mit Recht verachteten Linientruppen gepreßt werden, oder welche es ermöglicht, daß mehrfacher Morde überwiesene aber aus den Gefängnissen gebrochene Verbrecher in diese Garde aufgenommen werden können, unter deren Frohnvogtsdienste gegen die Schwarzen sich noch kürzlich 24 gesetzlich freie Deutsche von Petropolis nicht einreihen lassen wollten und deßhalb sogar selbst eingekerkert wurden.

Wie es um die Geistlichkeit, die öffentliche Moral, die Justiz und die Verwaltung derselben in Brasilien beschaffen ist, darüber geben einige Auszüge aus de la Hüre's Werk hinreichende Auskunft, wenn Fletcher und Kidders und Dr. Gardners, d'Abadies oder Biard's wohlbeglaubigte Angaben nicht genügen. Darunter befinden sich auch einige Beispiele von Statistik, wie sie die Geistlichkeit in den Kirchenbüchern und Notare mit öffentlichen Registrationen zu üben pflegen, deren Abschluß nicht selten durch ein gänzliches Verschwinden oder durch das Verbrennen der betreffenden Hauptbücher oder Akten oder durch die Entfernung mißliebiger Blätter, leider ohne irgend welche Bestrafung, bewerkstelligt wird.**)

---

*) Nach des Deputirten M. Fco. de Andrades Rede über die N.-Garden-Reform im J. d. Commo. (23. Juli 1861) belief sich die Zahl der, wie er sie nennt, Geißel des Volks (flagella do povo) im Jahre 1850 auf dem Papier, auf 470,000 Mann. Da aber trotz dieser Zahl nie eine hinreichend starke polizeiliche Force aufzutreiben war, so schlägt er vor, daß von jedem Kopfe der N.-Garde ein Thlr. jährlich erhoben werde, um damit eine permanente Polizeimannschaft zu erhalten. Obige Zahlen erscheinen bei der Bevölkerung Brasiliens ganz wunderbar, wenn man bedenkt, daß bei 474,000 Mann Nationalgarde fast jeder freie erwachsene Brasilianer N.-Gardist sein müßte.

Aus der Kreuzzeitung vom 17. Mai dieses Jahres (nach dem Kaiserl. Staatsalmanach) ersehen wir ferner, daß die N.-Garde bereits bis zur Zahl von 577,829 M.! gesteigert worden ist, daß aber der bei weitem größte Theil keine Waffen hat. Wir hören, daß der nominelle Bestand der Linientruppen 14,000 M. ist (wovon in Wahrheit 4 bis 6000 M. ruhig zu streichen sind), wovon 2007 Mann stets vollzählige Offiziere.

Es dürfte jedoch selbst bei der Rekrutirungsweise der Brasilianer schwer fallen, auch nur den vierten Theil obiger N.-Garde aufzubringen, wenn auch die Herumtreiber und die aus den Gefängnissen ausgebrochenen zahlreichen Verbrecher leicht Aufnahme darin erhalten

**) Der Padre Vigario des Kirchspiels (de Carapina) Francisco Martins de Castro hat kurz vor seiner Versetzung (am 24. April dieses Jahres) die Kirchenbücher insgesammt zerrissen und den Flammen übergeben, so daß jede Spur von Beweis für Taufe, Heirath oder Begräbniß an der dortigen Hauptkirche verloren ist. Dies geschah, wie vermuthet wird, um lange fortgesetzte Unterschleife in Betreff der Landregistration, (welche sonderbarer Weise durch das Landgesetz den Geistlichen überwiesen ist,) zu verdecken, und zwar in der Provinz Espiritu Santo. Ein ähnlicher Vorfall passirte erst voriges Jahr in Para und vor zwei Jahren in St. Paulo. Wenn schon Geistliche ihre Bücher verbrennen müssen, um alle Spuren ihrer Lebensthätigkeit und mit diesen die kirchlichen Certifikate zu vernichten, was steht da von dem guten Beispiel erst zu erwarten? — In der That existiren übrigens auch schon ganze Gesellschaften, die sich gegen Geld und gute Worte der

Allbekannt ist, daß alle Priester Rio de Janeiro's sittenlose Frauenzimmer im eigenen Hause oder doch an der Hand haben, mit denen sie außereheliche Kinder erzeugen, und dabei besteht grade dieselbe Geistlichkeit am Meisten darauf, eheliche Protestantenkinder für ehrlos zu halten, sie ihres väterlichen Besitzthums zu berauben, mit einem Wort dem Staate gegenüber für Bastarde zu erklären. Wir wollen hier nur den Parocho von Dona Francisca angeben, der eilf seiner unehelichen Kinder im Hause hat, wie denn überall im Innern des Landes die Rücksichtslosigkeit in der Beobachtung auch nur des geringsten Anstands geradezu unglaublich ist.

Um der Unzucht des Clerus, die sich mit ihm in diesen oder jenen Familien einschleicht, besonders Vergehen an Kindern vorzubeugen oder dieselben zu bestrafen, ist es gar nichts Ungewöhnliches zu hören, daß an Geistlichen der Akt verübt worden ist, den man in der Türkei an den Haremswächtern vollzog.

Die öffentliche Moral existirt nicht, im Gegentheil gehts nirgends ungescheuter und unmoralischer zu als in Brasilien.

Dr. Lallemand erzählt uns ein hübsches Beispiel. Im Monat December 1859 hätte er sich auf dem Küstendampfer „Oyapoc", der mit europäischer Bequemlichkeit und großem Luxus eingerichtet ist, eingeschifft. Es seien eine große Anzahl Passagiere aus der ersten Klasse der brasilianischen Gesellschaft und selbst vornehme Ausländer anwesend gewesen, und so habe er sich recht viel von der Fahrt versprochen. Diese Hoffnung wäre ihm jedoch bald vergangen, als er in die allgemeine große Kajüte getreten sei.

Dort traf Lallemand einen dicken, weißen Brasilianer, ohne Hemd und nur mit einer Unterhose bekleidet, auf dem Rücken lang ausgestreckt. Ihm gegenüber lag ein wohlbeleibter, dicker Mulatte vollkommen nackt ebenfalls auf dem Rücken, als ob er unter den Indianern aufgewachsen wäre, und — blies die Flöte in hellster Sonnenbeleuchtung. „Mich frappirte" — setzt der Erzähler hinzu — „die maßlose Schamlosigkeit in solchem Grade, daß ich starr stehen blieb, dann aber, als beide nicht die geringste Miene machten, dieser Position Einhalt zu thun, in einige bittere Worte gegen den Mulatten ausbrach, der ebenso frech in seinen Reden, als schamlos in seinem Daliegen war. Als ich die Geschichte an Bord erzählte, erfuhr ich nun, daß der Mulatte — ein Doktor beider Rechte und Municipal-Richter der Stadt Vigia war."

Ein zweites eklatantes Beispiel von der Moralität Brasiliens durchlief seiner Zeit die Zeitungen daselbst:*)

Zwei sehr mächtige und angesehene Männer in Joazeiro, ein Delegado (Richter) da Silva Ribeiro und Capitan Nunez da Costa, ein Landpotentat, fingen die Knaben ihrer schutzlosen Nachbarn auf und begingen an diesen unschuldigen acht- bis zehnjährigen Kindern ein Verbrechen, welches zu grauenhaft ist, als daß wir es hier erwähnen könnten, nichtsdestoweniger in Brasilien zu den vornehmen Sünden gehört. Ein Knabe starb in Folge schwerer Verletzungen, der andere lag noch Monate an einer Krankheit darnieder, der augenblicklicher Tod bei Weitem vorzuziehen ist. Die Aeltern der Gemordeten

---

Interessenten ex officio mit der Abolition von Dokumenten (Kirchenbüchern, Anwaltsakten, Verwaltungsschriften, Rechnungs- und Kassenheften ꝛc.), sei es durch Brand, sei es durch Raub, beschäftigen.

*) Hierbei können wir nicht umhin, überhaupt auf die Brasilian. Tagespresse hinzuweisen, die zur großen Belustigung, zur pikantesten Unterhaltung ihres Publikums ungefährdet die größten Gemeinheiten aufdeckt, unzüchtige Akte in einer Art und Weise schildert, daß in jedem civilisirten Lande der Staatsanwalt schon die Bestrafung des Blattes, abgesehen von dem Faktum selbst, beantragen müßte. Man nimmt dieses für Preßfreiheit: Wehe aber dem, der diese benutzen wollte, um den Privilegien der Landpotentaten nahe zu treten.

klagten, wurden aber mit der „Bagatelle" abgewiesen, und die verruchten Thäter sind noch heute unbestraft.

Genug solcher Gräuel, die sich im Jahre zu Hunderten herausstellen würden, gäbe es eine wirkliche Criminal-Statistik in Brasilien. Die beste und genaueste Statistik bringen immer noch die dortigen Zeitungen, welche wenigstens einestheils Morde, Raubanfälle und Vergehen der abnormsten Art als nouvelles delicieuses registriren. Offiziellen Statistikern *) begegnet es alle Tage bei ihren Referaten, wenn sie deren einmal anfertigen, daß sie z. B. bei Zählung der Einwohnerzahl der Hauptstadt Rio selbst um 100,000 M. divergiren, da sie übrigens eingestandener Weise nur nach Hörensagen zu Werke gehen.**)

Als Beispiel für die Wirksamkeit des Instituto H^co^ Geo^co^ von Rio, (dessen Mitglieder laut K. Dekret eine gestickte Uniform tragen dürfen) welches bereits eine Filiale in Bahia besitzt, sei noch erwähnt, daß vor etwa 5 Jahren einmal der Kaiser persönlich in einer Sitzung als einfaches Mitglied erschien und den Antrag stellte, die Versammlung möge Bericht erstatten über die geologische Karte Brasiliens des Hrn. Prof. Haidinger und Ober-Bergrath Foetterle. (angefertigt auf Gesuch des Verfassers Dieses und zu Folge des theilweise

---

*) Ein nagelneues Stück Brasilianischer Statistik giebt uns die Kreuzzeitung vom 17. Mai d J. aus dem K. Staats-Almanach; leider ist sie nicht in den Stand gesetzt, die Gesammtbevölkerung des Reichs bestimmt anzugeben, noch weniger die Anzahl der Sklaven, (der Farbigen und rein Schwarzen), noch der Racen, selbst nicht einmal der Hauptstadt. Jedoch erfahren wir einiges von Bedeutung, nämlich, daß im Jahre 1860 in der großen Stadt Rio nur 1060 Ehen, (wenn auch dabei die protestantischen, jüdischen und Mischehen als bloße Concubinate nicht mit aufgezählt sind), und daß unter der ganzen Sklavenbevölkerung, die auf 80.000 veranschlagt wird, nur 8 Ehen geschlossen worden sind. Wir hören ferner, daß die Zahl der Geburten 6270, die der Todesfälle aber 9819 war, worunter 3391 Ausländer und 1677 Sklaven (von Sklaven wird nicht die Hälfte der Todesfälle angezeigt). Dabei waren auf 2768 Schiffen nur 15,636 Passagiere angekommen.

Als Belag für die Finanzstatistik vernehmen wir, daß 68 wichtige Personagen, wie Kammerherren, 32 Hofdamen, 28 verwittwete Marquisen und Gräfinnen, (die insgesammt circa 1400 Thlr. pro Person aus der Staatskasse erhalten), 120 Marquis, Grafen und Barone mit meist barbarischen Namen, als Jacarépagua (Krokodillenteich), Sinimbú (Faulthierbaum) ꝛc. auf dem Staatsbudget mit sehr hohen Gehältern angeschrieben stehen.

Ueber die Telegraphenlinien, welche innerhalb der Stadt Rio angelegt sind und bis Petropolis gehen (50,000 Metres) lesen wir zwar sehr viel vortheilhaftes, aber wir wissen mit Bestimmtheit, daß sie schon längst wegen Unbrauchbarkeit außer Thätigkeit gesetzt wurden. (Schon im J. 1851 hatte ich hinreichend Kupfer-, Eisen- und mit Kautschuk bedeckten Draht und hinreichend Siemens'sche Apparate aus Berlin, auch Stöhr'sche aus Leipzig zu diesen Linien eingesandt, sammt den erforderlichen Anweisungen und einigen tüchtigen Arbeitern dazu. Jedoch diesen verleidete man die Arbeit durch Arroganz und Herrschsucht; so zerfiel denn bald Alles unter Brasilianischer Leitung.)

Ueber die angegebene Existenz einer Englischen und einer Deutschen Kirche in Rio können wir mit gutem Gewissen nur versichern, daß sich diese Kirchen auf äußerst bescheidene Bethäuser ohne Thürme oder Glocken reduciren. Zu der obigen Finanzstatistik bemerken wir noch, daß der Finanz-Minister Torres Homen selbst von der Existenz von 600,000 Personen gesprochen hat, welche in Brasilien vom Staatsschatze lebten!

**) Dieser Fall fiel erst vor 3 Jahren zwischen dem Sekretair und einem der hervorragendsten Mitglieder der St. Estatistica vor.

von ihm gegebenen Materials). Der Präsident versprach dem Wunsche nachzukommen, wie es zusammt mit dem Kaiserl. Antrage in den Sitzungsberichten konstatirt worden ist, nie aber ist das Versprechen erfüllt worden! Ebenso erging es mit einer ebenfalls vom Kaiser geforderten Berichterstattung über „Handelmann's Geschichte von Brasilien“; früher war es schon so mit Graf Ponthoz v. d. Straathen's, „le Budget de Brésil“ ergangen und es wird mit Dr. Lallemand's Reise durch Süd-Brasilien kaum und mit der durch Nord-Brasilien gewiß nicht anders ergehen. Obwohl dies Institut sich auf's Genaueste mit der Landvertheilung oder Vermessung, überhaupt mit allen (angeblichen) Arbeiten des Landamts in den Sitzungen zu befassen hatte, und besagte Fragen zum Gegenstand der Besprechungen oder Untersuchungen laut Statut machen soll, so kommt doch nie etwas derartiges vor, noch halten es die beuniformirten Mitglieder der k. histor.-geograph. Gesellschaft der Mühe werth, sich darum zu kümmern.

Die Landfrage ist für das abstract wissenschaftliche Institut ein noli-me-tangere, und seine Mitglieder finden es weit bequemer, ihren kaum verstorbenen Collegen, deren Unbedeutendheit oder bösartiger Einfluß auf die Geschicke und Staatsmoral Brasiliens sprüchwörtlich geworden ist, in langgewundenen Lobreden Katakomben zu bauen.

Genug hiervon, genug von Senhor de Moreira, dem auswärtigen Finanzminister und schatzhütenden Cerberus der englischen Presse, wir wenden uns zu Senhor Marcos Antonio de Araujo, dem Werbe-Minister Brasiliens, d. h. kaiserlicher Botschafter für Preußen. (!)

Da mit diesem der Verfasser der vorliegenden Broschüre in die persönlichsten Beziehungen gekommen und durch eine Skizze über ihn leider gleichzeitig einen Abschnitt seines eigenen Lebens zu geben genöthigt ist, so sei es gestattet, fortan in der ersten Person sprechen zu dürfen.

1842 im August war es, als ich die Bekanntschaft des Senhor Araujo machte. Ich ging gerade von England über Hamburg nach Berlin, um mein Consulat anzutreten. In der damals im Brandschutte liegenden Stadt Hamburg, wo ich nach 20jähriger Abwesenheit unter den Kaufleuten viele alte Bekannte aus Brasilien fand, hörte ich schon am ersten Tage die bittersten Klagen über die wahrhaft enormen Consularsportelerhebungen seitens Senhors de Araujo. Gegen alle Vorschrift und Berechtigung, hieß es, fordere er unter Anderem Ursprungszeugnisse von jedem einzelnen, auch noch so kleinen Collo, wären nur ein paar Bücher oder Nachthauben darin, und erhebe für die visa 2 Mark Bco.; diese enorme Brandschatzung des Handelsstandes werde aber durch noch größere Plackerei und Zeitverluste geradezu unerträglich gemacht. Bereits über ein und ein halb Jahr lang sei die Forderung von Ursprungszeugnissen in Brasilien aufgegeben und von dort Abbestellungsdecrete ausgegangen; überall wären sie abgeschafft, nur Senr. Araujo halte sie aufrecht und gewinne dadurch persönlich im Jahre eine enorme Summe, schade aber dem Handel selbst unsäglich, da natürlich unter diesen Umständen viele kleine Sendungen der Mühe und Kosten halber unterblieben. Bald nach meiner Ankunft machte ich Senhor de Araujo meinen Besuch. Der sehr steife Empfang, den mir Senr. Araujo, der wohl meine Arbeiten in Brasilien besser kannte, als ich seine bereits damals mit Hülfe eines schon allgemein übelberüchtigten Fr. Schmidt vollbrachten Leistungen in Colonistenlieferungen nach Brasilien, gab mir keine Gelegenheit, ihm die Meinung des Hamburger Handelsstandes über ihn mitzutheilen und auf diese Weise den Uebelständen an Ort und Stelle abzuhelfen. Da ich den damaligen Minister Aur. de Sousa Oliveira Coit. persönlich kannte, so schrieb ich demselben über die Klagen des Hamburger Handelsstandes, und da 8 Monate später der schwere Mißbrauch noch immer bestand, schrieb ich ihm sehr nachdrücklich zum zweiten Mal, in Folge dessen denn endlich vernunftgemäße Maßregeln getroffen wurden. Von jener Zeit nun datirt die entschiedene Abneigung Senhor de Araujo's gegen mich, und ist nicht vermindert worden durch das Vorgefühl, daß seine und meine Ansichten über den Auswanderungsbetrieb ganz unversöhnlich seien.

Und Senhor Araujo hatte nicht Unrecht und als Agitator für das scheußliche Parceria- (Halbpacht-) System viel zu leiden von den verschiedenen öffentlichen Erklärungen, die ich in den Jahren 1843, 1844, 1845 und so fort alljährlich zur Vermeidung des Menschenmißbrauchs veröffentlichte. Je nachdem die eine Gegend mehr zog als die andere, und die eine Auswanderungsrichtung für den Unternehmer pecuniär vortheilhafter war, als die andere, schlossen nichtswürdige Agenten Kontrakte ab nach St. Thomas (1843), Galveston (1844), Mosquetia und Petropolis via Dunkerque (1845) ꝛc. Im Jahre 1852 wurde es so bunt, daß ich, der ich alle obwaltenden Verhältnisse genau kannte, und mit voller Gewißheit das unvermeidliche Unglück für die Auswanderer vorhersah, mich von Neuem gezwungen fühlte, energischer denn je gegen die von Oben begünstigte unheilvolle Thätigkeit einzuschreiten.

Vielleicht erinnern sich noch Einige der Leser der hartnäckigen Anfeindungen, die mir seiner Zeit für diese Erklärungen in den hiesigen Rheinischen und Belgischen Zeitungen zu Theil wurden, und zwar eben von jenen Parteien, die ich, Araujo an der Spitze, in ihren Uebelthaten und gefühllosen Menschenverschleppungen störte.

Daß ich es nicht blos mit Einzelnen zu thun hatte, liegt ebenso auf der Hand, wie daß die Entlarvung dieser oder jener offiziellen Persönlichkeit nicht eben gerade ein leichtes Ding ist. Erwähnen aber muß ich, was Niemand für möglich halten wird, daß außer zwei oder drei deutschen Zeitungen, die übrige Presse für die nationale Angelegenheit, das Glück übelberathener Landsleute, und in zweiter Instanz für die Ehre und den Nutzen Deutschlands, (nicht einmal Zeitungen, welche durch ihren Titel eine allgemeine national-wohlthätige Existenz simuliren), so wenig opferwillig war, daß ich jährlich mehrere hundert Thaler ausgab, um nur für das Aufnahme zu finden, was von rechtswegen der öffentlichen Kenntniß nicht vorenthalten werden durfte.

Wenn ich bei meinem Kampf eine Stellung von circa 3000 Thalern Fixum auf's Spiel setzte, und all mein Hab und Gut aufopferte, so geschah es, weil ich, obgleich im Dienst eines andern Reiches stehend, nicht länger zusehen mochte, wie man Kinder meines Vaterlandes, die dasselbe so gut hätte verwerthen können und sollen, zu Hörigen fauler demoralisirter Negerbarone machte; ich kämpfte, weil ich einsah, daß sich dadurch Brasilien immer noch wieder eine Galgenfrist vor der ihm heilsamen Reorganisation erwarb, und daß es darauf bauend und hierdurch verblendet, einer nur immer gefährlicheren Krisis entgegen ging, die Brasilian. Landpotentaten von jeher ihrem persönlichen, momentanen Vortheil hintenansetzten; ich wagte den Kampf, weil ich an 20 Jahre drüben die Farbenfrage in ihrer Entwickelung und mit ihr die Colonisation und Sklaverei in allen Gegenden Amerikas und unter allen Verhältnissen zu beobachten Gelegenheit gehabt hatte, und derzeit es bei mir zum Lebensprinzip, eine Aufgabe meines Daseins geworden ist, mit an dem großen Werke der Civilisation zu arbeiten, in Bezug auf vernünftige Lösung der Sklavenfrage, sowohl wie betreffs einer richtigen, zweckdienlichen, nationalen Verwerthung der Auswanderung.

Nach einem 16jährigen Studium Brasiliens an Ort und Stelle erkannte ich, daß, bevor nicht Brasilien reorganisirt, bevor nicht alle Verhältnisse anders seien, der Deutsche Emigrant dort so oder so untergehen müßte, und deswegen trat ich dagegen auf, aber ich that dies nicht schleichend und selbstsüchtig wie Senhor Araujo Deutschland gegenüber in seinen Parceria-Werbungen, sondern offen vor der Brasilianischen Regierung.

Meine Lebensaufgabe nun stempelte mich zu Araujo's Gegner, zu dem Hauptwidersacher des Mannes, der der Liebedienerei gegenüber den Brasilianischen land- und machthabenden Aristokraten seine Stellung, seine Ehren, sein Vermögen verdankt.

* * *

Ich sagte eben einmal, daß Senhor M. A. de Araujo meinen Namen besser gekannt habe, als ich den seinigen, und kann das wohl begründen. Während der 16 Jahre, die ich zumeist in Brasilien verlebt (nur etwa 3 Jahre davon war ich für das Kaiserreich in England, 2 Jahre in Mexiko und den Vereinigten Staaten und Canada), und während welcher ich die Dampfschifffahrt längst der ganzen Küste des Reichs und in mehreren Baien eingeführt habe, berührten nur die Namen und Thaten mein Ohr, welche zu meiner Belehrung beitragen konnten. Meine vielen obschon vergebenen Arbeiten zur Verbesserung des Postwesens, die von mir bereits 1840 beantragte Ausgabe von Postmarken, die Einführung der Impf-Limpfröhrchen und Abstellung unendlich vieler Mißbräuche, die die Gesellschaft in ihrer Entwickelung hemmten, ließen mir nicht Zeit, mich um etwas Anderes zu bekümmern, als was zum Besten des Volkes diente. Obenein hatte ich schon früher mehreren industriellen Unternehmungen, unter Anderem auch der damals reichsten Goldmine von Congo Soco, mit vorgestanden, — und einer sehr verfrühten Fluß-Dampf-Schifffahrt am Rio Doce, wo wir einen Dampfer im Werthe von 22,000 £ an der Barre verloren, — somit bei meinen großen Geschäften eben nur Zeit, diesen zu genügen.

Meine wahrhaft redlichen und uneigennützigen Anstrengungen, die z. B. bei jener Goldmine zu einer nie vorher dagewesenen Höhe der Einnahmen beitrugen, ohne meiner Kasse nur mehr, als meinen bedungenen Gehalt zu geben, ließen mich freilich viel Freunde finden, und wie ich und meine Leser aus den beigefügten Briefen ersehen werden, selbst unter dem Senat — dabei aber blieb es auch. Gar mancher meiner Vorschläge wurde von den Kammern angenommen, durch mich allein war die Landreform und Colonisationsfrage in Anregung gebracht, die Abschaffung des Einfuhrzolls auf Kohlen und die Verminderung des Ausfuhrzolls auf Gold von 20 auf 5 pCt. veranlaßt worden, und der Kaiser selbst äußerte sich mehr wie einmal auf's Liebenswürdigste über meine Thätigkeit, Niemand jedoch berücksichtigte, daß ich mit meinen geistigen Kräften dem Staate zugleich meine materiellen opferte, die ohne einiges persönliches Vermögen lange nicht ausgereicht hätten.

Jeder Zeitungsartikel, der auf wohlthätige Reformen hinwirkte, war von mir bezahlt, — denn leider thun sonst die, zu bloßen Stadtklatsch-Blättern sich herabwürdigenden, Organe auch heute noch nichts Gutes.

Ich hatte die Landfrage erklärt und motivirt und die Grundlage des 1850 decretirten Landgesetzes war schon 1839, wie vorerwähnt, von mir eingereicht worden.

Da nun erhob sich das feindliche Element und baute auf dem rechtlichen Fundament jenes Gebäude von Lug und Trug auf, welches einzustürzen, ich mein Leben beinahe geopfert habe, und mit dieser totalen Verfälschung ursprünglich guter Ideen tauchten all die den brasil. Vornehmen ergebenen Personen auf, die mich, Senhor Araujo an der Spitze, für meine Arbeiten um Brasilien mit Verstoßung belohnen ließen. Freilich hatten jene Sybariten genügenden Grund, denn fünfzehn Jahre hindurch (s. den Brief des Senators Souza Franco an mich) eiferte und kämpfte ich gegen die Verfälschung meiner Prinzipien und den Ruin des Landes, gegen den Betrieb der Einwanderung ohne Erfüllung meiner bei dem Vorschlag des Landgesetzes mit proponirten Bedingungen, vorzugsweise gegen die scheußlichen Parceria-Kontrakte. Nach genauester Kenntniß und aus eigener vieljähriger Anschauung der Grundbesitzverhältnisse in Brasilien wußte ich nur zu gewiß, daß nicht im Entferntesten an das Gedeihen einer freien Einwanderung zu denken wäre, zumal bei den anderen schon damals herrschenden Nebenumständen, die durch ungeheure Vermehrung der Sklavenzahl durch den

Schmuggelhandel und den Luxus unter den Landbaronen sich noch verschlimmert haben. Nie übrigens habe ich auch von einer allgemeinen Einwanderung nach ganz Brasilien gesprochen, sondern stets (s. S. 77) nur von einer nach Südbrasilien im Fall eingehender Verbesserung der Zustände in Grundbesitzreform und Grundsteuereinführung, und nach den La Platastaaten zugleich als Anregungsmittel für Brasilien.

Ich machte Proselyten, wo und wie es möglich war, und opferte meinerseits, was ich nur opfern konnte. So entsagte ich schon im Jahre 1844 einem früheren Projekt zur Dampfschifffahrt auf dem Amazonenstrom, für welche mir im Jahre 1840 bei der plötzlichen Majorennitätserklärung des Kaisers, unmittelbar nach Wiedereröffnung der Kammern in allgemein überraschender Weise, als Dank für meine erfolgreichen Bemühungen zur Versöhnung der kurz vorher noch sehr entzweiten Parteien, — durch einstimmigen Beschluß ein Privilegium auf 40 Jahre mit 10 Legoas Land zu Stationen und Ansiedelungspunkten zugesichert worden war. Und zwar entsagte ich diesem Projekt aus zwei Gründen, weil erstens die Senatoren Vergueiro und Barbacena, deren Söhne meinen Plan ausführen sollten, sich dem Unternehmen entgegenstellten, und zweitens weil ich unterdessen die feste Ueberzeugung gewonnen hatte, daß am Amazonenstrom (selbst bei Vorhandensein der früher gedachten Grundbedingungen) schon das Klima einer Ansiedelung entschieden feindlich entgegentreten müßte.

Im Jahre 1841 nach England zurückgekehrt, hoffte ich, — da mir befreundete Mitglieder der beiden Kammern das Versprechen gegeben hatten, daß sie die für eine europäische Einwanderung nothwendigen Reformen im Grundbesitz durchführen würden, — daß noch Alles gut werden könnte, und sendete Informationen über Informationen an die Kammern und Ministerien sowohl, wie an Private ein. Mit welchem Erfolge, ist aus den beigedruckten Auszügen aus Original-Briefen ersichtlich.

Im August 1842 erhielt ich die Ernennung zum General-Consul in Preußen, weil man in Brasilien glaubte, oder zu glauben vorgab, die von mir angestrebten und bezeichneten Reformen würden bald erreicht sein, und dann durch mich die Einwanderung aus Deutschland mit Erfolg betrieben werden können.

Und das Kalkül wäre nicht falsch gewesen, wenn nicht der Sklavenschmuggel, der bereits 1832—40 im steten Zunehmen war, urplötzlich eine ganz grauenhafte Physiognomie angenommen hätte. Die Kaffeepreise stiegen stark, der Luxus in den Städten und bei den Landbaronen nahm durch die rasche und frequente Dampfschifffahrts-Verbindung mit Europa täglich zu, die vorhandenen schwarzen Arbeitskräfte reichten nicht mehr hin, die Gefahr, daß die Engländer bald den Sklavenhandel verbieten würden, wuchs, und die verbotene Sklaveneinfuhr belief sich auf das Dreifache von der zur Zeit, wo sie erlaubt war. Da begann in den Kammern die Gesetzgebung über die Landreform (wie aus den beigefügten Briefen ersichtlich) zu stocken. Zudem wurde noch Brasilien von 1842—45 gar sehr von dem Diktator Rosas beunruhigt, der durch seinen Spießgesellen Oribe Montevideo, dessen Unabhängigkeit von ihm und Brasilien garantirt war — bereits 3 Jahre belagern ließ, und Vicomte d'Abrantes mußte sogar nach Paris und London gehen, um eine englisch-französische Zwangs-Intervention zu erzielen.

Aber genug hiervon! Ich hatte schon früher der brasilianischen Regierung die Ueberzeugung mitgetheilt, wie passend es nach des Kaisers Thronbesteigung wäre, eine außerordentliche Mission nach Preußen, als dem Repräsentanten des Zollvereins zu senden und zwar mit Wissen und Zustimmung des Herrn v. Bülow, damaligen preußischen Ministers des Auswärtigen. Mein Vorschlag gefiel Preußen, da dies in den Verhandlungen mit Brasilien eine Demonstration und zwar eine Scheinoperation betreffs der Differentialzölle sah, welche den englischen

Freihändlern eine willkommene Beihülfe sein mußte, — er gefiel Brasilien, welches ebenfalls in England eine Herabsetzung der Zölle auf seine Kolonial-Waaren, resp. Gleichstellung mit denen aus englischen Kolonien anstrebte. So kam denn auch Vicomte d'Abrantes nach Berlin und sein einjähriger Aufenhalt hier wurde von ihm auf's Beste benutzt. Obwohl der oben angedeutete Vertrag nicht ausgeführt wurde, so blieb doch auch die Mission von d'Abrantes nicht ohne bedeutenden Einfluß auf die Peel'schen Maßnahmen; die Freihändler Englands bekamen ein mächtiges Agitationsmittel gegen die Korngesetze und Schutzzölle in die Hand und Deutschland und Brasilien zogen wenigstens indirekt Nutzen daraus.

Während seines Aufenthalts in Berlin stand ich dem Vicomte sehr nahe, und erfreute mich seines vollsten Vertrauens. Da d'Abrantes viele Muße hatte, und ein ebenso thätiger als scharfblickender Staatsmann ist, so hatte ich häufig Gelegenheit, mit ihm, der schon damals Senator war, die bis dahin in der Deputirtenkammer, aber dort bereits 4 Jahre in Angriff genommene Landreform resp. Colonisationsfrage zu besprechen, ihm täglich das, was in dieser Art in den Vereinigten Staaten und in englischen Colonien vorging, vorzuführen, mit ihm von der Auswanderung aus Deutschland und ihren Bedingungen zu sprechen und schnell einen so starken Drang zur genauesten Einsicht in diese Verhältnisse und ihre Anwendung auf Brasilien, zu erzeugen, daß er denselben ein eingehendes Studium widmete, und schon nach kurzer Zeit hier eine sehr gründliche Schrift über den beregten Gegenstand in portugiesischer Sprache schrieb und im Druck veröffentlichte. Sie war zur Belehrung der brasilianischen Regierungen selbst, zugleich aber des brasilianischen Publikums und besonders der brasilianischen Gesetzgeber geschrieben, und zwar mit vieler Offenheit über die Befähigung Brasiliens für Einwanderung, die Abrantes absprach ohne vorausgegangene Reformen im Landbesitze und in anderen sehr wesentlichen Punkten, die heute noch so unerfüllt sind, als sie es je waren.

Nachstehender Auszug aus einer gründlichen Besprechung der Arbeit, die in dem Journal de Francfort aus Hamburg erschien, und für welche Senhor de Araujo (da sie den mächtigen Abrantes, den Urheber, sehr günstig stimmte) die Autorschaft nicht ablehnte, obwohl er vielleicht nicht daran gedacht hatte, die Recension zu schreiben — möge für das Gesagte als Beweis dienen.

„Or les frais de transport des immigrants, le Vicomte veut que le Brésil les supporte; mais pour jouir de l'avantage du passage libre dans les navires frêtés par le Gouvernement brésilien ils devraient avoir été trouvés bons et capables par des agents brésiliens sur lesquels on pût compter. (!) Le Vicomte est decidément contre l'usage d'acquiter par des services les frais de traversée, parceque la perte de liberté quoique momentanée qui en résulte au milieu de circonstances qu'on ne saurait exactement préciser d'avance, ne fait qu'entraver les meilleurs sujets, au lieu qu'on ne voit guère se presser d'arriver que des gens sans caractère et qui sont résolus d'avance à rompre même le contract le plus équitable, en sorte que le pays n'est pas occupé par la classe d'hommes qu'il lui faut. À fin de couvrir ces avances, il renvoie à la vente des terres de la couronne et à la recette d'une taxe sur les terres incultes, laquelle soit modérée, mais assez forte pour contraindre ceux qui les laissent en friche à les rendre à d'autres qui les exploitent.

Il rejette toute donation de terrains; il n'y a que les écoles primaires, les académies et universités, les routes et les canaux, les villes et les établissements publics pour lesquels il veut q'on réserve des terres conformément à des bases certaines et posées d'avance.

Des légers (!) amendements à la loi maintenant soumise au

Senat et votée par la chambre des députés rempliraient tous les buts. Il préfère qu'il n'y ait pour le moment aucune immigration plutôt que d'en voir une ne reposant que sur des bases précaires et mal assurées, lesquelles, au lieu de procurer un bon et durable accroissement de la population, ne serviraient qu'à augmenter le nombre des déceptions, des insuccès et des malheurs, donnant ainsi un nouvel aliment à l'opinion déja peu favorable aux émigrations pour le Brésil. C'est avec précaution, d'une manière lente mais sûre qu'il veut qu'on jette les fondements ci-dessus indiqués du travaille libre, moins peut-être à cause de l'impossibilité qu'il y a d'employer ensemble les blancs et les noirs à la culture du sol, qu'à cause de la faiblesse des salaires suffisans pour l'Africain, mais qui ne le seraient pas pour les gens de l'Europe.

Ce que manque au travail libre au Brésil, ce serait une province ou l'agriculture fut exploitée exclusivement par des blancs &c.

Le colon doit pouvoir acquérir sans perdre de tems pour un prix modéré un terrain convenable et cela à des titres que personne ne lui peut contester; à présent il n'est pas facile de faire des acquisitions commodes et sûres &c.“ —

Obwohl die Schrift des Vicomte d'Abrantes ernstlich auf Besserung der sozialen Zustände hinwirkte, so erließ Baron Canitz eine ziemlich schroffe Note gegen die gemuthmaßte Aufmunterung zur Auswanderung nach Brasilien. Bei dem bekannten Scharfsinn des Staatsministers, ein nicht geringes (und wohl auch, wie sich kurz darauf zeigte, nicht unbegründetes) Mißtrauensvotum betreffs der Rechtlichkeit brasilianischer Staatsmänner! Da d'Abrantes damals noch zu der Minorität gehörte, die es wirklich ernstlich gut mit der brasilianischen Regierung meint, so gab er sofort etwas entrüstet Bescheid, rechtfertigte sich gegen die Anklage und forderte die preußische Regierung auf „alle „jene Betrüger, welche zur Auswanderung nach Brasi„lien schon jetzt verleiteten, und nur die „„Holocausten““ „von Unglücklichen zu vermehren suchten, der ganzen „Strenge des Gesetzes zu unterwerfen,“ — (Das Weitere s. Seite 92.)

So standen die Sachen im Jahre 1846 (Juli). Im October desselben Jahres schiffte sich der Vicomte wieder nach Brasilien ein, wie aus beigedruckten Auszügen aus seinen Briefen zu ersehen. Was that aber Senhor Araujo, der in Hamburg mit ungeschwächten Kräften sein früheres Gewerbe fortbetrieb? — Im nächsten Monat März verschiffte er bereits 800 Parceria-Colonisten für die Kaffeepflanzer und besonders den von der Regierung stets gefürchteten Senator Vergueiro. Das Zusammentrommeln der unglücklichen Opfer hatte schon während der Wintermonate desselben Jahres stattgefunden, wo sich Araujo in Uebereinstimmung mit den Ansichten des Vicomte, dem er überhaupt als mächtigen Mann unaufhörlich schmeichelte, in Uebereinstimmung über die Unstatthaftigkeit, ja selbst Unehrlichkeit des Auswanderungsbetriebes ausgesprochen hatte. Nicht genug. — Das scheußliche Parceria-System war damals noch gar nicht zum Vorschein gekommen, und weder Abrantes noch ich besaßen eine Ahnung davon. Araujo aber und der vor Jahren aus Brasilien entlaufene, später irgendwo zum Doctor creirte Ex-Colonist Friedrich Schmidt, die rechte Hand des ersteren, brüteten schon im Geheimen über dem schematisirten Verderbniß der Emigranten. Die Parceria-Werbungen wurden, weil sie den reichen Pflanzern unnennbaren Vortheil brachten, auch pecuniair sehr vortheilhaft für die Agenten, abgesehen davon, daß sie den gefälligen Dienern der mächtigen Brasilianischen Land-Eigenthümer eine bedeutende Connexion und Protection sicherten, die besonders bei Araujo Großes bewirkt hat. So kam es denn, daß dieser unter ausgesprochener Abneigung gegen die schädliche Auswanderung nach Brasilien überhaupt, die verruchte Halbpachtcolonisation zum Hauptzweck seines General-Consulats machte, und Mecklenburg-Strelitz und Schwerin, Oldenburg, Hannover, Preußen, Schwaben — kurz ganz Deutschland wissen davon zu erzählen. In Folge dieser Willfährigkeit glaubte man den fleißigen und geschickten Beamten nicht besser belohnen zu können, als daß man ihn auf dem Schauplatz seiner Verheerungen auch zum Geschäftsträger, nachdem er aber als Minister-Resident in Preußen noch einmal Werbungen veranstaltet hatte, daselbst zum außerordentlichen Gesandten und bevollmächtigten Minister machte. — Ein hübsches Zeichen für die gesunden Ansichten der Brasilianischen Machthaber von den Pflichten und Obliegenheiten eines diplomatischen Vertreters, und ein noch deutlicherer Beweis für die furchtbare Corruption der durch Land-Potentaten beherrschten Regierung Brasiliens!

Natürlich kamen durch Senhor Araujo die Landpotentaten so erst recht eigentlich auf den Geschmack und zu der Einsicht, daß sie nur allein Staatsbeamtenstellen zu vergeben und zu nehmen hätten, wie sich später an mir bewies.

Daß Senhor-Araujo die bezeichneten Werbungen zur obengedachten Zeit wirklich ausführte, beweisen die kurzen Auszüge aus seinen beigegebenen Briefen. Zuerst versuchte er mich, den geschwornen Widersacher jeder unfreien Auswanderung, zumal einer auf unfreiem Boden, zu kirren, oder doch wenigstens, als er dies für unmöglich erkennen mußte, zum Ruhigzusehen und Schweigen zu bringen; wie aber auch das nicht gelang, wurde er mein Todfeind. Mit jedem Akte jenes Menschenschachers, den Araujo vor mir natürlich geheim halten mußte, und auch wirklich unter Begünstigung der politisch erregten Jahre von 1848, 1849 und 1850 zu verbergen im Stande war, mehrte sich sein bitterer Haß gegen mich, und die Ueberzeugung, daß es zwischen ihm und mir einen Kampf auf Leben und Tod galt.

Er wußte bei dem Sieg meiner Grundsätze seine Stellung gefährdet, aber auch die Alles gebietenden, ihm verpflichteten und täglich immer noch mehr verbundenen Landbesitzer zu seinem Schutze bereit, — ich hatte weiter nichts, als die Achtung der verständigen Besseren und die rechte Sache für mich, wie die beigedruckten Briefe zeigen.

Da nun wurde jeder Umstand benutzt, um mich vor der Welt wenigstens mit einem, wenn auch immer noch zweifelhaftem Schein des Rechts, zu stürzen.

1851 kam (s. die beigedr. Briefe des Marquis d'Abrantes) Senhor Barros nach Deutschland, um ein Truppen-Engagement, meinen bereits 1847 in sicherer Voraussicht des Bruchs mit Rosas der Brasilianischen Regierung gemachten Vorschlägen zu Folge, unter dem zu entlassenden Schleswig-Holsteinischen Freicorps einzuleiten. Hier dürfte es gut sein, meinen Vorschlag näher zu definiren, um zu zeigen, wie sich stets meine Widersacher meiner eigenen Pläne bedienten, um durch Verkehrung und falsche Ausführung derselben, mich obendrein in der öffentlichen Meinung zu schwächen. Nachdem mein Propositum von der Regierung gut geheißen, schrieb ich selbst an den Commandeur des Freicorps, ..., um freundliche Mithülfe, unter der Bedingung, daß den Soldaten, wenn sie gegen Diktator Rosas Brasilien gedient hätten, ein Stück Land in Rio-Grande abgegeben werden, und die Colonisten alsdann vollkommen staatsbürgerliche Rechte haben sollten. Die betreffende Entlassungs-Commission antwortete, als das Holsteiner Corps aufgelöst wurde: „Wenn Sie jetzt zu uns kommen wollen, werden wir Ihnen an dem Tische, wo wir unsere Leute verabschieden, die besten für Sie bezeichnen."

Aber das paßte denen, die hier mitzureden hatten, Senhor Araujo und Senhor Barros, keineswegs. Recht tüchtige Leute wünschte man gerade nicht. War ja doch letzterer einer der hervorragendsten Mitwirker zu der plötzlichen Entlassung (1831) der Deutschen Truppen unter General Braun, wobei auch Hauptmann Kerst (der jetzige Abgeordnete) und an 36 Offiziere. Ihre Pläne waren ganz andere.

Natürlich mochte ich nicht als Aushängeschild für ein Unternehmen dienen, das nur ein betrügerisches zu werben versprach, und weigerte mich daher, irgend etwas mit dem Engagement mir zu schaffen zu machen, falls ich nicht allein die Wahl der Leute treffen, und zwar bald treffen dürfte, wo noch unter Tüchtigen zu wählen war. So hatte ich nicht das Mindeste mit der ganzen Affaire zu thun. Große Kopfgelder und Commissions-Summen für Militair-Effekten-Besorgungen gingen in die Hände von Senhor Araujo, Barros, Schmidt und anderen ähnlichen Personen. Die Commissionaire, denen an den theuerern und verlässigeren Leuten nichts gelegen war, warteten und warteten, bis sich die guten und ordentlichen Freischärler schon längst in neue Lebensbranchen Bahn gebrochen hatten, oder nach Amerika übergesiedelt und zum großen Theil nur noch lüderliche Strolche zurückgeblieben waren, welche mit Haut und Haar schon den Hamburger, Altonaer u. a. Gastwirthen an der Grenze Holsteins angehörten. Wenn bei diesen Engagements Habgier und Gewinnsucht den Zweck verkümmerte, wo nicht vernichtete, so wirkte doch auch noch eine andere Hand mit auf die Bildung einer möglichst mangelhaften Fremdenlegion. Die Landpotentaten wünschten sich ja blos vor Rosas gesichert zu sehen, nicht aber neue mann- und wehrhafte Colonisten, mit denen sie nicht hätten machen können, was sie wollten, oder gar ein wirkliches Heer für Brasilien, das in den Händen einer Gutes beabsichtigenden aber schwachen Regierung diese zu sehr stärken und ihr aus dem Garn bringen konnte. So that man alles Mögliche, um der Schaar gleich im Beginn den Keim des Verfalls einzupflanzen. Nur der Deutschen Natur selbst ist es zuzuschreiben, daß nicht schon auf den Schiffen, ohne alle militairische Disciplin, noch ärgere Excesse stattfanden, und eine wenigstens erträgliche Mannzucht nach der Ankunft in Rio hergestellt werden konnte. Waren durch seltenes Mißgeschick noch einige wenige tüchtige Männer von dem Holsteiner Corps zurückgeblieben, oder war in Einzelnen wieder ein besseres Gefühl erwacht — kurz die Hoffnungen derer, die früher mit vielem Vergnügen die fremden Truppen hatten betteln gehen sehen, und nun mit dem neuen Engagement betraut durch die Commissionsgelder bereichert worden waren, erfüllten sich nicht ganz.

Man höre nur weiter: das nächste Resultat war freilich, daß Brasilien für eine von ziemlich ordinären und nicht gerade schlagfertigen Individuen durchsetzten Truppe, ebensoviel und noch mehr Geld ausgab, als wofür es die besten Soldaten hätte haben können. Ein weiteres Resultat ergab sich aus dem Umstande, daß außer vieler Krankheit, auch viel Desertion besonders in Uruguay und auf dem argentinischen Boden einriß. Nur etwa einige hundert Mann, mit Zündnadelgewehren bewaffnet, die ich ganz separat von allen obengedachten Ausrüstungen hatte anfertigen und die hinreichenden Patronen dazu besorgen lassen, thaten ihre Pflicht, unternahmen auf eigene Faust Plänkeleien gegen den Feind, jagten diesem, der mit der Wirkung der neuen Schießwaffe noch nicht vertraut und abergläubisch genug war, panischen Schrecken ein, und trieben besonders die Artillerie des Diktator Rosas mit Hinterlassung von etwa 40 Kanonen in die Flucht.

Selbstverständlich beuteten diesen Sieg die Kommissionäre, die wohl im Herzen nicht weniger erstaunt sein mochten, als anders wer, zu ihrem Vortheil aus, und meinten geradezu, daß das ganze Heer solche Erfolge gehabt haben würde, wenn ich nicht durch meine Weigerung das Engagement verzögert hätte.

Daß Senhor Araujo nicht der Stummste unter denen war, wird man sich leicht denken können.

Kurze Zeit nachher, gegen Ende des Jahres 1852, bot sich noch eine bessere Gelegenheit zum Angriff gegen mich, die übrigens so wie so vom Zaune gebrochen worden wäre.

Ein Hr. Peter Kleudgen war nämlich aus Rio grande in Hamburg angekommen, um auf Kontrakt, den er mit der Provinzial-Regierung von Rio grande als deren Agent eingegangen war, 2000 Kolonisten anzuwerben und hinzusenden, denen besagte Regierung, wenn sie ihre Passage selbst bezahlen wollten, eine Schenkung von ca. 100 Morgen Land in Sta. Cruz, einer 140 Stunden von dem Hafen von Rio Grande gelegenen, damals noch ganz unbewohnten Gegend, versprach. Es waren von den Parteien, die sich mit der Ausführung dieses Kontraktes befaßten, gewisse Einrichtungen getroffen worden, nach welchen nur solche Personen der Landschenkungen theihaftig werden sollten, welche in denjenigen Schiffen hinübergingen, die von ihnen selbst gechartert worden, — und die Ueberfahrttaxen waren nicht gering.

Ueber eine so deutliche Uebervortheilung verlangte ich, mich doch näher in Kenntniß zu setzen, und schrieb an den Consul Corréa in Hamburg, der, wie ich vernommen dabei betheiligt sein sollte. Erst nach wiederholten Anfragen erhielt ich die betreffenden Bedingungen, und zwar — mit Auslassung gerade der 2 Paragraphen, welche die Hauptpunkte des Kontrakts enthielten. Auf meine Einwendung hiergegen schickte mir Hr. Corréa den fehlenden Theil, der durch einen „Schreibfehler" ausgelassen worden war, und leider, wie schon gesagt, nur gerade die entscheidendsten Bedingungen für die in Frage gestellte Sicherheit des Einwanderer-Besitzes aussprach.

Schon vorher hatte ich die Ueberzeugung gewonnen, daß die von der Provincial-Regierung angebotenen Landschenkungen jedes Rechtstitels baar seien, weil das Gesetz von 1851 vor Allem jede Landschenkung selbst Seitens der Central-Regierung verbot, und alles unbesetzte Land nicht den betreffenden Provincial-Regierungen, sondern der Nation gehört.

Ich theilte daher meine Ansicht über diese Unstatthaftigkeiten den Senhores Araujo und Correa mit, und rieth dem Hrn. Kleudgen mit dergleichen Landversprechungen nicht vorzugehen, bis die bezüglichen Zweifel gelöst seien; dabei äußerte ich auch meine natürlichen Bedenken gegen die vorgehabte Vertheilungsweise der Landlose, nämlich mit eingestreuten Reserve-Loosen, welche die Besitzer von einander entfernt hielten, um später diese Loose zu hohen Preisen zu verkaufen. Wenn nun gleich, wie aus beigedruckten Auszügen aus Briefen des Senhor Araujo ersichtlich ist, dieser die Richtigkeit meiner Einwendungen anerkennen mußte, so berief er sich dennoch auf die hohen Ordres, die „Operationen" des Hrn. Kleudgen zu unterstützen, obschon dieselben den Auswanderern keinen gesetzlichen Besitz sichern konnten! Kurz ich wurde in Rio auch bei diesem Vorfall wieder schwer angeklagt. — Nachträglich fand sich freilich, daß ich Recht hatte, Graf Oriolla selbst machte, als preußischer Geschäftsträger in Brasilien, Einwendungen gegen die Gültigkeit obengedachter Schenkungen, und die Regierung konnte erst nach „Hörung des Staatsraths" und durch einen, meiner Ansicht nach, dem Gesetze von 1851 angethanen Zwang, die Schenkung als eine gültige hinstellen. — Ich frage hier nur, was würde später mit solchen Schenkungen an Ausländer eingetreten sein, hätten sie um sich gegriffen ohne derartig decidirt worden zu sein, wo noch jetzt so viele Landbesitze von deutschen Familien, die ihnen bereits vor 30 Jahren direct von der Central-Regierung zugestanden wurden, unsicher sind.

Es handelte sich hier um eins der Hauptprinzipien des ohnehin unwirksamen Landgesetzes; durfte dieses so ohne Weiteres einer Privatspeculation und obenein noch einer so schmutzigen, geopfert werden?

Von dieser Zeit an, wo ich auch gezwungen war, auf die endliche Mittheilung Seitens des Senhor Araujo über den genauen Inhalt der Parceria-Contracte zu bringen, datirt sich recht eigentlich meine von Deutschland aus geschürte Verfolgung in Brasilien. Brasil. Pflanzer, meist Senatoren, wohl an ein Dutzend, — von denen übrigens Araujo schon diverse Ordres überkommen und ausgeführt hatte, — befahlen von Neuem Arbeitersendungen, und mit um so größerer Heißgier, als durch den endlich einmal von England durchgesetzten Abschluß der Sklaven-Einfuhr, und den großen Verlust an Negern durch die Cholera und das gelbe Fieber, sich ein großes Bedürfniß an Arbeitskraft eingestellt hatte.

Eine Menge zum Theil gemietheter, zum Theil ausschließlich zur Bethörung von Auswanderern zur Verfügung gestellter Blätter, aus Regierungsfonds erhalten und unter der Oberdirection des Senhor Araujo, begann nun unter den lügenhaftesten Mittheilungen das Parceria-System bis in den siebenten Himmel zu erheben.

Ballenweise wurden diese Zeitschriften, wie die Hamb. Auswanderungs-Ztg., die Rudolstädter Ztg., einige ultra-montane Blätter und eine große Masse anderer ephemerer, von Dr. Fr. Schmidt und Chevalier Hormeyer redigirte Zeitschriften in Deutschland colportirt und umsonst vertheilt. Nichts wie der Segen der Auswanderung nach Brasilien, in allen Farben des Regenbogens ausgemalt, das Glück Vorangegangener, mit Dutzenden fingirter Briefe von drüben bewiesen, — das war etwa immer, um was es sich bei der literarischen Thätigkeit in jenen Blättern handelte. Nebenbei lag es ihnen noch ob, mich „als Feind Brasiliens und seiner Colonisation" anzugreifen, was denn auch die Zeitungsschreiber — man hatte meist verkommene Reporter und Allerweltsschreier genommen — in aller möglichen Weise, nur natürlich nie anständig und mit irgend einem Scheingrund für ihre Lästerungen thaten.

Nichts desto weniger wurden diese Angriffe der Brasil. Regierung als unparteiische Aeußerungen gerechten Unwillens über meine colonisationsfeindlichen Bestrebungen und so zu sagen, Belege gegen mich vorgelegt, und mit den von der Gesandtschaft aus gelieferten Correspondenzen aus Berlin an das Jornal do Commercio verwebt. In eben diesen Correspondenzen, die Herr Araujo alle selbst schrieb oder doch wenigstens revidirte, trat er als Retter Brasiliens mit Bezug auf die ihm verschafften Arbeitskräfte (braços) und überhaupt als der belebende Geist der Brasil. Utilitäts-Diplomatie in Europa auf, „dessen tiefes Urtheil auch in der europäischen Völkerpolitik große Geltung (im diplomatischen Corps Berlins) habe."

So reihte sich die Nationaleitelkeit dem vermeinten Interesse noch an, und wirkten zusammen für Araujo's Absichten und zur Erreichung der höchsten diplomatischen Posten, obschon dem Senate selbst warnende Stimmen über eine solche Parodie und dessen Mißbrauch gleich unverhältnißmäßig als unpassend besetzter und übelverwandter diplomatischer Posten wiederholt ertönten. — Mir blieb von jener Zeit an die Brasil. Presse verschlossen, denn es war damals bei der durch den Abschluß der Sklaveneinfuhr eingetretenen Geldanhäufung, wie aus den Briefen des Vicomte d'Abrantes ersichtlich, eine Periode des Geldmaterialismus und der Agiotage eingetreten, durch welche sich eine förmliche Solidarität gegen jedes Prinzip herausbildete, das nicht unmittelbaren materiellen Vortheil versprach. Von der mühsamen Herstellung solider Grundlagen für die Zukunft wollte Niemand mehr etwas hören. Glaubte man doch überall, es könnten unerschöpfliche Quellen des Reichthums durch bloße Actienzettel auf alles Mögliche geschaffen werden, und eine wilde Agiotage erleichterte gar vielen Schlauköpfen, die die allgemeinen Zeitströmungen in ihre Bahnen zu leiten, und sich des temporairen Hangs zu bemächtigen wußten, die Ausplünderung des kleinen Publikums einige Jahre hindurch. Um diese Unternehmungen auf dem Papiere recht plausibel zu machen, sprach man denn neben den Parceria-Contracten auch viel von der Herbeibringung von Arbeitern für Straßen- und anderen Bauten, Eisenbahnen ꝛc. Die Einwanderung sollte auf der Stelle, wie auf den Pfiff und gerade nur für den Zweck, für die Orte und zu den Bedingungen, die man sich selbst ausgedacht hatte, stattfinden. Auf die Feststellung von Grundsätzen wollte man nicht warten. Arbeiter, abhängige Menschen, die auch abhängig blieben, sollten herbeigeschafft werden, um dem Gelde als Werkzeuge zu dienen. — Die nun versprach man von Deutschland aus.

Derjenige, der sie versprach, war der gewünschte Mann, der Alles bewirkende, Alles ermöglichende, gefällige Senhor Araujo, — der dieses Alles aus „Eigensinn“ nicht thun wollte, weil es ihm unmöglich war, so zu verfahren, wurde immer mißliebiger und schließlich offenbar als Landesfeind und „ungetreuer Staatsdiener“ hingestellt. Zu meinem Mißkredit kam auch noch zur selben Zeit der Umstand hinzu, daß der Berliner Central-Verein für Colonisations-Angelegenheiten eine in der That höchst vorwitzige von den Landpotentaten beeinflußte Vorstellung zu Gunsten der Pflanzerengagements von einem unerfahrenen, jungen Mann, Namens Wilhelm Schüch, nun de Capanema benamst, der in Brasilien geboren, aber zum Theil in Deutschland erzogen war, ernst zurückwies und man mich auch für diese Zurückweisung, weil sie hauptsächlich durch Herrn G. R. Kerst, mit dem ich stets in anerkannt freundlichen Beziehungen gestanden, erfolgt war, verantwortlich machte, um so mehr als ich selbst bereits im Jahre 1844 mit den Herrn General v. Webern, Oberst Fischer, Diergardt, v. Beckerath u. a. zur Begründung des Urkerns dieses Vereins beigetragen hatte und, obschon wegen meiner offiziellen Stellung nicht mehr zu seinen Mitgliedern zählend, wahrheitsgemäße Mittheilungen über transatlantische Zustände nie versagte. Hier bot sich also wieder eine Gelegenheit mir einen Stein in die Schuhe zu schieben und sie wurde mit Nachdruck benutzt. Die gelungenen Anstrengungen des Senhor Araujo, den Verein in seiner Opposition gegen die Auswanderung nach Brasilien bis dahin verstummen zu machen, sind bekannt. Bald darauf schied Herr G. R. Kerst aus dem Verein, weil derselbe seine Lebensfähigkeit und seinen früher ausgesprochenen Widerstand gegen die unbedingte Auswanderung nach Brasilien verloren hatte. Ueber den Vorgang hierbei geben einige beigedruckte Auszüge aus Briefen der Senhoren de Araujo und Correa einige Andeutungen. Beziehungen, welche zu jener Zeit zwischen Araujo, Correa und Dr F. Schmidt mit G. R. Dr. Gaebler, damaligen Vorsitzenden des Central-Vereins, bei den Besuchen des Letzten gelegentlich der Jahdebusen-Verhandlungen in Hamburg stattfanden, wirkten nicht gerade günstig auf die Entschlüsse Brasiliens. Man schmeichelte sich, bei der Einstellung des Widerspruchs, seitens des Vereins würde sich auch die öffentliche Meinung Deutschlands gegen die Auswanderung nach Brasilien anders gestalten. Bald verstummte der Verein ganz und entsagte sogar seiner allgemeinen Thätigkeit, die in früheren Zeiten wirklich eine gute Richtung genommen hatte.*) — Das war ein Unglück für Viele, die nach gewissen dunkeln Informationen der Meinung waren, es wache Jemand für sie, wo ihnen Uebel drohe — und daher kein Bedenken trugen, Einladungen zu folgen, welche furchtbare Folgen hatten.

Die Auflösung des Vereins war, wie wohl sie bei den neu aufgenommenen Prinzipien erfolgen mußte, dennoch ein Unglück für die Auswanderung, besonders ein Unglück für die, welche im Verlaß darauf, mit dem bewilligten Passagier-Vorschuß nach Brasilien im Fall der Noth wegkommen zu können, den Verlaß auf ehrliche Arbeit und Sparsamkeit fahren ließen, und untaugliche durch die eines letzten Rückhalts sich bewußte Lüderlichkeit sogar ansteckende Gemeindeglieder wurden.

Für mich selbst aber sollte kein Ausweg gelassen bleiben. Nachdem der Verein beschwichtigt oder doch quasi aufgelöst war und dennoch der öffentliche Widerspruch gegen die Werbungen für Brasilien fortdauerte, wurde ich um so nachdrücklicher für diesen verantwortlich

*) Wie unermüdlich thätig die Brasil. Agenten auf die Vereine zum Schutze der Auswanderer operirten, davon noch als ein Beweis, daß der lange Jahre so vortrefflich wirkende Frankfurter Verein ganz neulich zu seinem Erstaunen entdeckte, daß ihr Secretair schon einige Jahre lang ein von ihm selbst angefertigtes Opusculum zur Empfehlung der Auswanderung nach Brasilien vertheilte.

gemacht, als ich ununterbrochen fortfuhr, in meinen Berichten an die Regierung die Bodenlosigkeit der Colonisations-Bestrebungen darzustellen, durch öffentliche Erklärungen ihre schädliche Richtung zu brechen, und ganz besonders von allen dahin lautenden Artikeln und Aufsätzen in deutschen Zeitungen oder Flugschriften, so streng und unschmackhaft sie auch sein mochten, wortgetreue Uebersetzungen drucken und in Brasilien nach allen Richtungen hin verbreiten zu lassen

Freilich war dies das einzige Widerstandsmittel gegen die systematisch, mit Egoismus und Gaunerei betriebene Korrumpirung Brasiliens und den Verrath an meinen Landsleuten, welches mir noch zu Gebote stand.

Daß es wenigstens theilweise und bei denkenden Männern drüben im rechten Sinne wirkte, zugleich aber auch der Partei, welche unter allen Umständen ihre Absichten auf Deutsche Auswanderer durchsetzen wollte, daher auch den zeitweiligen Ministern, je nach ihrer Abhängigkeit von dieser, unbequem war, erhellt aus den nachgedruckten Auszügen, besonders aus den wiederholten, mir zugegangenen Mahnungen, von meinen Mittheilungen an gesetzgebende Körper, Corporationen und Private abzustehen, meine Arbeiten bloß auf die vorgeschriebenen Consular-Pflichten zu beschränken und in Betreff Alles dessen, was meine „Collegen" thaten, beide Augen zuzudrücken. Diesem Ansinnen zu willfahren, war mir bei den tiefen Ueberzeugungen Betreffs der vorgekommenen Unehrlichkeiten, und der Folgen für betrogene Auswanderer, für Brasilien selbst und für Deutschland — nicht gegeben. Ich wußte aus vieljährigen Erfahrungen zu gut, daß bloß der Regierung gemachte Mittheilungen dieser Art einfach ignorirt blieben.

Noch glaubte man mich jedoch des Hochverraths nicht zeihen zu können, ich sollte daher einstweilen nur aus dem Wege geschafft werden, um freie Hand in Deutschland zu bekommen, so wurde ich nach Sardinien versetzt, obschon ich im Besitz von 9 Kindern, die meistens in der Erziehung begriffen, davon eines Jahre lang schwer erkrankt, und ich gut evangelischen Glaubens war, wie man in Brasilien wohl wußte.

Daß ich im Jahre 1852 mit einem Berichte über die Reform der Seminarien betraut war — welcher von dem Minister der kirchlichen Angelegenheiten als der gediegenste von Allen, die ihm eingereicht worden, anerkannt wurde, konnte füglich nur als Beweis für meine genaue Bekanntschaft mit den kirchlichen Zuständen Brasiliens und meiner steten Bereitwilligkeit dienen, da bei der Hand zu sein, wo es galt, wirklichen Staatsgebrechen abzuhelfen.

Umstände, die aus den nachstehenden Briefen des Collegen, mit dem ich den Posten austauschen sollte, der aber eben so wenig Beruf oder auch Capacität fühlte, meine Stelle auszufüllen, ließen diese Versetzung zwei Jahre lang unausgeführt, natürlich zum unbeschreiblichen Aergerniß Senhor Araujo's, der in Rio stets darauf andrängte. Die Correspondenzen, die ich während jener Zeit mit Marquis d'Abrantes, mit Viscomte Uruguay und Senhor Sergio de Macedo führte, und die meiner Seits mit buchstäblich hundertfachen Belegen begleitet waren, werden darthun, ob meine Arbeiten als phantastisch oder gründlich gelten können. Besonders werden die Briefe beider letzten Herren zeigen, ob es sich um bloße eingebildete Bedürfnisse in Bezug auf Colonisation handelte. Sie werden ferner zeigen, ob nur einer dieser Herren, die alle Staatsräthe sind, auch nur ein Wort der Entschuldigung für das Parcerie-System, selbst zur Zeit, als sich die Landpotentaten noch an dasselbe, und zwar noch sechs Jahre später, klammerten, äußern konnten, und ob sie nicht, besonders Uruguay und Macedo, die Richtigkeit meiner Ansichten über die Nothwendigkeit einer „tiefgehenden, heroischen Reform im Landbesitze" als Grundbedingung für alle Einwanderung anerkannten, — wenn sie sich auch zu schwach erklärten, diese nach meinen Grundsätzen, welche sie „für richtig erkannten," durchzuführen. Zugleich werden sie zeigen, daß man mir die Versicherung gab, „ich hätte nichts zu befürchten von der offenen Aussprache dieser meiner Grundsätze, die ja in der Ueberzeugung aller Rechtschaffenen wurzelten," (Sen. Macedo), und daß „es Pflicht sei, „diese Ueberzeugungen in der Erwartung gehäufter Enttäuschungen durch „alle die bisherigen falschen Versuche, die mit einer wahrhaften Colo„nisation gar nichts gemein hatten, möglichst zu verbreiten, um später „das große Werk, wenn es nicht zu spät damit wäre, durchzuführen." (Uruguay.)

Wie sich diese Versicherungen bewahrheitet haben, ersieht man aus einer bereits 3jährigen völligen Entlassung ohne Angabe irgend welchen Grundes davon, aber auch ohne nur ein Wort der Vertheidigung von irgend einem Brasilianischen Staatsmanne, die mir unzweideutig genug zugesichert worden.

Nachgedruckte Briefe auf die ich mich schon so oft berufen habe, aber noch mehr berufen könnte, dürften das beste Licht geben, und habe ich mich um so weniger bewogen gefunden, sie nicht zu veröffentlichen, als die perfide Handlungsweise des Reiches und meiner angeblichen, aber leider feigen Freunde mich dazu selbst berechtigt. Noch liegt übrigens nicht das Gravirendste vor, und bei dieser Gelegenheit glaube ich erwähnen zu müssen, daß ich bei einer Fortsetzung der Nichtachtung aller Formen der Sitte und des Rechts, Seitens Brasiliens mir gegenüber auch die anderen publiciren werde. *)

Zum Schluß noch die Bemerkung, daß ich einen großen Theil meiner Correspondenz mit Brasilien und der von den Staatsmännern dieses Landes mit mir, Briefe von Engländern, Nordamerikanern und Franzosen an mich, sowie viele Hunderte von gedruckten Circularen und Flugschriften, die ich zur Aufklärung Brasiliens geschrieben, zu Tausenden habe drucken und hinüber senden lassen, und welche insgesammt die wichtigsten socialen Fragen behandeln, in einer Collektion sammeln und auf der hiesigen königlichen Bibliothek deponiren werde, wo sie später als Hülfsmittel zur Erkennung der wahren Geschichte der letzten 30 Jahre Brasiliens dienen werden.

Der miserablen Personen nicht zu gedenken, welche mit Zulassung der Brasilianischen Regierung, ja sogar auf Kosten derselben und mit Hülfe gemietheter Schreiber noch heute verfolgen, ja sich alle Mühe geben, mich womöglich gänzlich zu erdrücken — werde ich über die letzten 2 Jahre meines Consulats leicht hinweggehen.

Im J. 1856 wollte man das General-Konsulat in N.-York für mich räumen um mich ganz aus Europa hinwegzubekommen; man konnte aber den Besitzer nicht los werden. Da nun aber damals die Riesenschwindelei mit 6,000,000 Milreis für Colonisation und Parceria-Colonisten-Beschaffung erst recht in Schwung gebracht werden sollte und allbekannter Weise für alle Mithelfer, wenn auch nur auf dem Papier und in Zusagungen große Schnitte abfielen, wovon Hamburg und Berlin nicht die kleinsten an sich nahmen, — da man ferner eben

*) Bei deutschen Lesern dürfte die Uebersetzung und Analyse der hinten angefügten Portugiesischen Briefe, so wie die Anführung meiner Antworten darauf, voraussichtlich mehr Ueberzeugung geben, jedoch halte ich es für nothwendig zur Wirkung auf Brasilien, so zu handeln, wie ich es thue. Die heilsame Wirkung in Folge der Veröffentlichung von Briefen der gewichtigsten Staatsmänner im Urtext, wird und kann nicht ausbleiben. Bei so allgemeinen, hochwichtigen Fragen, wie denen, welche in besagten Briefen offen und nunmehr öffentlich besprochen sind, können Rücksichts-Fragen, gegenüber Individuen, die lang und hoch bezahlte und am Staatsruder stehende Beamten sind, nicht mehr in Betracht kommen.

Um übrigens noch ein Mal auf die deutschen Leser zurück zu kommen, so erlauben es mir meine pekuniairen Verhältnisse nicht, auch die deutsche Uebersetzung zu geben, wie sehr mir selbst an dieser Information des deutschen Publikums läge.

so gut wußte, daß schon damals meine Verhältnisse knapp waren, so konnte man sich in Rio nicht gut vorstellen, daß ich es nicht vorziehen würde, mit zu theilen und setzte mich daher nach fast 3 Jahren wieder in meine Stellung ein, freilich nicht zur Freude Senhor Araujo's, dessen Freunde im Staatsrathe, die früher schon mehrmals (siehe die Briefe von Abrantes) auf meine gänzliche Entlassung gedrungen, diesmal in der Minorität geblieben waren.

Noch ehe ich mich wieder in Berlin einstellen konnte, war es bereits gelungen, mir einen strengen Verweis von der Regierung dafür zu ermitteln, daß ich nach mühsamen Correspondenzen die Herren Dr. Moritz Wagner und Dr. v. Richthoffen dazu gestimmt hatte, für ein höchst mäßiges Fixum (6000 £ incl. aller und jeder Ausgaben) eine zweijährige wissenschaftliche Expedition in Brasilien zu unternehmen, die ganz abgeschieden von der allbekannten rein Brasilianischen arbeiten sollte, weil ich klar voraussah, daß diese letztere, welche nun bereits über 70,000 £ gekostet und in der That nichts geleistet hat, nichts leisten würde.

Den Verweis nahm ich gelassen hin; das Land aber blieb um Geld und Zeit betrogen und die wissenschaftlichen und die wissentlichen Betrüger dabei werden kaum mit so viel Tadel, als ich für meinen aufrichtigen guten Willen belohnt worden bin, heimgesucht werden und höchstens einmal in europäischen naturwissenschaftlichen Werken als Geldvergeuder ohne Leistungen aufgeführt werden. — Der nächste Liebesdienst, den mir Senhor Araujo erweisen wollte, war, daß er mich, als ich kaum mein Logis in Berlin von 500 Thaler Miethe auf zwei Jahre genommen hatte, sogleich nach Stettin abbeorderte, weil ich in Berlin nichts zu thun habe. Dieser Grund war zwar richtig, aber eben so gut anwendbar auf seine eigene Stellung. — Als schablonenmäßig arbeitender Consul hätte ich wahrlich von jeher wenig oder nichts in Berlin zu thun gehabt, so aber hatte ich im Besten Brasiliens mehr als das Mögliche zu thun, was ich in einem Seehafen aus Mangel an Quellen nicht hätte vollbringen können. Ich wies Senhor Araujo kurz nach, daß meine ursprüngliche Ernennung als General-Consul für Preußen nach Baron v. Bülow's eigener Bestimmung meine Residenz in Berlin autorisire, die ich auch nicht gesonnen sei, aufzugeben. — Bald darauf im März 1858 erkannte ich den Grund zu dem Wunsche meiner Entfernung von hier in den berüchtigten Giebert'schen Arbeiter-Contracten (an 900), die wie die im Jahre vorher aus Potsdam für die Mucury gelieferten Colonisten (!) durch die Geldvermittelungen des Herrn Araujo realisirt wurden.

Freilich hatte er gehofft, mich schon vor dieser Zeit auf eine andere Weise wegräumen zu können, denn eines schönen Morgens behändigte mir die „Legação Imperial" eine gar freundliche ministerielle, leider lügenhafter Weise auf den Wunsch des Kaisers selbst basirte Ordre, am Hofe (na Corte!) zu erscheinen. Diesem Befehl zu willfahren, erlaubte laut ärztlichem Zeugniß mein Gesundheitszustand nicht, — und das war meine Rettung. — Wäre ich je zurückgekommen, so würde ich sicher wenig mehr Verstand nach Deutschland mitgebracht haben, als General Braun nach 6jährigem Betteln um sein Recht, oder Herr v. Meusebach nach seinem Zerfall mit den Landpotentaten. In Brasilien versteht man gar wunderbare Tränke zu kochen, und schon mancher brave Mann hat darüber seine Sinne verloren. Ich erinnere nur an meinen Freund, den wackern Regenten Padre Antonio Feijó, der — nachdem er der Regentschaft entsagte, kurz vorher es aber mit der hohen Geistlichkeit durch seinen Vorschlag betreffs Abschaffung des Cölibats gründlich verdorben hatte, — blödsinnig in sein Landhaus zurückkehrte und bald darauf starb. Sodann weise ich noch hin auf das ähnliche Schicksal auch eines Freundes von mir, des liebenswürdigen aber muthigen Dr. Navarra, der durch ein gewaltiges Auftreten bei der Majoritäts-Erklärung zur Kaiserwahl in fast handgreiflichen Streit mit Senhor de Paraná gerieth, und 3 Tage darauf in der „Misericordia" im wüthenden Wahnsinne (einen vollen Tag sprang er tigerähnlich über ein von ihm im Zimmer aufgespanntes Seil herüber und hinüber, wo ich ihn selbst sah), gestorben ist.

Vielleicht wäre ich schon gleich nach der Landung dem Messerstiche eines feilen Banditen erlegen, wie es meinen intimen Freunden dem Dr. juris und *Deputirten* Fernandez Barros und dem Padre und *Senator* Ferreira de Mello gegangen ist; oder es wäre mir der Ankunftsgruß gleich am ersten Abende durch's Fenster mit gehacktem Blei zugesendet worden. Der letzte Fall ereignete sich erst vor Kurzem mitten in der Stadt Pernambuco, bei dem Bruder des Präsidenten Barreto, einem angesehenen Manne, der von wohlbekannten „Cavalheiro's", welche sich von der Familiengruppe ein Glas Wasser erbaten, zusammt mit einem Sohn niedergeschossen wurde, ohne daß weiter ein Hahn darnach krähte.

Wunderbarer Weise bin ich bei all diesen Beziehungen nur zweimal mit Sen. A. in persönliche Berührung gekommen, und hatte grade daran genug. Während des einen Besuchs äußerte sich Herr Aranjo in einer Art und Weise über Ehrenmänner, wie Geh. Rath Kerst, und über *fast alle* Offiziere der Deutschen Legion, auf angebliches Hörensagen von G. R. Dr. Gäbler, daß ich nicht recht wußte, worüber ich mehr erstaunen sollte, ob über die Keckheit, so allgemein anerkannt rechtschaffene Männer zu verlästern, oder über die Unvorsichtigkeit, dies mir gegenüber zu thun, und dies Versehen noch durch die offenbare Lüge zu vergrößern, daß er in seinem Pult die jene Leute compromittirendsten Papiere habe. Das wagte ein Mann auszusprechen, welcher arme Menschen für Kopf- und Paßgelder, die er eingesteckt, nach Brasilien verkauft hatte, und zwar unter der Versicherung der vollsten Religions- und körperlichen Freiheit, deren Nichtvorhandensein Herr Aranjo so gut kannte, wie Einer. Das wagte ein Mann auszusprechen, der noch unlängst der darbenden Wittwe des besten Brasilianischen Generals, betreffs des rückständigen dreißigjährigen Soldes ihres Gatten und der ihr eben so schuldigen Wittwen-Pension, — nach vierjähriger Vernachlässigung, ohne Antwort auf die dringendsten Vorstellungen, — endlich fast am Lebensende die Versicherung gab, daß ihre Ansprüche, deren Realisirung er längst hätte bewirken können, aber die er so *unberücksichtigt ließ*, nun befriedigt werden würden, daß der Minister des Auswärtigen sich erst ganz kürzlich zu den Vertretern der armen, alten Dame im Rio dahin aussprach, daß alle Forderungen verjährt seien, wie es *auch Senhor Aranjo längst mitgetheilt worden sei!*

* * *

Nun zum letzten Akt, der Hrn. Aranjo zu charakterisiren im Stande ist, und der zugleich einen Hauptabschnitt meines Lebens ausmacht.

Die November-Crisis von 1858 brachte eine noch größere Entwerthung des in Hamburg in Summa von ca. 600,000 Centnern aufgespeicherten Kaffees, der bereits um etwa 30 pCt. gefallen war. Da schien es nun bei der großen Beängstigung, die man in Hamburg fühlte, und bei dem großen Einfluß, den Senhor Aranjo in Berlin (wo ihm ja schon so Vieles nachgesehen worden war) hatte, und der nahen Verbindung dieses Herrn mit dem Geschäftsträger Hamburg's, als seinem künftigen Schwiegersohn, ganz natürlich, daß man einen Sturm auf das Preußische Kabinet wagte. Es kam eine Hamburger Deputation nach Berlin, wurde durch Senhor Aranjo und Herrn Rückert vorgestellt, und machte ein Gesuch um ein Anleihen von 7 Mill. Preußischen Thalern baar aus der Kriegsreserve-Kasse, die, wie man wußte, so viel disponibel hatte. Selbstverständlich wurde das Gesuch abgeschlagen. Man wandte sich sofort nach Wien, und da dort gerade viele Baarschaften für die *vorgehabte* Metallisirung der Papier-Währung todt lagen, so ging das Oesterreichische Kabinet auf das Anlehen ein. Warum sich Oesterreich so erstaunlich willfährig zeigte, ist denen kein Wunder, die die Zeitgeschichte verfolgt haben. Es lag den Wiener Finanzmännern viel daran, in Geldsachen flott zu erscheinen und bei bedungener guter Sicherheit der Hansastadt sich dienstfertig zu zeigen, und dem Staate als außer dem Zollverein stehend, konnte ja wenig daran gelegen sein, daß der Zollvereinskasse bei naturgemäßeren Kaffeepreisen eine höhere Einnahme entstände, und die Bewohner des Zollvereins wohlfeileren Kaffee trinken.

Der Kredit Preußens, — das nicht rettend hatte eintreten wollen bei einem Börsen-Mannöver, wo die Zollvereins-Angehörigen verlieren, die armen Neger mehr Peitschenhiebe erhalten mußten, und nur die Brasilianischen Pflanzer und reichen Hamburger Händler verdienen konnten, — sank bei den Brasilianischen und Hamburger Vertretern mit einem Mal auf Null, der Oesterreichs aber stieg um das Doppelte.

Aber ich muß noch einmal zurückgehen. Noch ehe irgend welche Entscheidung von Wien eingetroffen war, hatte ich nach Brasilien eine Denkschrift eingesandt und gedruckt dort in vielen Exemplaren verbreitet, worin ich vor Hoffnungen auf die Preußische Geldhülfe, so wie überhaupt betreffs des Zurückhaltens von Kaffee in Erwartung besserer Preise gewarnt hatte. Wie ich jede Gelegenheit benutzte, eindringliche Vorstellungen wegen der Landreform und freien Einwanderung zu machen, so zeigte ich auch hier, daß hohe Kaffeepreise nur den Ruin des Landes befördern könnten, weil sie das Pflanzer-Potentatenthum, das Landmonopol, den Mißbrauch des Menschen, den Raubbau des Bodens, die Vernachlässigung des Anbaues von Lebensmitteln (wie sich gleich in den nächstfolgenden zwei Jahren auf's Erschrecklichste bewies) und die Brutalisirung des ganzen Landes förderten. Einsichtsvolle und nicht durch Egoismus den Landhaien zugethane Männer gaben mir Recht, und die Zeit lehrte, wie richtig meine Annahmen gewesen waren. — Die Pflanzer aber spieen Gift und Galle; ich hatte sie ja wiederum in ihrer Vorstellung von Deutscher Colonisation angegriffen. Zur selben Zeit fand sich auch die Geistlichkeit stark beleidigt durch einige neue von mir besorgte Circulare, die über Toleranz, Concordat und die Pflichten einer rechtschaffenen Geistlichkeit sprachen. So war denn für Sr. Araujo eine vortreffliche Stimmung geschaffen, wieder eine der vorsichtig unter meinen Füßen gelegten Minen springen zu lassen. — Kurz nach meiner Versetzung in den Ruhestand *) kam mir, dem „ungetreuen Staatsdiener", durch die dienstbereite Hand des hiesigen außerordentlichen Brasilianischen Gesandten und bevollmächtigten Ministers folgendes Ministerial-Dekret zu:

„Sua Magestade o Imperador Houve por Bem pelo Decreto da copia niclusa, Dimittir à V. Mce do emprego de Consul Geral, posto em disponibili dade por Decreto de 12. de Octubro de 1858, o que the communico para sua intelligencia. Prevaleço-me da opportunidade para offerecer a V. Mce a expressaõ da minha consideraçaõ.

Aó Senr Joaõ Diogo Sturz.

J. L. Vieira Consarçaõ de Sinimbú.

Die Entlassung war also gerade von demjenigen Minister unterzeichnet, der erst 3 Jahre vorher von mir in seinen gedruckten Berichten als demjenigen Brasilianischen Staatsdiener gesprochen hatte, „welcher sich dem Studium der Land- und Colonisationsfrage im ganzen Lande am Meisten gewidmet."

Anderwärts wird jedem Beamten ein erklärender Grund zu seiner Entlassung angegeben, die Brasilianische Regierung soll mir aber noch heute (2¼ Jahre derzeit) sowohl über meine Versetzung in den Ruhe-

---

*) Mit nur wenig Tagen Unterschied im Datum von der Veröffentlichung des früher erwähnten tödtlichen Angriffs gegen mich Seitens der hiesigen Brasilianischen Gesandtschaft durch Depesche und Zeitungscorrespondenz aus Berlin, unisono, im Jornal do commercio.

stand, als über meine Entlassung die geringste Auskunft geben. Nicht ein Wort von der Regierung, nicht eine Silbe von Freund oder Feind: das ist die Gerechtigkeit Brasiliens einem seiner wahrhaftig treuesten Beamten gegenüber.

Wo sind nun alle die Freunde, welche dereinst mit mir über die Land- und Colonisation so ein Herz und eine Seele waren, die mich sogar versicherten: ich dürfte nie durch die so wünschenswerthe Aussprache meiner Ueberzeugung beeinträchtigt werden, denn sonst würde ja sie, und Viele mit ihnen, dasselbe Loos treffen?" Wo sind diese Freunde, und wo ihre Ueberzeugungen und Grundsätze? (Siehe die angedruckten Briefe von Uruguay, Macedo u. a.)

Da sie es damals fast für zu spät hielten, ihren angeblichen Ueberzeugungen gültige Kraft zu geben, werden sie es jetzt, nach den Ereignissen in Nord-Amerika, für völlig zu spät halten, endlich einmal zu handeln? Wollen sie durchaus das arme schöne Land, über welches die Landpotentaten das Verderben vom Himmel herabbeschworen haben, in der furchtbaren Zeit, die in Nacht und Nebel, schleichend und heimlich wie die Sünde herankommt, ohne jeglichen Versuch der Rettung untergehen lassen?

Wehe über die Verblendeten, das Geschick wird sie und die Ihrigen auch ereilen. Und es gebührt ihnen so. Die blinde, egoistische Menschenrechts-Verspottung der Südstaaten Nord-Amerika's ist nicht schlimmer, als diese Indifferenz mächtiger Beamten gegen das Glück eines Reichs, das wegen Gewalt einzelner unrechtmäßiger Landbesitzer und habgieriger Seelenwucherer systematisch zu Grunde gerichtet wird. Niemals wird und darf diesen Uebelthätern, und den Schwächlingen, die sich durch erstere einschüchtern lassen, oder ihnen aus Habsucht dienen, trotz hoher Stellung und vielen Geldes, in ihrer Familie wahres Glück blühen. Wie schon mehrere durch die Lasterhaftigkeit ihrer Söhne vom Fluche getroffen, so werden sie auch Alle verkümmern und verderben, wie sie ein junges, schönes, vielversprechendes Leben verkümmern und verderben ließen. Was ich Senhor Araujo bei der Aushändigung der Consular-Bücher in dieselben geschrieben habe, wird sich als Prophezeiung so sicher erfüllen, wie sich das Elend und der Jammer all' der durch Parceria-Kontrakte, um schnöden Geldes wegen an Leib und Seele betrogenen Deutschen Auswanderer erfüllt hat.

L'Empire du Brésil, par Baril Comte de la Hure, Paris, 1862.

So eben geht uns ein Französisches Werk zu, welches wegen seiner Neuheit, adoptirten Widmung an den Kaiser von Brasilien, wegen seiner selten kostbaren Ausstattung seitens Brasiliens selbst, ferner durch die merkwürdige Stellung des Verfassers der allmächtigen Geistlichkeit gegenüber, sowie endlich durch die extremen Ansichten von Kolonisation sich auszeichnet.

Es ist das Buch: **l'Empire du Brésil, par Baril Comte de la Hure, Paris 1862**, wovon blos durch die in Paris lebenden Brasilianer eine Auflage von 400 vergriffen wurde.

In Nachstehendem lassen wir die frappantesten Stellen im wörtlichen Auszuge folgen:

„Die Brasilianer erhalten von der Geistlichkeit gar keinen Unterricht in den Wahrheiten der Religion, und ihr Cultus ist aus einer solchen Menge von abergläubischen Gebräuchen zusammengesetzt, daß die evangelische Moral dadurch einen schweren Stoß erleidet, der aber in Brasilien nicht von Wichtigkeit erachtet wird. Handlungen, welche bei uns als grobe Vergehen gegen die Sitten angesehen werden, gelten dort als ganz natürlich, und besonders seitens der Geistlichkeit als ganz tadellos. Der Glaube beschränkt sich auf einige äußerliche Uebungen, und diese werden nur gewohnheitsgemäß und auf eine leichtfertige und unanständige Weise verrichtet. (Hier folgt eine Beschreibung der lärmenden, halbafrikanischen, halbindischen Kirchenfeste, wie sie selbst in den großen Städten häufig abgehalten werden und „die mehr als eine Parodie des schlechten Geschmackes als ein religiöser Act erscheinen.") In den Kirchen wird nie ein Gebetbuch gebraucht. Der Priester liest meist nur eine stille Messe ab. Die Frauen putzen sich für die Kirche wie für den Ball, setzen sich auf den Boden und schlagen sich mit der Hand vor die Brust. Die Priester haben keine größeren moralischen Verbindlichkeiten in ihrer Lebensweise, als die Laien. Sie lesen weder das Evangelium, noch legen sie es aus. Sie schwatzen und lachen noch kurz vor Anfang der Messe in der Kirche selbst mit den dort befindlichen Personen. Von Vespern ist nicht die Rede. Die Kinder werden ohne allen Religionsunterricht confirmirt und bei ihrer ersten Communion nicht über eine einzige Religions-Wahrheit befragt, die ihnen natürlich so auch ganz unbekannt bleibt. Die Gläubigen werden von dem Priester nur besucht, um die heilige Oelung zu empfangen. Letztere geben sich vielseitig mit Geschäften aller Art ab. Sie kleiden sich nicht immer anständig, obwohl gewöhnlich wie andere Leute. Ich habe mehr als einmal Jungen bei der Messe im bloßen Hemde administriren sehen. Die Rücksichtslosigkeit gegen allen Anstand seitens der Geistlichen hört jedoch hier nicht auf. Simonie wird von allen Klassen betrieben und auf jede Weise ausgeübt, und dieser Verkauf der heiligsten Dinge wird durch alle möglichen Vorwände beschönigt, dadurch aber nicht weniger demoralisirend gemacht. Dabei ist das Leben der meisten Priester wahrhaft scandalös. Das Spiel, die Trunkenheit und andere schamlose Laster stellen sie noch weit unter die in dieser Beziehung sehr tadelnswerthen Privatpersonen. Doch wir müssen unterlassen, die gehässigsten Seiten dieser Kaste hier weiter aufzudecken u. s. w" —

Wir fügen nur hinzu: Die Verführung der Jugend, die Beunruhigung der Familie und die Verbreitung der unnatürlichsten Laster geht gerade von ihr aus. — Eine Achtung vor der Geistlichkeit besteht daher nicht, und das Gotteshaus ist durch sie ungleich mehr entweiht, als es der Tempel Jerusalems nur in seinen Vorhallen durch die Käufer und Verkäufer war. Daher ist es auch gar nicht selten, daß zur Unschädlichmachung einzelner Priester mancher Ehemann, um nicht einen Frevel an der Kirche zu begehen, einen Zwangsact an ihnen ausübt, in dem der südamerikanische Thierzüchter große Geschicklichkeit besitzt.

Da das Buch des Grafen dem Kaiser von Brasilien, mit dessen Erlaubniß, gewidmet ist, und eigentlich als ein nothwendiges Correctiv der eben so schamlosen als unverständigen Lobhudelei Reybauds, mit nachdrücklicher Empfehlung der Parceria, in dessen „Le Brésil"*)

---

*) Man würde vielleicht glauben, sich geirrt zu haben, wenn man folgenden Passus in seiner Uebersetzung zu lesen bekäme, darum folge er in der Originalsprache des Verfassers, welcher, selbstgefällig wie er ist, nach der „Brasilia" sich den Spaß macht, den Brasilianern für ihr schweres Geld einige unsinnige und erlogene Schmeicheleien ins Gesicht zu sagen. Monsieur Reybaud mit seiner gemietheten Feder schreibt S. 2 in seinem Buche:

„Il a fallu que les misères des paysans de l'Allemagne eussent depassé les bornes de la resignation la plus chrétienne, pour que l'instinct de la conservation prévalût sur l'amour du sol natal et poussat ces masses éperdues vers une nouvelle et plus clémente patrie." An einer andern Stelle sagt Reybaud: Le Brésil „fara da se," car nulle terre n'est plus favorisé du ciel que l'empire S. Amn., nulle n'offre au colon de pareilles perspectives, — 8,000,000 Quilomètres carrés coupés dans tous les sens (?!!) de rivières navigables, de fleuves les plus grands du monde!!!!

Beide Stellen sind nun zwar ganz unverschämter Unwahrheiten voll, oder besser, baare Lügen, wie aber der verlogenste Mensch unwillkür-

(übersetzt und commentirt im Jahre 1857 von Dr. Geffken, dem Nachfolger des Schwiegersohnes des Senhor Araujo in der Minister-Residentur Hamburgs in Berlin) angesehen werden darf, so können die über die Geistlichkeit Brasiliens darin ausgesprochenen Ansichten als

---

lich doch einmal die Wahrheit sagen muß, so spricht auch später Reybaud über die Nothwendigkeit deutscher Parceria-Leibeigner wie folgt: Sous peine de déchoir et de s'annihilir l'agriculture du Brésil doit récouvrir aux bras des travailleurs blancs, ne fût ce que pour remplir les vides que la suppression de la traite a faits dans les rangs des travailleurs noirs. Cette raison économique etc. etc. — Von einem französischen Ecrivain, der weder von Brasilien noch von Deutschland, am allerwenigsten von tropischer Arbeit und Colonisation einen Begriff hat, und sich den Kuckuk darum scheert, was einem oder allen Deutschen zusammen geschieht, wenn nur kein einiges Deutschland daraus wird, der aber in Paris recht gut 50000 Frcs. im Jahre gebrauchen, jedoch höchstens 6000 Frcs. bei den Debats verdienen kann, — finden wir es in der heutigen Preßmoral ganz natürlich, daß er sich 40,000 Frcs. für so ein Buch und einige Automaten-Artikel in den Debats bezahlen, und sich obenein an die Stelle, wo ihm das Gefühl für Recht und Ehre fehlt, ein Commandeurkreuz aufstecken läßt, das finden wir Alles zeitgemäß, was aber einen deutschen Geschäftsträger, Herrn Dr. Geffken, dazu bewogen, die Arbeit eines solchen bezahlten literarischen Automaten zu übersetzen, kommentiren und empfehlen, ist uns nicht recht erklärlich. Wohl nur als zufälliger Grund dürfte das erscheinen, daß Dr. Geffken's Vorgänger im Amte ebenfalls Hamburger (freilich nicht zugleich auch Oldenburger) Geschäftsträger war, und dem Translator so zu sagen sein Amt übermachte, daß der Schwiegervater dieses besagten Vorgänger der Veranlasser aller Parceria-Kontrakte ist. Keineswegs wohl wird das eine Rechtfertigung dafür sein, daß Herr Dr. Geffken erstens einer lügenhaften, die deutschen Regierungen und das deutsche Volk beleidigenden, deutsche Auswanderer ins Verderben führenden Schrift seine offizielle Autorität verleiht, und zweitens, daß er sich herausnimmt, über eine Sache, (die Kolonisation in Brasilien) zu sprechen, von der er eben so wenig zu der Zeit, als er jene Uebersetzung und seinen eigenen günstigen Commentar dazu schrieb, verstand, als sein Vorfahr Herr Rückert. Wenn wir den Aufschluß geben sollen, den der gesunde Menschenverstand und eine genaue Kenntniß der Verhältnisse giebt, so erklären wir jene Uebersetzung des Reybaud'schen Werkes offenbar als eine Vor- oder Nachexamen-Arbeit für die Befähigung des Herrn Dr. Geffken als Nachfolger Rückerts, die vermuthlich von dem Schwiegervater des Letzteren, de Araujo, ausgegeben und auf Herrn Rückerts Kosten (?!) aus Interesse für Brasilien gedruckt worden ist. Senhor de Araujo hat ja doch einmal das Parceria-System und dessen Gipfelung zu seinem Endziel gemacht, somit ist es denn wohl auch nur natürlich, wenn derartige Bundesgenossen wie H. Rückert und Dr. Geffken ihr Theil dazu beitragen. Da wir einmal den Klub der in Deutschland aktiven Parceria-Begünstiger berührt haben, so dürfen wir Herrn v. Liebe nicht vergessen, Herrn v. Liebe, den langjährigen Berather des Herrn Rückert und Senhor de Araujo. Alle drei theilten ja redlich die Bemühungen für den Fortgang der Operationen, die Verbindlichkeit für die Folgen der Engagements, für den Verlust und Schaden der Auswanderer, und Herr von Liebe hat nicht den kleinsten Theil für sich zu beanspruchen. Als Schwiegersohn des Herrn Nobiling, eines der Vorsitzenden des Berliner Central-Vereins für Auswanderungs-Angelegenheiten, und als besonders guter Freund des Herrn Dr. Gaebler, damaligen Admiralitäts-Raths und Vorsitzenden desselben Vereins, vermochte er nur zu gut, die ursprünglichen vernünftigen, der Auswanderung nach Brasilien abgeneigten Bestrebungen des citirten Vereins in unvortheilhafter Weise zu beein-

von Sr. Majestät dem Kaiser, dessen Privat-Gesinnung der Graf zu kennen Gelegenheit hatte, getheilt angesehen werden. Das Buch ist auch in anderen Beziehungen empfehlungswürdig, nur was die Kolonisationsfrage anlangt, etwas inconsequent gehalten.*)

Nur zwei bedeutende Verstöße gegen die Thatsache, die in diesem Werke enthalten sind, wollen wir hier registriren; der eine ist, „daß kein Land mehr *schiffbare* Flüsse habe als Brasilien;“ denn Brasilien hat deren wundersam wenige in geeigneten Himmelsstrichen. Die im Norden des Reichs von Rio an sind alle untauglich, entweder durch Wasserfälle oder durch die erdrückende Hitze, die die Bewohnung ihrer Uferlande durch ein *arbeitsames* Volk, es seien denn dereinst *Chinesen*, gänzlich unmöglich macht. Besagte Flußgebiete sind gegenwärtig nur ein Fluch für Brasilien, indem sich in denselben nur arbeitsscheues, gesetzloses Gesindel herumtreibt und sie zur Zufluchtsstätte von Räubern und Mördern macht.

Der andere Verstoß ist die Behauptung: „Der Portugiesische Colonist komme nach Brasilien mit dem festen Entschlusse dort zu bleiben.“ *Das Gegentheil ist die Wahrheit.*

Ehrend bleibt jedoch für das Gefühl des Grafen Baril de la Hure, daß er die rohe Aeußerung eines gewissen Dr. Lacerda Werneck Betreffs der Chinesen nachhaltig rügt. Werneck, ein deutschem Blute entsprossener Brasilianer und wegen seiner Begabtheit in einem der Ministerien angestellter Beamter, hat nämlich in einer Schrift (Ideas sobre Colonisacaõ 1855), — unter Aufsicht des Marquis d'Abrantes geschrieben und aus vielen gedruckten Circularen und consularischen Berichten ja selbst aus Privatbriefen des Verfassers vorliegender Brochüre an vorerwähnten Marquis und das Ministerium in pleno zusammengestoppelt, — behauptet: „*der Chinese ist kein Mensch, er ist eine Art Ungeheuer an Leib wie an Geist, er ist Dreck* (lama), *Staub, Nichts!*“ Wenn man bedenkt, daß die Regierung

---

flussen, und zum Nachtheil Deutschlands ist die Gesellschaft, welche nationalen Zwecken dienen sollte, noch vor der Nationalisation entnaturalisirt worden. Die brasil Regierung erkannte durch Orden die Verdienste des Dr. Gaebler und wohl, wie verlautet, auch des Herrn Dr. Geffken und noch *anderer* an.

*) Hierbei können wir die Bemerkung nicht unterdrücken, daß überhaupt wohl von keinem Franzosen, außer dem Major *Auguste Taunay*, Bruder des allgemein hochgeachteten Französischen General-Consuls *Theodor Taunay*, (mit dem Verfasser dieses seit 30 Jahren intim Freund ist und hunderte von Briefen über die Kolonisation ausgetauscht hat,) die Kolonisationsfrage richtig aufgefaßt und geschildert worden ist. Ein dritter dieser edlen Brüder war *Emile Taunay*, dem Brasilien eine große Schuld trägt, als einem der Erzieher des Kaisers und achtjährigem Direktor der Academia des Bellas Artes, die er zur Blüthe brachte, so weit es in Brasilien möglich war, der aber trotz dieser Verdienste durch einen rastlosen Intriganten und maßlosen Betrüger nach siebenjähriger Anfeindung in der nativistisch brasilianischen Presse seiner Stellung beraubt wurde. — *Emile Taunay*, der Märtyrer für Recht und Pflicht, starb bald darauf mit dem Ausdruck der Verachtung Brasiliens auf seinem Antlitz. Der Betrüger aber figurirt jetzt in Deutschland als General-Consul und bevollmächtigter Minister, nachdem er die Zeichenkunst und Malerei sammt der Poesie, so weit es auf Staatskosten möglich war, buchstäblich auf den Hund gebracht hatte, und bei seiner Abreise aus Rio gab ihm die brasilianische Presse selbst das Geleite als „Todtengräber jedes guten Gedankens“ (coveiro de todo o bom pensamento) und ein Associé eines brasilianischen Vice-Consuls in Preußen, der ihn viele Jahre in Rio beobachtet hatte, sagte bei des Bewußten Ankunft in Deutschland zur Erläuterung einer so auffallenden Sendung von dort: „*man schickt ihn eben, um einen unbequemen Wicht weniger im Lande zu haben.*“

damals noch nicht prinzipiell gegen uns war, so läßt sich wohl erklären, daß sie gern die Gelegenheit wahrnahm, in unsern Ansichten die ihrigen auszusprechen. Wenn aber Werneck ohne jedes Citat unseres Namens die Früchte unserer 20jährigen mühselig erlangten und mit schweren Kosten zum Gemeingut gemachten Erfahrung sich ohne weiteres zueignet und sie, wenn auch mit einigen übelangebrachten, stümperhaften Modificationen, als die seinen wiedergiebt, die Regierung dies jedoch zuläßt, so muß obige Definition eines unverschämten Plagiators mehr als überraschend werden. Zur Erklärung jener inhumanen, officiösen Behauptung deuten wir nur kurz auf die Berichte eines anderen Brasilianischen Doctor hin, welcher in seinen im Auftrage der Regierung zusammengestellten Reiseberichten über Matto grasso und den oberen Paraguay, von den Indianern als „Bipedes" spricht, („die durch gezwungene Arbeit aufgerieben werden müßten, da sie doch nicht civilisirbar wären").

Inwiefern vorstehende Behauptungen begründet sind, davon können am besten folgende Herren Zeugniß geben: Zuerst Marquis d'Abrantes, der jetzige Minister des Auswärtigen, von dem wir 40 Privatbriefe, meist über Colonisationsdinge besitzen: der gegenwärtige Colonisations-Minister de Sinimbu, der uns im Jahre 1856 betreffs der Colonisation in seinen Amtsberichten als erste Autorität anerkannt hat; der Chevalier Sergio de Macedo und der Visconde do Uruguay, von denen wir ebenfalls briefliche Anerkennungen in diesem Sinne aufweisen können, dann die Herren Senatoren Visconde de Jequitinonha und Ferraz da Silva, so und so viel Deputirte, besonders aber und ausdrücklich der Staatsrath Martiniano de Mello und Dr. Ernesto Ferreira França. Mit dem Vater des letzteren, einem hochachtbaren Onkel, Cornelio França, Präsident des Obertribunals, und deren ehrwürdigen Vater, dem Großvater des Dr. França, habe ich schon 9 Jahre nach meiner Ankunft in Brasilien, als diese alle gleichzeitig in der Deputirtenkammer von 1832, welche mich in Anbetracht meiner Leistungen für den Staat zum Brasilianischen Bürger ernannte, saßen, gemeinsam für die Unterdrückung des Sklavenhandels gewirkt. Zur richtigen Ansicht über meine Stellung in der Geschichte Brasiliens, aus der mich eine langjährige Verschwörung Brasilianischer Staatsbeamten, die mich allerdings um Arbeit und Brod brachten, nicht verdrängen konnte, will ich mir bei dieser Gelegenheit erlauben, einige Notizen zu geben.

Trotz der unverständigen Citation der beispiellos verschmitzten Regulirung der beregten Frage mit Parceria-Kontrakten durch den Marquis de Olinda (s. vorher), kommt Comte de la Hure endlich zu folgendem, wörtlich angegebenen Schlusse, der hoffentlich Monsieur Reybaud und alle lügnerischen Lobpreiser dieses gewissenlosen und geldgierigen Lobhudlers der Kaffebarone und des Parceria-Systems endlich zum Schweigen bringen wird. „Unter dem Parceria-System verstehen wir etwa das: Kommt ein Kolonisten-Schiff an, so wird bekannt gemacht, daß die, welche Arbeiter engagiren wollen, sich einstellen, um sich unter den Kolonisten welche auszusuchen und um sie zu handeln Die großen Eigenthümer engagiren die Ankömmlinge, zahlen ihre Passagekosten entweder an die Regierung (de la Hure meint wahrscheinlich die saubere General-Colonisationsgesellschaft, welche von der Regierung als Colonisteneinfängerin für die Potentaten verwandt wird), oder direct an den Capitain, und machen sich dann selbst wieder bezahlt aus der Arbeit und den Producten der Kolonisten. Jedem von diesen weisen sie eine Strecke Landes oder eine gewisse Zahl Kaffeebäume an, die der Mann zu unterhalten hat, und theilen die Ernte mit ihm nach den Stipulationen, welche sie dazu aufstellen. Nun leuchtet aber wohl ein, daß der Colonist, dem alle Transportmittel mangeln, dem alle Handelsgebräuche unbekannt sind, seinen Erntetheil zu jedem Preise verkaufen muß, den man ihm anbietet, und daß schließlich der Grundeigenthümer eben doch den ganzen Gewinn seiner Arbeit einsteckt So lange nun der Arbeiter auch nur noch das

Mindeste für seine Passage oder sonstige Vorschüsse schuldet, ist er geradezu der Sclave des Grundbesitzers.“ — Weiter sagt der Verfasser über dieses verruchte System nichts. Er schweigt über den schlimmsten Theil desselben: die solidarische Haft und über die Gewaltthätigkeiten, welche sich brutale Fazendeiros gegen die ihnen so überlieferten Deutschen erlauben, unbehindert von einer schwachen Regierung, die die Auswanderer durch ihrer eigenen Gesandten in Deutschland betrügen und knebeln ließ. Leider scheint de la Hure durch die Stellung seiner Subscribenten, unter welchen gar manche Grundbesitzer sind, doch etwas befangen gewesen zu sein, sonst hätte er wohl noch hinzugefügt, daß 14 Jahre nach dem rücksichtslosesten Mißbrauche der armen Colonisten, und nachdem viele derselben aus Kummer, Noth, ja aus Wuth über ihre erniedrigende Lage erlegen waren, endlich einige wenige Brasilianische Richter zu Gewissen gekommen sind, und alle Parceria-Contracte für eben so betrügerisch, als den freien Menschen entehrend erklärt haben.“

Hiermit sei über das Parceria-System das letzte Wort gesprochen.

Um das Groteske der Subscription Seitens der Regierung und der Matadore des Reichs bei den Ansichten des Grafen über Colonisation zu zeigen, geben wir folgende Passus wörtlich wieder: Brasilien wird sich in seiner Entwickelung, was Institutionen, Ideen, Aspirationen, mit einem Worte, was die ganze Gemeinsamkeit namentlich die der romanischen Völker anlangt, ungleich besser auf Frankreich stützen, als auf die slavischen, germanischen und anglo-saxonischen Völker, bei denen ein Geist des individuellen und nationalen Egoismus vorherrschend ist, der ihre Verschmelzung mit dem Brasilianer erschwert, ihnen ein ewiges Unterscheidungsmerkmal (marque) und ein abstoßendes Wesen (hauteur) aufdrückt, das sie verblendet und ihnen alles Unterscheidungsvermögen über den Gesichtskreis ihres Stolzes und ihrer nationalen sowohl als individuellen Eigenliebe hinaus benimmt.

„Es ist unerläßlich, die Colonisten Reglements zu unterwerfen, die Bedingungen ihrer Niederlassungen genau zu bestimmen, sie durch Contracte zu zwingen (les obliger), sich der Urbarmachung und dem Bodenbau zu widmen, und sie nicht ohne wohl begründete Motive von den ihnen angewiesenen Orten, erst nach völliger Abtragung der Schulden, hinweggehen zu lassen. Die Europäer nämlich (der Verfasser kann nur Deutsche meinen) sind von Hause aus an eine Reihe von Gesetzen und Vorschriften, die Alles voraussehen und vorausbestimmen, gewöhnt. Fehlt ihnen diese Organisation, so brechen sie bei der ungewohnten Freiheit, die sie in Brasilien finden, nur zu leicht ihre Contracte, um sich anderwärts unschwer einen bessern Erwerb zu sichern. Die Vorschriften, welchen die Chinesen in ihrer Heimath unterworfen sind, sind noch minutiöser als die der Europäer. Die Einen wie die Anderen werden sich daher leicht Regulationen unterwerfen, welche zur Förderung der höchsten Prosperität und der größten Entwickelung des (Brasilianischen!) Gemeinwohls nothwendig sind. — Der heiße Wunsch der Brasilianer ist der, ein Reich von romanischer Race anfzubauen; es sind ihnen daher auch die portugiesischen, spanischen, italienischen und französischen Einwanderer herzlich willkommen, und werden dieselben hochgeschätzt. Diese Bevorzugung fußt in der Gemeinsamkeit des Ursprungs und der Religion. Mit den Deutschen dagegen sympathisirt man weit weniger; man findet, daß sie zu fest an ihrer Sprache, an ihren Sitten und Gebräuchen halten, die denen der Brasilianer geradezu entgegen stehen. — Sie scheinen einen Staat im Staate bilden zu wollen, und die Religionsverschiedenheit trägt viel dazu bei, daß die Brasilianer sich fern halten. Die tolerantesten Brasilianer können sich nicht verhehlen, daß die Einführung eines andern Glaubens, als der Staatskirche, unter einem Volke, das besondes in seinen untersten Classen katholisch ist, den Keim zu der bedenklichsten innern Zwietracht legen muß, um so mehr als für die nationale Stärke, Einheit der Religion ein unumgängliches Bedürfniß ist. —

Hier haben wir also die Brasilianische, staatsmännische, kirchliche, absolutistische, Negerbaronen und Landpotentatliche und afterdiplomatische Ansicht über die Einwanderung und Regeneration Brasiliens mit seinen 4 Millionen Sklaven, und kaum 700,000 Weißen.

Es ist heute noch dasselbe Hirngespinnst, das bereits 14 Jahre lang, seit der Zeit der ersten Parceria-Contracte, wie ein rother, allmählig zum Stricke gewordener Faden, durch alle Privat-Briefe brasilianischer Staatsmänner, (wie sie Schreiber dieses in großer Zahl besitzt,) und durch die ganze kurzsichtige, unehrliche und verschmitzte, zugleich selbstmörderische Gesetzgebung und Werbe-Diplomatie Brasiliens geht.

Handelspolitische Bedeutung einer deutschen Auswanderung im nationalen Sinne.

Wir kommen scheinbar auf ein neues Feld, welches die Auswanderung bietet, es ist dies ihre handelspolitische Bedeutung. Wir haben zwar Volks- und Staatswirthschafter in Hülle und Fülle, so daß wir also nicht annehmen dürfen, daß der Begriff „Handelspolitik" noch eine Definition nothwendig machen würde, — aber es fehlt uns Etwas von ungeheurer Bedeutung für die wirkliche Conception des Wortes, das ist die Praxis. Wir haben zwar einen Handel, vielleicht auch einen nicht unbedeutenden Handel, den wir auf Rechnung der großartigen Produktion im Binnenlande schreiben müssen, aber noch keine Handelspolitik. Unsere Kaufleute und Gewerbetreibende, Fabrikanten und Handwerker betreiben wohl einen Waarenverkehr, der auch im Auslande nicht ohne Geltung bleibt, aber die daraus entspringenden Vortheile sind mehr oder weniger individuell, mehr oder weniger beschränkt durch territoriale Konjunkturen. Das Alles ist nicht Handelspolitik. Es ist nicht Handelspolitik, seine Waaren zu verfrachten, sein Geld zu nehmen und dann die Hände in den Schooß legen. — Es ist nicht handelspolitisch gehandelt, wenn wir uns alljährlich diejenigen nutzlos fortführen lassen, auf deren Schultern England einen Pfeiler seines Weltstaats aufbaut; wenn wir den Hanseaten, die unsern Kredit nur verkümmern, die unsere Kräfte nur zersplittern, die unsern freien Aufschwung nach Außen nur lähmen, auch noch sogar die Transportkosten der Emigranten zugestehen.

Im Folgenden die handelspolitische Bedeutung einer deutschen Auswanderung im nationalen Sinne, wie wir sie verstehen:

Wenn wir von aktiver Handelspolitik sprechen, so, sagten wir in unserer im Juni d. J. erschienenen Schrift: „Der Fischfang auf hoher See" (Berlin, bei H. Kastner), verstehen wir darunter nicht etwa das, was deutsche Theoretiker darüber sagen, in deren Definition der Begriff zu einem Zwerggefecht von schutzzöllnerisch oder liberal geordneten Tarifen, aufgehobenen Zunftsperren, beseitigten innern Zollschranken, mit Caprice zugelassenen Versicherungscompagnien und Banken und eben so gegebenen oder verweigerten Patenten zusammengeschrumpft ist. Wir verstehen unter Handelspolitik das, was andere Völker darunter verstehen, mit denen sich unser Handelskörper in der Zahl gewerbfleißiger und intelligenter Bürger messen kann, wir verstehen darunter Analoges, als wenn z. B. die Königin von England in ihrer Thronrede die kühne Zuversicht ausspricht, bald werde von Newfoundland bis nach Vancouversland Ein englisches Volk, treu an Krone und Konstitution festhaltend, das Land bevölkern, oder wenn Frankreich Nord-Afrika, Madagaskar, China und Cochin-China ins Auge faßt, oder wenn Rußland, das den Kaukasus kaum verdaut hat, sich bis an die Amur-Mündung festsetzt.

In diesem Sinne fassen wir das Wort „Handelspolitik"; da hat es doch einen Inhalt.

Handelspolitik ist die Wissenschaft, die das staatlich anwenden und benutzen lehrt, was der wirkliche Handel dem Individuum schon unwillkürlich zuführt.

Zur praktischen Auffassung ein Beispiel. Der Handel bringt die Berührung mit andern Völkern, andern Ländern, andern Gewässern, andern Kulturen, andern Klimaten, kurz mit andern Elementen mit sich. Aus diesem Appendix wirklichen Handels lernt der Händler, sei es Geographie, sei es Topographie, Sprachen, Sitten und fremde Bedürfnisse. — Er schärft sich das Auge und sieht schnell, was er haben muß, um dem Abnehmer zu genügen und mit andern Händlern konkurriren zu können, was er aus der Fremde mitbringen muß, um wiederum sich in der Heimath einen Markt zu eröffnen. Er geht kommerziell-wohlthätige Verbindungen ein und gewinnt an Einfluß und Absatzquellen hier und dort. Das ungefähr ist individuelle Handelspolitik. Dabei darf es aber für den Staat nicht bleiben, und Handelspolitik bezeichnet auch eigentlich nur denjenigen Theil der Staatskunde, welchen der Handel als eine Thätigkeit der Nation, des Volkes, des Staats, zum Besten der Gesammtheit zu nützen versteht. Bis jetzt haben nur Wenige wirklichen Handel betrieben, und hat also auch nur eine kleine Zahl wirklichen Vortheil davon gehabt. Diese einzelnen sind den Andern überlegen geworden, und daher ja auch die ewige Dreitheilung unsrer stimmgebenden Staatsglieder. Die großen Landbesitzer haben nur immer und immer von ihrer Wolle gezogen, wie vor hundert und aberhundert von Jahren, den Bauer beengt und so diesen zu ihrem natürlichen Widersacher gemacht. Der Handelsstand, natürlich meinen wir nur jene eximirte kleine Zahl, hat in dem Handel (besonders dem zur See) und bei der dadurch neu bedingten Staatsära, ein Aequivalent gegen Beide erlangt. Es ist ja gar nicht anders möglich, daß wir aus konstitutionellem Formwesen heraus und in die konstitutionelle Materie hinein kommen, wenn dem großen Ganzen von den Vertretern des Staats nicht dasjenige verschafft wird, was andern Nationen verschafft wurde, und wodurch die schroffen Parteien, durch gemeinsame Interessen verbunden, ihre gegenseitige und selbst gegen die Regierung gerichtete Offensive aufgeben müssen. Dieser nationale Mittler aber ist Handelspolitik.

Warum stimmen in England Ober- und Unterhaus meist so überraschend zusammen? — Offenbar deßhalb, weil ihre Interessen dieselben sind und sich einigen in einer vernünftigen, fortschrittsgemäßen Bahn staatlicher Entwickelung.

Man wird uns vielleicht einwerfen: Schafft nur erst einen Handel, eine Flotte — das Uebrige findet sich dann! Der Einwurf ist denkbar, aber nicht gerechtfertigt. Die Griechen*) lehren uns das am

---

*) Schon Gervinus äußert sich in seiner Geschichte der Griechen über die Grundidee der Colonisation mit uns übereinstimmend, in dem folgenden kurzen Kapitel, das wir um so lieber hier wiedergeben, als manche in demselben auf deutsche Colonisation, wie sie längst hätte sein sollen, anwendbare und auch andere für Deutschland zu beherzigende Bemerkungen enthalten sind.

Die Griechen als Auswanderer und Colonisatoren.

(Sowie aus der folgenden Charakterisirung des Griechenvolkes die Gemeinsamkeit mancher Züge zwischen ihm und dem deutschen Volke hervortreten, dürfte gerade jetzt für Deutschland Vieles von den Griechen in Beziehung auf Niederlassungen in neuen Ländern zu lernen sein, und vorzüglich der Punkt, daß sich die Griechen nie in einem Hinterlande sondern stets nur auf den Küsten niederließen.)

„Ueber weite Küstensäume verbreitet, waren die Hellenen eine dünne Menschenkrumme überall auf barbarischem Untergrund oberflächlich gelagert.

Bei jedem Anwachs ihrer Volkszahl trieb es sie, dies Verhältniß

Besten. Fischerei auf hoher See und eine nationale Leitung und Benützung der deutschen Auswanderung, das sind die Hebel der anscheinend unbesiegbaren Hindernisse.

---

zu erneuern: leichte Haufen Auswanderer bis Spanien und Kolchis über alle Meere zu senden und an allen Küsten auf neue Barbarenstämme aufzuimpfen. Mit den Makedonern haben sie sich über Myriaden von Geviertmeilen zerstreut und den verschiedensten Völkerstämmen eine neue Rinde gebildet, in den entlegensten Erdregionen unvergängliche Spuren ihres Daseins hinterlassen.

Nicht durch die Macht oder Reinheit der physischen Race sondern nur durch die Kraft des Geistes. Zu allen Zeiten war dieses Volk wie ein rein geistiges Element, wie die bewegende Seele in die physische Völkermassen geworfen. So ist es bis auf den heutigen Tag geblieben. An der syrischen Küste angesiedelt, haben sie die Maroniten mit dem Meere in Verbindung gesetzt, reichen sich von da aus bis Damask und Stambul von Stadt zu Stadt die Hände in einer einzigen Linie, sitzen an allen Küsten-Orten niedergelassen und haben, kaum daß das schwarze Meer geöffnet war, Odessa und Taganrog wie zu ihren eigenen Colonien gemacht. Sie sind die treibende Kraft in dem weiten türkischen Reiche gewesen und sind es noch, wie es die Hellenen im persischen Asien waren. Sie sind es selbst bis über das weite Russenreich hin, dem sie Glauben, Cultur, Kirchenmusik und Baukunst gegeben haben, so daß man in einem geistigen Sinne von der Gräcisirung der Slaven gesprochen hat, wie Fallmerayer im physikalischen Sinne von der Slavisirung der Griechen. In der Türkei sind sie die einzigen Baumeister, Ingenieure, Maler und Steinhauer. Wo der Handel, die Gewerbe, die Kenntnisse zur Blüthe gelangt sind, ist es durch Griechen geschehen. In Albanien haben sie die Geistlichen, Aerzte, Agenten und Inspektoren, über die ganze Türkei hin als Dollmetscher ein großes Netz gezogen, das ihnen alle Geschäfte, alle Fäden der Volksbewegungen wie der Regierungsränke in die Hände giebt. Selbst den Nationalsinn der anderen christlichen Stämme müssen sie anregen; wo der Hellenismus wirkte, waren sich die Bulgaren lebhafter ihrer selbst bewußt. Sie hatten selber fast keine Vaterlandsliebe, aber ihre besten Patrioten waren unter den Philhellenen. Nicht allein haben sie eine unerschütterliche Zähigkeit im Widerstande gegen fremde Nationalitäten bewiesen, gegen die Venetier, Osmanen, Franzosen und Catalanen, Slaven, wie vormals gegen die Römer und Germanen.

Sie haben selbst die geistige Kraft bewährt, fremde Nationalität zu absorbiren. Ihre Sprache hat im Mittelalter die slavische, hat in den griechischen Districten das Türkische in dem Munde der Türken selbst, das Albanesische überwunden, und die albanesische Bevölkerung, so weit sie der griechische Staat jetzt umspannt, ist im Begriffe ganz assimilirt zu werden, wie bei näherer Berührung auch der slavische würde aufgesogen werden. „Denn in diesen körperlich kräftigen Stämmen fehlt mit dem einigenden Geiste, mit der lebendig wirkenden Idee, die in den Griechen operirt, ein zusammenfassender Mittelpunkt nationaler Thätigkeit."

„Und doch war selten ein Volkscharacter so tief versunken wie der byzantinische, und dies nicht erst unter der Herrschaft der Osmanen. Die griechische Welt war schon seit der Unterwerfung unter Rom in sich selber erstorben, doch ein Funke der Selbsterkenntniß, der nach 2000 Jahren der Sclaverei in der höchst bildbaren Materie verblieben war, rettete die Griechen!

Der Gedanke der politischen Wiedergeburt des Vaterlandes war es, der diesen elektrischen Funken in die losen Kräfte und Elemente schlug, der sie plötzlich zusammenband. Die kühnen Seefahrer der griechischen Kauffahrtei-Marine

Wir müssen unsern Handel durch unsere Auswanderer heben und uns durch diese einen ganz neuen nationalen Handelsverkehr schaffen.

Ohne den bedächtigen Deutschen Diplomaten vorgreifen zu wollen, mögen im Nachstehenden einige Winke dafür folgen.

Nachdem wir durch garantirt guten Transport, approbirte Kenntniß des vorgeschlagenen Landes, Sicherung der neuen Verhältnisse nach jeder Richtung hin, uns überhaupt das Vertrauen der Auswanderer verschafft, (denn aus leicht begreiflichen und anderswo in unserer Broschüre vermerkten Gründen besitzen wir dieselben noch nicht) ist es die Hauptsache, große Massen auf einen Punkt hin zu concentriren, wo dieselben Deutsch, d. h. neben ihren auch unseren Interessen treu bleiben, und in richtiger Erkenntniß der neuen Lage der Dinge ihren Vortheil in dem des Vaterlandes suchen und finden. Dann ist es durchaus nöthig, sie nicht tief in ein Land hineinsiedeln zu lassen, sondern sie nach einer Küste hinzulenken, die gute Häfen und Flußschifffahrts-Verbindung mit einem großen Binnenmarkt bietet.

Die Vortheile, die eine solche Auswanderung bietet, sind folgende.

Wenn unsere Auswanderer Deutsch bleiben, werden sie am liebsten heimische Produkte, die sie kennen und gewöhnt sind, beziehen, zumal wenn ihnen die bequeme Gelegenheit dazu geboten ist. Sie werden unserer Industrie außerdem aber noch eine Absatzquelle auf den ihnen zugänglichen Binnenmärkten verschaffen. Sie werden uns eine stete Rhederei sichern, die doch eine Hauptbedingung zu jeder nationalen Handelsflotte ist. Sie werden uns einen Rückfluß des Kapitals gewähren, durch Geldsendungen an ihre heimischen Angehörigen, um diesen eine bessere Existenz zu ermöglichen oder sie ihnen in das neue Land nachzurufen. Sie werden endlich uns billigeren Import fremder Artikel bewirken, die wir bisher zum doppelten, dreifachen Werth fremden Nationen entnehmen mußten

Abgesehen von dem materiellen Nutzen, muß uns ferner ein weit höherer intellektueller aus der Auswanderung im nationalen Sinne erwachsen.

Unter neuen Verhältnissen, neuen Einrichtungen, neuen Anforderungen kommen auch neue Ideen. Diese werden aber dann, wie sie z. B. Nordamerika die riesenhafte Ausbildung der Vereinigten Staaten unleugbar förderten, in's Vaterland zurückströmen und diesem zu Gute kommen.

Für Staatswissenschafter, Volksmänner, Gelehrte aller Gattung und Kaufleute aber wird sich in dem „neuen Deutschland" eine Schule bilden, die, trefflicher als alle collegia und Akademien, die zu Fleisch und Blut gewordene Weisheit den jungen Herren aus Schloß, Comptoir und Studierzimmer einimpfen dürfte. Als größte aber und nachhaltigste aller Folgen ist offenbar die zu betrachten, daß das Deutsche Reich, sei es ein innig zusammengefügter Staatencomplex, sei es ein unter einer Krone stehendes Land, in seinen Gliedern drüben eine

---

fragten sich jedesmal bei ihrer Heimkehr mit Beschämung, warum sie, Könige auf ihren Schiffen, zu Hause wieder Sclaven sein sollten? und man hörte die Kapitaine die Themistocleischen Worte sagen: „wir werden ein Land und Vaterland haben, sobald wir im Besitze von 200 gerüsteten Schiffen sind." (Will es doch fast scheinen, als fürchteten manche kleine Fürsten eine ähnliche Rückwirkung zu Gunsten eines gemeinsamen deutschen Vaterlandes von einer deutschen Flotte.) Das Schriftthum warf die trockene Scholastik, das Formenwesen, den Stylleifer bei Seite und behandelte die practischen Gegenstände der Politik und Geschichte. In einem rohen Volke, wo der kleinlichste Haß und Neid Dorf von Dorf und Thal von Thal abtrennte, war die Vaterlandsliebe eines höhern Styles, neu wie sie erwacht war, von der größten Wichtigkeit. Mit der allgemeinen Begeisterungswallung war ein Großes gewonnen."

Kette erlangt, die es auch in der Heimath zusammenbindet, endlich wohl gar ein sociales Gleichgebilde und zu gleicher Zeit ein politisches Propugnaculum, das ihm, wie Australien England, diejenige Macht verschafft, die es braucht, um nach fünfzig oder hundert Jahren noch eine Rolle in dem Concert der Großmächte der Erde zu spielen.

Unsere Auswanderer müssen unsern Schätzen das Gepräge geben, welches sie zur gültigen Münze umwandelt, mit der man sich Bedeutung, Macht und Gut erkauft. —

Napoleon hat uns schon den überaus nothwendigen Handelsvertrag aufgezwungen, er wird uns auch bald noch Freihandel beibringen, — wollen wir uns denn durchaus das ganze A-B-C der Handelspolitik von ihm einbuchstabiren lassen, von einem Lehrer, dessen Lehrgeld, weiß Gott! nicht billig ist?

Wollen wir etwa warten, bis Napoleon in besserer Erkenntniß unseres nationalen Hinausweh's und wirklicher Benutzung unserer Auswanderer zu seinen Zwecken in Algier, oder sonst wo, als Zuaven-Garden und Militair-Colonisten — uns auch noch das Z der Handelspolitik eintrichtert?

Eine Statistik der deutschen Auswanderung.

Um nicht weiter zurückzugehen, wollen wir von William Penn mit der Statistik der deutschen Auswanderung beginnen, zu dessen Zeit eine neue und mächtige Anziehungskraft Nordamerika's auf deutsche Emigranten sich kund that. Im Jahre 1684 erwarb schon eine Frankfurter Gesellschaft an den Ufern des Delaware eine Strecke von 5350 Acker und bevölkerte dieselbe. 1710 zählte man in Pennsylvanien 4000 Deutsche von der Secte der Mennoniten. 1709 gingen auf ein Versprechen der englischen Königin Anna, in Nordamerika Land und freie deutsche Institutionen zu erhalten, 32,000 Deutsche nach London. Die Regierung sträubte sich aber gegen eine so massenhafte deutsche Colonisation, und so wurden schließlich 2000 Mann nach den Minen von Sunderland geschickt, 7000 Mann nach Deutschland zurückgebracht, der Rest aber, eine Zahl von 9—10,000 nach Nordamerika auf die neuen Colonien geschickt. 1728, 29, 37, 41, 50 und 51 machte sich bereits die Seelenverkäuferei Seitens der deutschen Regierungen und ganz besonders der kurhessischen in Deutschland empfindlich geltend. 1741 gingen Herrnhuter nach Farwest und gründeten mitten unter den Indianern ihre Orte. Von der Mitte des 18. Jahrhunderts währte die deutsche Emigration bis heute ohne Unterbrechung. Die Lutherischen gingen gewöhnlich nach Pennsylvanien, die Reformirten nach Newyork, die Katholiken nach Baltimore und Maryland. 1742 existirten in Philadelphia 4 deutsche Kirchen neben 6 englischen, und von 200,000 Pennsylvaniern galt etwa die Hälfte als deutsch. Offiziell-statistische Berichte aus jener Zeit fehlen; man weiß aber, daß im Hafen von Philadelphia von 1749—52 6500 deutsche Emigranten, und 1759 etwa 22,000 ausgeschifft worden sind. 1772—76 kamen etwa 20—24 Fahrzeuge pro Jahr mit deutschen Auswanderern beladen, in jedem amerikanischen Hafen an. 1770 und 71 war die Zahl nicht minder groß. 1815, besonders 1817, begann die Auswanderung wieder, nachdem sie vom Jahre 1777 ab wegen des amerikanischen Freiheitskrieges in's Stocken gerathen war. Nach den vorhandenen Documenten betrug die deutsche Auswanderung die Jahre 1820—25 6000 Mann, und von 1826—30 3000 Mann. Ihre Bewegung nahm dann folgende Proportionen an:

1831:	8,600.	1842:	28,000.	1851:	112,547.
1833:	20,000.	1843:	24,000.	1852:	162,301.
1834:	31,000.	1844:	46,000.	1853:	157,180.
1836:	34,000.	1845:	74,000.	1854:	251,931.
1837:	33,000.	1846:	94,581.	1855:	81,698.

1838:	20,000.	1847:	109,531.	1856:	98,573.
1839:	28,000.	1848:	81,895.	1857:	115,976.
1840:	27,000.	1849:	89,102.	1858:	53,266.
1841:	20,000.	1850:	82,404.	1859:	45,100.

1860: 49,669. 1861: 35,427. (Mit Ausschluß der deutschen Auswanderung via Havre in den letzten 4 Jahren.)

Nach Gaebler's Statistik der deutschen Auswanderung verlor Deutschland von 1819—59 durch, wie es der Franzose in Bezug auf uns recht passend ausdrückt, expatriation (d. h. Entfremdung dem Vaterlande), 1,799.853 Menschen, oder 40 Jahre lang 47,365 pro Jahr!

Wir bedauern, bei den besten offiziellen und andern Quellen nicht im Stande zu sein, eine vollkommene Deutsche Auswanderungsstatistik zu geben, die als integrirender Theil der Handelsstatistik neben der Ein- und Ausfuhr der Sachen auch die der Personen mit zur Ziffer bringt. Eine vollkommene Handels- und somit auch Auswanderungsstatistik definirt nicht bloß die Bewegung der Sachen, sondern drückt auch die Bewegung der Personen zu den Sachen aus. Nach den offiziellen Mittheilungen des Königl. statistischen Büreaus hier wandern aus Deutschland im Durchschnitt jährlich 47,365 Menschen aus, und wenn wir bedenken, daß der Ueberschuß der Geborenen über die Gestorbenen ungleich beträchtlicher ist, als der Abzug durch die auf legalem Wege erfolgten Auswanderungen, die Einwanderungen noch nicht einmal eingerechnet, so werden wir wohl nicht daran denken, die Auswanderung an und für sich für einen uns ruinirenden Abzug noch zu benutzenden Menschenkapitals zu halten. Freilich kommt nur eben bei dieser Verminderung auch nichts heraus, — es ist, als wenn sich ein Mensch eine Ader schlagen läßt, während ihn Schröpfköpfe heilen würden. Die durch natürlichen Prozeß und auf gesetzmäßigem Wege erfolgte Emigration ist etwas rein Willkürliches, dem aber unser Verstand, unsere volkswirthschaftliche Einsicht, unser staatliches Dispositionsvermögen eine vernünftige Seite abgewinnen muß. G. R. Dr. Engel schließt ganz richtig, nicht weil, sondern obgleich der Preuß. Staat z. B. so manche seiner besten Bürger durch Auswanderungen verliert und verloren hat, wandelt derselbe mit fördernden Schritten auf der Bahn zum sicheren Ziele eines immer wachsenden sittlichen, geistigen und physischen Wohlstandes. Man höre aber wohl, Herr G. R. Dr. Engel hebt ausdrücklich hervor „beste Bürger". Wie viel solche „beste Bürger" sind wohl unter den Auswandernden? Und darf von jährlich 47,365 Auswanderern derselbe freiwillige und selbstverständliche Nutzen erwartet werden, wie von jenen Besten? Wir bezweifeln das sehr. Da wir aber eingekeilt sind zwischen zwei gewaltige Nationen, die immer mehr und mehr aufgehen, zwischen den Franzosen mit ihrem Freihandelssystem und den so sehr entwickelungsfähigen Russen, so müssen wir, um nicht einzugehen, unsere Kräfte zusammenhalten. Deutschland ist zwar freilich noch heute numerisch stark, aber der Ziffer fehlt der Begriff, den Zahlen die bindende Idee. Wir wissen recht gut, daß dies auf Rechnung unseres eigenthümlichen social-philosophisch-politischen Bildungsstandes zu schreiben ist, aber dabei müssen wir eben ein staatliches Surrogat haben gegenüber England und Frankreich mit ihren Colonien, Nordamerika mit seinem Zeit und Capital erobernden Yankeethum und endlich Rußland unter seinem weisen Monarchen und mit der jungen, gewaltigen, strebenden Nationsseele.

Das bewußte Surrogat ist so einfach, so nahe liegend, daß wir, um nicht die deutschen Staatsmänner zu beleidigen, vornherein von ihnen annehmen müssen, daß sie es kennen; dann aber fragen wir, warum handelt ihr nicht? Hannibal ante portas!

Jährlich ziehen durchschnittlich 47,365 Menschen und mit ihnen ein Kapital von wenigstens 24,927,500 Thlr. aus dem Lande (und es zogen schon 250,000 im Jahre ab, und werden zu Zeiten auch wieder abziehen) der Mann im Durchschnitt zu 1000 Thlr., die Hälfte der Auswanderung als 1000 Thlr. pro Kopf werth, und den Rest der

Summe auf Baarausfuhr pro Mann mit 25 Thlr. gerechnet — sicher eine billige Annahme!)

Was haben wir von diesem Abzug an Kapital gehabt? Nichts, noch mehr als Nichts, d. h. ein minus, einen Schaden, und zwar einen doppelten Schaden, erstens bestehend in dem Mißkredit, in den Deutschland durch seine verlassenen und darum bald von der neuen Heimath assimilirten Emigranten gekommen, zweitens darin zu suchen, daß wir uns eben in unserer Auswanderung das haben entgehen lassen, was z. B. England in Australien und Kanada, Frankreich in Algier und Rußland am Amur und im Kaukasus zu gewinnen wußte.

In den Jahren von 1819—1856 verloren wir 1,799,853 Menschen und mit ihnen eine Summe von 947,673,300 Thlr, welche zum mäßigsten Procentsatz (4 pCt.) verzinst in den letzten Jahren 37,906,932 Thaler gebracht hätten. Dem jährlich verlorenen Menschenkapital jedoch läßt sich nach dem Maßstab ihrer Erhaltungskosten in Gefängnissen (pro Jahr 80 Thlr.) und zu Folge Herrn Dr. Faucher's Annahme, daß der Mensch gerade so viel Kapital vorstellt, als im Jahre zu 5 pCt. seine Existenz ermöglicht (also bei 50 Thlr. Erhaltungskosten ein Kapital von 1000 Thlr.), somit zu den 5 pCt. allein eine jährliche Procentsumme von 2,368,250 Thlr. zu substituiren wäre, also auf 37 Jahre allein ein Betrag von 87,625,250 Thlr.

Letztere Summe ging unserem Kapital unter allen Umständen ab, wie sie den Konsum der betreffenden Menschen und somit ihren Werth für den Staat bezeichnet; außerdem aber verloren wir auch die Steuer.

England und Frankreich haben es anders gemacht; das Resultat davon ist, daß England z. B. von seinen Kolonien in Australien allein an 100 Millionen Thaler jährlich Umsatz hat.

Es ist überflüssig mehr zu sagen; durch nationale Leitung einer freien Auswanderung nach unserm Vorschlag, durch den Handelsverkehr mit dem präpointirten „Neudeutschland" würde fortan jeder Auswanderer, der bisher immer ein negativer Besitz für das Vaterland war, wegen der eigenen neuen Menschwerdung und Entfaltung, nicht nur den unwillkürlichen Werth von 1000 Thlr. pro Kopf für Deutschland behalten, sondern ihn sogar wegen erhöhter Production und Consumtion vervier- und verfünffachen. —

Das Anwachsen der Bevölkerung in Preußen von 1816 bis 1858.

Je 1000 Personen hatten sich vermehrt

vom December 1816	bis zum December 1822.	bis zum December 1831.	bis zum December 1840.	bis zum December 1849.	bis zum December 1858.
1000	1130	1263	1447	1579	1702*)

Die Bevölkerung Frankreichs ist von 27,349,013, incl. 668,879 der annexirten italienischen Depart., auf 37,421,750 = 34 pCt., und die Englands von 21,272,187 — bei einer Auswanderung von 5 Millionen — auf 29,334,788, oder 38 pCt. gestiegen.

*) 70,2 Procent auf 42 Jahre.

Auswanderung aus Deutschland.

Jahre.	Nach Roscher's Werk: Kolonien und Auswanderung.	Nach Dr. Hübner's Jahrbüchern.					Nach Geh. Rath Dr. Engel's Zeitschrift d. Kgl. statist. Bureau's in Berlin: Preußische Auswanderung nach Amerika überhaupt.
		Deutsche Auswanderung überhaupt.	Deutsche Auswanderung nach den Vereinigten Staaten:			Deutsche Auswanderung nach Amerika überhaupt.	
			via Bremen.	via Hamburg.	überhaupt.		
	Personen.	Personen.	Personen.	Personen	Personen.	Personen.	Personen.
1845	67,209	—	—	—	—	—	6,623
1846	106,662	—	—	—	—	—	14,194
1847	110,434	109,531	—	—	—	—	12,153
1848	83,511	81,895	—	—	—	—	5,794
1849	85,127	89,102	28,103	3,777	31,880	31,495[2])	6,402
1850	89,838	82,404	25,342	3,777	29,119	32,615	5,047
1851	113,199	112,547	35,981	5,600	41,581	48,800	6,237
1852	162,301	162,301	57,038	13,886	70,922	78,689	18,623
1853	156,180	157,180[1])	57,539	14,013	71,522	74,831	15,101
1854	251,931	251,931	75,876	20,971	96,847	103,809	28,419[3])
1855	—	81,698	29,796	8,603	38,399	43,661	11,307
1956	—	98,573	35,764	16,766	52,530	58,465	15,473
1857	—	115,976	27,301	20,948	49,249	75,522	20,522
1858	—	56,240	22,218	10,799	33,017	374,442	7,223
1859	—	—	—	—	—	—	5,272

[1]) Ein Druckfehler vermuthlich, da die Gesammtsumme der Auswanderung nach Amerika nicht kleiner sein kann, als die von den Vereinigten Staaten allein. — [2]) Wahrscheinlich gleichfalls ein Druckfehler, und bei Roscher das Richtige. — [3]) Die Zeitabschnitte bei den Zahlen der preußischen Auswanderung sind von 1845 bis 1853 nicht Kalenderjahre, sondern Jahre, den Zeitraum vom 1. October bis 30. September umfassend, im Jahre 1854 sind $\frac{5}{4}$ Jahre enthalten, d. h. die Quartale vom October 1853 bis mit December 1854.

Auswanderungen aus Preußen.

Jahre.	Nach außereuropäischen Ländern. Zahl der Ausgewanderten nach Amerika.	nach Australien.	nach Afrika.	nach unbekannten Bestimmungsorten.	überhaupt.	Vermögensverhältnisse, angegeben von Personen.	zum Betrage von Thalern.	Nach europäischen Ländern. Zahl der Personen.	Vermögensverhältnisse, angegeben von Personen.	zum Betrage von Thalern.
1844—45	6,623	285	91	109	7,108	6,545	791,305	2,131	1,290	909,730
1845—46	14,194	315	36	32	14,577	14,066	1,698,574	2,085	1,301	817,383
1846—47	12,153	299	298	38	12,788	12,501	1,861,655	2,118	1,436	798,284
1847—48	5,794	360	43	20	6,217	5,696	1,041,029	2,080	1,317	1,127,455
1848—49	6,402	450	3	17	5,872	5,809	1,109,693	1,908	1,091	603,677
1840—50	5,047	268	—	30	5,345	4,593	851,424	2,171	1,332	911,245
1850—51	6,237	86	1	12	6,336	5,519	878,415	2,586	1,645	2,187,215
1851—52	18,623	49	11	39	18,722	16,633	1,780,081	2,650	1,671	1,876,158
1822—53	15,101	488	6	46	15,641	13,864	1,519,225	2,553	1,727	1,757,214
1853—54	26,690	785	77	55	27,607	24,597	3,054,229	2,737	1,751	1,108,469
Octbr.-Decbr. 1854	1,729	200	—	15	1,944	1,447	198,602	477	274	529,271
1855	11,307	950	—	61	12,318	9,100	1,298,220	2,458	1,329	1,734,577
1856	15,473	652	70	31	16,226	14,056	1,902,801	2,473	1,354	1,956,347
1857	20,522	569	5	16	21,112	15,944	2,389,278	2,860	1,338	3,115,598
1858	7,223	620	1930	49	9,822	6,660	966,791	3,507	2,061	2,004,279
1859	5,272	217	182	129	5,800	3,811	530,699	4,007	2,088	2,227,010
Summa . .	178,390	6,593	2,753	699	188,435	160,823	21,851,921	38,801	22,908	23,663,912
Jahresdurchschnitt	11,698	432	181	64	12,357	10,546	1,432,913	2,544	1,502	1,551,732

Die deutsche Auswanderung über Hamburg von 1853 bis 1860 nach Bestimmungsort und Nationalität.

In 908 Schiffen, von denen nur 7 Preußische waren, zogen in 8 Jahren 206,145 Deutsche ab, von denen durchschnittlich über ein Viertheil bis ein Drittheil Preußen waren. Von obiger Zahl Auswanderer wurden 12,831 nach Brasilien, meist auf betrügerische Contrakte oder durch lügenhafte Vorstellungen verschleppt.

Von Hamburg direct befördert:	1853		1854		1855		1856		1857		1858		1859		1860*	
	Sch.	Passag.	Sch.	Passag.	Sch.	Passag.	Sch.	Passag.	Sch.	Passag.	Sch.	Passag.	Sch.	Passag.	Sch.	Passag.
Nach den Vereinigten Staaten N.-A.'s.	75	13,898	100	20,835	45	8,590	68	16,766	75	20,948	49	10,763	46	8,622	51	12,199
„ Britisch Nord-Amerika	12	2,051	23	4,530	9	1,556	13	3,188	15	4,208	5	7,48	6	906	5	534
„ Curaçao und Santa Martha	—	—	—	—	—	—	1	36	1	99	—	—	—	—	—	—
„ Brasilien	27	547	6	1,294	10	1,816	13	1,395	19	1,727	26	3,369	14	1,714	6	869
„ Montevideo und Buenos Ayres	—	—	—	—	—	—	1	33	—	—	—	—	—	—	—	—
„ Valdivia, Valparaiso	13	248	2	139	2	164	4	703	3	332	2	129	2	126	2	136
„ Californien	7	209	5	136	2	85	—	—	—	—	—	—	—	—	—	—
„ Afrika	—	—	—	—	—	—	—	—	1	44	6	2,564	1	141	4	516
„ Australien	27	1,801	27	4,819	19	2,985	17	1,701	13	1,203	10	900	9	1,025	7	436
außerdem noch mit anderen Schiffen	—	381	—	557	—	437	—	464	—	333	—	349	—	219	—	223
Anzahl d. Passagierschiffe, wov. 7 Preuß.	161		163		87		119		127		98		78		75	
Anzahl der direct beförd. Auswanderer		19,138		32,310		15,663		24,286		28,894		18,822		12,753		14,913
„ „ indirect „ „		10,511		18,509		2,989		1,917		2,672		977		489		1,302
Total		29,649		50,819		18,652		26,203		31,566		19,799		13,242		16,215

* Die im Jahre 1860 über Hamburg Ausgewanderten waren ihrer Heimath nach aus:

Preußen	5684 Pers.	div. deutsch. Bundesstaat.	799 Pers.	Sachsen	428 Pers.	der Schweiz	130 Pers.
Dänemark u. d. Herz.	1654 „	Hannover	702 „	Hamburg	369 „	übrigen Ländern	98 „
Mecklenburg	1462 „	Würtemberg	619 „	Baden	300 „		
Amerika	1275 „	Baiern	502 „	Rußland u. Polen	283 „	mit Auswandererschiffen	15,992 Pers.
Hessen	981 „	Oestreich. u. Kronländer	445 „	Schweden u. Norweg.	261 „	außerdem mit and. Schiffen	223 „

☞ Von 16,304 Schiffen, die in obigen 8 Jahren von Hamburg abgegangen, waren 2494 Bremische und 142 Preußische.

Auswanderung über Bremen in den Jahren 1851—1860 nebst Bestimmungsort.

Bestimmungsort.	1851.	1852.	1853.	1854.	1855.	1856.	1857.	1858.	1859.	1860.	Tot. v. 1851-1860.
New-York	19742	29636	32624	45986	16687	19649	28280	12429	12767	15556	228356
Baltimore	5494	10077	9773	12935	5470	5928	8751	3724	3626	7023	72801
New-Orleans	8360	13116	12331	13354	5216	8074	10181	5031	3949	5437	85049
Philadelphia	716	1028	738	1102	356	354	136	262	403	390	5485
Charleston S.-C.	158	190	242	258	176	238	233	233	179	258	2165
Galveston	1511	2271	1695	2241	1881	1521	542	499	683	1496	14340
Capstadt	4	—	—	—	—	—	—	—	—	—	4
Port Adelaide	258	—	15	—	109	—	134	16	—	—	532
San Francisco	17	—	41	—	10	—	—	—	—	—	68
Callao	1161	—	—	—	—	—	—	—	—	—	1161
Greytown	61	—	101	—	—	—	—	—	—	—	162
Savanilla	6	—	—	—	—	—	—	—	—	—	6
Rio Grande do Sul	5	—	140	227	21	201	322	27	278	77	1298
Quebeck	—	1440	316	772	1582	438	—	169	62	—	4779
Indianola, Texas	—	718	—	—	—	—	—	33	—	—	751
Rio de Janeiro	—	25	—	—	—	—	3	—	—	—	28
Diversen Häfen	—	50	—	—	—	—	—	—	—	—	50
Boston	—	—	95	—	—	—	—	—	—	—	95
Laguayra	—	—	—	—	21	10	2	—	—	—	33
Wilmington	—	—	—	—	—	3	—	—	—	—	3
Sidney	—	—	—	—	—	90	694	517	—	—	1301
Honolulu	—	—	—	—	—	5	11	—	—	—	16
Moreton Bay	—	—	—	—	—	—	107	142	—	—	249
Buenos Ayres	—	—	—	—	—	—	20	13	—	—	33
Küste Afrika's, Aguadilla, Havana, Bahia Trinidad de Cuba, Porto Plata, Mayaguez, St. Jago de Cuba, Matanzas, Manzanilla, Bombay	—	—	—	—	—	—	33	—	—	—	33
Total	37493	58551	58111	76875	31550	36511	49449	23095	21947	30237	418798

Nationalität der mit Auswanderern von 1851 bis 1860 über Bremen expedirten Schiffe.

(1697 Bremische und 9 Preußische.)

Bezeichnung der Flaggen.	1851	1852	1853	1854	1855	1856	1857	1858	1859	1860	Total von 1851–1860
Amerikanische .	23	39	37	35	15	19	19	10	—	1	198
Bremische . . .	176	215	206	254	139	147	172	114	133	141	1697
Andere deutsche	21	—	—	—	—	—	5	—	1	—	27
Englische . . .	—	30	1	—	—	—	11	—	1	—	43
Oldenburger .	—	31	31	60	19	21	24	13	9	9	217
Hannoversche .	—	12	3	10	1	2	6	5	2	4	45.
Holländische . .	—	3	—	—	—	—	—	—	—	—	3
Preußische . .	—	3	3	—	—	—	—	1	—	2	9
Mecklenburg. .	—	1	—	—	—	—	—	—	—	—	1
Belgische . . .	—	1	—	1	—	—	—	—	—	—	2
Schwedische . .	—	1	—	—	—	—	—	—	—	—	1
Russische. . . .	—	2	—	—	—	—	—	—	—	1	[illegible]
Hamburgische .	—	1	3	2	—	—	—	—	—	1	7
Dänische. . . .	—	—	2	—	—	—	—	—	—	—	2
Norwegische . .	—	—	1	—	—	—	—	—	—	—	1
Columbische . .	—	—	1	—	—	—	—	—	—	—	1
Venezuelische .	—	—	—	—	—	2	—	—	—	—	2
Total . .	220	339	288	362	174	191	237	143	146	159	2259

Einwanderung in Nordamerika nach Nationalitäten

während der 36 Jahre vom 30. Septbr. 1820 bis 31. Decbr. 1855 (nach Bromwell, dem Director des Einwanderungs-Departements der Vereinigten Staaten.)

Großbritannien . . .	2,343,445,	Spanien . . .	11,251,
Deutschland	1,242,086,	Italien . . .	8,345,
Frankreich	188,734,	Belgien . . .	6,991,
Schweden u. Norwegen	32,500,	Rußland u. Polen	2,256,
Schweiz	31,071,	Griechenland . .	108,
Holland	17,583.		
		Summa	3,884,370.

In den 4 Jahren 56, 57, 58 u. 59 sind weiter eingewandert

Engländer	329,055	625,242.
Deutsche	249,903	
Franzosen	15,377	
Andere Europäer	30,907	

Es betrug daher die gesammte ermittelte Einwanderung in die Vereinigten Staaten während 40 Jahren (1820—1859) 4,509,612 und hiervon waren 1,491,989 **deutschen** Ursprungs. Außer der ersten obigen Zahl waren aber noch 157,[illegible]37, deren Nationalität nicht ermittelt werden konnte, so wie auch z. B. 1857, allein die Zahl von 21,600 Personen. —

Wir hielten für nothwendig, einige Tabellen der gesammten europäischen Auswanderung zu geben und besonders die englische genau neben der deutschen zu registriren, weil diese beiden die Emigrationen anderer Länder vollständig verschwinden machen.

Wenn man nun aus der neuesten Geschichte so viel gelernt hat, daß die Auswanderung den besten Spiegel für die Lebensfähigkeit eines Staates abgiebt; wenn wir sehen, daß gleich hinter England Deutschland die größte Berechtigung hat von den Absenkern seiner Nation auf fremdem Boden zu ernten, so darf es wohl doppelt nicht befremden, wenn ein Deutscher für sein Vaterland auftritt und die Berücksichtigung eines Satzes der höchsten Staatswirthschaft, nationale Leitung, Concentrirung und Benutzung der Auswanderung anempfiehlt.

Kanada ist auch, wie alle Englischen Kolonien, nur noch dem Namen nach eine Kolonie von England, und außer dem Gouverneur empfängt es keinen einzigen Beamten mehr vom Mutterlande — aber die Engländer lassen es an Bemühungen für Kanada nicht fehlen. Die Folge davon ist, daß immer mehr und mehr Kapital zwischen Kanada und England coursirt. Hierzu kommen nun noch die bedeutenden Summen für gekaufte Ländereien, die im Rückblick auf die Steigerung des Bodenwerthes Compagnien (Land-Companies) erworben worden waren, und von ihnen mit 100 und viel mehr pCt. Profit an die Auswanderer abgelassen werden. Wenn solche Ergebnisse eines Tochterlandes schon für das Mutterland selbst von Nutzen sind, um wie viel mehr muß erst derjenige daraus ziehen, der in Kanada Land gekauft hat und nun dasselbe nie unter dem doppelten Preis abzugeben braucht. Gegen ein Dutzend Compagnien beschäftigen sich heute in England damit, durch Kapitalanlage auf kanadischem Grund und Boden den Auswanderungslustigen eine gute neue Heimath zu sichern, und noch weit mehr Private spekuliren mit Erfolg Jahr aus Jahr ein auf die Anziehungskraft des Nordamerikanischen Nordens.

Das ist der wahrhafte ehrlich schaffende National-Wucher, den wir unsern Deutschen Agioteurs, Hypothekern, Börsenmännern, unsern fürstlichen und hochherrschaftlichen Güterankäufern im Auslande, den Vollblut-Besitzern unverzehrbarer Ueberschüsse anempfehlen wollten, da durch Anlage von Capital in transatlantischen Ländereien, auf die sich die deutsche Auswanderung richtet, sowohl das Vermögen der Capitalisten enorm wachsen, sowie die deutsche Auswanderung eine glückliche Bedeutung für das Vaterland erhalten müßte. Denn dadurch bekäme Deutschland Kraft, Handel, Schifffahrt und Würde im Auslande.

Auswanderung aus Groß-Britannien.

	Englische.	Schottische.	Irische.	Total.
1851	—	—	254,537	254,537
1852	—	—	224,997	224,997
1853	62,915	—	192,609	255,524
1854	90,966	—	150,209	241,175
1855	57,132	14,037	78,854	150,023
1856	64,527	12,037	71,723	148,284
1857	78,560	16,253	86,238	181,051
1858	39,971	11,815	43,281	95,067
1859	33,930	10,182	52,981	97,093
1860	26,421	8,733	60,835	95,989
—	454,422	73,053	1,216,265	1,743,740

Obige Liste ist dem neuesten Werke Legoyts entnommen. Da die obigen Lücken wenigstens 170,000 Seelen repräsentiren, so fehlte selbst nach dieser Berechnung nur ein Kleines zur Zahl von 2 Millionen, die in 10 Jahren ausgewandert sind; aber die neueste officielle englische Angabe über den Ausgang von Emigranten aus englischen, irischen und schottischen Häfen giebt statt der obigen drei letzten Zahlenangaben 113,972, 120,432 und 128,469, also 74,734 mehr; unter dieser dreijährigen Gesammtzahl von 362,873 aber befanden sich 13538 Ausländer, wohl zum größten Theile Deutsche und außerdem noch 61,186 von nicht bestimmter Nationalität, von welchen höchst wahrscheinlich auch ein großer Theil Deutsche waren. Unter dieser dreijährigen Zahl waren 120,303 männlichen und 99,003 weiblichen Geschlechts; von diesen wieder waren 161,738 über 14 Jahre alt, 28,801 Kinder und Säuglinge und 26,980 unbestimmten Alters.

So hatte also die irische Auswanderung, die 1851 und schon eines ganzen Jahrzehnts vorher über drei Viertel der ganzen Auswanderung und das aus einer Bevölkerung, die sich kaum auf den vierten Theil der Gesammtbevölkerung belief, beigetragen hatte, seit 1856 sich schon kaum auf zwei Fünftel der Gesammtauswanderung belaufen. Von 1846 bis 1851 hatte Irland allein schon 1,423,000 abgegeben und von 1841 bis 1861 sind 2,120,000 über See gegangen oder nach England ausgewandert, in 16 Jahren also 3,543,000 Seelen. Durch diesen Verlust und die frühere Hungersnoth sind die 8 Millionen in Irland 1841 auf 6 Millionen reducirt.

Auswanderung aus Großbritannien in 47 Jahren.

Jahre.	Nord-Amerikan. Colonien.	Vereinigte Staaten.	Australische Colonien u. N.-Seeland	Andere Länder.	Total.
1815—24	119,535	69,638	—	3,656	192,829
1825	8,741	5,551	485	114	14,891
1826	12,818	7,063	903	116	20,900
1827	12,648	14,526	715	114	28,003
1828	12,084	12,817	1,056	135	26,092
1829	13,307	15,678	2,016	197	31,189
1830	30,574	24,887	1,242	204	56,907
1831	58,067	23,418	1,561	114	83,160
1832	66,339	32,872	3,733	196	103,140
1833	28,808	29,109	4,093	517	62,527
1834	40,060	33,074	2,800	288	76,222
1835	15,573	26,720	1,860	325	44,478
1836	34,226	37,774	3,124	293	75,417
1837	29,884	36,770	5,054	326	72,034
1838	4,577	14,332	14,021	292	33,222
1839	12,658	33,536	15,786	227	62,207
1840	32,293	40,642	15,850	1,958	90,743
1841	38,164	45,017	32,625	2,786	118,592
1842	54,123	63,857	8,534	1,835	128,344
1843	23,518	28,335	3,478	1,881	57,212
1844	22,924	43,660	2,229	1,873	70,686
1845	31,803	58,538	830	2,330	93,501
1846	43,439	82,239	2,347	1,826	129,851
1847	109,660	142,154	4,979	1,487	258,270
1848	31,065	188,233	23,904	4,887	248,089
1849	41,367	219,450	32,191	6,490	299,498
1850	32,961	223,078	16,037	8,773	280,849
1851	42,605	267,357	21,532	4,473	335,966
1852	32,873	244,261	87,881	3,749	368,764
1853	34,522	230,885	61,401	3,129	329,937
1854	43,761	193,065	83,237	3,366	323,429
1855	17,966	103,414	52,309	3,118	176,807
1856	16,378	111,837	44,584	3,755	176,554
1857	21,001	126,905	61,248	3,721	212,875
1858	9,704	59,716	39,295	5,257	113,972
1859	6,689	70,303	31,013	12,427	120,432
1860	9,786	87,500	24,302	6,881	128,469
1861	12,707	49,764	23,738	5,561	91,770
Total:	1,209,228	3,097,070	731,963	98,676	5,137,837!

Europäische Auswanderung.

Die Auswanderung aus Holland beläuft sich nach Legoyt's Durchschnittsangaben von 1844—1859 auf nur 2100 Köpfe im Jahre —; die polizeilich constatirte aus Portugal auf 12—16,000 pr. Jahr, — die aus Belgien auf 6500 (bei 4591 Einwanderer und ca. 18,000 Durchwanderern); die aus Frankreich im 3jährigen Durchschnitte, von 1857—1859 auf 12,000 pr. Jahr. Auf die beiden Deutschen Departements kommen hiervon nahe an 5000 Köpfe pr. Jahr. Es zeigt sich also im Deutschen Urstamme ein fast zehnfach größerer Hang zur Auswanderung, als in dem ursprünglichen Franzosen. Es dürfte interessant sein, zu erfahren, ob dieses Mißverhältniß aus der größeren Fruchtbarkeit und Lebensdauer, oder aus schwächerer Vaterlandsliebe, als der übrigen Franzosen zu erklären ist.

Die Durchwanderung durch Frankreich stellt sich folgendermaßen heraus:

	1857.	1858.	1859.
Aus Deutschland:			
Baden	6630	3481	3005
Würtemberg	4748	1381	1126
Bayern	3981	1655	1366
Hessen	2886	1277	1081
Preußen	1386	460	233
Großh. Posen	147	12	19
	19778	8266	6830
Aus andern Ländern:			
Schweiz	3843	1803	1480
Luxemburg	800	179	29
Italien	503	135	105
Amerika	490	421	489
Holland	276	54	29
Belgien	36	17	22
Aus andern Ländern	219	244	212
	6168	2853	2357
	25946	11119	9187

Rückwanderung von Capitalien durch Auswanderung.

Der blos von Nordamerika aus von Ausgewanderten an Freunde und Verwandte im vereinigten Königreich gesandte Geldbetrag, um ihre Nachwanderung, ihr Schicksal daheim, und sehr häufig um die Erziehung zurückgelassener Kinder oder jüngerer Geschwister zu erleichtern, belief sich, soweit er von Bankiers und Kaufleuten, Seitens der Königlichen Auswanderungs-Commissäre zu ermitteln war

im Jahre 1849.	Pf. St.	540,000,	1855.	Pf. St.	873,000,
„ „ 1850.	„ „	957,000,	1856.	„ „	951,000,
„ „ 1851.	„ „	990,000,	1857.	„ „	593,165,
„ „ 1852.	„ „	1,404,000,	1858.	„ „	472,610,
„ „ 1853.	„ „	1,439,000,	1859.	„ „	621,176,
„ „ 1854.	„ „	1,730,000,	1860.	„ „	643,645, *)

Summa in 12 Jahren Pf. St. 11,214,596. à 6⅔ Thlr. **74,736,976** oder circa **6,228,000 Thlr.** im Jahre! Diese Summe repräsentirt aber bei weitem noch nicht den ganzen Belauf der durch bloße Familienbeziehungen zurückgeflossenen Summen, da sich darunter nicht

*) Im Jahre 1861: 504,380 Pfd. Sterl.

die befinden, welche durch kleine Bankiers und Handelshäuser oder direct an die Empfänger gegangen sind. Aehnliche Rimessen werden auch von Kanada, vom Cap, von Neuseeland und zum Belaufe von mehreren hunderttausend Pfund allein von Australien aus gemacht, so daß man annehmen kann, daß England jedes Jahr einen Tribut von 12 bis 14 Millionen Thlr. von seinen Ausgewanderten erhält, ohne ihnen auch nur ein Stück Gut oder einen Ballen dafür zu geben zu brauchen. Das ist der Tribut der Freundschaft und Anhänglichkeit an das Mutterland in der Form von Hülfe, die den den Zurückbleibenden geleistet wird, oder von Mitteln zu ihrer Nachreise, wo dann die so Nachgezogenen ein Gleiches thun und so, der Reihe nach, der Heimath Hülfe und Erleichterung durch stete Abnahme ihres Ueberflusses an sich stets erneuerndem Menschencapital verschaffen.

Man sollte denken, Staatsmänner würden auch in dieser Wirkung der Auswanderung einen beachtenswerthen Moment concentrirter deutscher Auswanderung erkennen können.

Die gesandtschaftliche und consularische Vertretung deutscher Staaten ganz besonders in Bezug auf deutsche Auswanderung.

Nach den Hauptgrundsätzen jeder Verfassung sind die Diplomaten eines Hofes, seien sie im Reiche oder anderswo, nicht blos Vertreter der Person ihres Herrschers, sondern, da dieser der höchste Beamte einer Gesammtheit ist, die man unter dem Wort „Staat“ begreift, zugleich auch die Vertreter und Bewahrer der Ehren, Rechte und Totalinteressen des großen Körpers, aus dessen Mitteln sie besoldet werden. In dieser Hinsicht muß es zuvörderst geboten erscheinen, daß etwaige Reglements und Dienst-Instruktionen ganz in der umfassenden Gestalt gegeben werden, welche die vielseitigen Rücksichten und Verpflichtungen dem betreffenden Amte auferlegen.

Welcher Art die Pflichten sind, wird am Besten durch den Gedanken klar, der überhaupt die auswärtigen Aemter schuf. — Die wechselnden Beziehungen der Ideen und Interessen der Völker erforderten gewisse lokale Organe, die durch Wahrnehmung der Anknüpfungspunkte für die gleichen Interessen die gegenseitige Solidarität der Ideen begründen helfen sollten. Das war der leitende Gedanke, der die Staaten bewog, Männer, die mit staatlichen Lebens- und Wohlseins-Bedingungen für vertraut gehalten wurden, in fremden Ländern zu beamten, und hierhin oder dahin zu schicken. Das ist noch heut der leitende Moment zu allen Gesandtschaften und Consulaten. Wie schon im Namen selbst die auswärtige staatsmännische Vertretung doppelt bezeichnet wird, so zerfällt sie, der Natur der Sache nach, in eine zweifache, in eine rein politische oder sogenannte diplomatische, und in eine industriell-kommerzielle, oder handelsverkehrfördernliche, kaufmännische Vertretung.

Wenn nun auch nach der vorwiegend politischen Bedeutung jede auswärtige Landesvertretung zu dem Departement des auswärtigen Ministeriums gehört, so ist doch ganz evident, daß, bei den Wechselbeziehungen zwischen kommerciellem Verkehr und Politik, Gesandtschaften wie Consulate (zumal wo sie dieselben oder annähernde Funktionen haben) in beständiger Abhängigkeit von dem Handelsministerium bleiben sollten, um so schon den nöthigen äußeren Impuls und die erforderliche Direktion für die doppelte Geschäftsthätigkeit zu erhalten.

Daß an der Aufstellung der Gesetze für jene auswärtigen Landesvertreter, und anderen derartigen Instruktionen das Handelsministerium participiren müßte, wird wohl ebenfalls ersichtlich, und damit erhellt, wie bedauerlich der Gesichtspunkt, von dem man bisher in Preußen (resp. Deutschland) bei Erlassen für Consulate zu Werke ging. — Abgesehen aber von der Sachwidrigkeit überhaupt, kommt als sehr zu berücksichtigender Uebelstand zu unserem Gesandtschafts- und Consulats-Wesen hinzu, daß sich (und zwar vielleicht gerade durch das nach seiner Natur pedantische auswärtige Ministerium) eine Theorienreiterei eingeschlichen hat, welche, im Handel geltend gemacht, denselben nie aufkommen läßt, und nur durch das stets praktischere Handelsministerium vernichtet werden kann.

Wenn irgend etwas Schuld gewesen ist, daß unsere staatlich-kommerciellen Beziehungen zu dem weitern Ausland so mangelhaft waren, so meinen wir eben darin den Grund zu finden, daß die deutsche, und als deren würdigste Vertreterin, die Preußische Diplomaten-Theorie, noch immer zu sehr auch in allen auswärtigen Aemtern vorherrscht.

Es geht den guten, verständigen Preußen ganz wie jenen eben erst ausexercirten Soldaten, die noch immer das Commando-Wort des strengen Exercirunteroffiziers hinter sich hören, und Tritt um Tritt in der eingebläuten eckigen Regelmäßigkeit nachmachen, ohne zu bedenken, daß das ganze Exercice nur dazu da ist, den Körper an Formen und Haltung zu gewöhnen, welche letzteren jedoch nach Erfassen des Mechanischen geistig abgerundet, den Ansprüchen der Schönheit und des Nutzens angepaßt und individuell entwickelt werden müssen.

Das Regiment des alten Dessauer's ist hinüber, und die Gegenwart fordert die Ausbildung des Einzelnwesens nach seiner Natur und für das Leben, das stets schlag- und marschfertige Zuaventhum. Mit der Diplomatentheorie ist nun einmal allein nichts gethan. Die Zeiten sind dahin, wo man durch bloße diplomatische Repräsentation und Dialektik sich das geringste dauernde Gewicht verschaffen konnte. Ihre Wirkung dauert kaum zweimal 24 Stunden über die telegraphische Mittheilung des Gesandten, über den verblüffenden Effect der Nota, die er dem auswärtigen Minister im Vertrauen vorgelesen hat.

Die Macht des Staates liegt nicht mehr in diplomatischen Formen, sie liegt in der geschickten Benutzung der Umstände der eigenen Volkskraft, in der Erreichung dessen, was man will, nachdem man sich über das wahrhaft Beste möglichst klar geworden ist.

Alle Lehrsysteme und Staatsweisheitsgrammatiken halten allein nicht Stich in dem jetzigen Herz und Nieren prüfenden Völkerleben.

So lange die Staatsmänner noch bloß Vertreter von Monarchen, Monarchen gegenüber, waren, — so lange genügten auch die Systeme, nach welchen man schablonenmäßig agiren konnte. Nun aber, wo die Völker und Nationalitäten zur Geltung kommen, ist es mit der angelernten Methodik vorbei.

Die Völkergeschicke lassen sich nicht mehr von der Laune und Willkür des Einzelnen lenken, und ihre Beziehungen verlangen ein Verständniß des ganzen Ernstes der Situation, tiefes Eingehen in die zeitbeherrschenden Ideen, weise Berücksichtigung aller Nationsbedürfnisse und endlich Aufgebung der den Gedanken hemmenden Formen.

Wenn das Deutsche, resp. Preußische Volk durch seine Vertreter noch nicht mit der Entschiedenheit, welche die Lage fordert, eine verfassungsgemäße Gestaltung seiner staatlichen Vertretung im Auslande angestrebt hat, so ist das kaum dem Mangel an Bedürfniß selbst zuzuschreiben, als vielmehr der durch die bisherigen Uebelstände vermittelten politischen Unkenntniß, der Unerfahrenheit der Nation als solcher in allen Dingen, die dem inneren und äußeren Staatsleben angehören.

In einer Constitution muß es aussehen, wie in der alten Roma, wo jeder Bürger, jede Bürgerin, ja selbst Knaben und Mädchen schon, mehr oder weniger von dem nationalen Werth, den Gesammtinteressen innen und außen, und den Totalbedürfnissen durchdrungen waren, — Staatssachen das Tagesgespräch bildeten und die neuesten Zeitfragen dem gesammten Geschäftsverkehr zu Grunde lagen.

Wir wollen nicht die großartigen Colonisations-Ideen der alten Römer erwähnen, die freilich, wie sie es noch heute thun, nicht wenig zur richtigen Anschauung der Staatsverhältnisse beitrugen, — wir wollen statt dessen einige Mängel unserer diplomatischen Vertretung darlegen, und dann aus den nationalen Zeiterforderuissen heraus die Mittel zur Abhülfe andeuten.

Wenn wir beinahe über sämmtliche Staaten der Erde einen tabellarischen Ueberblick geben, so geschieht das der daraus zu ziehenden Belehrung wegen. In unserer Abhandlung genügt eine kurze Betrachtung der diplomatischen Vertretung Preußens und Oesterreichs im Vergleich zu Großbritannien, Rußland, Frankreich, Dänemark und den Vereinigten Staaten.

Fast 26 Mal größer als Preußen im Flächeninhalt und mit einer doppelt so großen Bevölkerung besitzen die Vereinigten Staaten kaum die Hälfte der diplomatischen Vertretung, welche Preußen repräsentirt. Frankreich, entschieden das staatsmännisch am wirksamsten vertretene Land, zählt nur ¼ auswärtige Diplomaten mehr, und doch ist dabei seine politische Thätigkeit durch Louis Napoleon geradezu bis zu einer unnatürlichen Höhe gegipfelt worden. Großbritannien mit allen seinen ungeheuren Kolonien besitzt noch weniger gesandtschaftliche Vertreter als Preußen, und steht doch sicherlich auf der Erde so groß da, wie kaum ein anderer Staat.

Gegenüber solchen Thatsachen brauchen wir wohl nicht erst zu sagen, daß das große auswärtige Diplomaten-Corps Preußens nicht recht mit dem übrigen Staatskörper in Verhältniß steht, und also in gewisser Beziehung gegen das Gleichmaß der Verwaltungskräfte ist. Wenn die preußische Regierung, von dem Grundsatz ausgehend, daß das Königreich nur durch ein waffengeübtes Heer unter der Reihe der Großmächte erhalten und deshalb das Budget des Kriegs-Ministeriums um Nichts verringert werden kann, so hat das die Thatsache für sich, daß Preußen wirklich bei der Hintenansetzung einer umfassenden Handelspolitik sich nur durch seine 215,000 Mann auf Friedensfuß auf dem Niveau der europäischen Großstaaten gehalten hat — jene bedeutende Zahl der auswärtigen Chargen jedoch hat nicht einen derartigen Grund, wenn ihre Träger, wie z. B. in Brasilien, nicht einmal den schmachvollsten Beleidigungen gegen die deutschen Auswanderer begegnen konnten.

Wir könnten noch weiter auf Einzelnheiten eingehen, aber es ist hier weder der Ort dazu, noch dürfen wir von unserm Thema so abschweifen: darum nur der eine und kurze Rath an die deutschen Staaten, ihre heutige diplomatische Vertretung einer vernünftigen Verringerung zu unterwerfen und lieber dafür zu sorgen, daß die qualitative Wirksamkeit nach Außen sich günstiger und erfolgreicher gestalte. Wir sagen das nicht grundlos, und wer unsere statistische Tabelle ansieht, wird zu derselben Ansicht gelangen.

Was wir aus den Effekten erkannten, das findet sich in den Zahlen bewiesen.

In der Politik brauchen wir aber Charaktere, in den Kammern, in den Ministerien, wie draußen bei der Vertretung unserer Staaten. Wie der Regenschirm des guten Louis Philipp vor dem jedes Wetters und aller Temperaturen kundigen Bonaparte gewichen und der friedliche Niederschuh den historischen Kanonen Platz gemacht, so ist auch uns früh genug die Zeit gekommen, wo wir nicht mehr mit Glaceehandschuhen die Tagesfragen anfassen dürfen. Wir müssen uns ebenfalls Kanonen anschaffen, um durch Dick und Dünn dem Ziele zuzugehen, und die schmiegsame Salonästhetik muß endlich einmal einer hausbackenen Staatspraxis weichen. Heut zu Tage macht man halt nicht mehr auf dem Hofball oder bei thées diplomatiques ausgiebige Politik, und die L'hombretischmänner an fremden Höfen gelten darum eben nicht viel mehr, als hübsche Ausstattungsfiguren.

Warum hat Metternich bei all seinen verderblichen Grundsätzen fast ein halbes Jahrhundert Europa beherrscht? Einzig und allein, weil er ein Charakter war. Aus demselben Grunde können Herr von Borries und Beust über die ihnen in den Weg gestellten Anfechtungen lächeln — sie wissen, daß man ihnen nachgiebt, nachgeben muß, weil sie fest und sicher ihre Bahn gehen, während andere zaudern. Es ist und bleibt wahr, ja man kann es als ein Urtheil der Weltgeschichte ansehen: im Kleinen wie im Großen behaupten Charaktere ihre Geltung.

Nun denke man so ein Bündel Charaktere für Deutschland oder Preußen staatsmännisch vereint und berechne den ungeheuren Vortheil der Nation!

Und unser Reich könnte eine solche Macht haben, — das Holz, aus dem man gute Diplomaten schneidet, wächst auch auf Deutschem Boden, — wenn nur die Schranken, welche die Diplomatie von andern Ständen trennt, nicht gar so schroff gezogen wären! Wie eine Familie, ein Stamm, welche nur immer aus sich selber heraus erzeugen und fortpflanzen, faul werden, so ist es mit den bevorzugten Staatsämtern, wenn man sie immer und immer wieder nur aus bestimmten Namenlisten rekrutirt und besetzt. — Frische Reiser müssen aufgepflanzt sein, damit das alte, absterbende Mark neue Lebensadern bekommt.

Die Geschichte weist deutlich genug auf die Kretinisirung der Geschlechter und Stände, bei Hintenansetzung dieses ersten Fortpflanzungsgebots hin.

Doch wozu so viele Worte machen, wenn man den Punkt, den man berühren will, so nahe vor sich sieht? Die diplomatische Vertretung der Staaten Deutschlands, und somit auch Preußens, sollte nicht mehr länger blos ein Monopol Weniger bleiben: sie müßte ihrer nationalen Bestimmung genügen, und damit also jedem Befähigten zugänglich werden. Die, welche ihre alten, ererbten Vorzüge genießen wollen, mögen dieselben neu für sich erwerben: die Aemter, welche für das Wohl eines Volkes zu sorgen haben und noch dazu in einem so gewaltigen Maßstabe, sind nicht persönlich oder geschlechtlich, oder mit dem Titel erblich, — sie sind ein Bluterbe, wollen erkämpft sein durch erprobtes Wissen, geprüfte Rechtschaffenheit, thatkräftige Umsicht und guten, treuen Willen, — sie vererben sich nur nach dem allgemeinen großen, jedoch besten Verwandtschaftsgesetz, dem zu Folge die leider so seltenen und einzelnen bedeutenden Geister und Herzen sich, wenn auch in oft nur zu langen, düsteren Interregnen, ablösen, ergänzen, ersetzen und historisch in der Besitznahme des abgeschlossenen Berufes nachfolgen. Jedes andere Erbe ist mehr oder weniger eine durch alte Ueberlieferung angewöhnte, freilich liebgewordene Sitte, deren Folgen aber wir kaum im niederen socialen Leben als vortheilhaft gelten lassen mögen.

Ein zweiter Punkt, der Seitens der Deutschen Regierungen ernster Berücksichtigung bedürfte, ist die große Anzahl und die Vertheilung ihrer diplomatischen Vertreter im Auslande, die wir bei der statistischen Behandlung der von uns aufgeworfenen Frage berührten.

Es wäre überflüssig, das wieder vorzuführen, was wir schon so oft erwähnt, die Folgen der Indifferenz gegen D e u t s c h e A u s w a n d e r e r, darum gehen wir kurz darüber hinweg zu dem staatlichen Verhalten gegen die Deutsche A u s w a n d e r u n g, diese nationale Krankheit besonders unsers Vaterlandes, und betreten somit das Gebiet der industriell-kommerziellen Vertretung Deutscher Regierungen.

Um in unsern Schlüssen vollständig nachweislich unpartheisch zu sein, geben wir vor Allem, wie wir es bei der diplomatischen Vertretung gethan, einen tabellarischen Ueberblick über die Vertheilung der Consulate und deren Verhältniß unter den Staaten selbst.

Was nun der diplomatischen Vertretung Deutschlands in so hohem Maaße galt, finden wir bei der consularischen erst recht bestätigt. (Als Beweis Tabelle II.) Man sehe nur die Wechselverhältnisse zwischen den eigenen Consulaten in fremden Ländern und den fremden im eigenen Reiche an.

Die Vereinigten Staaten sandten nur 213 Consuln (excl. 7 V.-C.) aus und haben 327 fremde Consuln im Lande; Großbritannien zählt 190 eigene und 638 fremde Consulate; Frankreich 124 französische und 347 anderer Staaten innerhalb seiner Grenzen, selbst in Dänemark gleicht sich die Anzahl der ausgesandten Consuln mit denen aus, die verschiedene Mächte hingeschickt haben. Nur in Deutschland zeigt sich eine Lähmung der industriell-commerciellen Wirksamkeit.

Hannover	sandte	161	Vertreter	aus	und	empfing deren	27,
Mecklenburg	„	87	„	„	„	„ „	16,
Preußen	„	99	„	„	„	„ „	86,
Oesterreich	„	125	„	„	„	„ „	91,
Oldenburg	„	104	„	„	„	„ „	14.

Bei der möglichen Bedeutung für den Handel könnte doch Deutschland die doppelte und dreifache Beachtung erheischen, die z. B. Frankreich oder Rußland gezollt wird und welch ein Abstand ergiebt sich? — Wir kommen zu weit ab, die Handelsbewegung mit unsern statistischen Referaten auch noch in Bezug zu bringen, — aber wir haben sie wenigstens gegeben, um dem, der da will, einen Schluß zu ermöglichen und zu erleichtern.

Der Zahl nach haben die Deutschen Bundesstaaten gerade genug Consuln, wie es aber um die Persönlichkeiten beschaffen sein mag, ist ein ander Ding. Uebrigens ist es den betreffenden Herren auch nur in den seltensten Fällen übel zu nehmen, wenn sie nicht so der wahren Pflicht ihres Amtes genügen, als sie sollen. Gewöhnlich rekrutiren ja die auswärtigen Ministerien — denn leider so weit wie die Deutsche Grenze reicht, gehören Consulatsernennungen ausschließlich in ihr Departement — die Listen für die industriell-commerzielle Vertretung aus den ihnen nahegelegenen Ständen*), aus Juristen und Regierungsbeamten, — und was soll man von denen für Kenntnisse und Erfahrungen betreffs des Handelsverkehrs und industrieller Repräsentation fordern? Das Auswärtige mag wohl schon selbst diese abundantia inopiae herausgefühlt haben, denn im ganzen Preußischen Consular-Reglement z. B. findet man nichts als Vorschriften in bureaukratischem Formenwesen, zum Justiziar-Verhalten und zur Steuer- oder polizeilicher Controle. Der nervus rerum ist wohlweislich übergangen. Bei der ohnehin sehr beschränkten Gerichtsbarkeit Preußischer Consuln, die sich fast auf blos schiedsmännische Vergleiche beschränkt, dürften wohl andere Personen genügen, als Juristen, andere Personen, die ein praktisches Verständniß von Volkwirthschaft und industriell-staatlichem Verkehr haben.

Für Controlirung solcher nicht bureaukratischen Beamten ließen sich recht gut Berichte**) einführen, die, je nach Verlangen und Be-

---

*) In England steht zwar die Diplomatie auch nur dem hohen Adel offen, und wird eben deshalb oft genug ungenügend besetzt. Aber ein starker, mächtiger und reicher Staat, der die gute Hälfte seiner Beziehungen überdies in überseeischen Ländern hat, wo die Diplomatie wenig, aber das Schwerdt alles nützt, kann sich in dieser Beziehung einer vornehmen Schwäche überlassen, die einer ringenden Nation, wie der Deutschen, verderblich werden dürfte. Trotzdem hat sich England ein diplomatisches Hülfscorps geschaffen, welches die mangelhafte Thätigkeit mancher Gesandten äußerst wirksam ergänzt: wir meinen die Generalconsulate, welche fast ausschließlich aus den besten Kräften der Londoner Presse besetzt werden und sämmtlich halbdiplomatische Posten sind. Man erwäge nur, wer England in Hamburg, Leipzig, Warschau, Belgrad u. s. w. vertritt, und man überzeugt sich sofort, daß die zuverlässigsten aller own correspondents in den Dienst Lord Palmerstons übergegangen sind. Unsere Deutschen Generalconsuln sind entweder adelige Herren, die zu Gesandten nicht vornehm oder nicht reich genug sind; oder Gelehrte, die in der Ferne Philologie und Antiquitäten studiren wollen; oder gar Bureaukraten, deren Thätigkeit in der Ausführung des Dienstreglements aufgeht. Die wenigen Kaufleute, welche Deutschland in dieser Sphäre angestellt hat, scheinen ebenfalls über die Zusammenstellung statistischer Berichte hinaus nichts zu leisten.

**) Eine große Anzahl Berichte werden im Preußischen Handelsarchiv zwar publicirt. Sie sind aber sämmtlich fleißige Extracte fremder Quellen. Nützliche Vergleiche mit unserer eigenen Industrie, Anweisungen für

dürfniß vierzehntägig oder vierwöchentlich gegeben, ganz vortreffliche Einsicht in die Amtsthätigkeit der auswärtigen Vertreter verschaffen würden: Berichte, die Alles enthalten müßten, was die Interessen des heimischen Staats afficirt in physischer und materieller, moralischer und ideeller Beziehung, und während jeder Kammersession den beiden Häusern vorzulegen wären. Diese Referate müßten wie in England im Druck veröffentlicht werden, um alle Stände über die gewonnenen Resultate aufzuklären und durch die etwa sich herausstellenden Lücken die betreffenden außerstaatlichen Vertreter selbst zu zwingen, der öffentlichen Meinung gegenüber gründlich und vielseitig zu sein.

Daß Mittheilungen über den Rechtszustand und die Lokalverhältnisse, als Preise der Erfordernisse des täglichen Lebens, die Bedingungen des Grundbesitzes 2c., nicht ausgeschlossen sein sollten, liegt schon in der beregten Gründlichkeit der Berichte. Hierdurch aber würden zugleich in der richtigsten und sachgemäßesten Weise die vorhandenen Auswanderer-Bestrebungen dirigirt und den einzelnen Personen Gelegenheit gegeben werden, sich über die neue Heimath aufzuklären, ehe es zu spät ist.

Nimmer aber könnten endlich, wenn die angegebenen Berichte auch von diplomatischen Vertretern über ihre Thätigkeit erfordert würden, solche Dinge geschehen, wie erst jüngst in Mexiko, wo es blos die Preußische Vertretung mit der Miramon-Almonte-Miranda'schen (Schwarzen-) Partei hielt und dadurch den heimischen Staat total isolirte. Nimmer könnte dann das passiren, was in Brasilien seither die Preußen oder überhaupt die Deutschen zum Gegenstand der willkürlichsten Behandlung der Portugiesen, und der Hintenansetzung der benachbarten Südamerikanischen Spanier gemacht hat. — Ueberall würde die erforderliche Wirksamkeit der General-Consulate, Consulate, Residenturen 2c., schnell erreicht, und würden die Uebelstände ebenso beseitigt werden. Die Bloslegung der Mängel in den offiziellen Berichten vor aller Welt würde auch die tückischste, verschmitzteste und dümmste Eingebornen- oder native-dog-in-the-mangor-Politik rectificiren, denn bei den allerwärts bestehenden Oppositions-Parteien wird keine Regierung diese gerechten Angriffe ertragen können, sondern vielmehr schnellmöglichst alle Blößen beseitigen.

Ein beherzigenswerther Vorschlag findet sich in dem Vorworte zu Nr. II. der Preußischen Statistik (vom Geh. Rath Dr. Engel), und zwar der Vorschlag zu einer Bearbeitung aller Handelskammer-Berichte, und der periodischen Referate der im Auslande residirenden Preußischen resp. Deutschen Handels-Consuln. Dabei wird sehr richtig bemerkt, daß von dergleichen lehrreichen und den Interessen der Gewerbe- und Handeltreibenden in vielen Fällen so nöthigen amtlichen Mittheilungen noch viel zu wenig ins Publikum dringe.

Wenn es aus Vorhergeschicktem überhaupt ersichtlich war, daß es um eine Deutsch-consularische Vertretung schlecht bestellt ist, so muß das noch heller aus dem Umstand hervorleuchten, daß gerade der Moment, welcher andern Reichen hauptsächlich mit zu ihrer Größe, Macht und ihrem Reichthum verhalf, — von Deutschland vollkommen ignorirt worden ist.

Nach den allgemeinen Erfahrungsgrundsätzen und der Deutschen Wissenschaftlichkeit läßt sich nicht erwarten, daß eine mögliche Benutzung der Auswanderung negirt und ihre industriell-commercielle Bedeutung bestritten werden kann. Warum sorgt man nun durch die natürlichsten Bindemittel der Nation mit ihren lokal-ausgeschiedenen Mitgliedern nicht für eine Erhaltung der Anknüpfungspunkte?

Es darf nicht länger der Prüfstein des echten Constitutionalismus,

---

dieselbe 2c. sucht man jedoch vergebens. Am wenigsten geben sie aber ein Bild der socialen Zustände. So gelten sie denn auch unsern Kaufleuten nur für „wissenschaftliche", d. h. langweilige und praktisch unverwendbare Arbeiten!

die Auswanderung und mit ihr die Kräftigung der nationalen Mittel negligirt werden.

Werden die Deutschen Consuln das was die Englischen sind, d. h. wirklich industriell-commercielle mit einem Wort handelspolitische Vertreter ihres Vaterlandes, so fällt unwillkürlich schon eine Beachtung und Verwerthung Deutscher Auswanderer in ihre Thätigkeit ein, — wir wollen aber noch ganz speciell für den Plan unserer Broschüre die beiden Hauptzüge eines allgemein-wohlthätigen neuen Consularreglements aufzustellen versuchen.

Das Erste und Natürlichste wäre, daß unsere Regierungen für ihre Consuln unbedingte Anerkennung und Wahrung aller Gerechtsamen und Functionen durchsetzten, um ihnen so wirklich förderliches Auftreten zu garantiren; das Zweite eine möglichste Unabhängigkeit von den etwaigen übergeordneten Gesandten, Geschäftsträgern, Minister-Residenten ꝛc.

Dann aber müßte, um nicht aus dem Regen in die Traufe zu kommen, die industriell-commercielle oder, wenn wir wollen, handelspolitische Staatsrepräsentation von dem Handels-Ministerium vorgeschlagen und bloß von dem auswärtigen Departement bestätigt, resp. anerkannt werden.

Als eine heilige Pflicht würde es den Consuln aufzuerlegen sein, daß alle Mißbräuche wie überflüssige Sporteln, hierzu aufgedrungene unnütze Papiere und Paßscheerereien, Ursprungszeugnisse für Handelsprodukte und allzupeinliche Schiffsmanifeste wegfielen; denn nur so entfaltet sich der rein nationale Verkehr in einem wünschenswerthen Maßstabe.

Schon sind wir vielleicht in unserm Eifer für die Sache weiter gegangen, als es die logische Reihenfolge der auf unser Thema bezüglichen Gedanken gestattet, darum wollen wir nach nur ganz kurzen Vorschlägen in Bezug auf Auswanderung in einem weiteren Kapitel die handelspolitische Bedeutung einer zweckmäßig dirigirten und national-verwertheten Auswanderung besprechen.

* * *

In Ermangelung von Colonien und somit auch einer Colonial-Regierung, dürfte es im Interesse einer deutschen Auswanderung unumgänglich nothwendig sein, in der Art und Weise der British-Colonial-Emigration-Commissioners für deutsche Emigranten Sorge zu tragen. Wenn die Regierungen nicht gesonnen sein sollten, selbst eine Art Bureau zu errichten, welches eine nationale Leitung und eine eben solche und nur so mögliche Verwerthung der deutschen Auswanderung zum Zweck hätte, so müßten sie doch wenigstens, bei der Begründung einer Privatgesellschaft behufs Verbesserung der Emigrations-Bewegung, Vertrauensmänner beigeben, welche eben so wohl von den privaten Bestrebungen Kenntniß zu nehmen, als dieselben möglichst wohlthätig zu beeinflussen hätten. Die Stellung der Lokal-Autoritäten in dem Ansiedlungslande, wie sie in den englischen Colonien den Londoner Commissioners gegenüber, behufs der Bewahrung der für den Transport der Auswanderer bestimmten Bedingungen besteht, müßte in den ersten Stadien der Perfectionirung der Gesellschaftsreglements von den Consuln ausgefüllt werden. Später dürften besonders dazu ernannte Agenten diese Charge am zweckmäßigsten bekleiden.

Ein anderer Impuls, der von Seiten der deutschen Zollvereins-Regierungen behufs der Verwerthung der deutschen Auswanderung ausgehen müßte, sind Zollvereinsprämien, welche auf irgend eine Weise pr. Kopf der nach einem der wünschenswerthen Punkte, in Zollvereinsstaatlichen Schiffen dirigirten Auswanderer gezahlt werden könnten.

Ein fernerer Hebel zu einem handelsförderlichen Auswanderungsbetriebe wäre eine Subvention an Zollvereinsdampfer-Linien nach den für deutsche Auswanderung bestgelegensten Orten. Die Dampfer selbst müßten so construirt sein, daß sie im Kriegsfalle armirbar wären, und wenn wir uns anders nicht täuschen, war es auch im vorigen Jahre die Absicht des Preußischen Kriegs- und Marine-Ministers, Prämien an Handelsschiffe zu bewilligen, welche zu Kriegsdiensten verwendet werden könnten. Durch vorbezeichnete Dampfer würde nicht nur der Vertheidigungszweck, bei einer Ausführung des vorgeschlagenen Systems in allen nur zweckmäßig erachteten Linien, in einem hohen Grade mit geringen Kosten erreicht, sondern es würde auch eine nicht unbeträchtliche Porto-Einnahme erzielt und dem Absatze heimischer Fabrikate großer Vorschub geleistet werden. Als Beispiel für unsern Vorschlag weisen wir auf die Vereinigten Staaten hin, welche im Jahre 1859 für die innerhalb desselben gemachten 26 Reisen nach Europa eine Subventionssumme von 7663 Dollars pr. Reise bezahlten und dafür eine Einnahme von 665,979 Dollars für Porto erhoben. Von ausländischen Dampfern gewannen sie bei einer Subvention von nur 4730 Dollars pr. Reise bei 26½ Rundreisen 528,589 Dollars durch Porto. — So erhielt also die Regierung der Vereinigten Staaten durch das Porto allein mehr als den dreifachen Geldbetrag zurück, den sie an die Dampferlinien, durch welche obenein die Einfuhr und daher die Zolleinnahme, die Einwanderung und mit ihr die Steuer sehr vermehrt wurden, gezahlt hatten.

Schon im Jahre 1847 schlug der Verfasser in einer Broschüre: „Soll und kann Deutschland eine Dampfflotte haben und Wie? Mit Hinblick auf Deutschlands Handel, Industrie und Auswanderung" vor, Deutschland mit Südbrasilien und den La Plata-Staaten bei Gelegenheit der Auswanderung durch eine Dampfschifffahrts Linie in Verbindung zu bringen.

Bei einer Frage, woher die Mittel zu den gedachten Subventionen kommen sollen, verweisen wir einfach auf die ungeheuren Summen, welche Frankreich und England vom Tabak ziehen. Eine der neuesten Nummern des Journal des Debats giebt den Erlös auf 286 Millionen Francs an.

Die Deutsche Auswanderung vom industriell-kommerziellen Standpunkt aus.

Die Thatsache fortschreitender Zunahme der Bevölkerung hat auf die Frage geführt: wird der Ertrag des Lebens hinreichen, die größere Zahl zu ernähren? — Uns Deutschen hat die Frage vor der Hand wenig Sorge gemacht, sie ist nur von wenigen Gelehrten auf fremde Anregung erörtert worden, denn bei uns wohnt die Bevölkerung noch nicht sehr dicht zusammen; — ja, die letzte Zählung im Zollverein hat bewiesen, daß einige Deutsche Staaten jetzt eine geringere Zahl von Einwohnern haben (Mecklenburg und Kurhessen), als vor 3 Jahren. Die Auswanderung hat ihre Reihen gelichtet Desto mehr beschäftigt jene Sorge England und Frankreich, und seit Malthus seine bedenkliche Theorie darüber aufgestellt, ist die Forschung nicht müde geworden, mit immer neuen Untersuchungen auf diesen Punkt zurückzugehen. Noch vor nicht einem Jahre hat er von Neuem die Französische Akademie der Wissenschaften beschäftigt, und die bedeutendsten Staatsmänner betheiligten sich an der Debatte.

Man ist im Gegensatz zu den Malthus'schen Bedenken jetzt der Ueberzeugung, daß die Zunahme der Nahrung rascher erfolgt, als die Zunahme der Bevölkerung, daß die Progression in der Erzeugung von Naturprodukten viel lebendiger und bedeutender ist, als die Vermehrung der Volkszahl. Denn sie hängt von unsern geistigen und Cultur-Fortschritten ab, die in ihrer Wirkung unberechenbar sind; und die zunehmende Bevölkerung selbst ist es, welche der Erfindung, Ausnützung und Thätigkeit neue Anstrengungen auferlegt. Die Geschichte und Statistik unterstützt bisher diese Annahme; hören wir Macauley die Sitte und Lebensweise Englands am Ausgang des 17. Jahrhunderts beschreiben, so wird uns einleuchten, daß heute der geringste Arbeiter Englands besser lebt, als damals die Gentry; es liegt dies namentlich an der unvergleichlich höheren Gewinnung der landwirthschaftlichen Produkte gegen sonst. Frankreich ernährte unter König Ludwig XV. 16 Millionen, unter Ludwig XVI. 25 und jetzt 37½ Mill. Seelen; Niemand wird daran zweifeln, daß die jetzigen Franzosen besser leben, wohnen und sich kleiden, als zu den Zeiten des Hofes von Versailles. Man hat nachgewiesen, daß im Jahre 1800 der durchschnittliche Ertrag eines Hektaren in Frankreich 8 Hektoliter betrug, wovon 2 für die Aussaat abgezogen werden mußten, daß er heut 13 bis 14 Hektoliter beträgt, wovon 11 der Konsumtion überlassen werden. Dies wirkt die verbesserte Landwirthschaft, die Nothwendigkeit, dem Boden das Möglichste abzugewinnen. Die Natur ist allzeit gleich bereit zu geben, es kommt also auf die Steigerung des geistigen Vermögens und der Mittel an, die durch dasselbe aufgehäuft werden. Zahlen weisen nach, was veränderte politische Lage und Gesetzgebung gethan haben. Vor einem Jahrhundert waren von den 50 Millionen Hectaren, welche Frankreich umfaßt, nur 10 Millionen bebautes Land: 5 Millionen davon wurden von größeren Landwirthen kultivirt, welche Pferde halten konnten, die übrigen von kleinen Pächtern. Frankreich brachte im Ganzen 70 Millionen Hectoliter hervor, zwei Drittheile Korn, ein Drittheil Weizen. Unter Ludwig XIV. ward der landwirthschaftliche Ertrag auf 1500 Millionen, oder etwa 80 Francs per Einwohner geschätzt; unter dem Kaiserthum hatte er einen Werth von 3356 Millionen, oder 118 Francs per Einwohner; 1840 wurde er auf 6022 Millionen, oder 180 Francs per Einwohner angenommen. Seit nicht ganz zwei Jahrhunderten hat sich die Menge des kultivirten Landes mehr als verdoppelt, der Ertrag des Bodens sich vervierfacht.

Man sieht hier und kann es in England, wo die Bevölkerung seit dem großartigsten Aufschwung der Industrie noch viel rascher zugenommen hat, noch deutlicher beobachten, daß die Gewinnung von Natur-Produkten nicht nur in gleichem Maße wie die Bevölkerung zugenommen hat, sondern daß sie dieser vielmehr ansehnlich voraneilte.

Welche veränderte Verhältnisse bei uns seit 40 Jahren eingetreten sind, wie der Grund und Boden immer mehr entlastet worden, der Güterwerth gestiegen ist, die Production zugenommen und sich mit Glück auf vortheilhafte Industriepflanzen geworfen hat, ohne im Körner-Ertrag zurückzubleiben, das ist eine bekannte Thatsache; wir brauchen keine Zahlen zum Belag herbeizuziehen. Die Zerstückelung des Bodens fängt hier und da an, Bedenken zu erregen: dies Bedenken aber ist unnütz. Das Kapital des Handels und der Industrie ist unendlich beweglich; kann man das Grundkapital fixiren? Wir glauben es nicht.

Wir können nicht arm werden durch Verminderung des großen Grundbesitzes.

Die Besorgnisse, als werde die Bodenproduction mit der wachsenden Bevölkerung nicht Schritt halten, erweist sich als ungegründet, im Gegentheil die Intelligenz schafft noch größere Hülfsmittel, als jenes Verhältniß erheischt. Dieselbe wird jedoch nur lebenskräftig erzeugt, wiedergeboren und erhalten durch eine stetige Berührung mit der weiteren Außenwelt, dem Auslande, durch nationale Beziehungen.

Ob nicht dennoch eine Grenze eintreten werde, das vermag menschliche Berechnung nicht zu übersehen; die Vorsehung hat oft wunderbar einen Ausweg gezeigt, wenn es mit den bisherigen Mitteln zu Ende ging. Wer konnte vor 1770 den ungeheuren Umschwung des Gewerbefleißes durch das Maschinenwesen ahnen, das jetzt zehnmal mehr Menschen beschäftigt, als vorher die Handarbeit? Wer kann die Progressionen berechnen, in der sich unsere Communicationen erleichtern, verbessern und verwohlfeilern werden?

Es ist wahr, die Vorsehung hat wunderbare Auswege, und ein solcher ist in dem beregten Fall: die Auswanderung, dies nationale Hinausweh besonders der Deutschen. Wenn uns einerseits der Satz stärken muß, daß die Bevölkerung arithmetisch, der Nahrungsmittelbestand geometrisch zunimmt, und wir demgemäß keinen anderen, als eben den historischen, den in der Natur der Dinge liegenden Grund für die Auswanderung gelten lassen können; wenn wir auch nach der bisherigen Fürsorge eines ewig regierenden, weise schaffenden Gottes uns sagen dürfen, daß nach jenen vorausgeschickten Sätzen, wie überall Ursache und Folge, die zunehmende Seelenzahl bedeutende Erwerbsquellen mit sich bringen, von selbst hervorrufen, ja erzwingen und demgemäß keine Furcht einer Ueberfluthung durch Menschen und eines Mangels an Existenzmitteln nöthig sein wird, — so drängt sich doch ganz unwillkürlich die Frage auf, ob nicht auch diesem nach der göttlichen Vorsehung, oder, wenn wir wollen, nach der historischen Nothwendigkeit abziehenden Menschen-Kapital für die Nation, der es ex natura angehört, noch irgend welche Bestimmung unterzulegen ist, ob es nicht irgendwie benutzt werden sollte?

Die national-ökonomische Frage findet ihre Beantwortung in der Geschichte der National-Wirthschaft selbst. Die Phönizier, Griechen, Römer, Karthager, Türken, Araber, Spanier, Portugiesen, Franzosen, Dänen, Holländer, Russen und vor Allen die Engländer ignorirten ihre Auswanderung **nie**, sondern **schufen** sogar eine, wenn sie gar nicht oder nicht stark genug da war. Uebrigens ist auch **sogar schon** dem **Deutschen Bunde** (und da muß doch Etwas deutlich sein!) auf **Baierns Anregung** die Auswanderung mit ihrer nationalen Bedeutung aufgefallen, denn 1858 wurde in der Eschenheimer Gasse beschlossen, dem Auswanderungswesen seine Aufmerksamkeit zuzuwenden.

Was freilich den Erfolg anbelangt, so ist es damit gegangen, wie mit allen Plänen der höchsten Deutschen Behörde, der geniale Beschluß hat fast 2½ Jahr in Anspruch genommen*), und ist dann ein frommer Vorsatz geblieben, der noch heute unter dem anderen Convolut von Pergamenten und Acten einem seligen Auferstehungsmorgen zuschlummert. Daß der fromme Vorsatz übrigens dem Deutschen Bunde alle Ehre machte, läßt sich nicht leugnen, nur dürfte überhaupt eine Frage von so eminenter Bedeutung ein Körper nicht in die Hand nehmen, dessen eigenstes Ich nur noch ein Begriff ist. Die beregte Frage ist in einem für Deutschland wahrhaft förderlichen Sinne am Allerwenigsten polizeilicher Natur, wie sie ihr der Bund aufzudrücken bezweckte, sie ist vornehmlich und hauptsächlich die Frage einer **activen Handelspolitik**. Und in letzterem Sinne kann und darf die Angelegenheit **nicht** von dem **Bunde**, sie kann nur von **einem einigen Handelsgebiet**, von dem Zollverein in die Hand genommen werden, an dessen Spitze eine Großmacht mit einer entwickelungsfähigen Marine, wie z. B. Preußen, steht. Der Ausschußbericht des Deutschen Bundes hat die handelspolitische Seite freilich auch nicht außer Acht gelassen, aber wie könnte man überhaupt von Auswanderung reden, ohne sie zu berühren? Er hat der **Hinleitung der Auswanderung nach geeigneten Ländern, wo die Ausgewanderten sichere Existenz, Erhaltung der Nationalität und Zusammenhang mit dem Vaterlande finden, ein ausführliches Kapitel** gewidmet und die **Anstellung diplo- und Consular-Agenten zur Erreichung dieses Zieles als Vorschlag zur Prüfung** hingegeben. Doch die eigentlichen Ergebnisse des Ausschußberichts sind nur **polizeiliche** Maßregeln, Controlen, Paßvisirungen, um die heimliche Auswanderung zu hintertreiben und das Agentenwesen etwas mehr unter Aufsicht zu nehmen.

Die Hamburger und Bremer Presse hat sich, nicht unvernünftig, mit aller Form des Rechts, aber natürlich im Eigeninteresse, gegen die nach den Ausschußvorschlägen in die **Einschiffungs-Häfen** verlegten Sicherheits-Einrichtungen wider unbefugtes Auswandern ausgesprochen; die vorgeschlagene Controle werde vermuthlich unwirksam sein, aber gewiß habe sie so viel Unangenehmes für alle Betheiligten, daß die

*) Der Ausschuß wurde bereits am 28. Februar 1856 gewählt.

Deutschen Seeplätze in den gründlichsten Mißcredit kommen würden. Die Masse der Auswanderer würde immer den Hafen vorziehen, wo dieselben ohne zeit- und geldraubende Vexationen das Schiff besteigen könnten. Wer würde freiwillig seine Passage über einen Ort nehmen, wo der Mangel irgend eines Papierstreifens, wo das Versehen irgend eines Kanzlisten, wo die Ungeschicklichkeit oder Pedanterie eines Konsuls ihn der Gefahr aussetzt, das Schiff absegeln zu sehen, bevor er seine Legitimation hat in Ordnung bringen können.

Diese Einwände gegen mehrere der Ausschuß-Vorschläge sind ganz richtig; nur sollte man auch in den Seestädten (und zwar nicht nur in den Deutschen) bedenken, daß sie zu Zeiten viel dazu beigetragen haben. die naturgemäße und gesunde Entwickelung der Deutschen Auswanderung durch Anreizungen und Vorspiegelungen in eine Manie, in eine Krankheit zu verkehren, daß Habsucht einiger ihrer Geschäftsleute und gänzliche Gleichgültigkeit gegen das zukünftige Loos der verlockten Auswanderer viel schweres Unheil hervorgerufen haben, sie sollten bedenken, daß Manche von ihren Mäklern, Agenten und anderen Handlungen eine ähnliche Rolle spielen, als drüben in Amerika die Loafer, Runner und Rowdies, gegen welche doch auch die Polizei der Vereinigten Staaten endlich Maßregeln ergreifen mußte, um die armen, unkundigen Einwanderer nicht durch die Kniffe dieser Menschen ausplündern zu lassen. Wenn der Deutsche Bund oder wer es sonst sei, auf Schutz seiner Angehörigen gegen solches Unwesen denkt, so thut er nicht mehr, als was auch Nordamerika für seine Pflicht gehalten hat.

Indessen über den polizeilichen Gesichtspunkt wird der Deutsche Bund auch in dieser Angelegenheit nicht herauskommen; sobald er den handelspolitischen in das Auge faßt, treten sich erstens die Norddeutschen und Oesterreichischen Interessen entgegen, und fehlt es zweitens in dem Bunde an dem nöthigen diplomatischen und politischen Ansehen im Auslande. Oesterreich würde die Auswanderung nach seinen außerdeutschen Provinzen (wie Ungarn, den Donauländern und nach türkischen Gebietstheilen) empfehlen; das übrige Deutschland kann aber gewiß kein Interesse daran nehmen, Kapital und Menschen sich dorthin wenden zu sehen, wo sie nur Oesterreich von Nutzen sein können.*)

Der gesammte Deutsche Auswanderungszug geht aber nicht nach Osten, er geht nach transatlantischen Gebieten und muß im Interesse Deutschlands dahinzugehen fortfahren; Oesterreich ist daher unfähig, auf denselben Einfluß zu gewinnen, nur Preußen und dem Zollverein wäre dies möglich. Daß dem Deutschen Bunde das Ansehen fehlen würde, seine Angehörigen zu schützen, wenn sie am La Plata, am Uruguay oder sonst wo sich in nicht großer Zahl innerhalb fremder Staaten angesiedelt hätten, brauchen wir nicht zu beweisen; die Mächte wollen es ja nicht einmal leiden, daß die Deutsche Flagge sich auf den Meeren zeige. Falls nicht eine achtbare Macht hinter einem solchen Kolonisations-Unternehmen steht, würde die Vertretung und der Schutz, den der Deutsche Bund gewähren wollte, nur den Hanseatischen Consular-Agenten zufallen, also die ganze Sache wieder den Interessen der Hanseatischen Rheder dienen. Größere Massen Deutscher Auswanderer, die ziemlich nahe zusammenliegen, genügen sich selbst zu ihrem Schutze.

Wie wir aber im Voraus bemerkten, ist trotz alledem die Thatsache bemerkenswerth, daß der Deutsche Bund, der sonst für positive nationale Zwecke kein allzulebhaftes Interesse an den Tag legt, die handelspolitische Seite der Auswanderung der Beachtung werth hält, daß er Sicherung der Nationalität, Zusammenhang mit dem Vaterlande, wenn auch natürlich nur für einen Theil der jährlich aus Deutschland fortziehenden Angehörigen, für wünschenswerth erachtet, daß er das Bestreben äußert, „die bisjetzt dem Vaterlande ohne allen Nutzen, ohne jede

*) Siehe „Nach Osten oder nach Westen." M. d. L. d. A. 1846.

Spur von Rückwirkung entgehenden Kräfte, über deren künftiges Loos doch im Grunde zunächst nur der Vortheil der Hanseatischen Rheder und die Geschicklichkeit der Auswanderungs-Agenten disponirt, wo möglich für das Vaterland nutzbringend anzulegen und mit demselben in irgend einem vortheilhaften Zusammenhange zu erhalten."!

Wenn nun selbst der gewiß sehr reiflich überlegende Deutsche Bund auf solche Gedanken kommt, wird man fernerhin die active Handelspolitik vernachlässigen, das Auswanderungswesen als eines der wichtigsten Momente der Rhederei unbenützt, wird man eine Leitung des Auswandererstroms nach Gegenden hin, die, durch ihn befruchtet, eine neue Quelle des Segens für Deutschland werden müssen, unbeachtet lassen können?

Nein, unter der Regierung eines mit dem Volksglück so wohlmeinenden Monarchen, wie König Wilhelm I., in einem Augenblick, wo das Gelingen einer Handels-Verbindung mit dem äußersten Osten unserer Halbkugel auf viel reichere Beziehungen Deutschlands zu jenem Welttheil hinweist, der durch seine Lage in einem allgemeinen großen Ocean, durch seine reichen Produkte uns zu mächtigen bestimmt ist, wo selbst pure Negerstaaten, deren Entwickelung durch Rückwanderung der Schwarzen aus Amerika sehr beschleunigt werden wird, in den Kreis des Weltverkehrs eintreten, — wo die Krisis des Staates, der bisher unser abziehendes Menschenkapital nachhaltig verschlang und durch dasselbe groß wurde, für unbestimmte Zeit einen Halt dem Auswanderungsstrom dahin gesetzt hat, nach ihrem zweifellos am Ende glücklichen Ausgange eine viel stärkere Anziehungskraft üben wird; in einem Augenblick endlich, wo ein mächtiger Zug der Expansion durch alle Völker geht, und jedes seinen Antheil an der noch für die Kultur zu erobernden Erde sucht: hat doch sicher unser Deutsches Vaterland und vornehmlich unser großer Handelskörper die dringendste Veranlassung, seine überseeischen Beziehungen zu erweitern, denselben durch Verwendung des Auswandererzuges eine feste Basis zu geben, und zunächst seiner Rhederei, die eine Marine aus sich erzeugen soll, etwas von den Vortheilen zuzuwenden, welche bis jetzt die Hanseaten nur im eigenen Interesse und nur, weil der Zollverein die Sachen unbekümmert gehen ließ, ausgebeutet haben.

Wir wiederholen es: was dem Deutschen Bunde auszuführen es an Kraft gebricht, das muß der Zollverein, oder wie immer das handelspolitische Bündniß der Deutschen Staaten unter Preußens Leitung heißen mag, zu seinem Vorwurf machen. Unser Handelskörper von 30 Millionen ist lange genug von der Welt ausgebeutet worden, hat lange genug das bereitwillige Werkzeug für die Speculation der Yankees, der Engländer und selbst der Hanseaten hergegeben. Denn allen diesen Speculationen dient bis jetzt unser ganzes Auswanderungswesen, von ihnen ist der größte Theil unsers überseeischen Handels abhängig.

Unser Handel hat zugenommen unter der Erleichterung des inneren Verkehrs und in Folge des Aufschwungs unserer Industrie, aber unsere überseeischen Beziehungen entsprechen auch nicht im Entferntesten den in der Auswanderung abgegebenen Kapitalien und Arbeitskräften. Wir sind weit entfernt, die Freiheit der Auswanderer in der Wahl ihrer zukünftigen Ansiedelung beschränken, oder sie noch über das Meer hinaus bevormunden zu wollen; aber selbst Julius Fröbel, dem man wohl eher eine Vorneigung zur Ungebundenheit als das Gegentheil zutrauen wird, hat aus seinen umfassenden Erfahrungen in beiden Welten die Ueberzeugung gewonnen, daß Deutschland seiner Auswanderung und seinem überseeischen Handel zugleich feste Grundlagen geben müsse, und daß es in Südamerika das Feld für eine großartige „Colonisation" in unserem Sinne gewinnen könnte.

Wir haben schon früher auf die höchst verdienstvollen Arbeiten des Hrn. Geh. Rath G. Kerst hingewiesen, welcher insbesondere die Aufmerksamkeit Deutschlands auf die La Platastaaten hingelenkt hat, auf dies unermeßliche und zukunftreiche Gebiet, dessen Bedeutung für Frankreich, England und Nordamerika bereits eine abgemachte Sache ist. Wir selbst haben, gestützt auf eine fast 30jährige Erfahrung, wiederholt auf die großen Folgen aufmerksam gemacht, die an die Freigebung der Schifffahrt und des Handelsverkehrs auf allen Hauptströmen des riesigen Plata-Stromgebietes knüpfen, und aus eigenen genauen Forschungen und aus den besten Quellen die mannigfaltigsten Aufschlüsse über jenes Stromgebiet gegeben, welches viel größer ist, als das Mississippigebiet, und an Quadratfläche das der Donau 5 Mal, des Rheins 18 Mal, der Elbe 26 Mal übertrifft; wir haben früher schon unterrichtet über seine herrlichen und größtentheils schiffbaren Flüsse, über die Territorien, die durch das Flußsystem zu einer mächtigen Zukunft bestimmt sind, über Uruguay, die Argentinische Conföderation, das Gran Chaco, Paraguay, die Brasilianische Provinz Mattogrosso, Bolivia.*) Alle diese Gebiete waren bisher niedergehalten und dem Verkehr fast abgeschlossen (wie uns Handelmann in seiner Geschichte Brasiliens sehr richtig erzählt) durch die eifersüchtige und listig operirende Politik Brasiliens, deren Hauptzweck nur die Sicherung seiner Sklaverei ist. Jetzt öffnen sie sich uns mehr und mehr, und alle Handelsvölker eilen herbei, um sich ihren Antheil an der großen Zukunft zu sichern. Bereits befinden sich auf dem La Platastrome und seinen Zuflüssen an 30 Dampfer, und es werden an drei Punkten bereits Eisenbahnen gebaut.

Schon ist zwar ein Preußischer Minister und General-Consul für die Platastaaten ernannt und ein Vertrag mit der Argentinischen Conföderation und einer mit Uruguay abgeschlossen worden, aber das ist auch Alles. Für die gesammte Argentinische Republick hat Preußen zwei Consuln, wovon der Eine noch gar nicht einmal Preuße, sondern ein Spanier oder ein Portugiese ist. Für Paraguay, Uruguay, Bolivia, vertritt zugleich der gewandte Geschäftsträger in Buenos-Ayres, trotz der großen Entfernungen, Preußen und somit die Interessen des Zollvereins.

Wenn irgendwo der Platz ist, wo Deutschland durch Spezialverträge sich Gelegenheit verschaffen könnte zu einer großen Deutschen Ansiedelung, nicht um sie vom Heimathlande aus zu bevormunden, sondern um sie in Verbindung mit dem Vaterlande zu erhalten und unserm überseeischem Handel eine feste Grundlage zu geben: hier würden die Bedürfnisse des Zollvereins und seiner Auswanderung und das richtig verstandene Interesse der Staaten, die in jenem Stromgebiet liegen, sich begegnen. Es versteht sich, daß die Zollvereins-Regierungen zur Auswanderung keinen Anreiz geben oder dem Auswanderer die Richtung vorschreiben sollen, aber ein großer, handelspolitischer Gedanke und die Gewißheit, an einem der ergiebigsten und zukunftreichsten Orte der Erde in eine große, dem Vaterland verknüpft bleibende Gemeinschaft einzutreten, wird ja wohl noch eben so wirksam sein, als die Speculation hanseatischer oder ausländischer Rheder und ihrer Agenten nach anderen Richtungen hin.

Der Zollverein muß sich aus der Passivität und Mattigkeit, in welche seine Handelspolitik versunken ist, aufraffen, er muß sich neue und weite Ziele setzen, die ihn zur Action anspornen. Er will eine Marine haben, er hat für sie schon eine treffliche Station in der Nordsee, er will mit größeren Mitteln an seiner Seestärke arbeiten, um so besser, wenn er die Auswanderung betrachtet. Was ist jede Marine ohne genügende Rhederei? Nichts. Wie soll aber der Zollverein eine Rhederei haben, wenn ihm in seinen Hafenplätzen der überseeische Handel, wenn ihm die Auswanderung entgeht? Hören wir nur einmal, was die sachkundige „Weser-Ztg.“ (16. Juli

*) Siehe: Soll und kann Deutschland eine Dampfflotte haben 1847 und Deutsche Niederlassungen am La Plata. M. d. L. d. A. 1846.

1858), und prägen wir uns für den Zollverein das ein, was sie im Interesse ihrer Rheder sagt: „daß von dem Passagiertransport heut zu Tage fast aller Handel zwischen Europa und Amerika unmittelbar abhängig ist, weiß jedes Kind. Dies ist nicht etwa nur für Deutschland wahr; es gilt eben sowohl von Großbritannien, Frankreich, Belgien und Holland. Alle großen Handelsplätze der genannten Staaten, welche das amerikanische Geschäft betreiben, verdanken ihre commercielle Stellung vorzugsweise der Beförderung von Auswanderern. Ohne Auswanderer keine Rhederei, ohne Rhederei kein Waarenaustausch, diese Regel gilt überall!"

Und nun vergleiche man mit diesem Erfahrungsgrundsatze folgende Zahlen: über Bremen gingen im Jahre 1857 nach den Vereinigten Staaten in 1708 Segelschiffen 42,797 Personen, in 28 Dampfern 5326 Personen, nach Australien in 5 Seglern 935 Personen, nach Brasilien in 8 Segelschiffen 329 Personen, nach den Laplata in 2 Segelschiffen 20 Personen, nach der Küste Afrikas in einem Segelschiff 12 Personen, nach West-Indien, Mexiko, Venezuela, Bombay und den Sandwich-Inseln im Ganzen in 16 Seglern 30 Personen; im Ganzen in 238 Schiffen 49,449 Personen.

Somit haben wir folgende Betheiligung der verschiedenen Flaggen an der Auswanderungs-Ausfuhr:

Die Bremische Flagge participirte mit 1 Dampfer und 160 Segelschiffen und fuhr 37,251 Passagiere, die Nord-Amerikanische mit 16 Dampfschiffen und 3 Seglern 1738 Personen, die Englische mit 11 Dampfern 3497 Personen und die Preußische mit 2 Seglern 571 Personen. Also Preußen, das eine Marine entwickeln, die Handelspolitik des Deutschen Zollvereins vertreten und in die rechte Bahn führen soll, nahm mit 2 Schiffen an der Auswanderung über Bremen Theil!

Unter den Flaggen der mit Auswanderern von 1851—1860 expedirten Schiffe, repräsentirt sich neben 198 Amerikanischen, 1697 Bremischen, 27 Englischen, die Preußische mit einer Zahl von 9 Schiffen. Wir sind nicht in der Lage, den Antheil der Flaggen an der Auswanderung im Jahre 1857 über andere Häfen, als den Bremer genau angeben zu können, aber der Antheil Preußens und des Zollvereins ist auch da sehr gering. Hamburg beförderte in Auswanderungsschiffen 31,240 Personen und in 78 Schiffen nebenbei 258 Kajüten- und 68 Zwischendeck-Passagiere; zu diesem Kontingent hatte Preußen allein 12,728, Mecklenburg 8215, beide Hessen 752 Personen gestellt. Antwerpen beförderte 1857 in 67 Schiffen 13,333 Auswanderer, fast nur Deutsche; auch über Rotterdam, Havre, Dünkirchen ging eine große Emigration, aber der Antheil der zollvereinischen Flaggen reduzirte sich überall auf Null. Wenn man diese Zahlen mit dem obigen Erfahrungssatz der „Weser-Zeitung" vergleicht, dann wird man wohl die Antwort darauf haben, warum der Zollverein einen so geringen Antheil am überseeischen Handel hat. Diese Zahlen sprechen doch wahrhaftig mit unwiderleglicher Beredsamkeit und spornen uns an, den Anfang zu machen mit einer durchgreifenden Aenderung unserer Lage.

Wie aber, fragen wir uns nun, soll diese Aenderung sein? Und von wem soll sie ausgehen? Die Antwort wird in Folgendem gegeben werden. Erstens muß die Aenderung durchgehend von Grund aus, zweitens eine auf privatem Wege erfolgte sein, etwa in der Art, wie wir bei dem Vorschlag zur Gründung einer Gesellschaft zum Zweck des nationalen Auswanderungsbetriebes erwähnten.

Mit Letzterem ist zugleich unsere zweite Frage, wenigstens theilweise beantwortet. Zuvörderst muß allerdings die nationale Activität in Bezug auf Auswanderung auch von der Nation ausgehen, andererseits aber, und damit kommen wir auf den letzten Theil dieser unserer Arbeit, muß auch eine gründliche Aenderung in dem bisherigen Verhalten unserer Regierungen gegen die Deutsche Emigration eintreten.

Wir haben die Auswanderung schon als eine gewichtige nationale Frage bezeichnet, können also auch demgemäß nicht wollen, daß der Herzog von Nassau, oder der Fürst von Lippe-Detmold den Anfang mache: wem aber unter den Zollvereinsstaaten ziemt nun wohl der Beginn und die stete Leitung — mit einem Wort, die Lösung? — Wem anders, als Preußen, da Oesterreich wegen seines außerdeutschen Länderbesitzes oft geradezu anti-deutsche Interessen hat, und in der Auswanderungsfrage haben muß?

Wir können es in kleinen Dingen sehen, daß die Deutsche Frage wesentlich von dem abhängt, was Preußen wirklich leistet. Warum gab man in allen Deutschen Gauen Geld für die Deutsche Flotte unter Preußens Führung? Die Opfer sind allerdings nicht gerade groß, das Meiste kommt auf Preußen; aber es ist doch immer auf jene freiwilligen Beisteuern Werth zu legen. Man empfindet in ganz Deutschland, daß Preußen wirklich etwas in dieser Sache leistet. Es hat einen Vertrag mit China und Japan abgeschlossen; man weiß, daß an jenen Küsten die Deutsche Schifffahrt eine große Rolle spielt. Einige kleine preußische Kriegsfahrzeuge, die in den dortigen Gewässern stationirt werden müssen, werden Deutschlands Schifffahrt und Handel in Ostasien Sicherheit und Aufschwung geben. Da sieht man eine wirkliche Leistung Preußens.

Auf wirkliche Leistungen kommt es an. Nur das, was Preußen in Europäischen und Deutschen Fragen leistet, fällt ins Gewicht und entscheidet. So muß es denn auch in der Auswanderungsfrage vorgehen. Denn die Auswanderung ist eine wahrhafte Großmachtsfrage; sie stellt ein freiwilliges Heer von 50,000 bis 100,000 Köpfen jedes Jahr, und hat schon 250,000 in einem Jahre gestellt; ein Heer, das bei richtiger Leitung mit zum Nährstande der Nation gerechnet werden kann und das zugleich den maritimen Wehrstand kräftigt.

Die Preußische Regierung muß erstens dafür sorgen, daß keine Deutschen Unterthanen weiter durch fremde Staaten, deren oder inländische Agenten ins Elend geschleppt werden, sie muß zweitens gegen den physisch- und moralisch- oft nur zu nachtheiligen Transport auf den Auswanderungsschiffen einschreiten und drittens dem Deutschen in der Fremde jenen nachhaltigen Schutz verleihen, dessen er so sehr benöthigt ist.

Wir sagen: „benöthigt", und wir haben Recht. „Die Deutschen Malkontenten erfreuen sich bisher eines Vorzugs vor den vaterlandsmüden Bürgern aller andern Nationen. Konnten sie daheim von der Wiege bis zum Grabe kaum einen Schritt thun, ohne sich unter dem so oft lästigen polizeilichen Schutze zu fühlen, so brauchten sie nur auszuwandern, um diesem Schutze auf das Gründlichste zu entgehen. Sie konnten darüber vollständig beruhigt sein, daß Deutschland sich nicht ferner um sie bekümmern werde, mochte es ihnen im Auslande gut oder schlimm ergehen. Den Engländer, der in England bleibt, läßt seine Regierung thun und treiben was er will; sowie er aber fremde Länder besucht, beginnt sie ihren Schutz über ihn auszubreiten. Der Engländer hört nie auf „britischer Unterthan" zu sein, wenn er auch wollte; dem Deutschen ist es geradezu unmöglich, seine Nationalität in der Fremde geltend zu machen, wenn er auch die größte Lust dazu hat. Er ist in der einen Beziehung freier als der Engländer, aber diese Freiheit hat im praktischen Leben ihre sehr unangenehmen Schattenseiten. Im Allgemeinen möchte daher der Deutsche in der Fremde etwas mehr Schutz genießen, sollte ihm dafür auch in der Heimath etwas weniger zu Theil werden."

Und kann etwa der Deutsche Bund etwas dazu thun? Die „Weserzeitung", der wir obige Zeilen entlehnten, sagte sehr richtig: „hundert Böte machen noch nicht ein Linienschiff, und 34 Staaten bilden zusammen noch keine Großmacht. Der Deutsche Bund, welcher die Einheit dieser 37 Staaten repräsentirt, könnte zwar ebensoviel

Ansehen in der Welt genießen, wie Frankreich, England und die Vereinigten Staaten, aber der Deutsche Bund tritt dem Auslande nie als Macht gegenüber; er kennt keine Deutsche Unterthanen, sondern nur Badische, Hessische und Sächsische u. s. w., und es geht ihn nichts an, wenn ein Bayer oder Badenser jenseits des Meeres in Ungelegenheiten geräth. Dafür hat lediglich ein Großherzogliches Staatsministerium zu sorgen, welches denn freilich nicht viel mehr thun kann als Nichts."

„Mit der zunehmenden Bedeutung des ausländischen Handels ist indessen die Schutzlosigkeit Deutschlands in der Fremde immer fühlbarer geworden. Nicht allein die Seeuferstaaten, sondern auch die Industriellen des Binnenlands, die Millionen ihres Eigenthums, die zahlreiche Angehörige in fernen Welttheilen haben, vermissen schmerzlich den schirmenden Schatten, welcher den nichtdeutschen Kaufmann über Meere und Wüsten begleitet. Die massenhafte Auswanderung der letzten Jahrzehnte hat vollends die Beziehungen zu transatlantischen Gegenden vertausendfacht, und der Kontrast zwischen der Hülflosigkeit der Unsrigen und der Sicherheit der Fremden ist dem öffentlichen Bewußtsein näher und näher getreten."

Die „Weserzeitung" hat Recht, und wir fragen mit ihr: „Kann denn nicht Etwas geschehen?" — Noch mehr, wir hoffen und bauen auf den selbstbewußten Deutschen Volkswillen, auf die deutschen Volksvertreter und auf die volksthümlichen Deutschen Regierungen, daß sie ehrlich und stark vorwärts gehen und sich an eine gründliche Aenderung des bisherigen staatlichen Verhaltens gegenüber Deutschen Auswanderern machen werden.

Brasilien und die vier jüngsten wissenschaftlichen Expeditionen.

Wir haben in vorstehendem Kapitel zwar Brasilien schon vielseitig genug geschildert, aber wir glauben den Leser nicht zu langweilen, wenn wir ihm noch Gelegenheit geben, einen Hauptzug der Brasilianischen staatlichen Verhältnisse kennen zu lernen, der erst in jüngster Zeit sich wieder dargethan, der mehr wie jeder andere Punkt die innere Zerfallenheit der durch Landmonopolisten gewaltsam zerstörten, und durch dieselben jetzt nur noch sehr künstlich zusammengehaltenen Form, die man gewöhnlich mit dem Wort „Staat" bezeichnet, bewirkt. Wir meinen die entschiedene Abneigung der Brasilianischen Machthaber gegen wissenschaftliche Expeditionen im Lande, und die Art und Weise, wie man denselben begegnet und sie unwirksam macht. Bei der einmal vorhandenen Bedürftigkeit an weißen willigen Arbeitskräften muß ja den Interessenten, d. h. den Landbesitzern, absolut daran liegen, daß all' die ihnen nur zu gut bekannten mächtigen Uebelstände ihres Reiches nicht allgemein bekannt werden, damit nur die gut protestantischen, häuslichen und nach Freiheit verlangenden Deutschen Emigranten sich nicht abschrecken lassen, und der den Landherren so bequeme Unfug mit Staats- und Völkerrechten nicht auf das Forum der Welt kommt, wo seine Vernichtung dann doch in Kurzem erfolgen würde. Wenn aber irgend Etwas geeignet ist, schnell Licht über ein Land zu geben, so sind das wissenschaftliche Expeditionen, welche jeder Staat, der sich und andere über sich klar machen will, begünstigt. Wir erinnern uns hier unwillkürlich an einen erst kürzlich gelesenen Aufsatz eines Mitarbeiters der „Revue des deux mondes," worin der Verfasser sagt, daß Brasiliens ganze Politik bisher nichts weiter gewesen sei, als eine schlaue Charaktermaske, deren wahre Physiognomie Landpotentatenthum, Kolonistenbetrug, Negerschmuggel, mit einem Wort, der scheußlichste und nichtswürdigste Krämerwucher wäre — daß Brasilien von jeher trotz aller scheinbaren Freundlichkeiten und größtmöglichsten Civilisationsbestrebungen durch die hinterlistigsten Machinationen jede Oeffnung für das Einströmen der wahren Civilisation in Südamerika verstopft habe — daß der General-Konsul Sturz nimmer entlassen worden wäre, wenn er nur ein klein Wenig mehr über Dinge Stillschweigen beobachtet hätte, die in Brasilien nicht angerührt sein wollen, und daß Dr. Avé Lallemand auch nur deshalb mit dem Negerbaronen Regiment zerfallen sei, weil er das noli me tangere zu beobachten nicht Geduld genug gehabt habe. Der Verfasser, Monsieur Reclus, der selbst einige Zeit in Brasilien war, fährt fort: „Um es mit einem Wort zu sagen, Brasilien ist wie ein Madensack, und die reichen Grundbesitzer sind das elle Gewürm, das so lange vom Verderben zehrt, bis es selbst verfault. Wenn Herr Moreira in England dem vorigen statistischen internationalen Kongreß von seinem Vaterlande hübsche Geschichten erzählte, „so war das recht löblich, nur merkte man die Absicht und wurde — verstimmt." Freilich löste sich unter dem Scheheresadentalent des Vortragenden (das später auch mit dem Doktor-Diplom beehrt worden ist), die Mißstimmung — aber Jeder fragte sich unter Lachen und Staunen schließlich, was er mehr bewundern solle, die unverschämten Aufschneidereien und die Beweglichkeit und Gewandtheit Moreira's darin, oder die Gutmüthigkeit einer Zahl von ehrwürdigen Gelehrten, die sich Behufs des ernstesten Zwecks zu einem internationalen Kongreß versammelt hatten."

Wir erwähnten oben, daß wahrhaft wissenschaftliche Expeditionen in Brasilien kein Glück hätten. Nach dem, was wir von den beiden ersten wissen, ist dies der Fall. — Zu jener Zeit, als schon 2 Jahre lang die Rüstungen für jene exclusiv-brasilianische Expedition zur Erforschung „einiger weniger gekannten Provinzen des Reiches" (vorerst Ceara und Maranhaõ, die übrigens für Kolonisation auch nicht das Mindeste darbieten) währten, schlug Verfasser dieser Broschüre eine gleichzeitige Expedition zu ähnlichem Zwecke, wenn auch in anderer Richtung vor. Die Gelehrten, auf welche sich sein Augenmerk gerichtet, Dr. Moritz Wagner und Dr. v. Richthofen, hatten sich schon bereit erklärt, eine 2jährige Untersuchungsreise mit dem speziellen Zwecke der Lösung aller auf Kolonisation bezüglichen Fragen anzutreten. Sie machten sich unter Anderem auch anheischig, dabei die erforderliche Anzahl astronomischer Höhenberechnungen vorzunehmen, geologische Forschungen anzustellen, wie überhaupt allen Wünschen und Anforderungen nach genau aufgestelltem Schema zu genügen. Nach genauem Vorschlag sollte die Expedition mit 6000 Pfd. Strlg., Alles in Allem — selbst Bekleidung und Instrumente eingerechnet — durchgeführt werden. Jedoch wurde dieses Anerbieten kurz abgewiesen, obenein mit einem Verweis, den die Gesandtschaft in Berlin, so wie sie ihn vorbereitet hatte, auch an den Mann zu bringen sich beeilte.

Wer die Leistungen der beiden vorgeschlagenen Gelehrten, ihre Fähigkeit und Kenntniß für lehrreiche Skizzen aus dem Länder- und Völkerleben kennt, wird außer Zweifel sein darüber, daß ihr Verständniß und ihre Anschauungen in Betreff Brasiliens von der größten Wichtigkeit für das Land selbst gewesen sein würden. — Man zog es aber vor, sich auf die Kräfte einheimischer Savants zu verlassen, leider in Folge vielfachen Drängens der Männer selbst, welche dem Instituto Historico Geographico angehörten. Nach unendlich vielen Ankündigungen ihrer baldigen Thätigkeit in allen Gebieten der Wissenschaft, wobei die publicirten Berichte ganz deutlich die Benützung des Novara-Expeditions-Programms zeigten, und stetig die Angaben des Herrn St. Hilaire, Professor von Martius, Dr. Jentzsch u. A., — welche, wie überhaupt viele andere Vorwürfe, nur gefordert, aber nie gelöst worden sind, — enthielten, nach allen diesen Proklamationen und nach einem pompösen Auszuge aus Rio im Geleit mehrerer Dampfer, und mit einem eigenen gewaltigen Kriegsdampfer zur Disposition, kam die Expedition ohne alle Mittheilungen jeglicher Art (außer denen über ihre pekuniären Bedürfnisse) nach etwa 2½jähriger Abwesenheit, nach Rio wieder zurück.

Die Kosten, welche diese Reise verursachte, betrugen grade dasselbe, wofür die „Novara" in 2 Jahren die Welt umschifft hatte, alle durch die Fahrt anwachsenden Kosten einbegriffen, und grade zwölfmal so viel als jene Expedition, welche die Herren Dr. Wagner und Dr. v. Richthofen auszuführen sich erboten hatten. Erst jetzt erweist sich ein erster Nutzen der erwähnten National-Brasilianischen Forschungsreise, und zwar besteht der in einem ganz ungeheuren Zehrungsprozeß am Staatsschatz, um die ein Jahr lang brache gelegenen Tagesnotizen zu ordnen, und etwaige darin enthaltene Schätze herauszuziehen und zum Besten des Staates zu addiren.*)

Bei dem unumwunden ausgesprochenen allgemeinen Tadel können wir nicht umhin, einen Mann der Expedition hervorzuheben, der eine rühmliche Ausnahme in Bezug auf Wissen und Ehrenhaftigkeit macht, den Botaniker Dr. Freire Allemaö, dessen nachgiebige, rein gelehrte Natur dem Treiben der übrigen Mitglieder nur keinen Damm entgegenzusetzen vermochte, der aber zweifelsohne seine Fakultät wiederum mannigfach bereichert haben dürfte.

Zur einstweiligen Befriedigung der Erwartung Europa's von Resultaten und der geistigen Fütterung, besonders Deutschlands, war der Brasilianischen Regierung der Gedanke gegeben worden, anerkannt tüchtige populaire Schriftsteller zu engagiren, und diese zu veranlassen, Schilderungen Brasiliens und seiner Verhältnisse zu geben. Herr Fr. Gerstäcker, vermuthlich bereits von der Ecuador-Land- und Colonisations-Compagnie engagirt, konnte nicht gewonnen werden, darum setzte man sich mit dem hiesigen Literaten, Herrn Hans Wachenhusen, in Verbindung, fand aber denselben unter den leicht erkennbaren Bedingungen nicht geneigt, auf das beabsichtigte Unternehmen einzugehen. Der Zufall wollte, daß gerade Herr Dr. Lallemand mit der Novara-Expedition nach Brasilien zurückkam, wo er sich nach einiger Zeit für eine Reise stimmen ließ. Das Ergebniß der Expedition aber gestaltete sich, wie es die Brasilianische Regierung nicht vermuthet hatte, ganz anders als man es wünschte, und so war man hocherfreut, als Mitte 1858 von Deutschland aus Männer gemeldet wurden, die das Land bereisen wollten. Die Königlich Sächsischen Lieutenants Baron von Keller und Waldemar Schultz hatten zusammen mit dem Königl. Militair-Arzt Dr. Büttner, wie aus dem Bericht der Berliner Geographischen Gesellschaft zur Feier ihres 30jährigen Jubiläums ersichtlich, bereits offen erklärt, Brasilien wissenschaftlicher Forschungen wegen bereisen zu wollen, und in dem beregten Bericht findet die Hoffnung Karl Ritter's, unter dessen Redaction die Broschüre erschien, deutlich ausgedrückt, daß die Ergebnisse dieses Zuges für die Auswanderung der Deutschen nach den La Plata-

---

*) Zeit dazu ist es bald, und wir wundern uns nur, daß die Deutschen gelehrten Gesellschaften und wissenschaftlichen Capacitäten noch nicht auf eine Mittheilung des Erfolges der Expedition gedrungen haben, einer Expedition, die, ohne Nichtbrasilianer Theil nehmen zu lassen, sich doch von aller Welt Aufgaben stellen ließ, die noch heute gelöst werden sollen. Um so mehr, da ihr zweiter Chef, Dr. Schüch de Capanema, — nachdem er eine wissenschaftliche Erziehung in Deutschland gehabt, seine Doctorwürde aber in Brasilien erstanden hatte, bei seiner gedruckten Ankündigung der beabsichtigten Leistungen dieser ausschließlich Brasilianischen Forschungsreise die Versicherung gab: „Sie würde aller der bedauernswerthen Ignoranz, mit der bisher über Brasilien geschrieben worden sei, ein Ende machen!" — Die Deutsche gelehrte Welt ist aber endlich doppelt berechtigt, ein Resultat von einer Schaar zu verlangen, deren schon bezeichneter zweiter Chef wegwerfend äußert: „Die Zeiten wären vorüber, wo ein Herr v. Eschwege (bekanntlich seit 40 Jahren bis jetzt außer den Herren T. Halfeld und Carl Hocheder noch immer der einzige wahre Geologe Brasiliens,) astronomische Beobachtungen erfunden und sich dabei gesagt habe: „„Wer wird sie je verificiren!""

Ländern und Südbrasilien endgültig werden dürften und möchten, zumal als auch der La Plata-Strom und die von ihm durchströmten Gegenden in das Bereich der Untersuchungen jener 3 Herren gezogen werden sollten.

Gegen Mitte 1858 setzte sich auch wirklich die Expedition, ausgerüstet mit den vorzüglichsten eigenhändigen Empfehlungen A. Humboldts, K. Ritters, von A. Petermann, sowie vielen andern einflußreichen Personen, in Bewegung und verließ Deutschland. Auf das Beste instruirt über den Zustand der Deutschen Auswanderungs-Angelegenheiten, über das, was in dieser Beziehung für Deutschland wünschenswerth ist, sowie über die Mängel, die sich bereits nach allen Richtungen hin kundgegeben hatten, landeten die drei in Brasilien, gesonnen, einen Vergleich Brasiliens und der Plata-Staaten nach ihrer Reise zu veranstalten und unbeirrt von etwaigen lokalen Einflüssen nur rein wissenschaftlich zu verfahren. Unter der Bedingung einer günstigen Lösung der Aufgabe hatte auch die hiesige Geographische Gesellschaft einen Zuschuß bewilligt. Leider aber zerschlug sich die Gesellschaft sehr bald nach ihrer Landung in Rio durch Uneinigkeit, die, wie es scheint, an Ort und Stelle nicht ungern gesehen wurde. Herr von Keller, der alle Kosten der Reise getragen, ging ohne Weiteres nach Uruguay ab und veröffentlichte bisher noch nichts über seine Thätigkeit. Herr Schultz blieb nahe an 2 Jahre in Brasilien und verbrachte seine Zeit größten Theils in den Provinzen Rio Grande, Paraná und St. Catharina. Trotz dieses Zeitraums nun gab Herr Lieutenant von Schultz bis jetzt nur eine theilweise verbesserte Karte von den Küstenstrichen jener Provinzen und etliche wenige leichte Skizzen über die dortigen Kolonien, die Nichts neues brachten und die in der Monatsschrift der Geographischen Gesellschaft erschienen.

Man war berechtigt, von ihm sehr wesentliche Eröffnungen über den entscheidensten Punkt in der Einwanderungsfrage zu erwarten, über den Zustand des Grundbesitzes und den Bestand der öffentlichen oder Staatsländereien, — den Erwartungen wurde jedoch nicht entsprochen.

Schon die Ergründung nur einiger Thatsachen wäre als Ausgangspunkt zu genaueren Bestimmungen von unendlicher Wichtigkeit gewesen — aber Herr Schultz hat auf die Befriedigung dieser Bedürfnisse keine andere Rücksicht genommen, wie leicht es ihm auch durch die vielen Empfehlungen, den Zulaß resp. Mitarbeit im Landkarten-Archiv und im Landamt zu Rio, geworden wäre, die Lösung einiger Hauptfragen, die als Basen zur Beurtheilung des Zustandes der gesammten Besitz-Verhältnisse dienen, zu konstatiren. Zu jenen Erkennungsmitteln gehörte, wie Herrn Schultz bekannt war, ein Vergleich zwischen dem was in jenem Landamte wirklich vorging und dem was das Gesetz von 1850 vorschreibt, über die stets zunehmenden bedeutenden Geldstrafen und den eventuellen Heimfall von Grundbesitz an die Nation bei Nichterfüllung der vorgeschriebenen Registration der Ländereien.

Wie in den Registern mußte dort auf den Karten der gesammte größere, und besonders der ganz große Grundbesitz Brasiliens seinem Umfange nach, in Farben oder Abschattirungen mit der Einschrift des Namens des Besitzers enthalten sein. Nur durch solche Eintragungen hätte die gesetzlich beanspruchte und anerkannt im Privatbesitz befindliche Oberfläche des Reiches bestimmt, und somit sich die Begründung gewisser Zusicherungen Deutschen Auswanderern gegenüber erkennen lassen können.

Trotz dieses Bedürfnisses nun hat Herr Lieutenant Schultz entweder seine wichtige Aufgabe, einige Registrationen und dazu gehörige Karten genau zu vergleichen, und wenigstens über diese oder jene Provinz die Ansprüche Einzelner auf ihren Besitz festzustellen gar nicht erfüllt, oder doch seine desfallsigen Beobachtungen bis jetzt noch nicht zur öffentlichen Kenntniß gelangen lassen.

Nach den von Herrn Lieutenant Schultz vor seiner Abreise ausgesprochenen Entschlüssen, verschließen wir uns der Hoffnung nicht, daß er dieses noch nachträglich thun wird, und daß keine der Brasilianischen Regierung, bei seiner zeitweiligen Beschäftigung durch diese, etwa gemachte Zusage, noch auch die Annahme eines Brasilianischen Ordens von offener Mittheilung abhalten wird, indem jedenfalls sein früher gegebenes Versprechen an Dr. Carl Ritter und Andere, sein Möglichstes zur Erkenntniß dessen, was entscheidend für die Deutsche Auswanderung sei, beizutragen, zuvörderst berücksichtigt werden müßte. Ja wir können nicht umhin zu vermuthen, daß, wären schon seinerseits Aufklärungen in dieser Art gegeben, bereits großes Unglück verhindert, und daß die Verschleppung von 99 seiner eigenen nächsten Landsleute, Auswanderern aus dem Königreich Sachsen vor kaum 16 Monaten über Hamburg nach dem Contas-Flusse in der Provinz Bahia auf die schmählichste Weise und ihre Vermittelung an den verworfensten Sklavenhändlers Brasiliens (Hygino Pires Gomes), unmöglich geworden wäre.

Anknüpfend an diese vierte und letzte Expedition können wir den freilich sehr kurzen Aufenthalt des Schriftstellers Herrn Fr. Gerstäcker in Brasilien nicht unberührt lassen, der, wie sich von einem so überaus thätigen Mann auch wohl erwarten ließ, nicht ohne literarische Folgen sein konnte. Dieser durch sein bedeutendes Auffassungstalent bekannte Tourist hat auch schon begonnen, Einiges und zwar obenein aus dem Gebiete der Landfrage mitzutheilen, so daß wir doppelt verpflichtet sind, seiner Erwähnung zu thun.

Was uns bei einem 30jährigen Aufenthalt an Ort und Stelle und Arbeit mit Brasilien, und selbst den ersten Staatsmännern Brasiliens, wie aus deren beigedruckten Briefen ersichtlich, noch heute als ein Problem von der höchsten Bedeutung erscheint, über das spricht der geniale Reisende nach 4 oder 5 Wochen Aufenthalt in Brasilien mit einer Bestimmtheit, daß dieselbe Jedem, der den Scharfblick des Herrn Gerstäcker als Tourist anerkennt, denn doch etwas gewagt erscheinen dürfte. Zwei Artikel in der „Gartenlaube“, von denen der eine in Bezug auf den andern oft extreme Dinge enthält, beruhigen die Deutschen, die nach Brasilien gehen wollen, vollständig über alle etwaigen bisher verbreiteten Nachrichten. Obgleich Herr Gerstäcker die Sache der Brasilianischen Landmonopolisten gutzuheißen scheint, und sich Allen gegenüberstellt, die die Landeigenthümer incommodiren, so giebt er doch die früher von uns und Anderen beregten Uebelstände zu, freilich ohne Erwähnung der schlimmsten, wie z. B. Intoleranz, Gewaltthätigkeit gegen die Deutschen und Mangel an colonisationsfähigem Boden in tauglicher Gegend, auch die Rechtspflege berührt er nicht.

Selbst die Sclaverei überspringt Herr Gerstäcker auffallender Weise in dieser für sie so erschütternden Epoche, und kommt lieber durch eine den Landbaronen gefällige Wendung auf den sogenannten „Berliner Herrn“. Daß unter dieser Bezeichnung gar kein anderer gemeint sein kann, als der Verfasser dieser Brochure, ist evident. Wenn nicht brieflich Herr Gerstäcker von seinen Freunden uns als ein gesinnungstüchtiger Mann bezeichnet worden wäre, welcher mit allen unsern Ansichten über Brasilien übereinstimmte und selbst die von den unseren oft divergirenden eines berühmten Naturforschers (der bei wiederholtem Besuche Brasiliens und sogar einem mehrjährigen Aufenthalte dort den Colonisations- resp. Parceria-Angelegenheiten viele Aufmerksamkeit gab, dennoch aber die Landfrage nicht berührte) der Oberflächlichkeit zeihte, — so müßten wir billig jene Aeußerungen in der Gartenlaube für etwas mehr als eine Unvorsichtigkeit halten. Jedenfalls beeinflußt von einigen der in Brasilien lebenden Deutschen oder solchen, deren Interesse gegenwärtig noch mit dem der Pflanzer Hand in Hand geht, hat der erwähnte Tourist wenigstens durch einige Worte den früher auf ihn gesetzten Erwartungen der Brasilianischen Landpotentaten entsprochen.

Da Herr Gerstäcker bei einem so sehr kurzen Aufenthalt in Brasilien, an welchem die Nachricht einer gefahrvollen Krankheit seiner Gemahlin schuld war, nicht nach eigenem, sondern, wie er selbst zugesteht, wenigstens an dieser Stelle nach fremdem Urtheil zuwege geht, so wollen wir wenigstens zeigen, welcher Art die Quellen sind, die dem dem Herrn Gerstäcker dienten. Herr Gerstäcker hat das unbestreitbare Verdienst, durch seine Person den lebenden Patriotismus in Rio Grande und Rio de Janeiro zur Gründung einer Filiale des National-Vereins wachgerufen zu haben. Bei dieser Gelegenheit ist er auch mit jenen Deutschen zusammen gekommen, die nicht gerade die Deutschesten Gesinnungen in der dortigen Einwanderungsfrage haben, so sehr sie auch diese zur Schau tragen. Unter denen waren ohne allen Zweifel auch die Herren Fürstenberg und Salinger, die Associés des hier ansäßigen Brasilianischen Vice-Consuls in Stettin Herrn Joseph Behrend, Vorstandsmitglieder der Germania und nunmehr auch der Brasilianischen Filiale des Nationalvereins. Das Urtheil dieser Herren würde sich am besten charakterisiren lassen durch die Erzählung einer kleinen Affaire, welche ich mit ihrem Geschäftsfreund, dem bereits erwähnten Herrn Joseph Behrend in Berlin hatte.

Letzterer Herr wollte schon seit 1847 Brasilianischer Vice-Consul unter Verfasser dieser Broschüre, damals General-Consul, werden. Im Jahre 1852 befürwortete sogar Senhor Araujo das fortgesetzte Gesuch desselben, dem ich aus wohlmotivirten Gründen, die übrigens in einem Briefe vom 29. October an Senhor Araujo detailirt mitgetheilt sind, nicht willfahren konnte. Wenn nun die Geschäfts- und Gesinnungsgenossen Herrn Behrends keine allzugünstige Meinung von dem „Berliner Herrn" haben sollten, so ist das leicht erklärlich, auffallender ist schon, daß, wenigstens einer jener Herren in Rio und ebenso Herr Behrend selbst ein so ungünstiges Urtheil über den jetzigen General-Consul Portalegre de Araujo und sogar über den Gesandten Marcos Antonio de Araujo fällen, wie sie es gethan haben; noch auffallender wird es, jene Brasilianischen Deutschen so über einen Mann urtheilen zu hören, mit dem ihr nächster Verwandter, Herr Adolph Schmidt in Rio, — der da er in einer Mischehe lebt und den furchtbaren Nachtheil einer solchen in Brasilien fühlt, — nach einer in der „Brasilia" vor Ernennung des Herrn Behrend zum Vice-Consul in Stettin veröffentlichten Erklärung zur Mahnung der Brasilianischen Regierung in allen Punkten vollkommen einverstanden ist.

Jedes vielleicht im Vorstehenden gegebene Räthsel, löst sich jedoch, wenn wir noch einige Worte über das Verhältniß zwischen Behrend und dem Verfasser dieser Broschüre sprechen. Dieselbe Angelegenheit, welche Verfasser Dieses um seine Stellung brachte, nämlich die Brasilianische Land- und Colonisationsfrage, verschaffte Hrn. Behrend sein längst gewünschtes Vice-Consulat, dessen Ernennungsdecret er lange unveröffentlicht ließ, wie es scheint, aus Scheu. Nachdem schon wiederholte nachdrückliche Versuche, den Verfasser dieses erst gewaltsam oder auch auf friedlichem Wege durch gewisse nicht unansehnliche Mittel zu beseitigen, fehlgeschlagen waren, legte endlich der neue Vice Consul seine amtliche Befähigung durch die sehr kostspielige Veröffentlichung gewisser besonders dazu zugeschnittener Tschudi'scher Berichte zur Beschönigung der Parceria-Contracte in der National- und Kreuzzeitung ab, und versuchte sogar den Antrag des Abgeordneten Herrn Harkort auf die Auswanderung nach Brasilien bezüglich abzuschwächen und womöglich einzuhalten. Herr Behrend war über das Gelingen seines Planes so sicher, daß er die hiesige Brasilianische Gesandtschaft schon im Voraus nach Rio berichten ließ, „daß man von den dabei entscheidenden Parteien die Versicherung empfangen habe, es würde vorerwähnter Antrag gar nicht mehr zur Sprache kommen." Diese Zuversicht klärt sich auf, wenn wir den Umstand in's Auge fassen, der an's Licht gezogen wurde, als Herr Behrend sich bei den vorigen Novemberwahlen als Candidat anbot.

Zur Erkennung unserer Stellung zu ihm sei kurz eines schon früher geschehenen Zusammentreffens Erwähnung gethan, das vielleicht einigen Einfluß auf das öffentliche Urtheil über Behrend hatte. Eines Morgens nämlich, nur 2 Tage vor der wirklich über die Auswanderung nach Brasilien in dem Abgeordnetenhause eingetretenen Discussion, befand sich Verfasser in früher Morgenstunde bei Herrn Harkort besuchsweise. Nach ganz kurzer Zeit ging die Thür auf und Herr Behrend trat ein, der, durch meine Gegenwart offenbar betroffen, sich Herrn Harkort als Herr Behrend vom Hause B. u. S. dahier vorstellte. Leider fand sich Herr Harkort nicht bestimmt, auf das Manöver einzugehen, und begrüßte ihn als gekannte Person. Nach einem kurzen Gesprächseingange, in dem unwillkürlich der Wirth die beiden Besucher näherte und ich meiner Seits ganz deutlich meine Abneigung gegen den zweiten Ankömmling und ein Verständniß von dem Zwecke seines Besuches an den Tag gelegt hatte, sprach sich Herr Behrend folgender Weise aus: „Herr Sturz, Sie sind ein Ehrenmann, den ich hochachte und hochachten muß, wie ich schon Herrn Harkort und Herrn Joseph Lehmann gesagt habe und überall sage!" Auf diese seine Ehrenerklärung entgegnete ich, daß ich sie aus ihm selbst bewußten Gründen für ganz werthlos halte. Herr Behrend beruhigte sich seltsamer Weise damit nicht, sondern wiederholte die Worte mehrmals: „Sie sind ein Ehrenmann, der stets nach seiner Ueberzeugung handelt, sich aber dadurch viel geschadet hat, denn ich jedoch gerne helfen würde, wie ich es vor Ihnen ja auch schon an den Tag gelegt habe, ich aber bin ein Geschäftsmann und muß auf mein Geschäft sehen; ich kann nicht mit Gleichgültigkeit mit ansehen, daß ein Land, zu dem ich in umfangreichen Beziehungen stehe, durch die Vorenthaltung der ihm so nothwendigen Einwanderung aus Deutschland benachtheiligt wird."

Natürlich warf ich bei diesen Worten dem Mann einen Blick der Verachtung zu und konnte nicht umhin, ihn an die mir früher gemachten Propositionen zum Zwecke der Beschwichtigung meiner zwanzigjährigen stets offen vertretenen Ueberzeugungen, sowie in Bezug auf eine Berufung seiner Seits auf das unumschränkteste Vertrauen für Kolonisationszwecke der Brasilianischen Regierung zu erinnern. Herr Behrend erblaßte und bot mir die Hand zur Versöhnung. Ich aber wies dieselbe mit Verachtung zurück.

Sollte Herr Gerstäcker nicht vielleicht einen Theil seiner Eindrücke über mich von Herrn Behrend dahier empfangen haben, als er im Frühjahre dieses Jahres, von seiner Reise zurückgekehrt, noch voll von Erinnerungen an die von Herrn F. in Rio empfangenen Höflichkeiten, nur wenige Häuser vom Comptoire des Chefs des Handlungshauses mehrere Tage hindurch wohnte?

Vielleicht bestimmte gar die Meinung des Herrn Gerstäcker in der Gartenlaube über den Berliner Herrn die Ansicht einiger Deutschen in Rio Grande, welche, mit Landspeculationen beschäftigt, an immediater Einwanderung Interesse haben und deshalb das Unglück und die Täuschung ihrer eigenen Landsleute minder hoch anschlagen, als die pecuniairen Vortheile der Landbesitzer Brasiliens.

Oder sollte Herr Gerstäcker nach dem Urtheil von einigen Hamburger Herren gegangen sein, die momentan eine Einwanderung nach der Colonie Dª Frcª sehnlichst wünschen? oder sollte endlich Herr Dr. Blumenau in Brasilien Herrn Gerstäcker beeinflußt haben? Was diesen Herrn anbelangt, so wird in Folgendem der Werth seiner jetzigen Meinung sich zeigen.

Verfasser dieser Broschüre besitzt über 40 Briefe (vom Jahre 1843 bis 1852) von Dr. Blumenau, die insgesammt seine Ansichten über die Brasilianische Land- und Colonisationsfrage gutheißen und theilen. Nichts desto weniger hat gerade dieser Correspondent, wie so viele andere, die von mir in Brasilien eingeführt worden sind, anstatt zur Fundamentirung rechtlicher Grundsätze im Landbesitz beizutragen, wie er versprochen, seinen eigenen vermeinten Vortheil vor Augen gehabt, und sich große Landschenkungen gesichert, von denen er sogar mir seiner Zeit eine legoa als Versöhnungsmittel anbot, die ich jedoch zurückwies.

Oder sollte einer der Deutschen, nach denen Herr Gerstäcker sein Urtheil über mich gebildet hat, vielleicht Herr Dr. Schüch de Capanema sein, der bereits 1852 sehr ärgerlich auftrat gegen meine gedruckten Circulare, die er, damals noch ein junger Mann von 24 Jahren, in geschriebenen Buchstaben „gottverflucht" nannte) weil sie die Exclusivität seiner Autorität in technischen, militairischen, öconomischen und anderen Dingen störten und seinen Wegen in Liebedienerei an die Pflanzer zuwider gingen), deren Inhalt er aber für sich allein, wie auch einige andere Herren, mitgetheilt zu haben wünschte?

Oder wären es überhaupt solche Deutsche, über die Dr. Lallemand in einem Briefe an mich vom 30. September 1861 schreibt: „Der Deutsche Brief aus Brasilien über den unglücklichen Meusebach hat auch mir die Eindrücke großer Rohheit und Gemeinheit von den Seiten des Schreibers gemacht. Doch ist man darin und in der Benutzung des Zustandes eines unzurechnungsfähigen Mannes noch weiter gegangen. Man hat einen Brief, den ich an Herrn v. M. nach London mit vielen Personalien geschrieben hatte, zu entwenden und wörtlich, aber entstellt, zu copiren sich nicht entblödet, in Folge dessen ich einen ganz niederträchtigen Brief neulich erhielt, wie denn überhaupt die Niederträchtigkeit in Brasilien recht eigentlich das Attribut mancher Deutschen Colonisationsbewegung ist. Doch darf man sich über das Gebell solcher Landsleute, denen gerade ich ihren Gewinn mit allem, was Auswanderung und Colonisation heißt, etwas gestört habe, nicht wundern."

Nachdem ich im Vorhergehenden Herrn Gerstäcker gezeigt habe, daß er sich von übelwollenden Menschen in seiner Aeußerung über mich auf einen falschen Weg hat bringen lassen, erkläre ich hiermit noch frei und offen, daß ich jeden Augenblick bereit bin, für den Fall, daß er es nach Durchlesung dieser Broschüre noch wünscht, ihm und seinen Freunden, wenn dieselben nur nicht Spione der Brasilianischen Regierung sind, Correspondenzen von vielen Deutschen in und außerhalb Brasiliens, und zugleich Acten vorzulegen, die jeden Zweifel über seine bisherigen Annahmen zu beseitigen im Stande sein werden.

Zum Schluß sei bei dieser Gelegenheit, so wie bei einem durch die demnächstige von Nordamerika übertragene Bewegung bald nothwendigen Studium der Brasilianischen Geschichte wiederholt in Erwähnung gebracht, daß ich überhaupt meine Papiere, Briefschaften, Circulare, Dokumente und Arbeiten, Brasilien anlangend, zu Jedermanns Einsicht bei der hiesigen Königlichen Bibliothek niederlegen werde, damit sie früher oder später zur Aufklärung der Geschichte Brasiliens mitbenutzt werden können, wozu sie ganz sicher geeignet sein werden. Der Stempel der Wahrheit wird ihnen nicht fehlen.

Ueber die Gründung eines Vereins und einer Gesellschaft zur Leitung der deutschen Auswanderung im nationalen Sinne.

Wenn wir als Hauptzweck unsrer Broschüre einen Verein zur nationalen Benützung der deutschen Auswanderung und schließlich eine Gesellschaft, resp. ein Bureau, zur praktischen Indiehandnahme unserer Ideen ins Leben rufen wollen, so erstreben wir nichts, was zu schaffen unmöglich ist. Zur kleinen Aufmunterung mag hier eines Instituts Erwähnung gethan sein, welches unserm, vor dessen Existenz gehegten und ausgesprochenen Plane, sich annähernd, nun schon seit einigen Jahren mit dem besten Erfolge in jeder Beziehung das nationale Werk fördert. Wir meinen das Bankhaus Siegrist & Fender in Basel, das in Uruguay Schweizer und mit diesen eine nicht unbedeutende Anzahl Deutscher ansiedelte. Auf diese Weise ist denn nun eine schweizerische Colonie „Helvetia" entstanden, der die folgenden Colonial-Gemeinden sich unmittelbar anlehnen sollen. Dieser erste schweizerisch-deutsche Bezirk in Uruguay umfaßt etwa 14 □Stunden, ist nahe an der Küste und zwischen den beiden Haupt-Seehäfen des Landes (Montevideo und Colonia del Sacramento) gelegen) von wo aus eine tägliche Dampfschifffahrt mit Buenos Ayres besteht. Hierdurch wird erreicht, daß die Einwanderer sofort nahe an ihrer neuen Heimath selbst landen, die Kosten der Ansiedelung bedeutend verringert werden, der Fremdling keinen gierigen Werbe-Agenten und Gaunern in die Hände fällt, und der Landmann Gelegenheit erhält, seine Produkte mit Leichtigkeit und großem Nutzen in loco absetzen oder verschiffen zu können. — Sodann liegt die Colonie „Helvetia" nur eine halbe Stunde von der Stadt Rosario oder Colla mit 5000 Einwohnern, entfernt, woselbst bereits deutsche Handwerkerfamilien eingebürgert sind. Sechs Stunden westlich befindet sich die schon dem Hafen nach genannte Stadt Colonia del Sacramento mit 10,000 Einw.; (darunter 4000 Deutsche und Schweizer), welche nur 15 Stunden entfernt ist von der Hauptstadt des Landes, Montevideo mit 60,000 Seelen. Trotz einer so ausgezeichneten Lage kostet der preußische Morgen Landes nicht mehr als 6 Thaler, wogegen bei Fleiß und einer mäßigen Kultur, wie man sagt, leicht 200 bis 300 Thlr. als jährlicher Ertrag gerechnet werden können. Wer auf der Colonie zu bleiben gesonnen ist, erhält sofort nach seiner Ankunft gutes Land zu seinem Eigenthum angewiesen, und könnte er nicht sogleich die Kaufsumme erschwingen, so ist man selbst bereit, ihm einen zweijährigen Kredit oder auch einen Pachtkontrakt gegen mäßigen Zins zu gewähren. Das Land selbst besteht aus einem Wiesenboden, welcher sofort umgepflügt und urbar gemacht werden kann, um so mehr, als einige Fuß unterhalb, wo man in der Regel auf eine Lehmschicht und Quellwasser trifft, die Anlage von Brunnen ermöglicht wird. Nach dem amtlichen Nachweis des Herrn von Gülich, pr. Generalkonsul in Montevideo, nahmen im Jahre 1858 deutsche Landwirthe schon ein Areal von mindestens 50 □Stunden Landes ein, und seit dieser Zeit soll bereits das Doppelte dieser Zahl an Deutsche verkauft worden sein. Gewiß ist, daß alle Diejenigen, welche sich in Uruguay niederließen, schon mit unbedeutenden Mitteln in kurzer Frist zu bemerkenswerthem Wohlstande gelangten. Damit sind also schon einigermaßen die Mittel geboten, die deutsche Auswanderung nach Uruguay zu leiten. Ueberdies sind die Bedingungen des Baseler Bankhauses Siegrist & Fender billig, indem es schon für 5 resp. 7 Thlr. den Preußischen Morgen besten, pflügbaren Ackerlandes abläßt.

Aber — sollten wir Deutsche ein derartiges Unternehmen nicht allein begründen können? Soll sich das große mächtige Deutschland von der kleinen Schweiz fernerhin an Sorge und vernünftiger Benutzung seiner Auswandrer übertreffen lassen? Wollen die Deutschen sich weitere Vortheile, die ihnen ja gewisser als vieles Andere sind, entgehen lassen? Man bedenke doch, schon ein Anlage-Kapital von 1000 Thalern auf Bodenkauf in Uruguay verwandt, wird nach den Angaben der Herrn Siegrist & Fender im ersten Jahre 60 pCt., im zweiten 90, im dritten 130 u. s. w. geben. Wie wir die deutschen Regierungen kennen, so läßt sich von ihnen wenig oder gar nichts für eine solche Sache erwarten. Die Führer des Volks, gehören sie zur Fortschrittspartei, zu den Liberalen, zu den Verfassungsgemäßen oder Conservativen, müssen die Sache in die Hand nehmen. — Unsere Landsleute von offiziellen Werbeagenten nach demoralisirenden und physisch verderbenden Ländern verschleppen zu lassen, ist ganz eins mit jenem nichtswürdigen Menschenhandel, den deutsche Regierungen (von Hessen-Cassel, Braunschweig, Anspach, Waldeck u. s. w.) seit 1777 betrieben, und der so sehr verdammt worden ist.

Wenn sich die nationalen Vereine auch hierin ihres Namens würdig erweisen wollen, wenn sie die Betreibung einer so großen Sache, wie der deutschen Flotte in die Hand nehmen, so dürfen sie auch die nicht minder bedeutende Frage der deutschen Auswanderung, die ja ein Emporkommen unserer Flotte fundirt und bedingt, nicht unbeachtet lassen.

Wir wiederholen es, die Gründung eines Central-Bureaus für deutsche Auswanderung in einem der einflußreichsten Orten Deutschlands, etwa Berlin, ist unerläßlich. Dieses Institut müßte unentgeldliche und von Privatinteressen gänzlich unbeeinflußte Auskunft an alle Personen, welche ihre Aufmerksamkeit auf Auswanderung richten, ertheilen und ebenso monatliche Berichte über den Stand der Frage zur Belehrung des deutschen Volkes geben. Hand in Hand mit einer Zeitung müßte Aufklärung über deutsche Emigration im nationalen Sinne in allen Winkeln des Vaterlandes verbreitet, und so der Gemeingeist von der Wahrheit und Bedeutung der Sache durchdrungen und auf sie hingelenkt werden.

Zugleich müßte eine eigends gebildete Gesellschaft, wie die schweizerische, eine Strecke Landes in Uruguay erwerben, oder sich wenigstens sofort mit jener in Verbindung setzen, um wenigstens vorläufig den den deutschen Auswanderern billigeres Land zu verschaffen.

Leicht wäre es für den deutschen Nationalverein und in vollem Einklang mit seinen Bestrebungen für eine deutsche Flotte, einen Ausschuß zu bilden, und dem die beregte Sache anzuvertrauen. — Unter einem tüchtigen General-Direktor, der mit den Verhältnissen Süd-Amerika's vertraut ist, und durch angemessenen Gehalt von der Gesellschaft oder dem Verein nur auf ein paar Jahre unabhängig hingestellt wäre, würde sich Alles wie mit einem Schlage wenden, das alte, bisher nur zu sehr gerechtfertigte Mißtrauen gegen solche Anstalten aufhören, es würden sich fernerhin alle Auswanderer der nationalen Leitung des Bureaus anvertrauen, und es würde so das materielle und intellektuelle Kapital hundertfach verwerthet werden. Die Regierungen müßten endlich, bei dem fortwährenden Mahner, den sie an dem Büreau und der aufrichtigen, gut unterrichteten Zeitung hätten, für diplomatische und kommerzielle Vertretung deutscher Auswanderung sorgen und Alles Leid und manche Schmach hätte ein Ende.

Wenn es noch deutsche Herzen, deutschen Muth und deutsche Kraft, wenn es noch eine deutsche Nation giebt, so geht in Euch, helft Euren Auswanderern und damit Euch selbst! Nur ein Anfang, und das Werk ist so gut wie geschehen, weil es dann durch seine materiellen augenblicklichen Vortheile schon alle Augen auf sich lenken wird.

Kein Fuß, keine Hand rührt sich, kein Beutel thut sich auf, um Dir zu helfen, deutsche Nation, darum thue es selbst und schaffe Dir durch sie eine deutsche Flotte und Deinen Nachkommen ein treu zu ihnen stehendes Brudervolk jenseits des Meeres. An Alt und Jung, Arm und Reich ergeht die Mahnung: Habt Euch selbst lieb in Euern Auswanderern! —

ANHANG.

Auszüge aus Briefen, Zuschriften und Erklärungen von Brasilianischen Staatsmännern, Diplomaten, gesetzgebenden und anderen Corporationen, wissenschaftlichen Instituten ꝛc., welche darthun werden, ob und wie der Verfasser dem Brasilianischen Volk und seiner Regierung während der 16 Jahre, daß er Kaiserl. Brasilianischer General-Consul war, treu und wahrhaftig das Interesse Brasiliens wahrgenommen hat. Welchen Antheil er an der Verbreitung der Ueberzeugung von der Lage Brasiliens als Einwanderungsland und über die Bedingungen der Einwanderung für dasselbe verbreitet, und auf welche Weise er verhindert hat, daß die Verirrungen der Brasilianischen Regierung in ihren sogenannten Colonisationsbestrebungen nicht noch größer wurden, als sie es jetzt sind.

Nachstehende Auszüge werden aber auch endlich zeigen, in wie weit die Bestrebungen des Verfassers dieser Brochure, so wie seine Weigerungen, an der Parceria-Colonisten-Beschaffung Theil zu nehmen, oder sich überhaupt mit dem Betriebe irgend welcher Auswanderung nach Brasilien zu befassen, so lange nicht daselbst eine gründliche Landreform und völlige Toleranz gesetzlich festgestellt war, für Brasilien wohlthätig gewirkt und zur Rettung vieler Deutschen beigetragen haben. Die nachstehenden Auszüge werden schließlich auch beweisen, daß die Zahl Derer, welche unter meiner Mitwirkung, oder auch nur bei meiner schweigenden Billigung nach Brasilien ausgewandert waren, noch ungleich größer und ihre Lage bei Weitem trauriger geworden sein würde, als die aller früheren Emigranten, deren letzterer Schicksal, so erniedrigend es auch ist, durch die wachgerufene Aufmerksamkeit Europas einigermaßen gemildert wurde.

Rio, 12. de Setembro 1843. Illmo Senr Joaõ Diogo Sturz. Estou de posse da Carta de Va Sra de 11 de Julho, e he occasiaõ de Lhe agradecer os diversos folhetos, Jornaes &ca. que me tem Va Sra enviado, repetindo assim, o que já eu disse em a carta*) em que respondi à outra de Va Sra: Se naõ fora Va Sra e os muitos esclarecimentos, que tem enviado para o Imperio sobre colonisaçaõ, já á outros muitos e já as Camaras, por certo que jazeriamos aiuda escravos das antigas Ideas sobre a materia, e nao poderei

*) que nunca recebi, mas posso dizer que sò em 1840 ate 44, gastei mais que 75 L. Stg. em relatorios, libros, mappas e gazettas a este fim remettidos; e pouco menor somma ainda em portes de cartas; quanto ao trabalho da minha correspa. facil será fazer-se d'elle bema idéa.

eu ter respondido ás diversas objecções que na Camara se fizeraõ á proposta sobre colonisaçaõ, que ja passou em 2ª discussaõ, e entra em 3ª, porem com muitas emendas, que se adoptaraõ em pequena reuniaõ. Vª Srª tem naturalmente os Jornaes do Commercio d'esta Corte, e d'elles verá, que vamos entrando nas vias da verdadeira colonisaçaõ, e ha esperança que conseguiremos alguma cousa, sobre tudo se o Governo tiver na Europa agentes taõ zelosos, taõ activos, como he Vª Srª.

Pelo que respeita ao projecto de navegaçaõ do Amazonas pr Vapor, sabe Vª Srª que entrei em sua defeza até com enthusiasmo, e que tendo lembrado algumas pequenas alterações, adoptei o projecto e esperava, e espero ainda grandes vantagens de sua realisaçaõ. Foi em grande parte pr minha interferencia que elle passou na Camara dos Srs Deputados, pois grande numero houve, que em falta de esclarecimentos se louvou em minha opiniaõ: agora porem que está no Senado, e que teve contra si Vasconcellos, e o fallecido Barbacena &ca, ja naõ está em minhas maõs cousa alguma senaõ accompanhar à Vª Srª nos desejos de o ver adoptado e expressar mtas vezes esta minha opiniaõ. Se de mim dependesse, estava elle ja adoptada, e o estará, se em algm tempo eu poder contribuir para isso, com o que pode Vª Srª contar e que sou de Vª Srª

amigo attento e affectuoso
BERNARDO de SOUZA FRANCO.*)

*) Dieser bereits vor 19 Jahren geschriebene Brief eines 17jährigen Deputirten und Senators und mehrmaligen Staatsministers erklärt unumwunden, daß die damals in den Kammern bereits 3 Jahre lang aufrechterhaltene Discussion über die Landfrage nur mit Hülfe der von mir herbeigeschafften Informationen möglich geworden sei. Alle folgenden Belege zeigen meine Einwirkungen auf diese Frage von jener Zeit an bis jetzt.

Einige Briefe und Auszüge von Correspondenzen des Marquis d'Abrantes an J. J. Sturz.

Rio de Janeiro, 21. of March 1838.

I have had the satisfaction of receiving Your letters by the last two packets, and have to thank you sincerely for Your endeavours in enlightening the English Public on the financial affairs and ample resources of this country, first by sometimes giving to the press articles with the double advantage of setting right the opinion of the public and counteracting the Cabals of the jobbers, and then by your book on the „Finances, statistics and commerce of Brazil". I am engaged in same labours for the improvement of our Credit, Circulating Medium &ca which will be laid before the General Assembly, and which I shall have the pleasure of communicating to you in time, that you may make convenient use of the same for the good of our Country, for which you show so lively an interest. I have already read, and formed a good opinion of your project of a regular periodical steam-communication between Pernambuco and Lisbon; an enterprice which cannot fail to be most useful, and fraught with the best results. I am only sorry, that Government, from being so extremely occupied with internal affairs of the greatest importance, cannot give to your project (which has been handed over to me by my predecessor Senr Alves Branco) the desirable support, without first taking thereon the opinion of the Legislative Chambers.

I cannot conclude the present without giving you the assurance, that I shall always receive with pleasure your letters, and that you will much obige me by the continuance of your correspondence, and that you may reckon on my readiness to promote every thing that may be of service and use to you; for I have the pleasure to be Your affectionate

M. Calmon Dupin e Almeida

nun Marquis d'Abrantes, damals Finanzminister.

☞ Da ich das Port. Original verlegt habe, gebe ich diese seiner Zeit gemachte englische wortgetreue Uebersetzung.

Swinemünde, 12. de Julho 1846. Agradeço-lhe a sua Carta do 7. do Cte e as noticias que me da. O Senr Macedo communicar-lhe-ha uma Nota que me passou o Baraõ de Canitz a respeito da emigraçaõ ao Brazil, assim como a resposta que lhe dou. Mas recommedo-Lhe toda a reserva e comedimento á esse resp^{o}., paraque o negocio naõ tome caminho azedo e acabe-mal. (Até o dia de hoje em 1862 a ninquem se fallou sobre ella.) Parece-me que todo essa seleuma que levantou ante o Gov^{o}. Pruss^{u}. a Memoria sobre que versa a Nota naõ he mais de que uma desenxabida &^{ca}. Como naõ pertendem conceder o minimo favor áos generos do Brazil, e ao mesmo tempo desejem, que nos lhes façamos alguma concessaõ, tractan ja de encarecer o peixe da emigraçaõ com o fim de obrigar-nos a seo desejo Mas se assim he, creio que se enganan redond^{te}, por que resolvido sou de naõ so repelir como negociador, mas a combater na tribuna e no conselho, qualquer idea de fazer-se da emigracaõ objecto de artigo de clausula de tractado algum. Eutretanto rogo-lhe que torne a ler com attençaõ as paginas da Memoria a que Nota se refere e me diga com a sua accostumada lealdade se ha alg^{a}. rasaõ p^{a}. tanto escarcêo da parte do Ministerio dos Neg^{o}. Estr^{o}. Da minha resposta se reconhecera sem mor difficultade o pouco valor que dou a questaõ e ao mesmo tempo a resoluçaõ em que estou em naõ deixar-me embaçar.

Paris, 25. de 9^{bro} 1846. Agradeço-lhe a sua do 7. do Corr^{te}. e as noticias que me dá. Estimo que se avistasse com o G^{l}. Barb^{a}. e lhe prestasse todos os bons aff^{s}. Naõ me lisonjeo ter deixado vazio algum no Corpo dip^{o}. de Berlim, onde creiO que mais se estima a q^{m}. dá jantares de que a quem estuda e trâta de cousas serias. A prova d' isso he &^{ca} &^{ca}. (segue aqui uma occurencia con o Baraõ de Arnim em Paris). Auctoriso-o a dizer o que tenho referido à todas as pessoas com quem fallar em Berlim. Quanto ás noticias do Brazil, que me pede, Ei-las &^{ca}. — Causou-me grande nojo o que me referio acerca de .... Nem mesmo em Coimbra lembre-me ter elle procedido assim. A Viscondessa recommenda-se a Mme. Sturz e a todos seus bellos filhos; eu faço o mesmo e desejo-lhe cordialmente todo o bem. Cuide de sua Saude, e naõ se de por algum tempo á fadiga ou trabalho algum que seja arduo. Naõ tem que me agradecer o modo porque o tratei ahi onde tive a vantagem de conhece-lo de perto; assim como, creio, que so tambem ahi V. S. me conheceo de perto. Adéos, dê muitas l^{as}. m^{as}. ao Conde de Bulow e ao B. de Schleinitz.

Londres, 29. de 9bro. 1846. Recebi e li com prazer a sua carta de 18. do Cte. e agradeço-lhe muito as noticias que me da e a remessa de traducçoẽs de obras e artigos, que ficaõ em meo poder, e que haõ de servir-me. De Paris tive a satisfaçaõ de escrever-lhe em respa. á sua que ali recebi; entaõ dei-lhe &ca. E agora posto que tenha chegado o Paquete, so tenho de communicar-lhe o seguinte &ca.

Estimo que os Governos Allemaõs tenhaõ saccudido os Agentes de Delrue*); e naõ menos estimo a dissoluçaõ da empreza Mosquiteira.*) Espero receber no Rio os livros que me fez o favor remetter-me pr. via de Hbgo &ca. Adéos: tracte de sua Saude, e seja feliz como deveras lhe dezeja o seu amo. affectuoso e cro.

Falmouth, 5. de Dez. 1846. Recebo n' este momento as suas de 26. e 29. do po., aquella em respa. a minha de Paris incluia varias cartas que entregarei na Bahia e no Rio, e esta dava-me noticias suas e d' essa Corte, que mto. lhe agrodeço. Admiro-me do proçede. de T. a quem alias tinha por mais reflectido e moderato. Espéro que ao chegar ao Rio, conseguirei tira-lo do erro em que está &ca. Com effeito parece-me que a Europa se acha em movimento e que a Allemanha naõ está longe de agitar-se: mas naõ julgo que o desfecho daqle. movo. seja bellicoso, nem que esta agitaçao dê em resultado o estabelo. da Nace. Germca. A diplomacia remediará o' primeiro e o quietismo e sensualismo Allemaõ haõ de acalmar a segunda. (Man sieht hier, der Graf beurtheilte Deutschland richtig.)

Rio, 11. de Fevrro 1847. Amigo e Sr Sturz! O Governo já tomou em consideraçaõ os meos ulte officios sobre emigraçaõ. Já foi demittido o Consul Delrue de Dunkerque. As varias occurrencias havidas em emigraçaõ, tem feito apparecer no Conselho a opiniaõ de naõ deferir á Companhia alguma antes de regular por meio de huma Lei geral os interesses da emigraçaõ. Logo que entrareiem exercicio, prometto occupar-me seriamente da materia, mormente quando se abrirem as Camaras.

Rio, 5. Março 1847. Vou occupar-me seriamente da emigraçaõ e ver, se he possivel apresentar ás Camaras algum trabalho que possa ser adoptado com utilidade ao Paiz.

---

*) Das Haus Delrue u. Co. in Antwerpen, dessen Chef brasilianischer Consul in Dunkerque war, hatte mit wohlbekannten brasilianischen Schwindlern, welche eine Stadt (Petropolis) in einem Jahre bauen und dabei großartig betrügen wollten, die Spekulation abgeredet, deutsche Auswanderer in Massen nach Dunkerque zusammenzulocken und sie dort von Hunger und Noth gezwungen jeden Contrakt, den Parceria-Contrakten ähnlich, eingehen zu machen, um nur wieder aus Dunkerque wegzukommen. Das Haus Delrue hielt Wort. Viele Emigranten aber starben vor Hunger, denn es waren an 4000 dort zusammengekommen und weder Schiffe noch Fonds genug vorhanden, sie wegzuschaffen. Ich ließ damals eine öffentliche Warnung gegen diese betrügerischen Einladungen Delrue's ergehen und verhinderte den Abgang von gar Vielen, der sich noch vorbereitete. Es wurden in Folge hiervon mehrere Sammlungen in Deutschland gemacht und die Munizipalität von Dunkerque und die französische Regierung benahmen sich sehr großmüthig gegen die Unglücklichen und nahe an 1000 derselben wurden unter der Begleitung des Herrn Hundeshagen, eines wahrhaft großherzigen Preußen und dortigen Sprachlehrers, der mit dem Verfasser in nahen Beziehungen stand, nach Oran begleitet, wo es ihnen leidlich erging. Herr Hundeshagen aber erhielt keinen Dank für seine Opfer und seine Mühen. Durch die konsularische Warnung zog der Verfasser die Anfeindung der ganzen brasilianischen Diplomatie in Europa und besonders einen beispiellos dummen Verweis seitens des brasilianischen Gesandten in Paris, Krause Ribeiro, auf sich, auch die Feindschaft der Petropolis-Land-Spekulanten in Rio — jedoch damals bestand noch keine Parceria-Manie und der Sturm ward ihm noch nicht gefährlich, und mit Hülfe des Grafen Abrantes wurde Delrue entlassen. — Ebenso wurde, wie bekannt sein wird, der großartige Schwindel der Mosquito-Commissarien durch mich bloßgestellt.

Agradeço-lhe as noticias que me ha dado sobre emigraçaõ &ca e espero que me continuará á da-las. Infelizmente a enfermidade de ..... tem absorvido toda a ma attençaõ e tem me atrapo de tal sorte. que mal me posso dar á trabo algum serio e aturado. Quanto isso me custa, quanto me doe achar-se alterado o meo teor de vida e perturbados os meos trabs, naõ tenho palavras com que lhe exprimir. (Siehe Seite IX.)

Rio, 17. de Março 1847. Senti muito o incommodo que teve com a molestia do seu filho Henry, assim eu como a Viscondessa affectuosamente nos recommendamos a Mme Sturz, e ás suas bellas filhos e filhos.

N'esta occasiaõ recebera officialmente a ordem do Cruzeiro pa o Dr Dieffenbach e a de Christo do Brazil pa Si (Sua Excia confirmará que sem ser pedido por mim este ulto, tampouco como a de official da Rosa com que em 1831 fui agraciado) e demais disso me o Baraõ de Cayrú que, a fim de evitar a consideravel despeza de emols que lhe causaria o Dispacho para todos os Estados do Zollverein, la consulta-lo sobre o modo porque isso poderia ser feito a séu contento. (Nunca mais se fallou n'isso.)

Rio, 15. de Maio 1847. Tenho recebido as suas cartas de Fev. e Março assim como as traducçoes e artigos de jornaes, sendo algs demoradas mais ou ms tempo: Agradeço-lhe as noticias que me tem tado, e espero que me continuara à da las.

Rio, 7. de Ago 1847. As Camaras estaõ prestas a se fecharem; nadase fez de substancial &ca. A Lei para a venda des terras publicas teve algum addiamto n'esta sessaõ do Senado; e ainda quando passasse ficaria encalhada na outra Camara. Naõ me empenhei por tanto que se concluisse a discussaõ. Creio porem que para o anno ella será infallivelmente publicada. (Naõ passou a lei senaõ em 1850 e entaõ somente estropiada e inteiramente balda para os fims aque tinha sido originalmte projectada sobre as bases por mim suggeridas em 1839, 40 e 41; levou-mais 4. annos a confecçaõ insincera do regulamento, para sua execuçaõ que matou ainda o pouco de vidalidade que teve a lei, e desd'entaõ apezar do grande e dispendioso apparato para sua execuçaõ ficou morta para todo o bem do paiz, mas alacrissima em falsificar todo o sytema da posse territorial.)

Rio, 27. de Set. 1847. Agradeço-lhe varias Cartas que tenho recebido suas assim como a rimessa de varios trabalhos A grave molestia de ..... tem me dado dado tanto que fazer e por tal modo absorveo o meu espirita que a nada tenho podido attender durante bons 3 mezes. Eis a causa de naõ ter recebido carta ma á muito tempo. N'esta occasiaõ que volta para la Mr, remetto-lhe os seguites impressos: (entre estes foi 1. Memoria sobre a escravidaõ do Senr Dr Caetano Alberto, „bem escripta" como anadió o Senr Vde) e duas ditas sobre Colonias „que naõ passaraõ de projecto". Agorà que começo a entrar nos meos antigos habitos, dar-lhe hei de vez em quando noticias ms.

Rio, 9. de Febr. 1848. Recebi as suas estimados cartas de 1. e 26. d' 8bro e de 27. de 9bro accompanhados de varios esclarecimentos, e fique certo que muito e muito lhe agradeço o cuidado que tem de dàr-me noticias d'esse paiz. Antes eu havia recebido varias outras suas a que naõ foi possivel responder. Ficaõ em meu poder tambem as traducçoẽs de obras e artigos que haõ de servir-me. &ca.

Rio, 25. de Março 1848. Recebi, com duas mais atrazadas, a sua ultima, ja escripta de Berlim de 28. de Jan. Muito lhe agradeço as noticias que me deo, e sempre me tem dado o naõ menos os apantamentos e copias que me remette. Li a sua Memoria sobre a communicaçaõ ou linha de Vapores Germano-Brasileira. A coiza he optima e merece ser realisada, seja ainda com sacrificios, mas duvido que el Rei la e as Camaras cá, queiraõ prestar-se a faze-los. &ca. (Siehe dessen Brief Rio 1837.)

Rio, 9 de Maio 1848. Recebi suas cartas de 28 de Feor° 6 e 18. de Março de Berlim. Estamos com effeito ameçados de um horrivel catcalismo, &ca. Felizmento entre nos naõ tem essa revoluçaõ produsido o echo que algums talvez, esperassẽm, mas certo he que naõ devemos por isso dormir sem cuidàdos por mais de huma rasaõ. Feliz de mim que naõ tenho filhos; mas doe-me o que observo e presinto por amor dos filhos dos meus amigos, cujo futuro naõ me parece esperançoso. Naõ me descuido do negocio dá Colonisaçaõ que hojè mais que nunca he a maior das nossas necessidades &ca Adéos, naõ deixe de escrever-me sompre que poder e participar-me o que de mais notavel for occorrendo n'essa sabia Allemanha aliar assas ameaçada hoje pela frivola França. &ca.

Rio, 18. Julho 1850. P. P. Poderia ter eu entaõ a pausa de espiritu necessaria para escrever aos amigos? Vamos agora ao que mais interessa! Tenho recebido regularmente as cartas e muitos impressos que me tem feito favor de remetter, e naô só eu, Como as Camaras, a Sociedade Auxa &ca. todos reconhecemos nessas rimessas que nos tem feito o seu zelo e boa vontade em servir ao Paiz. As questoẽs mais graves de que agora nos occupamos na assemblá Geral, saõ a efficaz repressaõ to trafico, e a venda das terras publicas e colonisaçaõ. Para fazer idea (em geral) do estado d'estas questoẽs remetto-lhe por Blumenau os ulta pareceres impressos em que eu tive parte. Tenho toda a esperauça de que seran publicadas ainda n'este anno naõ só a Lei de repressaõ, como a Lei das terras e ainda outras de grande interesse publico, como a da reorganisaçaõ da guarda National &ca. porque nos preparamos para a guerra com Rosas que he inevitavel.

Rio, 18. 8br 1850. Passou a final a Lei das terras e Colonisaçaõ e custou-me bom numero de discursos, muito trabalho e naõ poucos dissabores; mas emfim, posto que naõ sahisse completa e como a desejavamos, estabelece todavia alguns principios e adopta algumas disposiçoẽs que seraõ uteis já e ainda mais quando forem desenulvido pelo tempo.*)

Se Rosas naõ nos tem declarado ainda a guerra, a ruptura diplomª em retirando d'aqui o seu Ministro Guido no mesmo dia em que se ratificou o tratado Le-Predour, revéla o desejo que tem o Gaucho de fazer-nos alguna sorpreza. A idéa do engajamento d'algs batalhoẽs Estangeiros, combinada com os interesses de Colonisaçaõ, he pois, quando a mim, da maior necessidade na conjunctura actual. Vai pois encarregº d'esta missaõ o meo amº o Exmº Senr Rego Barros, a quem Vª Srª, segº ás ordens que receberá, deve prestar toda a sua co-operaçaõ official afim que esta commissaõ seja bem desempenhada. Naõ desejo só que lhe preste a sua couperaçaõ official; desejo que tambem o trate como amigo, que o ajude com sua expª e conhecº das cousas e pessoas, que em fim veja n'elle um outro-eu e lhe faça as mesmas finezas que me fez. Convem que haja a maior circumspecçaõ e cuidado na escolha das engajados: nada de socialistas, de soldados da jovem-Allemanha, que pertencessem á Corpos francos &cª, nada de officiaes que discutem politica, que discorrerem sobre formas de Governo, que admiraõ Garibaldi &cª.

Rio, 14 9bro 1850. — Recebi todas suas cartas, sinto mtº o fallecimento de seu mano e o modo por que elle dispoz de sua fortuna, ficando taõ mal aquinhoados seus 8 filhos! Como conheço a sua coragem e força d'alma, estou certo que continuará com perseverança no seu plano de educar bem os seus filhos, e deixar-lhes o mais solido dos patrimonios na illustraçaõ e habitos de integridade e de trabalho.

Em Buenos Ayres se bradava á favor da Guerra ao Brasil já e já, e apresentaraõ como meios para derribar a plauta exotica da Monarchia, a liberdade dos escravos no Brazil, e sua consequente insurreiçaõ, á ferro e fogo &cª.

Tudo isto por hora saõ bravadas hespanholas; mas a guerra virá de certo e mais cedo do que se pensa, e qeira Deos que ella naõ venha depois que Montevideo cahir em poder do inimigo, que os melhores pontos da nossa fronteira sejaõ occupados por Oribe, que o Paranqay seja coguistado pelos Portenhos e que passem para o lado de Rosas tantos elementos de vantajem que ainda pendem para o nosso lado.

O General **Braun** será probavelmente admittido outra vez no nosso exercito e empregado no exercito do Sul. Tem aqui soffrido grande opposicaõ da parte de alguns Marechaes de Campo (que pouco tem marchado) e dos exagerados filhos do terra que ainda olhaõ com ciume e desconfiança para quem he Estrangeiro. A pezar d'isso porem creio que elle conseguirá agora o que naõ pôde conseguir apezar de tantos esforços durante 3 annos.

Rio, 10. de Junho 1851. Taõ maravelhado o considero com o fabulozo Palazio de Cristal e com os prodigios da industria em Londres que receio

---

*) Gegen die großen Mängel dieses nur zum Schein gemachten Gesetzes, zu dem ich allein schon im Jahre 1839, damals noch von Niemand unterstützt, die unabweisbaren Grundzüge eingereicht hatte, protestirte ich augenblicklich und hörte nie auf zu protestiren, als jeder Einwanderung feindlich, schon deshalb allein, weil es das Landmonopol dadurch bestehen ließ, daß es keine Landtaxe decretirte. Uebrigens sind die Mängel bereits hier und in den folgenden Briefen mehrmals anerkannt und in dem vom 13. Februar 1855 die unabweisbare Reform des Gesetzes in Aussicht gestellt.

muito que lhe falte o tempo para ler cartas e distrahir com amigos. A repressaõ do trafico vae progredindo*) o os capitaes retirados do infame commercio d'Africa vaõ se empregando no novo Banco, em emprezas de navegacaõ &^{ca}. Espero noticias suas. Se houver algumas publicaçoēs recentes sobre o estado de Colonisaçaõ nas varias Colonias Inglezas ficar-Lhe-hei muito obrigado se m'as remetter; igualmente obras novas sobre caminhos de ferro &^{ca}, pois que nesta sessaõ nos occupamos d'estes assumptos &^{ca}.

Rio, 14. Julho 1851. A officialdade Alleman que tem vindo de Hamburgo parece mui boa, e os soldados, com mui pequenas excepcoēs, tem-se comportado mui bem Grande parte d'elles já partiraõ para o Sul &^{ca} as hostilidades naõ começáraõ ainda entre Urquiza e Rosas; mas a guerra está já declarada e o nosso exercito &^{ca}.

Rio, 13. de Ag^{o} 1851. Recebera por este vapor a noticia dos felizes successos de Urquiza que parece dever entrar em Montevideo sem ter necessidade de disparar um tiro. Parte do nosso exercito já entrou no Estado Oriental e em poucos dias se reunira ao Urquiza na linha do Rio Negro. Creio que a Campanha do Conde de Caxias se ha de reduzir a hum simples passeio militar, e que naõ tenha occasiaõ de bater-se. Assim sejá, porque pauparemos sangue, embora gastemos dinheiro &^{ca}.

Rio, 18. de 7^{bro} 1851. O Conde de Caxias entrou no dia 3. d'este com 12000 homens no Estado Oriental o deve ter feito hoje sua juncçaõ com Urquiza e Garçon no Rio Negro. Oribe trata de passar-se com 4 ou 5000 homens a Buenos Agres &^{ca}.

Rio, 14. de 8^{bro} 1851. Recebi sua ult^{a} escripta de Londres e estimei muito saber que já se achava occupado directamente com o examen das maravilhas da Exposicaõ. Tambem recebi os embrulhos contendo folhetos &^{ca} que teve a bondade de de mandar-me. Achei muito interessantes e uteis os opusculos sobre railways, drainage, colonisaçaõ &^{ca}.

Rio, 26. de Jan. 1852. Permitta que lhe apresente e recommende a sua benevolencia o Senr Pedro Kloudgen portador d'esta que vae encarregado pelo Governo do Rio Grande do sul de engajar e transportar para a dita Provincia 2000 colonos, em familias de lavradores para o colonia de Sta Cruz proxima ao Rio Pardo, que he muito esperanzosa pela sua situaçaõ e fertilidade de suas terras. Rogo-lhe pois, que o assista com os conselhos de sua longa experiencia e concorra de sua parte para que possa elle superar quaesquer contrariedades qua hajá de encontrar no desempenho da sua commissaõ &^{ca}.

---

*) Also damals erst (1851) ging die Unterdrückung der Contrebandeinfuhr von Afrikanern vor sich, und fingen die großen Kapitalien an, sich daraus zurückzuziehen, aber auch zum großen Theile nach Portugal auszuwandern.

Rio, 13. de Febr. 1852. Tenho recebido por Liverpool, pelo Hâvre e por Hamburgo varioš embrulhos com impressos, lithographiados &ca que me tem feito o favor de remetter-me &ca. Este vapor leva a agradavel noticia da queda de Rosas: este tigre, longe de ceder como Oribe, quiz primeiro banhar-se em sangue; deo batalha a Urquiza no dia 3. d'este mez, nos Santos Lugares e ficou completamente derrotado. Uma divisaõ do nosso exercito teve parte mui conspicua nessa jornada. Está em fim preenchido (e sem o concurso da Inglaterra e da França) o objecto da minha missaõ a Europa em 1844. — Resta agora a reorganisar as nossas relaçoẽs com confederaçaõ, o Senr Honorio la esta para esse fim em Buenos Ayres &ca &ca.

[Tenho pedido que se de á V. S. uma decoraçam e a nomeaçaõ em demais Estados do Zollvereiu; pelo segº paquete talvez lhe possa communicar o resultado do meo pedido. Rogo-lhe que me recommenda áos Senrs de Bulow, de Schleinitz, de Patow, e sobretudo a Mr de Canitz e ou Baraõ de Reden. &ca.] (5. Março 1847.)

Rio, 15. de Março 1852. Recebi quasi no mesmo dia as suas do 4 de Dezembro (p. Hbgo) e 4 de Jan. e 4. Feorº pelo vapor Inglez. Darei conta resumida á Sociedade Auxiliadora dos objectos sobre que me escreveo, mormente do China Grass &ca.

Com a chegada de Rosas a Europa espero que esse Colosso (que era ainda ha pouca para os homens d'Estado da Inglaterra e França) tomará ahi as proporçoẽs de rato damninho e nada mais &ca. Muito folgaria hoje de avistar-me outra vez com L. Aberdeen e Mr Guizot e sobretudo com o p....... do Almirante Mackau &ca &ca.

Rio, 14. de Maio 1852. Naõ me foi possivel escrever lhe pelo paquete passado por ter adoecido. Felizmente convalesci e estou bom. Estaõ abertas as Camaras e vamos occupar-nos de Colonisaçaõ e de camº de ferro &ca &ca. As modificaçoẽs havidas no ministerio em nada alteran a politica interna e externa do paiz. O novo Governo de Montevideo, composto de &ca &ca.

Rio, 14. de Junho 1852. Pelo que toca á sua ideá de vir para o Consulado de Montevideo, ou da California (que eu havia pedido para me ver livre das incessantes chicanas que os prosecutores da Parceria me armáraõ) dir-lhe hei franctº que o 1ro he theatro mtº mesquinho para sua actividade e prestimo pessoal, e que o 2do he talvez o paiz mais perigoso de quantos ha no mundo para a residencia d' um homen emprehendedor e amigo do progresso moral e material &ca &ca.

Minha opiniaõ he, que por mais 4 ou 5 annos continue (mesmo por amor da educaçaõ dos seus filhos) a residir na Allemanha: depois verémos o melhor &ca &ca.

Rio, 14. de Out. 1852. Consta ao Governo por informaçoẽs recebidas de lá que V. S. tem feito grande opposiçaõ áo engajamento de Colonos quer por conta dos Fazendeiros que desejaõ seguir o Systema — Vergueiro, quer por conta do Governo do Rio Grande do Sul. Tenho-o desculpado attribuindo o seu procedimento a sua convicçaõ (que tamben é a minha) de que a unica colonisaçaõ que nos convem he a proveniente da emigraçaõ espontanea, provocada pela venda das terras; e que fiel a essa convicçaõ naõ lhe he possivel simpathisar com o tal systema-Vergueiro ou de parceria. Mas quanto áo engajamento para a Nova Colonia do Rio Gr. do Sul (embora que fosse confiada a hum homen desconhecido, que naõ da sufficientes garantias) naõ vejo muita rasaõ para que se lhe opponha.*) Eu estou persuadido, e assim o tenho declarado alto e bom som, que o Vice-Presidente do Rio Grande errou, e a Assemblea Leg^a^ Rio Grand^se^ naõ obrou bem admittindo o methodo da doaçam de terras a fim de obter Colonos; mas em fim he hum mal que esta feito, mas que naõ se repetirá, e sempre se conseguira a pezar d' algums sacrificios, a crear-se outro nucleo de Colonia como a de S. Leopoldo. O que lhe tenho dito com franqueza de amigo, tem por fim acconselhar-lhe naõ leve a mais a sua opposiçaõ e tracte de naõ dar mais força áo pensamento Prussiano (defendido até aqui pelo Conde de O—.) de constituir no Brazil uma pequena Allemanha, conservando os colonos a sua nacionalidade, lingoa, costumes e sobre tudo a religiaõ Evangelica que o pietismo do Rei deseja que se propague no Brazil. Naõ crimino, acho mui louvavel e patriotico até, esse pensamento, mas parece-me, que naõ será taõ realisavel aqui, como o pode ser em outras Regioes &^ca^.

Rio, 13. Jan. 1853. Na sua do 3. de Decbr^o^ diz-me „que percebe que as feiçoês da emigraçaõ vaõ-se tornando serias á seu respeito.“ E com effeito naõ se levou aqui á bem a sua opposiçaõ publica ao engajamento de que fora encarregado Kleudgen. Estamos todos de accordo de que tal engajamento fóra uma grande asneira do V.-P. B...., a quem o Governo adverteo; mas huma vez feita a asneira naõ seria prudente a agravar, e augmentar ainda mais o mal que della resultaria, desconceituando e desmoralisando o engajador. Como particulares é-nos licito censurar e oppôrnos á medidas taes; mas como empregados publicos cumpre nos naõ contrariar ao Governo.

☛ Estamos tractando de modificar a Lei das Terras; sou membro da Commissaõ que foi nomeada para pol-a em estado de ser executada e espero que ainda em este anno se dará começo a sua execuçaõ. He a mais agradavel noticia sem duvida que lhe posso dar.

Rio, 14 Febr. 1853. Quanto á Colonisaçaõ tenho fundada esperança de que em este anno daremos um grande passo para o bom sytema. A opiniaõ do paiz se vai esclarecendo, os grandes proprietarios vaõ se convencendo da necessidade de aforarem ou venderem á colonos as terras inuteis que tem;**) e grande numero do deputados ja vá abrindo os olhos que os tinhaõ fechado ha 5 annos, sobre a importancia de hum systema solido que provoque a immigraçaõ por meio da venda das terras. Até agora eu me achei só, boje tenho boms companheiros para levarmos avante o tal systema. A repressaõ efficaz do trafico tem produzido já, entre outras, mais essa grande vantagem.

---

*) Ich konnte dieses Engagement nicht unterstützen, da es auf eine ungesetzliche Landschenkung gegründet war. — Der den Colonisten so vielfach versprochene Landbesitz wäre ungültig gewesen, ohne die gesetzliche Abhülfe, die auf meine Einwendung stattfand.

**) In diesen Ueberzeugungen finden sich die Beweise des Fortschritts durch meine Bemühungen.

Rio, 13. de Avril 1853. Vai abrir-se o nosso Parlamento: espéro que a Lei das terras sera executada este anno.

Rio, 14. Julho 1853. Vejo com pezar, pela correspondencia que me communicou o estado á que tem chegado a corresp^a^ entre Kleudgen e Kerst, e sobre tudo a desintelligencia em que V. S. está com o nosso Ministro em Berlim sobre este assumpto. Conheço bastante o Sr Araujo por naõ accreditar que elle tivesse parte nos doestos na corresp^a^ de Kleudgen; este e os que o rodéaõ em Hamburgo e tem com elle interesse nos lucros dos engajamentos, saõ os unicos que poderaõ molesta-lo. Entretanto pensou V^a^ S^ra^ diversamente, e como que fez responsavel a nosso Ministro do que fez Kleudgen. Sinto que tenha obrado assim, mas como o que está feito, feito está, tractaremos de remediar o mal se for possivel.

Vi por sua corresp^a^ com o Senr. Paulino, e comigo, que deseja sahir da Allemanha e livrar-se da desagradavel situaçaõ em que se acha. Assentémos, o Senr. Paulino e eu, que seo desejo he justo. Está a vagar o Consulado Geral dos Estados Unidos e para este ou outro de igual vantagem sera V^a^ S^ra^ removido. Mas emquanto isso naõ se realisa, convem que cesse toda a hostilidade de sua parte aos empregados do Gov^o^ Imp^l^ na Allemanha: responde e defende-se dos doestos de Kleudgen, pondo sempre de lado ou naõ atacando os ditos Empregados A questaõ do agente do Sr Bello naõ he questaõ de Gov^e^ Imperial. O Regulamento da Lei de 1850 será posto em execuçaõ até o fim do anno. Começarémos pela demarcaçaõ de algumas terras devolutas na Coritiba e no Rio Grande de Sul. A repartiçaõ de Colonisaçaõ será organisada; e assim espero que as cousas iraõ marchando, embora lentamente, com mais alguma regularidade.

Pouco espero já da emigraçaõ da Allemanha para o Brazil, ao menos n'estes primeiros 10. annos. Quando tivermos terras que possaõ ser vendidas, quando os grandes proprietarios se desenganaraõ que naõ lhes he possivel conservar com proveito a posse de tantas terras inuteis, e as forem taõbem medindo e expondo á venda, quando em fim tivermos estradas de ferro, e mais desenvolvida a navegaçaõ por vapor no Mucury, S. Francisco, Iguassú e Paraná, só entaõ contarei naõ só com a emigraçaõ do Norte como do Sul da Europa.*)

Rio, 14. 9^br^ 1853. Naõ tendo o Consul G^l^ nos E. U^s^ pedido demissaõ, como se dizia, assentei com o Senr. Limpo de Abreu de ser V. S. mudado para o Consulado G^l^ da Sardenha &^ca^.

Quanto á Colonisaçaõ desejamos ir de vagar para naõ cahirmos na carreira. Estamos já convencidos de que a vinda de colonos por contractos e por conta de particulares, he nociva aos proprios lavradores e ainda mais para os memos colonos: Tal sistema naõ será protegido pela nova Repartiçaõ.**) N'esta parte pois concordamos; mas divergimos completamente na parte que tende a estabelecer „pequenas Allemanhas" dentro do Brazil, como zelosos de nossa Nacionalidade; e se he licito ao

Governo Prussiano, obrigar*) o nascido em Posen a aprender o Allemaõ, naõ sei porque ahi se julga illicito que o Govº Prov. de Rio Grande obrigue o nascido em S. Leopoldo a aprender o Portuguez.

Rio, 14. Decbr° 1853. Parece-me hum pouco desesperado o seu plano de ir para China (para aonde eu havia-me offerecido ao Govº ir, para fims especiaes) e creio que poderémos em breve arranjar alguma cousa melhor, sem perigo seo e separaçaõ de sua familia. As questoẽs de Colonisaçaõ de parceria devem acabar. Procuraromos empregar todos os meios proprios e seguros para atraher emigrantes, senaõ da Allemanha, ao menos da Italia, Hespanha, Belgica &ca; da China mui pouco espero por em quanto. Ainda naõ achei logar satisfactorio dos que me tem sido propostos para ser-Lhe dado em troco do da Prussia e com as mesmas vantagems, o Senr Limpo d'Abréo he de opiniaõ que Va Sra continue a residir aonde se acha; porem eu ainda insisto na sua mudança, com tanto que naõ seja para peior.

Rio, 11. de Janro 1854. Recebi por este vapor uma extensa carta sua do 3. de Decbº &ca &ca. Posso assegurar-Lhe que grande parte dos assumptos sobre que versa a sua carta, á que agora respondo, ja estaõ tomados em consideraçaõ, menos o da emigraçaõ Chineza. Nunca o nosso Governo se occupou tanto como agora dos melhoramentos materiaes do paiz e do seo futuro. Esta na impressaõ o Regulamento para a execuçaõ da Lei das terras. As exploraçoẽs dos rios e sua navegaçaõ, os exames e estudos geodeticos e geologicos e outros se achaõ em contemplaçaõ: mas ainda naõ em estado de podermos contractar, como propoem, com utilidade e vantagem, alguns naturalistas, e engenheiros, que venhaõ ajudar-nos. Esperamos o Senr. Halfeld, com o resultado de sua ulta campanha scientifica, para tratarmos, com a opiniaõ d'elle, e a vista de outras informaçoẽs, de mandar-mos vir alguns homens especiaes para certos e determinados estudos. Os Contractos com Wenheldt (engajado por J. D. S. como mecanico a 1,200 milreis e feito 6 mezes depois engenheiro-geral pelo Senr. Felizardo á 8 Contos por anno por 8 annos por haver feito crér a este ser um excellente fabricante de assucar!) e outros, nos tem escaldado a ponto que naõ nos aventuraremos à acceitar, sem maduro exame, qualquer naturalista que se nos offereça.

Rio, 13 de Fevrº 1854. Quanto à Colonisaçaõ, apezar das explicaçoẽs que me déo, ainda insisto em crer que o systema dos Kerst, Oriolla e outros, tende manifestamente á fundaçaõ d'uma pequena Allemanha no Sul do Brazil (esso repeti aqui muitas vezes ao proprio Oriolla). O que lastimo de veras he, que a virulencia do Sr Kerst (nascente de seos resentimentos contra o Brazil) contribuisse para indispor o espirito publico contra a emigraçaõ Allemaã.

Confesso que elle advogava uma boa causa, em qto combateo os engajamentos por contracto de parceria, á que eu mesmo e muitos outros nos opuzemos aqui; mas desde que elle passou alem e começou á maldizir de pessoas e cousas e pregar contra qualquer systema que naõ

*) Ich bewies, daß dieses **nicht wahr** sei, und daß auch Brasilien den Sprachenzwang nicht ausüben dürfe.

fosse aquelle em que o Colono fique em posiçaõ de viver mais para o paiz donde veio de que para o paiz para onde veio; deste entaõ começou-se a desconfiar das suas intençoẽs. Torno a dizer que lastimo isso, porque naõ tendo preoccupaçoẽs portuguezas, desejava sinceramente promover a emigraçaõ Allemaã de preferencia á qualquer outra. Está nomeado o Senr Souza e Mello para Director do nosso Land-office e esperamos que antes do fim d'este anno comece a mediçaõ das terras publicas. Tem bons empregados e estou certo que fará esforços no desempenho de seos deveres. (!) Com esta agradavel noticia dar-lhe hei outra e vem a ser: que o engajamento „de parceria tem cabido em absoluto discredito." Eu contei sempre com este resultado.*)

Rio, 12. Abril 1854. Naõ deixe de pôr-se em descanço pr algunas semanas em Carlsbad ou outro lugar de aguas mineraes. Cuide de sua saude por amor dos seus filhos e do Paiz á que serve. Os negocios podem esperar.

Rio, 14. de Junho 1854 Accuso recebidas por este vapor duas cartas suas trazendo-me uma d'ellas noticias suas. Sinto que sua saude careça ainda do uso d'agoas mineraes; quanto a mim o seo principal remedio he algum repouzo. O clima da Italia lhe será propicio e sobre tudo a Mme Sturz.

A sua Patente Lhe sera enviada pelo proxo vapor; ésta falta porem naõ embarga que tracte já de seos preparativos de viagem e siga quanto antes pa Genova. Estamos em trabalhos legislativos e vámos bem quanto à administraçaõ interna do paiz onde tudo parece em via de progresso: accabaran felizte as nossas discordias civis. Quanto o politica externa &ca &ca.

Rio, 12. de Julho 1854. Recebi por este vapor 3. volumosas cartas suas &ca. Ja fora remettido a sua nova Patente de Consul Gl de Sardenha. Seique as ordens pa a sua transferencia e mudança foraõ já expedidas. Resta que disponha as cousas paraque quanto antes se estabeleça em Genova. Tenho para mim, que lucrou, e lucrárà com o novo destino que se lhe deo: alem de ter ali as mesmas vantagems pecuniarias, vai ter a do clima que lhe sera muito favoravel e a toda sua Familia, a qual mto affectuosamente nos recommendamos, a Viscondessa e eu. Adeos escreva me logo de Genova e disponha da vontade dequem he deveras, seo amo affecto e cro.

Rio, 7bro 1854. Fecharaõ-se as Camaras, o paiz fica em socego e o espirito de empreza toma grande desenvolvimento. Agora**) he que se conhece a massa enorme de capitaes que o trafico de escravos

---

*) Dennoch erhielt sich das System noch 6 Jahre nach dieser Zeit aufrecht, verschlang noch eine ungeheure Summe Regierungsgelder und machte noch eine große Anzahl neuer Unglücklicher.

**) Also erst im Jahre 1854 zog sich dieses enorme Capital aus dem Sklavenhandel zurück; gerade 24 Jahre nach dessen gesetzlicher und vertragsmäßiger Unterdrückung und nachdem Jahr für Jahr die Regierung heilig und theuer behauptet hatte, es existire kein Sklavenhandel mehr, nichtsdestoweniger aber alljährlich nahe an 100,000 Afrikaner importirt worden waren, mußte noch im Jahre 1857 einer der hervorragendsten Deputirten in der Kammer, Baron Maua selbst das Geständniß machen, daß noch bis zum Jahre 1853 wenigstens 50,000 Sklaven jährlich eingeführt worden waren.

absorbia; — as praças do Rio e da Bahia tem Milhares de Contos desempregados!

Rio, 13. 9bro 1854. Tenho recebido todos os seus communicados &ca &ca. Posso tam somente aconselhar-lhe como amigo que se conserve em repouso, suspendendo essa sua actividade incessante, para conseguir avigorarse e restabelecer-se.

Rio, 14. de Dec. 1854. Recebi as suas do 6. passado escª de Dresde a qual me deo a agradavel certeza, de que a sua Saude achava-se melborada. Ha muito tempo que naõ me escrevia, senaõ a pressa, e em curtos apontª! &ca.

Pode pois ter a certeza de que receberá nos Estados Sardos o mesmo o que recebio nos Prussianos. O mesmo Senr Ministro dos Nª Eª disse me, que nenhum risco havia em que V. S. esperasse a primavéra para seguir pª Genova. &ca.

He muito louvavel a intençaõ patriotica com que V. S. toma a Si por mera vontade sua o trabº de propagar certas idéas e auxiliar o desenvolmento moral e material do paiz a quem serve com dedicaçaõ, mas em tudo ha hum limite, hum justo meio, que a prudencia aconselha. O seu trabalho he immenso e constante; mas mister-he que lhe diga, que naõ se tire d'elle todo o fructo por naõ ser possivel por melhores olhos ler as copias (lithogrª) e trabalhos noticiosos que V. S. remette. Mesmo as suas mappas, que fóraõ recebidos com alvoroço e simpathica deixáraõ de ser estudados, naõ tanto pela difficultade scientifica como pelas muitas notas marginaes e esplicaçoẽs escriptas em grande parte difficeis a decifrar-se.

Por outro lado as suas informaçoẽs officiaes, algumas bem interessantes, perdem muito em mercimento por causa da aglomaraçaõ de tantas ideas que sua leitura fatiga o espirito.

Tanto assim que na ultª conferencia que tive com os Ministros (os quaes todos sem excepçaõ, reconhecem o seu prestimo e actividade) pediráõ-me elles que Lhe advertisse amigavelmente a tal respeito.

O dos Estrª contenta-se que V. S. reunido suas idéas apresente-as em officios concisos e claros — O mesmo deseja o Ministro de Guerra quanto as informaçoẽs sobre o exercito Sardo, concentrando V. V. sua attençaõ a cada ramo de serviço e expº cada hum em separado. Roge-lhe pois, como amigo que desejo o seu bem e de sua familia que aceite estes conselhos, e que no Jtalia de mais tranquilidade a seu espirito, limite-se aos deveres do seo emprego e deixe absolutamente de escrever e remetter papeis ás Praças do Commercio, Presidentes de Provincias, Camaras legislativas, Corporaçoẽs quaesquer &ca &ca.*) Perdoe o que lhe for penoso em ésta mª carta, em attençao a amizade e franqueza com que Lhe devia fallar como seu amº certo e crº affectº.

Rio, 13. de Febr. 1855. Agradeço-lhe as sua carta do 2. de Jan. olem de outros maços &ca que me chegaraõ ás maõs. Responderci já aos tres principaes objectos de sua carta: Quanto áo 1º que se refere a sua mudança de Genova para Nova York ou outro lugar igual, sinto dizer-lhe que fallando ao V^de^ d'Abaete tive a certeza de que seria impossivel satisfazer o seu desejo. O consulado de Nova Yk esta dado ha 4, mezes e naõ ha present^te^ outro igual áo de Genova que Lhe possa ser offerecido. Presumo que ha exageraçaõ no facto de pedradas aos Protestantes; talvez haja algum desejo de arreda-lo de Genova e de indispo-lo para naõ tomar conta de seu lugar. Peço-lhe que se resigne e parte q^to^ antes áo seu novo destino. Depois que la estiver, nada sera mais facil de que muda-lo para outro consulado Geral que se apresentar disponivel &^ca^.

Quanto em fim a Colonisaçaõ e á nossa questaõ com o Paraguay, digo-lhe que acho fundadas todas as suas reflexoẽs. Grande parte d'ellas tinha ja sido consideradas aqui e vaõ sendo attendidas todas. Os negocios relativos á Colonisaçaõ vaõ se desenvolvendo lentamente, mas haõ de produzir o desejado effecto de accordo com as **nossas** ideas. A lei dos **terras vae ser melhorada** &^ca^.*)

Rio, 13. de 9^bro^ 1856. Tenho recebido 3 cartas suas, mas nenhuma d'ella alludio ao conteudo das minhas. Para evitar descaminhos remetto-lhe esta pelo Correio e naõ pelas Legaçoẽs de Londres e de Berlim, Tenha paciencia se meus conselhos Lhe desagradaõ. Estou no proposito de fallar-Lhe sempré como quem he seo verdadeiro amigo, e tem o maior interesse pelo seu bem-estar e de seus filhos.

Tratou se aqui por mais de huma vez de apozental-o. Consegui embaraçar este acto que o reduziria à huma pensaõ mediocre **de mais** para a decente sustentaçaõ de sua familia e educaçaõ de seus filhos.**) Está agora o Governo resolvido conserval-o na Allem^a^; mas receio que se reproduçaõ as scenas de desintelligencia entre V. S. e os. nossos Ministro em Berlim e Consul Geral em Hamburgo. Tenho rasoẽs para pensar que logo que haja esperança fundada de que naõ haverú des-harmonia; será V. S. reintegrado e permanecerá na Allem^a^ onde pode continuar a fazer bons serviços ao Brazil. Para que se consiga esse bom resultado que eu ardentemente desejo, deve V^a^ S^ra^ acceitar os conselhos dos amigos, que só tem em vista o Seu Bem e nada mais. Repetirei por tanto o que em

---

*) Aus fast jedem der obigen Briefe für sich ist ersichtlich, daß ich nicht nur an den Herrn Vicomte, Mitglied des Staatsraths, sowie an mehrere Staatsräthe und gar viele andere einflußreiche Männer im Lande, sondern auch direkt an die Regierung alles treu vorgetragen und mit massenhaften Dokumenten unterstützt habe, was ich zu ihrer Entscheidung in der Wahl besserer Wege in Colonisationssachen für nothwendig hielt. Es ist aber auch ersichtlich, und besonders aus Briefen des Herrn Vicomte d'Uruguay und anderer, daß, obgleich man meinen Ansichten beipflichtete, dennoch die Mittheilung derselben an Korporationen ꝛc., welche doch, — da die Regierungspresse und sogar auch die anderen Tagesblätter sie ignorirten, — der einzige Weg war, sie zu vulgarisiren, um so eine Stütze zu ihrer Durchführung zu gewinnen, — nicht beliebt gewesen und man ihre Einstellung gewünscht hat. Ferner ist ersichtlich, daß selbst der Vicomte, der mir zu jener Zeit persönlich gewiß geneigt war, zur Befriedigung der Regierung und derer, welche diese antrieben, meine Entfernung aus Deutschland zugab und den Wunsch theilte, daß ich mich hinführo so wenig als möglich mit Betrachtungen über das Wesen der Colonisation und mit Mittheilungen darüber abgäbe. Endlich ist ersichtlich, daß man bereits im Jahre 1855 im Staatsrathe die Nothwendigkeit einer Reform des Landesgesetzes erkannt hatte. Eine solche Reform hat aber nicht stattgefunden, und ist nicht einmal vorgeschlagen worden.

**) Trotz dieser freundlichen Fürsorge für meine Familie, der leider schon meine Leistungen für Brasiliens Fortschritt ihr Vermögen gekostet hatten lange bevor ich General-Consul wurde, stellte man mich bereits im Juli 1858 ohne irgend welche Angabe des Grundes mit dem fünften Theil meines Gehalts zur Disposition und gab mir 9 Monate später, ebenfalls ohne alle Angabe des Grundes, meine Entlassung. Dieser war aber ganz unzweifelhaft der, daß ich mich nicht verstehen konnte, mich, wenn auch für schweres Geld, zum Aushängeschild für versklavende parceria-Contracte und zum Verräther an meinen eigenen Landsleuten machen zu lassen.

geral Lhe tenho dado em m^s^ p^s^ cartas: qualquer que seja sua opiniaõ sobre colonisaçaõ, naõ deve V^a^ S^ra^ contrariar publicamente e ainda menos em impressos, as medidas que á tal resp^o^ forem tomadas pelo Gov^o^ e ses delegados. (!)

Limite se a officiar ao mesmo Gov^o^ e a representar e propor o que lhe parece melhor*) &c^a^.

Por tudo quanto ha, peço-Lhe que deixe de remetter tantos escriptos e copias de artigos e tratados à todas as repartiçoẽs e pessoas de seo conhecimento**) Accredite-me que o immenso trabalho e despeza que isto, Lhe custa, naõ aproveita a ninguem, nem a V^a^ S^ra^; e nem a Centesima parte das Ideas contidas n'estes escriptos pode ser colhida por aquelles que supportaõ a fadiga de lel-os por causa da letra taõ miuda em que estaõ escriptas.

Se o Governo o nomear Agente de Colonisaçaõ deve V^a^ S^ra^ cingir se restrictamente ás instrucçoẽs e ordens que receber. Naõ se envolva em polemica com outros agentes, nem se importe com actos que outros practicarem.**) Participe sempre ao Governo o que entende mais conveniente e nada mais &c^a^.

Rio, 24. de Febr^o^ 1857. Posto que naõ tenha dito resposta sua á minha ult^a^ carta, vou todavia annunciar-lhe que està resolvida sua permanencia na Allemanha no mesmo lugar que exercia e com as mesmas vantagens que tinha. O Senr do Araujo longe de levar à mal esta resoluçaõ, mostrou **estimal-a**, e tem o melhor desejo de viver em harmonia e amizade com V. S^ra^. (!)

Resta agora (e naõ cessarei de recommendar-lhe como verdadeiro amigo que sou) que V. S. aceite os conselhos que lhe tenho dado, e siga-os! Limite-se a exercer as funcçoẽs de seo cargo, e à statisfazer ás incumbencias e ordens por escripto que o Governo Lhe der.

Seu am^o^ affect^o^ **Abrantes.**

---

*) Das habe ich gethan 60, ja 100 Mal, an 8 verschiedene Ministerien, aber immer wurde es gänzlich ignorirt.

**) Man sieht aus vorstehenden Briefen eines sonst wirklich wohlgesinnten Mannes, der aber — aus einer auch den besten Brasilianern mit wunderseltner Ausnahme eigenen Charakterschwäche in Fragen, deren sich das innere Parteiwesen bemächtigt hat, — auch in dieser Frage so häufig strauchelt, — daß am Ende doch nur Alles darauf hinauslief, mich von meinem zwanzigjährigen Andrange auf die Landreform abstehen und völlig stumm zu machen; zugleich aber auch zum stillschweigenden Gutheißer des gemeinsten Werbeschwindels, denn nichts anderes war schon allein wegen des bestehenden Landmonopols und der Intoleranz jedwede Art von Auswanderungsbetrieb nach Brasilien, auch der, bei welchem keine Parceria-Contracte in Anwendung kamen.

Einige Briefe des Senhor Araujo,

erst als General-Consul und zuletzt als bevollmächtigter Minister Brasiliens, an mich — welche zugestehen, daß eine Colonisation ohne ein neues Gesetz nicht statthaft sei. Daß er selbst vom Monat Januar bis März 1852 1600 Parceria-Colonisten engagirt habe *), trotz jenes Zugeständnisses — so wie auch bereits 1800 im Jahre 1847. Ferner, daß die Landschenkung an Kleudgen eine gesetzwidrige sei und er, Araujo, dennoch Colonisten auf die betreffenden Ländereien befördern wollte. Endlich, daß ich trotz sehr oft wiederholten Ansuchens keine Copie der berüchtigten Parceria-Contracte erhalten konnte &c.

Hamburgo, 6. de Janeiro 1846. O nosso Governo tem ido m[to] de vagar na importantissima questaõ da colonisaçaõ e emigraçaõ, mas naõ desespero de ver na proxima sessao a adopçaõ das medidas sem as quaes impossivel he ser ella levada á effeito.

Hamburgo, 8. Decebro 1850. P. P. Illmo Sen[or] Sturz e prezado Collega! As minhas cartas do Rio dizem que na partida dali do Ministro de Buenos Ayres, havia todavia esperanças de se conservar a paz, o que acho bem difficil no estado de nossas relaçoẽs com aquella Republica. O General Braun ainda se achava no Rio e corria o boato que no caso de guerra seria elle empregado no Sul.

Hamburgo, 26. de Jan. 1852. Como servidores do mesmo Governo somos Collegas e por isso peço licensa para constinuar a usar d'esta palavra. Recebi á carta de V. S. com data de 23. e agradecendo os seos parabens asseguro que farei os possiveis esforços para corresponder a bondade com que sempre me tratou. (!) J Lucio Correia, successor no Consulado, é natural de Pernabuco e achava-se estabilecido ha annos em Paris.*) Alem do meu Secr[o] Gondim, tenho um addido, Vianna de Lima que está em Vienna.

Jgnoro ainda a epoca de m[a] partida a Berlim, porque alem de minha viagem a Oldenburgo devo expedir 800 Colonos para o Brazil.

Posso assegurar a V. S. que naõ fui consultado acerca do meo successor. Déo se me o lugar de Berlin e annunciou-se-me que o Senr Correá estava nomeado Consul Géral em meu lugar. Foraõ muitas as nomeacoẽs diplomaticas e esteja certo que poucos fóraõ consultados, e repito que acerca do meu successor naõ tive a menor Insinuaçaõ &[ca] [ca].

---

*) Gleichzeitig schreibt aber Consul Corréa: es seien 1852 bereits 2500 hinübergesandt worden.

**) Wenn er dieses nun anerkannte, wie konnte er sich so weit vergehen, Deutsche als Colonisten und zwar unter solchen Contrakten, wie er sie mir vier Jahre lang, trotz meiner vielfachen Anfragen über die Natur derselben verhehlte, für Brasilien zu werben?

***) Aonde havia quebrado duas vezes e havia somente 3. mezes antes de ser chamado ao Consulado Geral por 800 mil. frs. sem pagar hum so real.

Hamburgo, em 13. de Fevr. 1852. Acabo de receber a sua prezada carta do 8. do Cte. e devendo partir hoje para Oldenburgo apenas me sobra o tempo para escrever duas palavras à Va Sra.

Os Colonos que engajei saõ 200 pa o Senr Senador Queiroz, de S. Paulo, e 600 para 6. proprietarios do Rio de Janeiro que tem as suas faza perto da Parahybuna na fronteira de Minas e saõ os Senrs Marquez de Valençá, Visconde de Baependy, Camarista Braz Carneiro, Veador Bellems, J. da Sa Carvalho, e Da Francisca Noqueira de Gama. Saõ os mais respeitaveis do nosso paiz que o tal Comite de Berlim ataca do modo tan Infame.

A base do contracto he a segniute: O proprietario entregue ao Colono casa (!) e plantaçoẽs promptas, adianta as passgems, e o que ello precisa sustento ate a 1ra colheita e o colono trabalha como entende e reparte a colheita com o proprietario. He o systema Vergueiro que tem ido bem, o colono deve pagar no fim de 4. annos os avanços feitos á juros de 6. pr. Cto. dos 4 annos por diante.

O colono pode retirar-se de contracto pagando os adiantados e declarando a sua vontade 6. mezes antes (!). En fim he um contracto de conta de metade e que he vantajoso ao colono, Quando regressar metterei à V. S. por extenso o que naõ faço hoje por falta absoluta de tempo. Tomei nota do que V. S. me diz sobre o Barao von Olfers, Dir. Gl dos Museos em Berlim e farei bom uso da sua communicaçaõ, logo quando la chegar.

Hamburgo, 5. de Março 1852. Illmo e estimado Senr! Tendo regressado ha 4. dias da minha jornada a Bremen, Oldenburgo e Hannover para entregar os meus Credenciaes e devendo aprumptar a minha correspondencia para o Rio, faltou-me por isso absolutamente tempo para responder as prezadas Cartas de V. S. de 11 e 26. de Fevreiro e 2. do corrente mez, o que faço hoje com menos vagar do que desejava porque tenho ainda mil coisas a fazer antes da minha partida de Berlim que tera logar no dia 20. do corre. Encaminhei logo para Londres a carta por V. S. dirigida áo Senhor Macedo. (Era um tratado meu sobre negocios de Colonisaçaõ e Lei das terras &ca que remetti aberto para o Sr Araujo ler e imprimir-se.)

Fico entregue dos papeis relativos ao negocio de V. S. com a Baraõ de Olfers que me parece querer voar com as azas dos outros. (Assim parece na verdade, que acontecéo por hora sob o cuidado do Sr Araujo a quem entaõ entreguei este negocio taõ importante ao payz como sancto por sua natureza!)

Tenho tomado conhecimento das publicaçoẽs officiaes e officiosas feitas contra os engajamentos dos Colonos para o Rio e S. Paulo. Mais tarde havémos de pôr isso em pratos limpos e será demonstrado que as informaçoẽs officiaes naõ saõ exactas. (!)

Entretanto ja tenho terminado todos os engamentos; o primeiro navio sahio ao mar e hoje estamos dispachando os outros, de sorte que até o dia 8. ou 9 será concluida a operaçaõ. A pezar das publicaçoẽs e calumnias áõ Imperio naõ me faltou gente e tive offerecimentos para muito mais do que precisáva. Estamos taõ occupados com as expediçoẽs dos Colos, que naõ ha tempo para se tirar huma copia das condiçoẽs, o que sera feito hum d'estes dias e entaõ farei d'ellas rimessa a V. S. e de algumas cartas, que já faráõ publicadas (a fim, sem duvida para fomentar os citados offerecimentos?) dos Colonos do Senador Vergueiro.

Queria pordoar a pressa d'estas linhas, pois estou abarbado com 700. Colonos que ainda aqui se achaõ e devem assignar os seos contractos.

A Legiaõ Allemã tem ido mal por causa dos officiaes que intrigáraõ-se e dividiraõ-se em dous partidos. O nosso Governo cumprio fielmente o que tem promettido e se o negocio naõ marchar bem he esso devido aos engajados que a fallar a verdade naõ se conduziraõ bem. Naõ-me admira o que accontece, porque tendo tratado com aquelles Senhores adquiri a convicçaõ de que havia no exercito de Holstein muitos tratantes, muitos brejeiros e infinito numero de aventureiros &ca.

Kissingen, 6. de Junho 1852. Tive hontem noticias dos diatribes publicadas contra a emigraçaõ e contra mim pelo Sr Kerst que sem rasaõ me ataca visto que nunca tomei parte alguma em declaraçoẽs publicadas nem desejo entrar em polemicas com ninguen pois sei o que devo a posiçaõ que occupo, e conheço mui bem quaes os meios de que hei de lançar maõ para desafrontar-me. Pode o Sr Kerst continuar a insultar-me e insultar o nosso payz, mas esteja certo que ha de chegar o momento em que havemos de fazer as nossas contas. Vou mandar traduzir todas essas publicaçoẽs, e logo que regresse a Hamburgo, no proxo mez de Julho, remetterei Copias dos contractos e mais documentos pedindo-lhe o favor do fazer resposta. Peço-lhe desculpa se atéagora naõ remetti os referidos papeis o que he devido áo meu estado de saude e as continuadas vigias que fiz para apresentar as minhas credenciaes.

Como V. S. naõ sou enthusiasta dos engajamentos por contractos e os que fiz em 1847 para o Senador Vergueiro e neste anno para algums proprietarios de S. Paulo e Rio de Janeiro tiveraõ lugar por orden expressa do Governo Imperial, sem o que naõ teria n'elles tomado parte. E tudo quanto tenho feito, e isso na qualidade de agente do Governo e naõ como Araujo. Grite muito embora o Sr Kerst contra a Colonisaçaó no Brazil mas ao menos respeite a pessoa do Agente diplomatico que naõ faz mais de que obedecer as ordens do seu Governo; do outro modo mal irá o negocio, porque naõ he possivel que continue semelhe systema sem trazer comsigo consequenzias desagradaveis.

Excuso dizer que sou inteiramente da opiniaõ de V. S. em tudo quanto refere acerca da emigraçaõ para o Brazil a qual naõ poderá ter luger sem que se execute cabalmente a Lei sobre terras devolutas. Quanto ao Sr Kleugen pouco posso dizer porque esse Senr vai obrando na qualidade de Agente do Govo Provinzial do Rio Grande com que fez o contracto. A Legaçaõ tem evitado entrar nos detalhes do que elle vai fazendo por ser elle o unico responsavel. Segundo o contracto entre elle e a Presidencia as terras saõ dadas gratis aos Colonos bem como as ferramentos e sustento por um mez. Os Colonos devem pagar a sua passagem o que hade difficultar a empreza do Senr Kleudgen. Este Sr nunca me communicou a Carta do V. S. (?) Elle foi fortemente recommendado á Legaçaõ pelo Governo Imperial. Com effeito Valentin se encarregou de embarcar os Colonos de Kleudgen; mas ignoro se garante a operaçaõ a saber a entrega de terras e os socorros promettidos logo que chegaõ áo Rio Grande.

Kissingen, 26. de Julho 1852. Recebi a Carta de V. S. de Erlangen do 24. do corr[te] e apezar de me naõ permittir o uso das caldas escrever muito porque sobe-me o sangue a cabeça, nem por isso desejo perder a occasiaõ de dizer a V. S. que remetterei hoje áo Senhor Joze Lucio Correia a Copia de sua Corresp[a] com Kleudgen. Sou de opiniaõ com V. S. que a Lei de 1850 sobre terras devolutas (quando reformada, disse eu) e uma d'aquellas de que naõ podemos prescindir, e muito me admirou a doaçaõ (prohibida, como eu demonstrei na citada carta, por esta Lei, tornando pois totalmente illegaes as concessoes feitas a Colonos pela Presidencia) feita pela Presidencia do Rio Grande, doaçam implicitamente approvada pelo Governo Geral (nem por isto feita legal!) visto que tive orden do Governo Imp[l] para proteger a operaçaõ de que foi encarregado o Kleudgen. A este respeito pois officiarei ao Governo e naõ deixarei de levar ao seu conhecimento a necessidade de se manter a dita Lei sem a qual naõ podemos marchar.

Do Rio me informaõ que o Sr Capanema remetteria um corresp[a] sobre emigraçaõ com o Conselho da Sociedade Central de Berlim que naõ deixaré de publicar. (?) A gente que mandei para alguns fazendeiros tinha chegado em parte, e estava muito contente e foi logo levada para fora da cidade. Naõ se receberaõ ha muito tempo cartas ou papeis alg[s] para V. S. &[ca]

Auszug aus einigen Briefen des Herrn Visconde de Uruguay,

vormals Paulino José Soares e Souza, der viermal, im Ganzen wohl 12 Jahr Minister meist der auswärtigen Angelegenheiten, (1840 auch der Justiz) war, ein Mann von großem Talent und großer Thätigkeit, dessen Leutseligkeit Jedermann einnimmt und der, wenn es möglich, daß ein Brasilianischer Staatsmann noch als Privatmann ehrlich bleibt, gewiß auch ein ehrenhafter Mann ist. Diesen Eindruck wenigstens macht sein ganzes Wesen. Den einzigen Anlaß zum Bedenken giebt nur der Umstand, daß das Justizministerium unter ihm nicht zu Gunsten der Prisenneger einschritt, und daß die Testamentsbereinigungen auch unter ihm keinen bessern Fortschritt nahmen. Ich lasse die Auszüge über die Beziehungen zwischen Vicomte d'Uruguay und mir selber sprechen. Meine Absicht ist, zu beweisen, daß ich mit dem genannten Herrn, wie schon früher, auch in Europa noch, über die Lebensfragen offen correspondirt habe, daß er meinen Ansichten beipflichtet und mit eigener Hand geschrieben hat: „daß die Colonisation Brasiliens größere Schwierigkeiten darbiete, als die irgend eines anderen Landes;" „daß zu deren Beiseitigung große, vollkommene, kräftige und heroische Mittel erforderlich seien;" „daß nothwendiger Weise erst neue Maßregeln ganz sicheren und erfolgreichen Credit geben können, und daß, was bisher gethan worden, weniger als nichts sei. Wie er bereit sei, mit mir meine Ideen, welche jene Veränderungen bewirken sollten, als allgemein nützlich und für den Autor unschädlich, zu verbreiten; denn sie behandelten Lebensfragen Brasiliens und müßten bald entschieden werden." Paris, 1856.

In einem andern Briefe schreibt Vicomte d'Uruguay: „Ihren Plänen stimme ich bei; nur große Maßregeln, heroische Mittel, die einen kräftigen Impuls erfordern, können uns helfen; aber ich sehe nicht, von wem dieser ausgehen soll. Ich will wohl mithelfen, aber allein in dieser Zeit der Versumpfung und Gleichgültigkeit, ohne das Vorhandensein klarer Ueberzeugungen über Grundprinzipien, vermag ich Nichts. Wir verlieren Zeit und Geld mit fruchtlosen Versuchen, die uns nur mit Recht desacreditiren. Lassen Sie uns mit einander die wahren Vernunftsätze predigen, bis sie mit Hülfe der Enttäuschung Vieler sich selbst Bahn brechen. — Bei den Fragen, die Ihre Briefe behandeln, heißt es: Leben oder Tod für Brasilien! Aber man studirt sie nicht und weiß sie nicht zu schätzen. Und doch müssen jene Fragen gewaltsam, sehr energisch behandelt werden, freilich unter dem Druck der unmittelbar drohenden Macht."

Gott wolle nur, daß es nicht zu spät sei; allerdings ist es schon sehr spät. Rio, 13. Febr. 1858.

Paris, em 5. de Maio 1855. Recebi com bastante atrazo por via de de Londres as suas est$^{s.}$ do 3, e 14. de Avril p$^{o.}$ &^{cs}. Agradeço muito a V. S. os papeis relativas a questaõ da colonisaçaõ que me mandou e que com muita utilidade para mim examinei com toda a attençaõ. —

Paris, 21. de Maio 1855. Recebi a sua estimada de 30. de Abril. Naõ me he possivel agora responder a todas as suas partes e faço esta somente para dizer-Lhe que por esse Paqueto veio a noticia de que o nosso Governo já nomeou huma Commissaõ para assistir à Exposiçaõ n'esta Capital. Naõ se sabe porem quaes saõ ass pessoas nomeadas. Esta noticia surprehende-me porque nada mandamos para e Exposiçaõ. Communico-Lhe isto para seu Governo e sou com p^{ar}. estima. Agredeço-Lhe a papeis que me mandou.

Paris 29. de Maio 1855. Acabo de receber a sua prezadissima de de 27. do Corr$^{te.}$

Estimei muito que aqui venha para entaõ conversaremos sobre o assumpto das terras e outros de que tratan suas cartas o que nao posso fazer por escripto até por falta de tempo.

Paris, 5 em Fev^{ro} de 1856. Tenho presentes as estimadissimas de V^{a} S^{ra} de 2 e 31 de Jan^{ro} p^{o} p^{o}. Naõ me foi possivel responder ha mais tempo à primeira por doente e occupado. Na verdade somente huma larga infusaõ de raça Europea, poderia dar ào Estado Oriental os habitos de trabalho e de ordem e por tanto a paz do que tanto precisa. He esse o interesse do Brazil.

Mas V. S. bem vê que o Governo do Brazil naõ he o que deve emprehender essa tarefa de promover a colonisaçaõ de hum paiz estranho quando elle até agora naõ tem podido fazer esse bem ão seu. E isto principalmente agora no estado em que estaõ as nossas relaçoes com o Estado Oriental. — Estou persuadido de que o nosso Governo naõ se prestaria a ter ingerencia de qualquer naturez anos planos a que Vª Srª refere De mais os ultimos acontecimentos que tiveraõ lugar n'aquella desgraçada Republica pondo-a novamente em desordem, e tirando toda a esperança de tranquilidade, tornaõ a occasiaõ pouco opportuna. —

Veremos se o proximo Paquete traz alguma decisaõ sobre o seu negocio e do Sor Leconte.

Acho muito acertadas as reflexoẽs que Vª Srª faz sobre a Colonisaçaõ das Provincias do Norte. Saõ desanimadoras mas saõ puras verdades das quaes estou convencido.

Desejo applicar-me seriamte a esse assumpto de Colonisaçaõ e peço á Vª Srª huma lista dos melhores livros e documentos que convem consultar, indicando-me ónde os poderei encontrar. Infelizmente naõ sei o Allemaõ e naõ me posso aproveitar de que houver n'essa lingoa, mas somente do que estiver em Inglez ou Francez.

Senti muito as noticias que me da do estado do Snr seu filho, e mto. estimarei que seja possivel o seu restabeleçimento.

Paris, 14. de Abril 1856. De volta de huma excursaõ que fiz-a Italia, e da qual regressei ha poucos dias, vim encontrar aqui as prezadissimas de V. S. de 24. de Fevro po po e de 3. do corre. A minha ausencia foi por tanto o motivo pelo qual naõ lhe respondi ha mais tempo.

Muito sinto os desgostos que tem experimentado por causa de repetidas molestias em sua familia e mto. estimarei que cessem completamente. „Dou-lhe os devidos agradeçimentos pelo esclaricemento que me dá sobre o assumpto de colonisaçaõ, e quando for á Londres procurarei haver os livros e documentos que me indica, por quanto desejo estudar a fundo a materia que muito esclarecem os factos e a experiencia. Nada me consta sobre o destino official de V. S. Escrevendo ao Sr. Baranhos, em carta particular, fiz-lhe ver quanto convinha collocar á V. S. em lugar onde a sua actividade pudesse ser de proveito.

Naõ creio, que haja indisposiçaõ do nosso Governo com V. S. como V. S. suppoem; accredito antes que se naõ se lhe tem ainda dado destino diverso do de Genova, he porque ainda naõ tem apparecido lugar conveniente que de hum dia para outro podera appareçer. Talvez o Paquete traga alguma novidade.

Naõ podendo agora por muito occupado, ser mais extenso, termino aqui repetindo que sou com partr estima.

Paris, 29. de Junho 1856. Tenho presentes as estimadissimas de V. S. do 3 e 24 Otr. que muito Lhe agradeço.

Apreciei muito as diversas Copias e documentos que me mandou sobre **a Colonisaçaõ**. Na minha opiniaõ a colonisaçaõ apresenta no Brasil mais difficultades do que em outra qualquer parte! Saõ precisos para as remover meios **grandes, muito completos e vigorosos.** He indispensavel que as primeiras tentativas, **digo primeiras,** porque ainda nada se fez de serio, produzaõ boms resultados, que nos accreditem. Desejo occupar-me d'este assumpto, logo que regressar ao Rio, e peço a V. S. que continue a dar-me para ali os esclareçimentos que for colhendo.

Vi, logo que foi aqui publicado, o Almanak des Emigrants, de que V. S. me falla, e estou em relaçoẽs com o seu autor que ha de publicar cousa melhor e mais correcta. — No fim do proximo mez de Julho sigo para Londres e dahi para o Brasil pelo Paquete de Setembro. Demorar me hei hum 30 ou 40 dias em Inglaterra para ver Londres e irei a Manchester e Liverpool &^{ca}.

Queira pois V. S. ir dispondo as suas ordems para o Rio, e qualquer incumbencia que me queira fazer e que eu comprirei com prazer.

Nada se me diz do R^{o} de J^{ro} sobre e seu negocio, e o do Sr Leconte. Creio que nada ha de novo. O Sr Felizardo acha-se em Londres e he esperado aqui a cada momento. Naõ veio em Commissaõ do Governo mas para tratar da sua saude por estar muito doente (?) Hé porem de crer que de a possivel attençaõ e precure estudar os assumptos de Colonisaçaõ. (Esteve na Allem^{a} mas naõ procuron a J. D. Sturz.)

„Respondendo á pergunta de V. S. direi que o porto de Albu„querque no Rio Paraguay, em Matto Grosse, esta aberto as ban„deiras estrangeiras por hum Decreto do tempo do meu ult^{o} Ministerio. „O Governo do Paraguay porem naõ consentio a passagem na parte do rio „que Lhe pertençe. O tratado que accaba de ser celebrado nada mais faz „de que admittir aquella passagem para a Brasil."

Ainda naõ vi o texto do tratado, mas he a idea que d'elle me daõ.

Já vi no Constitutional do 21 de Otr. o resultado que apresenta na Algeria a venda das terras em hasta publica.

☞ Em Londres procurerei os Livros e Documeutos sobre colonisaçaõ que V. S. me indicou.

Estimarei que o S^{nr} seu filho vai passando melhor. — De me seus ordems para o Rio, e creia que sou com partic^{r} estima.

Do V. S. m^{to} att^{o} ven^{r} e obr^{o} cr^{d}

V^{de} do **Uruguay**.

P. S. Tambem recebi a carta de V^{a} S^{ra} do 3. de Junho que muito lhe agradeço bem como as Copias que contem. Tudo isto me serve muito para o estudo de colonisaçaõ que julgo quanto ao Brazil difficil e complicada.

Rio, 13. de Marco 1858. Tenho presentes a estimad^{ma} de V. S. do 17. de Dezbr^{o} bem como os Documentos que me tem remettido, e que me parecem muito importantes. Recebi em tempo e examinei com cuidado a sua proposta para hum Credito mobiliario territorial, e naõ lhe escrivi a esse resp^{o} por se achar o negocio affecto âos Sen^{rs} Marquez de Abrantes, Baraõ de Mauá o Silva Ferraz e por me parecer que esses cavalheiros estaõ muito mais habilitados do que eu para promoverem semelhante assumpto. (Nunca ouvi mais huma palavra a seu respº de quem quer que sejà) Acrescentarei que grandes medidas, remedios heroicos (e nós naõ podemos continuar sem nos perdermos com palliativos) requerem hum impulso muito valente, e eu naõ vejo quem o de. Eu estou prompto para ajudar, mas a minha posiçaõ, as minhas occupaçaẽs, e outras circumstancias naõ me permettem **a iniciativa**, sobretudo em huma epoca de marasmo e de indifferença, e naõ havendo convicçoẽs formadas sobre as verdadeiras doutrinas.*)

Isto tem principalmente lugar a respeito da Colonisaçaõ, a respeito da qual estamos perdendo tempo e dinheiro com ensaios infructiferos que nós desaccreditaõ. Para por as cousas nos seus eixos he precisa huma grande força, que eu só naõ tenho. Vamos pregando as bóas doctrinas ate que ajudadas pelos decepçoẽs que a experiencia ha de continuar a trazer peguem essas mesmas doctrinas.**)

Tambem o meu filho naõ tem ainda posiçaõ e prestigio bastante para por si só acreditar e fazer prevalecer systemas que vaõ de encontro à rotina, à indolencia, e á hum sem numero de difficultades que apresenta o payz e que somente podem ser vencidas com o tempo e por huma serie de continuados esforços do Governo, das Camaras e das homens illustres do payz. Infelizmente as questaẽs de que trataõ os papeis que Vª Srª me tem remettido e que saõ de **vida e morte** para este paiz, naõ saõ aqui estudadas e apreciadas. Naõ há hum so jornal que se occupe d'ellas.***)

Ha de se tratar par força d'ellas; mas de baixo da pressaõ de necessidde imminente, e queira Deos, que naõ sejá muito tarde! E ja vai sendo tarde!"

Rio, den 26. October 1858.****) Ich habe Ihre geschätzten Briefe vom 3. September und 5. November vor mir. — Meine so vielfachen Beschäftigungen und der Mangel an Personen, die für mich schreiben, erlauben mir nicht, eine lange und frequente Correspondenz nach Außen zu unterhalten. Sie werden deshalb meine Kürze entschuldigen.

Mit vielem Interesse habe ich Ihre Briefe gelesen, welche vielen guten Stoff und reichhaltige Ideen enthalten, deren Durchführung sehr nützlich wäre. Unglücklicherweise aber habe ich bei meiner Rückkunft hier die Gemüther fast ausschließlich mit der politischen und Wahl-Intrigue beschäftigt finden müssen, welche Alles absorbirt, Alles verwelken macht.

Ich habe schon Kenntniß von dem Werke **Alberdi's**, jedoch blos durch die Buenos Ayres'sche Ausgabe. Wie ich aber aus den Auszügen ersehe, welche Sie mir sandten, so hat er Vieles hinzugethan und Vieles weiter entwickelt, besonders

*) Wie um des Himmels willen können aber diese Doctrinen festgestellt werden ohne franke öffentliche Diskussion?

**) Also meine Principien, wie ich sie stets und besonders in den obigen Briefen und Schriften, die dem Herrn Vicomte und den anderen drei genannten, aber auch noch funfzig anderen Herren bei dieser Gelegenheit vorlagen, von neuem dargelegt hatte, sind hiermit als die richtigen anerkannt.

***) Und was verhinderte die Regierung selbst in ihren Blättern die nothwendigen Ueberzeugungen hierüber zu verbreiten, da sie doch die nothwendigen Informationen reichlich von mir erhalten hatte. Was anders als ihre sklavische Abhängigkeit von den Landpotentaten?

****) Diesen Auszug muß ich Deutsch geben, da ich das Original verlegt habe. Die Uebersetzung ist aber wortgetreu.

im ökonomischen Theile, und zwar in einem vortrefflichen Sinne.*) — Ich zweifle jedoch sehr, daß diese Gedanken allgemein durch die Argentinische Bevölkerung apreciirt werden, ein Volk von beengtem Ideengang, eifersüchtig gegen Ausländer, eine Race aus Spaniern und Indianern entsprungen. — Ich werde mir die neue Ausgabe aus Paris bestellen.

Ich bin der Erwartung, daß die Regierung sich entschließen wird, Sie in Preußen zu lassen, wenigstens so lange, als sie Ihnen keine andere bessere Bestimmung als die nach Genua 2c. geben kann, wo Sie nur nutzlos werden würden.

*) Die Republication im Journal do Com. de Pernambuco von 16 Seiten lithographirter Auszüge, welche ich aus obigem ausgezeichneten Werke gemacht, und in Brasilien in 500 Exemplaren circulirt hatte, hatte durch Wiederdruck in einigen Zeitungen bedeutenden Eindruck in meinem Sinne der Landfrage gemacht, aber Alles verhallte nutzlos gegen die Raserei nach Parceria-Colonisten.

Folgende Auszüge aus einer umfangreichen Correspondenz, die ich die Ehre hatte während einer Reihe von Jahren mit dem Herrn Grafen August van der Strathen-Ponthoz zu unterhalten, werden meine Stellung in der Land- und Colonisationsfrage von einer völlig unpartheilichen Seite her allen erkünstelten Anzweifelungen Seitens unehrlicher, neidischer, undankbarer, oder auch völlig unwissender Brasilianer in's wahre Licht zu stellen. Der Graf war 4 Jahre Belgischer Minister am Hofe des Kaisers von Brasilien gewesen.*) Sein Werk „le Budget du Brésil ou recherches sur les ressources de cet empire dans leur rapport avec les intérêts européens du commerce et de l'emigration" zieht in 3 Bänden alle öffentlichen Verhältnisse des Brasilianischen Reichs in den Kreis der Besprechung und beschäftigt sich besonders in dem dritten mit den unausgebeuteten Schätzen, den moralischen und physischen Zuständen, sowie mit der möglichen Zukunft Brasiliens. Diese ist nun leider durch die neuesten Ereignisse in Nord-Amerika schon vor der Zeit vernichtet worden. Der Graf hatte zwar nicht cassandraartig gedroht, aber ernst und gelinde die Wahrheit gesprochen. In Brasilien hat man ihn aber, wie alle anderen getreuen Eckarte, nicht hören wollen, und so wird heute von der Brasilianischen Presse (wie übrigens schon früher) Ponthoz' gediegenes Werk kaum erwähnt und von Brasilianischen Vertretern gradezu dementirt.

Auszüge aus einigen Briefen des Grafen Ponthoz v. d. Strathen,**)

welche mehreren Brasilianischen Staatsmännern nicht unbekannt geblieben und deren Inhalt gutgeheißen worden war. Der Graf war von 1848 bis 1852 Belgischer Gesandter in Rio, früher Geschäftsträger in Washington (1840—43) und 1844—49 Gesandter in Wien. Im Jahre 1844 veröffentlichte er ein sehr gründliches Werk über die „Einwanderung in die Vereinigten Staaten", wobei er tief in die Land-, Arbeiter- und die Sklavenfrage einging. Viele seiner damals ausge-

*) Graf v. d. St.-Pz. veröffentlichte sogleich nach seiner Mission nach Washington (1840 bis 1843) ein Werk über die Einwanderung in den Vereinigten Staaten, über das Landamt 2c., welches zu seiner Zeit von allem bis dahin Erschienenen das gründlichste war. Nach seiner Rückkehr aus Brasilien war er Belgischer Minister in Wien; seit 6 Jahren ist er Minister in Madrid. Obiges Werk lag Vicomte d'Abrantes vor, als er in Berlin seine Schrift über Colonisation in Brasilien schrieb, und durch die Stellung des Grafen Ponthoz in Rio konnte es keinem Brasilianischen Staatsmanne unbekannt bleiben, um so weniger, als ihre Aufmerksamkeit oft mit großem Nachdruck darauf gelenkt wurde.

**) Seit sechs Jahren Belgischer Gesandter in Madrid.

sprochenen Ansichten haben sich erfüllt. Dem Marquis d'Abrantes lag dieses Werk vor, als er im Jahre 1846 seine Schrift über „Die Mittel, Brasilien zu colonisiren" schrieb.

Schon in jenem citirten Werke des Grafen Ponthoz, aber in noch weit höherem Grade in „le Budget du Brésil" und vielleicht am deutlichsten in den hier abgedruckten Auszügen seiner Briefe an mich findet sich eine klare wahrhaft handelspolitisch-diplomatische Anschauungsweise der Bedeutung der verschiedenen Amerikanischen Länder für die Deutsche, Belgische und Schweizerische Auswanderung

Seitdem jene Briefe geschrieben worden, hat sich in Brasilien Vieles zum Schlimmern verändert, wo etwa damals auf Besserung zu hoffen war, und die Voraussagungen des Grafen, für den Fall, daß man sich der Reform noch länger entwinde, sind auch in Brasilien schon großentheils erfüllt.

Madrid, le 5. Dezembre 1854. Vous auriez reçu beaucoup plutôt l'accusé de reception de votre lettre du 24. Octobre dernier, si je n'avais pas été dans l'attente journalière de lettres du Brésil concernant l'object principal des reflexions que vous voulez bien me communiquer. Je devais avoir d'autant plus d'empressement à vous répondre, que je me trouvais extrêmement flatté de l'opinion que vous portez du „Budget du Brésil" et je ne veux pas différer d'avantage à vous remercier des choses extrêmement gracieuses que vous me dites de cet ouvrage.

Vous êtes trop bon juge pour que votre opinion ne me soit pas une garantie contre les apprehensions de voir „Le Budget" mal interprêté. Après vous avoir remercié et de vos felicitations et de la peine que vous avez prise de lire les volumes avec autant d'attention, il me reste à vous demander de vouloir bien accepter un exemplaire du „Budget" en témoignage de ma reconnaissance et de mon desir d'unir nos efforts pour atteindre un but que nous nous proposons.

Je puis assez me feliciter, Monsieur, d'avoir été compris par vous avec la lucidité, la conviction et l'adhésion de coopération que je trouve dans votre lettre du 24. Octobre. Vous avez reconnu immédiatement que toute la base de mon travail est dans les interêts internationaux qu'impliquent la situation présente et l'avenir du Brésil. C'est en débattant les chances de l'alliance des nécessités et des ressources des deux continents que je me trouvais autorisé à n'avoir aucune reticence. — Si cet ouvrage a un merite quelconque je crois que c'est la franchise de la révélation des maux et de l'énumération des bonnes choses.

Sans nos irresistibles nécessités européennes qui me semblent avoir leur direction providentielle vers le Nouveau Monde, je ne me serais pas exposé à paraître avoir la présomption de juger les affaires du Brésil en elles mêmes, et ma residence officielle dans ce pays eût encore servi à éloigner de moi toute pensée de donner de la publicité aux opinions que je m'y suis faites du présent et de l'avenir de l'Empire. Mais j'ai crû que sans témérité je pouvais dire aux commerçants et aux emigrants de nos pays les conditions qui leur sont faites au Brésil et en quels points elles pouvaient être améliorées. Le voyageur remplaçait l'agent au caractère officiel, et j'avais la conviction qu'en participant même aussi faiblement à favoriser la grande impulsion de nos nécessités vers les ressources du Brésil, je m'acquittais d'une partie des obligations que j'ai été heureux de contracter en habitant ce magnifique pays.

Si j'insiste quelque peu sur ces reflexions c'est qu'elles doivent vous prouver, Monsieur, que le „Budget" forme plutôt le point de départ de mon concours à la grande entreprise de l'alliance des exigences et des ressources de nos pays et du Brésil (entreprise dans laquelle vous êtes engagé depuis long temps) qu'une conclusion définitive. Comment en effet pourrait-on prononcer en dernier ressort sur la situation d'un pays dont le mouvement de progres a commencé avec autant d'énergie que si cette énergie sera continuée et accompagnée de régularité, l'état des choses que j'ai exposé, serait bientôt completement modifié &ca &ca.

Madrid, le 5. Juni 1855. Je vous remercie très particulièrement de l'envoi des documents ci-après cités. J'y trouve les plus utiles renseignements avec la preuve du zèle infatigable que vous apportez à l'accomplissement de la tâche de favoriser la prospérité du Brésil.

En vérité aucun effort ne doit être épargné pour amener l'opinion publique dans tout l'Empire à reconnâitre en vérité incontestable que si l'Europe demande au Brésil l'ordre et la securité dans la distribution et dans la possession des terres, ainsi que les Etâts unis en offrent l'exemple, l'interêt du Brésil n'est pas moins manifeste à fonder ce systême. Quand l'opinion publique sera fournie sur ce point à l'aide de la presse et des écrits de tous les personnes competents, on verra sans doute la représentation nationale entrer hardiment dans la grande entreprise de regler définitivement la situation des terres publiques et leur mode de vente. Je ne crois pas avoir exagéré dans le Budget du Brésil l'importance de cette partie de l'administration générale de l'Empire, ni quant à l'Europe ni quant au Brésil même. Vous aves manifesté la même opinion il-y-a bien long temps et je l'ai trouvée déjà chez les personnes les plus éminentes avec lesquelles vous entretenez des liaisons, pendant mon séjour au Brésil. L'attention doit donc se porter avec anxiété sur les actes des chambres brés^s^ dont la session vient d'ouvrir.

Nous avons contribué l'un et l'autre à donner de l'activité dans le débat qu'il doit avoir dans le but de préciser la situation du Brésil et la nature de ses rélations avec l'Europe dans le présent et l'avenir.

Ailleurs qu'en Allemagne la presse et les économistes s'occupent encore très superficiellement des interêts du Brésil. Par l'émigration les pays allemands sont plus direct^t^ en rapport avec l'Empire. Le Brésil y est mieux connu. Les questions qui le concernent y sont examinées sans entrâves indirectes. (?) Il semble qu'ailleurs il domine la dangereuse influence qui a pour systême de tenir la réalité du Brésil loin des regards Européens jusqu'au temps où il n'y aura dans ses réalités que des perfections! Sur ce point, nous sommes d'accord, il faut être infatigable dans la bonne mission de dire le bien et le mal du moment présent pour augmenter l'un et corriger l'autre avec les moyens réguliers.

Vous persistez avec raison dans l'opinion qui lie le systême de l'impôt sur les terres à l'administration des mêmes terres et à l'oeuvre du defrichement &ca &ca. Vous me trouverez toujours dévoué à une cause dans laquelle sont unis pour moi les devoirs du patriotisme attaché à servir la destinée des émigrants et de la reconnaissance avec laquelle je sais me rappeler mon séjour au Brésil.

Château de Ponthoz, le 26. 7^{br} 1855. Mon cher monsieur. P. P Je m'efforcerai certes d'employer au service de la cause que nous défendons les précieuses notions que j'ai puisées dans vos communications. Je vous transmets avec mes plus grands rem^{s} les documents, que vous m'avez envoyé sous condition de leur retour. Je reserve les autres, car je prévois que bientôt peut-être j'aurai à y chercher des matériaux pour un nouvel ouvrage que les circonstances rendront nécessaire &^{ca} &^{ca}. Les adversaires que nous encontrons, vous et moi, sont de deux éspèces. Il-y-a dabords les speculateurs en émigration. Nous voulons organiser le système de l'attraction, tandis que les speculateurs ne tendent qu'à trouver un frêt vivant qui puisse être livré avec prime aux planteurs dont les nègres ne se renouvellent plus &^{ca}.

Il-y-a en ce moment sur le continent des individus, qui se mettent en rapport avec les municipalités ou avec les Dépôts de mendicité pour leur offrir d'ammener les reclus valides au Brésil. Ils exigent par tête une somme suffisante au remboursement du passage et ils livreront les travailleurs aux planteurs moyennant une gratification qui constitue le profit de sa speculation.

Il est bien évident que tous les interessés dans telles opérations doivent tâcher d'entrâver vos efforts, comme déja ils s'acharnent à miner le credit de mon ouvrage. Nous sommes en réalité en butte au Brésil et en Europe aux mêmes hostilités que celles dont les adversaires de la traite des Nègres ont souffert, comme vous-même savez trop bien, pendant un si grand nombre d'années.

Cependant la traite a cessé. Nos idées triompheront également, parcequ'elles dérivent de la verité en principe et que l'humanité d'une part et les intérêts normeaux d'autre part concourront pour amener le principe à une application régulière. Les spéculateurs en émigration chercheront en vain à détruire les bonnes destinées de nos principes; leurs clameurs passeront bientôt et l'affaire de l'émigration séclairera par les avantages que nos plans doivent apporter à la marine et aux proprietaires de terre en organisant une bonne saine et livre immigration.

Mais il y a une autre espèce d'adversaires: ce sont les Brésiliens qui croient à l'utilité de presenter toujours aux Européens le Brésil entouré d'une auréole sans tâche. Pour ceux c'est un crime de réveler la moindre imperfection dans la situation des choses de l'Empire. C'est surtout chez les Brésiliens qui voyagent en Europe que se rencontrent ces impressions.

Ce serait avoir une complête illusion que de croire qu'on dira jamais la verité sans blesser les auditeurs &^{ca} &^{ca}. Je ne puis que considérer hautement favorable à une cause d'humanité et de progrès véritables pour le Brésil et pour nos pays l'établissement de meilleurs convictions dans ce pays &^{ca} &^{ca}.

Château de Ponthoz, 14. 8^{br} 1855. On me mande que le Marquis d'Olinda soutient avec énergie dans le Parlement Brésilien la cause de la colonisation et qu'il a fait un discours en faveur du système américain*). Monsr Souza Franco au contraire a combattu les exemples de l'Amérique du Nord en envoquant les avantages de la Parceria*)!

Tout cela m'est incompréhensible par les précédents des mêmes Messieurs.

Les Numéros du Journal do Com^o qui m'ont été encheminé ne me sont pas parvenus, peut-être les avez-vous reçus?

Vous apprécierez comme moi l'interêt que nous présente la lutte (?) dont l'emigration et les terres seront l'objet dorénavant au Brésil. J'y vois un nouveau motif d'espérer que les bonnes principes l'emporteront et une nouvelle raison d'apporter la plus grande énorgie à entretenir le zêle et l'attention publique dans les deux hémisphères sur cette grande question toute-à-la fois Brésilienne et Européenne.

Ce doit être pour Vous un motif de grande satisfaction de voir que vos plans de colonisation et d'emploi de terres reçoivent la sanction des hommes les plus éminents du Brésil (!!).

Vous me paraissiez désespérer trop tôt du Brésil quand dans votre dernière lettre vous parliez de l'Uruguay.

Ma première impression était alors que vous vous decouragiez trop vite. En attendant la lecture des débats et avant de me prononcer, je crois pouvoir attendre de vous de nouveaux efforts en faveur de la cause de l'immigration Brésilienne et des principes aux quelles vous vous êtes voué et donc le Budget du Brésil n'a fait que renouveler la manifestation.

Les Gouvernements de Plata ne jouissent pas encore de confiance tandis que le Brésil entretient avec nous des rapports très regulières et très lucratifs. Nous devons amener l'opinion publique a se familiariser avec l'idée d'exploiter toutes les regions inépuisables, mais nous ne devons pas leur offrir trop de choses à la fois. D'ailleurs je pense comme vous, que si quelque grande société fondait des centres d'exploitation dans la vallée du Plata ou dans l'Uruguay, ce serait un point d'appui pour opérer avec efficacité sur la reforme du Brésil.

---

*) Das ist beides wahr, ist aber deshalb gerade, weil es aus dem Munde brasilianischer Staatsmänner kommt, ohne allen Werth als Leitfaden für ihre Handlungen. So hat Olinda sogleich darauf die Parceria unterstützt und das amerikanische System ganz fahren lassen, das er, der lebensschlaue alte Herr auch nie wollte, weshalb auch Alles, was er bei obiger Gelegenheit sprach, gegen seine Ueberzeugung und gegen seine Absicht zugleich war. Gleich schmachvoll war auf der andern Seite das unerwartete Auftreten zu Gunsten der Parceria Seitens eines so hellköpfigen Mannes als Souza Franco, der zuerst in Brasilien (man sehe nur seine Briefe nach) die Landfrage in Angriff nahm und durch und durch verstand. Er that es diesmal aus Parteigeist und als Anhänger Vergueiro's des Chefs der kleinen aber sehr rührigen und oft sehr bösartig auftretenden ultra-liberalen Partei, zu der besonders auch Ottoni, der Gründer der Mucury-Gesellschaft gehört.

Auszüge aus Briefen von G. C. Lucio Corréa in Hamburg,

der endlich ganz plötzlich entlassen worden ist, ohne jedoch, wie es scheint, auf irgend eine Weise für seine vielen Amtsmißbräuche, oder auch nur für die betrügerischen Parceria-Contracte, die auch er mit deutschen Colonisten gemacht hat, von irgend Jemand zur Verantwortung gezogen zu sein.

Corréa wurde direct aus seiner zweiten großen Fallite in Paris, die keinen Sous Dividende gab, in die Stelle Senhor Araujo's gesetzt, und blieb diesem nicht nur untergeordnet, sondern auch Tributair in Consularsporteln und in den Vortheilen an dem Auswanderungsbetriebe.

Beide zugleich verfügten über die zur Gewinnung der deutschen Presse von der Brasilianischen Regierung zur Verfügung gestellten Geldsummen, und dirigirten zu verschiedenen Zeiten mehrere spezielle Publicationen zur Vertheilung auf dem Lande, wie z. B. ein sogenanntes polytechnisches Journal, halb portugiesisch und halb deutsch, mit auffallenden Bildern zur Bethörung der Bauern gedruckt, mit welchem in einem Jahre an 6000 Thlr. angeblich ausgegeben wurden, ohne daß mir je, trotz wiederholtem directen Verlangen, von ihm und dem berüchtigten Agenten, Dr. Fr. Schmidt — (ein aus Brasilien entlaufener Colonist) auch nur ein einziges Exemplar übersendet worden wäre.

Derselbe Senhor Corréa schickte mir einmal auf Verlangen die Abschrift eines Rio Grandenser Regierungs-Contracts, worin er absichtlich zwei der Bedingungen, auf die es hauptsächlich ankam, und die besonders seine Absichten begünstigten, herausgelassen hatte, was er bei meiner Ausfindigmachung als einen Schreibfehler entschuldigte. — Derselbe Mann fälschte andere Provinzial-Regierungscontracte mit Auswanderern und suchte sich nach der Entdeckung dadurch zu entschuldigen, daß er sagte und schrieb, er hätte es einzig und allein zur Täuschung der Deutschen gethan. — Die Brasilianische Regierung sah das Alles in ihren eigenen Blättern gedruckt, beließ jedoch Corréa noch 4 Jahre lang in seiner Stellung.

Zum Schluß sei noch erwähnt, daß die citirte Person außer Mitbetheiligung in allen betrügerischen Werbungen und Transportcontracten, viele Jahre lang mit Herrn Araujo 3½ Thlr. Paßgeld von jedem Colonisten, und außer den übertriebensten Sportelgeldern 140 Mark Banco für eine einzelne aufgezwungene Abschrift der portugiesischen Uebersetzung eines Schiffsmanifestes nahm, welche in Rio oder Bahia in duplo blos 40 M.-B. kostet, die aber auch in Hamburg gar gern von gar vielen Uebersetzern für 15 M.-B. gemacht würde. Das schönste dabei ist aber, daß diese offiziell aufgezwungene und dreimal zu hoch berechnete Uebersetzung meist so nachlässig und fehlerhaft angefertigt war, daß sie oft, wenigstens in Bahia, als untauglich zurückgewiesen und der Schiffscapitän genöthigt wurde, sich für sein Geld eine neue in loco anfertigen zu lassen.

Nimmt man nun an, daß ein solcher consularischer Manifestszwang bereits über Jahrzehnte in Hamburg geübt worden, daß die Anzahl der nach Brasilien ausgehenden Schiffe zwischen 96 bis 118 jährlich variirte, so kann man sich einen Begriff machen von dem Raube, der so an dem Deutsch-Brasilianischen Handel begangen wurde, und der sich allein auf weit mehr als die Hälfte der ganzen ohne dies schon sehr bedeutenden gesetzlichen Brasilianischen Consular-Schiffsgebühren beläuft. In der That beträgt die Summe dieser amtlichen Erpressungen mit Hinzurechnung der anderwärts citirten, gesetzwidrig aufgedrungenen Visagebühren von ebenso erheischten, überaus zeitraubenden und jedes Geschäft erschwerenden Ursprungszeugnissen, eine ungeheure Summe. Unbegreiflich nur scheint, wie die Behörden einer Welthandelsstadt, die als Vormünderin des deutschen Gesammthandels mit dem Auslande dasteht, solche Mißbräuche so lange bestehen lassen und dabei gerade in Demjenigen, der diese erst selbst ausübte und später unter seiner Oberaufsicht geschehen ließ, und außerdem noch das verderbliche Parceria-System in Gang brachte, Eigenschaften entdecken konnte, die dem Besitzer, wenn nicht die Ehrenbürgerkrone, doch eine Ehrenmedaille in Anerkennung hoher Verdienste um die freie Stadt Hamburg zuwendeten. Es geht dieses weit über schlichten Deutschen Verstand hinaus!

Corréa's Briefe zeigen, daß Senhor Araujo gewöhnlich krank oder überaus beschäftigt war, wenn er mir eine Abschrift seiner Parceria-Contracte schicken sollte. Ferner, daß Senhor Araujo mit dem Vorstand des Berliner Centralvereins für Auswanderungs-Angelegenheiten correspondirt und sich als unterschreibende Partei bei den Parceria-Contracten bekannt, daß er 1852 2535 Parceria-Colonisten abgeliefert hat. Sie zeigen, wie man sich sicher fühlte, daß es nie an solchen Colonisten fehlen würde, wenn es nur nicht an Geld aus Brasilien fehle. „Daß der Berliner Centralverein nichts verhindern, aber vieles erleichtern könne, daß man deßhalb alles thun müsse, seinen guten Willen zu sichern; daß Herr Gaebler bei seinem Besuche in Hamburg seine Ideen modificirt habe."

Wie man sieht, so war bei Corréa die ganze Colonisationsfrage nur eine Geldfrage („de dinheiro"). „So viel Geld als herübergeschickt wird, so viele Colonisten lassen sich hinüber liefern; ja mehr als nothwendig!" Seine Ansicht von dem Berliner Centralverein, obschon nicht schmeichelhaft für diesen, war die, daß es immerhin klug sein würde, ihn als Mitarbeiter zu sichern. Es werde schon Alles gehen, man müsse die Sachen nur einzurichten verstehen. Er vindicirt auch für Senhor Araujo die Ehre, die Contracte mit den Parceria-Colonisten selbst aufgestellt und unterzeichnet zu haben, wie dieser in eigenhändigem Schreiben dem Central-Vereine mitgetheilt habe.

Hamburgo, 17. de Ago 1852. O Nosso amigo Senr. de Araujo tem peiorado e desde domingo está de cama com um agudissimo ataque de gota*). Cartas vindas pelo Paquete trazem excellentes noticias dos Colonos com contractos a parceria; ambas as partes contractantes estaõ muito satisfeitos &ca.

Hamburgo, 25. de Ago 1852. Desde Avril que aqui me acho he a primeira vez que me vem impressos ou carta para V. S. da Legaçaõ Imperial de Londres. Bem fará Va Sra os reclamar para o Rio. Naõ Lhe posso mandar jornaes, porque naõ saõ meus; sim do Sr de Araujo**). Naõ houve correspondencia entre o Senr de Araujo e a Sociedade Central de Berlim. Apenas elle escrevéo 4 linhas a Sociedade para rectificar a falsidade de naõ haverem sido por elle assignados os Contractos de colonos para os grandes proprietarios. Qualquer que seja a importancia ou influencia que possa exercer a Sociedade Berlinense naõ impedirá que o Senr de A. faça o que entende dever fazer. Obrando sego a sua consciencia, so tem por juiz o governo imperial. Ia he tempo de nos emancipar-mos e de naõ recuar-mos diante de qualquer obstaculo que encontrar-mos. Deixemos a Soce de Berlim proseguir os seus fims; prosigamo-nos os nossos. „Chacun pour soi, Dieu pour touts." Iá la foraõ este anno 2535 emigrantes e todas as vezes que vier dinheiro naõ faltará a gente.

He no Brasil e só no Brazil que a questaõ de emigraçaõ póde ser decidida; se se souber bem fazer as cousas, progredira com ou sem

*) Zu dieser Zeit hatte ich von ihm schon drei Mal officiell eine Abschrift seiner Parceria-Contrakte vergebens gefordert.

**) Diese Zeitungen enthielt man mir stets vor, weil darin stets deren eigene selbstbelobende mich zugleich angreifende, und die Pflanzer über die Auswanderung aus Deutschland völlig wirrisch machende Artikel, die von hier aus eingesandt waren, vorkamen.

a aprovaçaõ da Sociedade de Berlim, que apezar de seos 400 Jornaes deve perder a esperança de dictar condiçoẽs ao Govº brazº que (vaidade aparte) he composto de verdadeires homens d'Estado que mesmo n'Europa occupariaõ s primeiros lugares. Tenhamos nos juizo e façamos bem as coizas e deixemos gritar os 400 jornaes! Fallando d'esta maneira naõ pense V. S. que me deixo arrebatar por hum brazileirismo outré, conheço que témos ainda muita coiza a fazer, mas tambem vejo que para a nossa idade témos produzido muito.

Roma naõ se fez n'hum dia, mas os dias do Brazil que vieraõ em melhor época, vaõ se contando pr. annos!

„Supponho que o Senhor Dr. Gaebler que procurou aprofundar a questaõ durante a sua ultima estada em Hamburgo, modificou um pouco as suas ideas: E homen de espirito e assaz honesto para reconhecer a verdade.“

Hamburgo, 31. de Agosto 1852. Da discussaõ com V. S. recolho sempre alguma vantagem, e Seduzido pelo enthusiasmo, pelo calor, que n'elle demonstra V. S. eu deixo-me insenste. levar a discutir eu que por natureza naõ sou discutidor &ca.

Sim, Senhor, eu ainda mantenho que ja que teremos caminhos de ferro e outras emprezas, e que se achaõ já sobre terreno os engenheiros e os conductores, naturalmente precisaõ de trabalhadores que facilmente obteraõ da Allemanha porque em quando do Brazil vir dinheiro para se pagar a passagem, haverá até gente de mais. As emprezas precisaõ principalmente de celibatarios e estes abundaõ na Allemanha. Se o Governo mandasse adiantar as passagems, todos os navios que andaõ no mar seriaõ poucos para transportar os emigrantes que haviaõ de querer ir ao Brazil. Bom será naõ termos a Sociedade Central de Berlim por adversaria, mas naõ sendo possivel decidi-la em nosso favor, nós nos passarémos d'ella, porque, como já disse, quando houver dinheiro, havera colonos e os 400 jornaes de que a dita Sociedade disse dispor na resposta a Dr. Capanema perderãõ o seu latim. Se a Sociedade de Berlim he bem intencionada, se o seu fim he philantropico (palavra que eu detesto porque nunca vi gente tao rele como a que se adorna do titulo de philantropia!) naõ pode deixar de tornar-se favoravel aó Brazil quando vir n'elle apreo e protecçaõ aós desvalidos. (!) Mas que perca ella a esperança a dictar condiçoẽs ao Governo do Brazil que naõ precisa do seo consentimento para estabelecer tal ou tal Systema, Acceitemo-la como colaboradora, seguremos com cuidado a sua opiniaõ, mas naõ a reconheçamos como autoridade; o Brazil hoje se governa por si mesmo; ja la foi o tempo em que elle prestava desmedida estimaçaõ ao que ia da Europa. O seo Governo so adopta huma medida quando a julga conveniente e adaptavel ao payz, naõ porque esta em voga na Europa &ca.

Wörtliche Auszüge aus Briefen des Senr Ernesto de Souza Leconte, General-Consul in Sardinien

(im Jahre 1854 gegen seinen Wunsch nach Preußen versetzt).

Senhor Leconte war damals, und schon mehrere Jahre lang vorher, General-Consul in Sardinien, Parma und Toskana, und mit ihm sollte ich meine Stelle in Preußen zur Befriedigung des Verlangens des Senhor Araujo bereits Ende 1854 austauschen. Derselbe war eben so wenig als ich zum Wechsel aufgelegt, und so blieben die bezüglichen Ausfertigungen bis Ende 1856 unausgeführt. Ich fühlte keinen Beruf, den schurkenhaften Werbern von Parceria-Colonisten das Feld zu räumen, und eben so wenig mit einer protestantischen Familie von neun Kindern, mit Unterbrechung der Erziehung der Mehrzahl dieser, nach einem Lande zu ziehen, wo gerade das Maddiaische Bibeldrama aufgeführt wurde. Daher machte ich meine Vorstellungen in diesem Sinne an die Regierung, und Senhor Leconte, dessen Hauptaufgabe in Italien war, Sänger und andere Individuen für die Oper in Rio zu engagiren, machte seinerseits gleichen Widerstand. Die Regierung blieb zwei Jahre lang unschlüssig; fing aber bereits 1856 wieder an, mich verschiedene Aussichten zu meiner Wiedereinsetzung erkennen zu lassen, wenn ich mich tractabel in der Auswanderungsfrage zeigen wolle; — dabei wurde mir die Hoffnung auf eine beträchtliche Mehreinnahme unter der Rubrik von Colonisations-Agenturen sowohl von der Central-Regierung als von verschiedenen Provinzen ꝛc. gestellt. Ich lehnte diese Angebote alle ab, und zeigte durch kategorische Vorstellungen, unter obwaltenden Umständen diesem Ansinnen nicht Folge leisten zu können, wie denn auch dem Lande ohne vorausgegangene Reformen (wie bereits längst von mir angedeutet) kein Nutzen irgend einer Art, sondern nur Schaden für die Zukunft durch jeden derzeitigen Versuch, die Auswanderung zu betreiben, entstehen würde.

Nach langer Unschlüssigkeit der Regierung, — welche sonderbar erscheinen muß, da ich mich zu keinem Vorgehen in dem Auswanderungsbetriebe (der damals zur Herbeischaffung von Colonisten für die Pflanzer noch immer im Gange war) anheischig machte, — setzte man mich endlich im Jahre 1857 in meine frühere Stellung in Preußen wieder ein. Dabei wurden mir Instructionen auf privatem Wege gegeben, wie aus einigen der beigedruckten Briefen zu ersehen ist, welche mir einprägen sollten, daß mit dem Wiedereintritt in mein Consulat gar keine besondere Pflichten verbunden wären, ich möchte jedoch in Colonisationsangelegenheiten mich recht ruhig verhalten, andere Parteien nach ihrem Gutdünken schalten lassen und ihnen ja nicht entgegen treten. Man wollte sich augenscheinlich damit begnügen, daß ich nominell das Consulat zu der Zeit ausfüllte, wo jeder Mißbrauch mit Deutschen getrieben wurde, der so als von mir stillschweigend gutgeheißen erscheinen mußte. Hierzu konnte ich mich natürlich nicht hergeben Die Folgen, welche aber daraus für mich entsprangen, sind schon bekannt, und finden sich an einer früheren Stelle verzeichnet. Ich bemerke nur noch, daß ich in Folge der Leichtfertigkeit der Briefe des Senhor Leconte meine Correspondenz mit ihm abbrach, obgleich er ehrlich zu denken und aufrichtig zu sprechen schien. Doch glaube ich, daß er sich bald darauf ebenfalls zur Vermittlung einiger Sendungen von Italienern, die überaus unglücklich ausfielen und nach Bahia gingen, hergegeben hat. Später wurde er nach Stockholm versetzt, hält sich jedoch, wie die meisten Brasilianischen Diplomaten und General-Consuln, deren Zahl in Europa ein kleines Heer ist, meistens in Paris auf, um sich dort des Kummers um sein Vaterland den er in seinen Briefen so offen legt, zu entschlagen.

Da nun Senhor Leconte bei den Ueberzeugungen, wie er sie durch meine mühsame Correspondenz mit ihm gewonnen zu haben vorgab, eben so wenig die Kraft hatte, für sie öffentlich einzustehen, — ganz eben so wenig, wie manche einflußreichen Brasilianer, die meine Ansichten und Grundsätze über Landreform unter vier Augen und in Briefen völlig gutgeheißen, mich jedoch gegen die Ungerechtigkeit der Brasilianischen Regierung nicht mit einem Worte vertheidigt und nun bereits vier Jahre still geschwiegen haben, — so halte ich mich für durchaus berechtigt, ja zum Wohle Brasiliens für verbunden, diese und andere Auszüge aus langen und zur Zeit der Auswechselung höchst zeitraubenden Correspondenzen zu geben.

Der Autor stimmt mit mir in allen meinen Ansichten überein und sagt: „Gott wolle nur, daß Brasiliens Loos, das schon traurig genug ist, nicht noch schlimmer, ja verzweifelt werde dadurch, daß man diese Vorsichtsmaßregeln nicht annimmt." Er sei keiner von denen, die da sagen: „Schickt nur Geld und ihr sollt Leute haben." Er wolle eine solide Grundlage; an die habe man aber noch nicht gedacht. Alles, was drüben über Colonisation gesprochen oder geschrieben oder auch gedruckt würde, geschähe nur zum Zeitvertreib, zum Scheine, und ohne allen Ernst. Bei dem ungeheuren Landmonopol sei kein Heil zu erwarten, und alle Einwanderung unmöglich. Der mitgetheilte Plan, zuerst eine Deutsche Auswanderung auf Uruguay zu richten, hauptsächlich damit diese für Brasilien ein Sporn werde, selbst die Einwanderung anzuziehen (ein Plan, den ich auch der Brasilianischen Regierung mitgetheilt hatte), sei wohl gut, aber errege Befürchtungen. (Dasselbe sagten Senr Uruguay und andere viele, und doch thaten sie nichts für die Einwanderung ins eigene Land und möchten zugleich auch keine in Uruguay sehen, außer von Brasilianern.) Fast hoffnungslos seien die Dinge für Brasilien. Seine Entvölkerung schreite mit Riesenschritten vor sich, und nur eine Lösung der Colonisationsfrage, wie die besten Männer des Landes sie wünschten, und wie ich sie schon seit Jahrzehnten „mit so viel Vorbedacht" angedeutet hätte, könne vielleicht noch Hülfe bringen. Er habe in diesem Sinne berichtet, glaube aber, daß man in Wahrheit von wahrhafter Colonisation nichts wissen und erst abwarten wolle, bis noch einige Hunderttausend Sklaven wegstürben. Dem unglücklichen Zustande Brasiliens sei so lange nicht abzuhelfen, als es noch Sklaven habe: denn so lange der Portugiese noch Sklaven haben könne, wolle er nichts anderes. Schließlich fragt Leconte: Und was haben Sie in dem unglücklichen Lande ausgerichtet mit allen Ihren Anstrengungen, Besserungen einzuführen und eine freie Einwanderung vorzubereiten?

Genova, 4. de Fev^ro 1856. P^s. P^s. Tambem eu expliquei ào Director de Colonisaçaõ do Maranhaõ que he vaã toda esperança do emigraçaõ d'este payz para lá. Primeiro porque todos os Jtalianos que emigraõ vaõ unicamente a Buenos Ayres e Montevidéo e porque he loncura suppor que gente que pôde dispor de 200. fr^s va povoar asmat as virgens e as despovoadas e solitarias ribeiras d'aquella terra &^ca.

Li com calma e reflexaõ as interessantissimas reflexoẽs expostas por V. S., partilho os mesmos sentimentos e idéas, e Deus queira que a sorte do Brasil, ja bem triste, naõ se torne peor e com o tempo desesperada sempre que naõ se adoptem as medidas previsoras que V. S. suggere &^ca. Eu naõ sou d'aquelles que dizem, „venha dinheiro e tudo se fará," e

com que fim? Desejo uma base solida para edificar, e creio que os allicerces para edificar-se este edificio ainda naõ se pensaraõ n'elles em meo paiz. Em fim mêu caro Senr Sturz, conheço a minha insufficiencia para entrar na discussaõ d'esta grande questaõ, e pela mesma rasaõ desejo ser muito cauto e muito prudente — Seguramente quo V^{a} S^{ra} ignora o tratado feito pelo encarr^{o} do Governo do Maranham com a casa Vergueiro para engajar 150. familias Allemaos; este teve lugar em Avril e no mez de Nov. esta declarou que naõ achou hum so homen na Allem^{a} que aceitasse as grandes offertas de serem transportadas para a novo Eldorado de Turi-Assu, por tanto essa esperança fica fallida, e logo iraõ a pedir ao Consul de Hamburgo que lhes enviem milhares de homens, moços, robustos, bonitos, com mulheres ainda mais bonitas e interessantes, verdadeiras deidades para contentar os gamellas de Mar^{am} &^{ca} &^{ca}.
Escrivi p^{a} o Mar^{m} pedindo que me mandem noticias positivas da sorte do Eng^{ro} F^{co} Liebisch*), logo que me escrevaõ darei parte a V. S. &^{ca}.

Genova, 5. de Avril 1856. Ha 3. dias cheguei a esta cidade de volta de uma pequena viagem á Roma, Napoles &^{ca} em companhia do meu antigo companheiro de infancia o Exmo Senr Viconde de Uruguay &^{ca}. — Naõ me descuido de nossos interesses, que ambos naõ queremos mudança de lugares e quanto a mim descanço no intermedio do Senr Visconde e do meu am^{o} intimo o Senr Azambuja no Ministerio dos N^{s} Estr^{s}; aconselho a V. S. calma e tranquilidade de espirito.

Em quanto á Colonisaçaõ para o Brasil partilhámos as mesmas ideas e sentimentos; encaro esté negocio como muito difficil e espinhoso pelo futuro, se o Governo imperial naõ trata de por remedio aõ mal do immenso abuso da terras. Quanto as Provincias do Norte creio que he um puro sonho. Segundo as noticias qne tenho de todas as partes quanto se escreve ou falla em semelhante assumpto serve mais bem para hum passatempo que como uma idea ou plano para a colonisaçaõ &^{ca}.

Genova, 8. de Maio 1856. Ja tive a honra de escrever á V. S. em resposta a carta que se tinha dignado escrever-me accompanhada de tres copias (que hoje devolvo) das cartas que V. S. havia esc^{o} ao Senr V^{de} d'Uruguay, Marquez de Abrantes &^{ca}.

Li com muita attençaõ as suas cartas e observei as ideas que V. S. emitte n'ellas, expondo um Systema de Colonisaçaõ Allemaã para as ribeiras do Plata e com especialidade para a banda Oriental; n'ellas se observaõ algumas concepçoẽs diguas da maior attençaõ para os homens de

*) Ueber diesen schrieb er mir nie wieder. Erst nach vollen 3 Jahren nach dessen plötzlichem Verschollensein, als er im Regierungsauftrag aus der Stadt Marm. abgezogen war, fand ich mit unsäglicher Mühe, ohne den mindesten Beistand von einer Brasil. Behörde aus, daß er nur wenige Stunden Weges von Maranm. in einem Dorfe dem gelben Fieber erlegen und ohne weiteres, weil ihn der Padre als einen Ketzer (Protestant) erkannt hatte, am Seestrand eingescharrt worden war, ohne daß auch nur sein Name irgendwo eingetragen wurde. Seine Instrumente, die an 500 Thlr. werth waren, Kleider rc. theilte man unter sich, und es krähte auch kein Hahn nach allen Diesem. Ja, der Präsident, der ihn selbst persönlich in Rio engagirt hatte, fragte nicht einmal darnach oder wollte doch nicht wissen, wo er hingekommen sei. Auch dorthin wollte man im Jahre 1855 bis 57 noch Deutsche verschleppen. Dazu brachte man Gerüchte von ungeheurem Goldreichthum in Umlauf, und das Rudolstädter und Hamburger Werbeblatt bliesen in die Posaune. Statt Vorschub zu leisten, wie von mir verlangt worden war, brach ich der gewissenlosen Schwindelei die Spitze ab.

estado do Brazil e que seguramente naõ haveran ellas cabido em saco roto logo que d'isso se tenha um verdadeiro conhecimento.

V. S. propoem e se responsibilisa do resultado de um systema de emigraçaõ para a Republica do Uruguay. V^a S^ra encára que essa corrente de emigraçaõ será util e muito proveitosa ao Brazil pelo desenvolvimento do seu commercio com aquella Republica, e por ultimo que servisse de liçaõ ao Governo Imperial mesmo ou antes aos grandes proprietarios de terras Brasileiros, da maneira como no futuro se podera atrahir uma constante emigraçaõ para povoar os seus campos e matas solitarias &^ca.

Concordo e vejo toda probav^de de conduzir-se a bom fim os planos tan sabiamente concebidas por V^a S^ra do colonisaçaõ do Uruguay, concordo em que he m^s vantajosa a emigraçaõ da antiga raça Germanica á da Latina; a quelles saõ mais robustos, industriosos e tomaõ mais apego a terra que fazem produzir com seu suor; e estes saõ mais habituados as delicias e gozos sensuaes que ao trabalho. Ora isto sendo huma verdade, claro está que na escolha nemhum povo Americano deve duvidar: porem o caso naõ e esse, a difficultada e os grandes inconvenientes estaõ no temor do futuro!

Naõ entendo nem posso conceber como sera possivel que resulte esse bem áo Brazil com o desenvolvimento progressivo de huma grande populaçaõ na visinha republica do Uruguay. A odiosidade da raça Hespano-Portugueza sera um inconveniente que o tempo e a civilisaçaõ jamais (?) poderá superar nem mitigar. (!)

Um systema de Colonisaçaõ Europea p^a o Brazil e obra ardua diffici e impossivel por agora; assim vejo e encaro este negocio; e se por ventura fallo e escrevo quando se me toca nisso, e mais bem como passatempo que pela convicçaõ de que se possa fazer alguma cousa de bom em proveito do paiz &^ca. Os inconvenientes saõ insuperaveis, mas naõ por isso creio prudente e util favorecer um systema de emigraçaõ para Montevideo.

O Brazil se esta despovoando a passo de gigante; ésta calamidade para nos será talvez um incentivo para que o Governo de acordo com os proprietarios removaõ os obstaculos que se oppoem a hum systema de colonisaça- bem entendido, e que huma vez posto em practica dará um resultado feliz conforme he apetecido pelos homens illustrados do paiz e indicado taõ profundamente por V. S. ha mais de 10 annos &^ca.

Genova, 8. de Julho 1856. Tenho lido com vagar e detençaõ as cartas de V. S. áo Sr Visconde de Uruguay e Marquez d'Abrantes assim como os planos de colonisaçaõ e emigraçaõ futura para o Brazil. Já disse á V. S. que concordo em tudo o seu parecer, e tanto é assim que quasi a mesma cousa tenho exposto para a Presidencia de Maranham e áo Deputado C. M. de Almeida; porem o que resulta de tudo isto? nada em limpo; e preciso naõ crear illusoẽs; ou naõ entendem ou naõ querem nada de quanto cheira a colonisaçaõ: por tanto havendo V. S. pelo seu lado e eu pelo meu exposto tudo aquillo que nos parece favoravel conveniente e justo para o futuro engrandecimento do paiz, de cujos trabalhos nada se tem querido utilisar, me parece prudente fechar a boca a tudo, e naõ escrever nada mais a semelhante respeito, a espéra de que resolvaõ depois que a cholera tenha matado outros 50,000 negrinhos, e quando se vejaõ obrigados (nos ult[s] momentos) a substituir os braços que vaõ faltando a lavoura imperfeita e atrazada da estacionaria raça Portugueza &[ca].

V. S. falla do Sr Senador Manoel Felizardo e pensa que sua viagem para Europa tem connexaõ com um plano de colonisaçaõ! Ora bem, V. S. accredita cousa alg[a] dessa viagem! eu naõ, e sem temor de enganar-me creio que posso asseverar que o objecto sera dar um passeio até Pariz e passar alegremente 8. mezes de viola folgada. Se eu podesse fazer a mesmissima cousa cert[te] que eu o faria em vez de estar-me quebrando a cabeça com ideas que naõ se realisaraõ.

Genova, 4. de 9[bro] 1856. Ha 3. dias que tive a honra de receber a sua estim[ma] do 25. p[o] e passo a responder mui por alto aos 1os dous interessantes pontos; Quanto a emigraçaõ Sarda ou Italiana para o Brazil, esta he uma outra questaõ do tempo e de principios; difficil de uma soluçaõ favoravel pelos inconvenientes, e antecedentes &[ca]. Naõ tenho a menor duvida a entrar n'uma polemica a tal respeito com quem quizer apresentar-se na palestra, certo da victoria: embora que se pense aqui alli d'este ou d'aquelle maneira, se meditem estes ou aquellos meios ou se proponha este ou aquelle remedio, se apresenten os planos os mais bem combinados e por ult[o] abnegaçaõ completa do gabado principio de que a escravadura e a fonte de riqueza e de prosperidade d'aquella desgraçado paiz . . . Tudo o que se possa inventar, fazer e dizer e tempo perdido naõ removendo-se este obstaculo para a immigraçaõ Europea n'aquelle solo. Taes saõ as minhas convicçoẽs e principios e ainda que summamente austeros e a pura verdade conhecida com os desenganos do tempo e do bom criterio. Nasci no Brasil e sou filho de paes Bras[s]. porem naõ por isso devo illudir-me, nem enganar a ninguem; o dever de minha consciencia e de expor a verdade embora sacrificando o individuo e mesmo fazendo-se o holocausto da propria pessoa.

No Brasil por agora naõ e possivel um systema de Colonisaçaõ Europea, nem creio possivel que o homem branco se queira sujeitar e degradar trabalhando áo lado de um negro escravo e cattinguento; nem o paiz hoje olharia com bom olho a estrangeiro fallando uma outra lingou a que naõ estaõ habituados; nem os principios, (profundamente arraigados) de intolerancia Portugueza admittiriaõ no seu seio homens mais intelligentes e industriaes que aquelles . . . . . que só tem de humano, o rosto &[ca] a mais d'isto ha tantos inconvenientes e perigos, que e melhor callar. Diga-me, que tem tirado em limpo com as suas vigilias, propondo meios de amelhoramento materiaes para atrahir uma emigraçaõ? O que tenho eu adiantado escrevendo a tal respeito? Como estou desenganado naõ penso fazer outra cousa mais de que ganhar tempo e passar annos fazendo-me velho e esperando o momento fatal da despedida d'este mundo! &[ca].

Auszüge aus den Briefen von Sen. Sergio Teixeira de Macedo.

Vormaliger Minister in Turin, Neapel, Rom, Wien und Washington und zuletzt außerordentlicher Bevollmächtigter in London, als er diese Briefe schrieb, und gleich darauf Reichsminister zu Rio.

Mit Senhor Sergio Teixeira de Macedo unterhielt ich während dessen fast dreijähriger Einnahme des Gesandschaftspostens in London eine lebhafte Correspondenz über die Lebensfragen Brasiliens, voran die Land- und Einwanderungsfrage, in der ich ihn wegen seines bekannten Scharfsinns und seiner früheren vierjährigen Residenz in den Vereinigten Staaten ebenfalls als Diplomat für wohlunterrichtet halten mußte. Uebrigens war derselbe Herr früher Diplomat in Oestreich und Turin gewesen, hatte also auch Gelegenheit gehabt, die Verhältnisse des Bodenbesitzes und ihres Einflusses in Europa zu beobachten. Hier folgen nur zwei seiner Briefe an mich in extenso, welche über gar Manches, was zur Geschichte Brasiliens gehören wird, Aufschluß geben, und zwar um so besser, als Senhor de Macedo nach einem 20jährigen Aufenthalte in Europa und Amerika (mit Ueberzeugungen, wie sie in diesen Briefen ausgesprochen sind,) im Jahre 1856 nach Brasilien zurückkehrte und dort zuerst als Präsident von Pernambuco in Allem, was er nur nah oder entfernt auf Colonisation Umständliches zu thun oder auszusprechen hatte, mit den hier anerkannten Ansichten in Widerspruch gerieth, z. B. den Pernambucanern ganz verführerische Rechnungen über die Wirkungen einer geschulteren d. h. strengeren Verwendung der Sklaverei im Zuckerbau mit dem Beweise, wie jeder Neger 240 Mil Reis jährlich abwerfen müsse, vorlegte. Senhor Macedo billigte zugleich die wirklich blödsinnigen Colonisations-Pläne im Parceria-Stile, welche dort unter dem directen Einflusse der Central-Regierung und unter dem Vorsitze des Provincial Präsidenten vermittelst einer Filial-Colonisations-Gesellschaft für Pernambuco, Alagoas und Sergipe ausgeführt werden sollten, welchen ich jedoch, wie denen in Bahia und Maranham durch klare Analysen, statt des von mir geforderten Vorschubs, ein Ende machte.

Nach kurzer Präsidentschaft in Pernambuco, durch die Stimmen der Pflanzer dieser Provinz in die Kammer gewählt, wurde Macedo Reichs-Minister. Und wer sollte es glauben: auch hier that der kenntnißvolle Mann nicht das Mindeste zur Anbahnung der Landesreform, nicht das Mindeste für die freie Einwanderung und beschäftigte sich einzig und allein mit der imaginairen Lösung der Metallisirung des Papiergeldes auf eine Weise, die Brasilien gar bald nur noch mit einem andern Monopole umstrickt haben würde.

Sein Ministerium war von kurzer Dauer und verdiente desto ernstere Vorwürfe, als einer seiner Mitminister Dr. Torres Homen, ein Mann von hervorragendem Talente, bereits seit 1839 durch mich so durch und durch von der Unerläßlichkeit einer Landreform überzeugt worden war, daß er mir als ausgezeichneter Schriftsteller und Logiker damals in einer langen Reihe von Artikeln beistand, die ich in dem Journal „Despertador" unter der Signatur: „Ein Economist, der nach den fünf Fingern zählt", zugleich neben einer anderen Reihe von Artikeln, die ich mit wohlbezahlter Hülfe des Portugiesischen (Miguelistischen) Dr. Castro, eines ausgezeichneten Polemikers — zur Weckung der Interessen für einen völlig neuen und zugleich mißliebigen Gegenstand periodisch vom Stapel ließ.

Senhor Torres, dessen Mutter eine geborne Afrikanerin war, verdient um so mehr Vorwürfe, als er dabei die heiligsten Interessen seiner Race verrathen hat, die damals noch durch eine Landreform auf friedlichem Wege einer Besserung entgegengeführt werden konnten. Er verrieth dabei, so wie schon früher in der Bank- und Circulations-Mittelfrage, gänzlich seine liberale, ja früher stets demokratische Fahne, und ging über zu denen, die ihn bloß als einen geistigen Lakayen und doch noch immer als einen Neger behandeln, wie die von Brasilianischen Diplomaten über ihn vermittelten Correspondenzen zeigen.

Die Informationen, welche ich seiner Zeit dem Senhor Macedo über die Landfrage mittheilte, waren die Frucht zwanzigjähriger unausgesetzter Studien darüber; sie umfaßten viele Dutzende von enggeschriebenen Seiten; sie waren auf unwidersprechliche Data gestützt, nicht bloß auf die, welche ich den Vereinigten Staaten entnommen, wo ich, wie er, persönlich meine Beobachtungen gemacht, sondern auch auf Erfahrungen in allen englischen Colonieen, wo sich die Landfrage auf das Verschiedenartigste entwickelt hatte; auf Erfahrungen in Indien, in Rußland, in Spanien, und in den verschiedenen Spanisch-Südamerikanischen Staaten. Dieselben Mittheilungen hatte ich auch stets den Herren Marquiz d'Abrantes, dem Visconde d'Uruguay, dem Senator da Silva Ferraz und anderen hervorragenden Personen, zugleich aber auch stets der Regierung direct gemacht.

Wenn nun Senhor de Macedo in einem dieser Briefe sich rühmt, der Polemik abhold zu sein, so bewährte er diese Eigenschaft weder als Minister noch als Oppositionsmitglied, denn nie gab es wohl in den Kammern einen unparlamentarischeren und persönlicheren Zänker, und es können Tagesberichte der Deputirten-Kammer in dem Jornal d. Co. vorgelegt werden, wo er in einer Stunde andere Redner wenigstens 50 Mal von seinem Sitze aus unterbrochen hat, wie es wohl kaum je vorher, selbst nicht in einer Brasilianischen Kammer, vorgekommen war.

Dieser Herr Macedo zeigte sich fast beleidigt, daß ich ihn so wenig von der Nothwendigkeit einer Grundsteuer überzeugt hielte, und den von mir verlangten Gesetzentwurf für diese auch noch mit Motiven, Documenten und Belegen begleitete, er glaubte aber doch, daß bei der Leidenschaftlichkeit so Vieler in dieser Sache nichts durchgesetzt werden könnte, da die Regierung nicht die Kraft dazu hätte. Deßhalb ließ er auch das Project, das er adoptiren wollte, als er in seinem Gesandtschaftsposten in London schwankte, fallen, sobald er dieses Postens bereits enthoben, ihm aber zugleich der Posten in Washington für den Fall zugesichert war, daß er in Rio nicht in das Ministerium treten könnte. Schon spricht er daher in seinem letzten Briefe davon, daß man die großen Grundherren in Frieden lassen müsse, indem sie ja die Träger des quasi Patriarchalischen Systems, das unzertrennlich mit der „unheilbringenden Institution der Sklaverei" sei, wären!" Und in der That, er hat als Minister diese Herren nicht nur in Frieden gelassen, sondern ihnen auch noch Parceria-Colonisten zuführen wollen, er, der 20 Jahre lang diplomatische Posten in Europa und Nordamerika ausgefüllt hatte!

London, 29. de Abril de 1855. Illmo Sr J. D. Sturz. Tem sido aqui recebida para mim e para ser eviada a diversas pessoas no Brazil uma grande quantidade de documentos, de mapas, de papeis litographados &ca &ca e tal é a variedade dos objecto tratados nesses papeis que quasi se pode dizer que n'elles V. Sa trata de omni re scibile. Agradeço muito a V. S. o cuidado com que de todos os seus variados trabalhos me dá communicaçaõ, e confesso que de muitos d'elles nada entendo por naõ ser versado nas respectivas sciencias, muitos outros eu desejáva examinar e estudar profundamente, mas falta me o tempo, muitos **porém leio, e medito.**

Ao Sr Visconde do Uruguay entreguei todos os papeis que lhe eraõ destinados. Elle aqui ponco se demorou e durante esse ponco tempo andava taõ atrapalhado com a minhada de filhos que trouxe, que nada poude fazer. Já partio pa Paris ali depois de collocar os filhos nos collegios respectivos terá mais vagar.

Ha muito tempo naõ escrevo á V. S., e tenho uma quantidade de cartas suas sem resposta. Muitas razões tem havido para este meu longo silencio: 1o A falta de tempo, e de folego porque tenho tido tantas e taõ variadas incumbencias que a minha mente anda cansada. 2o A repugnancia que tenho a escrever e a discutir quando vejo que nem um resultado devo tirar, E 3o emfim, o estar eu sempre a espera de me mandar V. Sa as suas idéas redigidas em forma de **projectos de lei sobre divisaõ** de terras; impostos sobre as terras, e colonisaçaõ; como V. Sa me tinha feito esperar.

V. Sa notará mais que foi desde a sua carta reservada de 19. de Octubro, que cessei de escrever-lhe. Nesta carta V. Sa raciocina com tal paixaõ que até tive medo de respondcr-lhe &ca, pois que eu naõ podia raciocinar com V. Sa sem expor-me a tornar as nossas relaçoes desagradaveis, quando eu só desejo ter com V. Sa relações agradaveis e amigavéis. V. Sa é n'uma coisa opposto a mim. Eu naõ gosto da discussaõ, nem de escrever ou debater senaõ quando ha um fim pratico. Assim qdo se tratou de terras e de colonisaçaõ, e de imposto; como eu partilho muitas das opinioẽs de V. Sa, eu fui buscar as ms convicções na mesma fonte em que V. Sa as buscou, isto é nos Estados Unidos*), pedi-lhe que reduzisse tudo a coisa pratica, isto é **a projectos de lei que eu retocaria, ou ampliaria; de cuja appresentçaõ** na casa encarregaria meu mano, o para cuja suntestaçaõ forneceria o dado mecessario tirado dos quo V. S. me fornecesse, e do que eu tambem tenho. Nunca se decidio V. S. a dar á questaõ esta forma ptatica, **(das ist nicht wahr! schon 1840 in meinem ersten Projecte that ich es)** e como V. S. ama a discussã, e a escripturaçaõ por si mesmas, tem continuado na discussaõ, na propagaçaõ das idaas em folhas soltas, muitas vezes de mistura com outros**), objectos (esta mistura he indepensavel no Brazil, aóndo naõ se aceita un assumpto simples e secco,

---

*) Keineswegs waren meine Erfahrungen und Ueberzeugungen blos in den Vereinigten Staaten gesammelt.

**) Von diesen „folhas soltas" oder Flugblättern, bisweilen jedoch auch typographisch gedruckten, blos auf einem Blatte, oft aber auch aus 16 enggeschriebenen lithographirten Seiten bestehend, habe ich in den letzten 20 Jahren über 400, meist fast ausschließlich über die beregten Fragen, in portug. Sprache erlassen und zu vielen Hunderten, oft zu Tausenden von Exemplaren circuliren lassen. Was nun die Bemerkung Sen. Macedos anlangt, daß ich meinen Haupt-Gegenstand (Land- und Col.-Fragen) „im Gemische" (de mistura) mit anderen behandle, so ist das ganz richtig und geschah wohl überlegter Weise mit dem Zwecke, die brasilianischen Leser, welche bei einer von vornherein erkennbaren Tendenz das Papier sogleich bei Seite geworfen haben würden, unvermerkt auf den Gegenstand zu bringen. Ebendeßhalb hielt ich für gut, wie es ja auch die kluge Times so oft thut, mit ganz andern Dingen (natürlich nur gemeinnützigen, und ohne mich an den verdorbenen Landesgeschmack anzuschmiegen und ihm zu fröhnen) anzufangen, aber stets mit Vindicirung der Landfrage zu schließen. Dieses wird auch zugleich den Quasi-Vorwurf des Sen. Macedo, „ich ginge nicht immer direct auf die Sache los" beseitigen. That ich es denn nicht in hunderten von anderen Artikeln, Pamphlets und bildlichen Tabellen? Sollte ich es denn immer thun und nicht versuchen, auch denen die Augen zu öffnen, die sich diese vorsätzlich selbst verschlossen? Und was hat Sen. Macedo je in dieser Beziehung trotz seiner hier ausgesprochenen Ueberzeugung gethan? Was als Diplomat, was als Provinzial-Präsident, was als Reichsminister, was selbst als Oppositions-Mitglied? Nichts, durchaus Nichts; ja, wie so viele andere Bras. Staatsbeamten die schweren Gehalte einnehmen, hat er nicht nur stillgeschwiegen, sondern seinen Ueberzeugungen sogar entgegengehandelt.

sem ser do algum modo desfarçado), e a meu ver sem encaminhar-se directamente ao resultado Pela minha parte eu só o que desejo é coisa pratica, tangivel, conducente as fim. Tudo o mais se reduz a verba volans e a vox clamantis in deserto. Cada um lê, si lo, e meia hora depois ja naõ pensa no negocio!

V. Sª tem exagerado a difficuldᵉ de se obterem terras no Brasil e sobre este topico tem, permitta- me dizer-lhe, declamado muito (naõ exagerei e estas cousas conheço melhor que o Senʳ Macedo no Brazil). Com 200,000 ₰ se compra no Brasil uma grande extensaõ de terreno, maior de que 10 homens, *) podem cultivar. Ha muita terra devoluta, que ninguem compra, e onde cada um que vai estabelecer fica sõcegado sem ninguem o perturbar e estabelece posse que o Govᵒ reconhece. (?!) Naõ é por falta de facilidade em comprar terras que deixaõ de para lá ir emmigrantes, é por **muitas** outras rasoēs inutil de reproduzir, mas a 1ª é a **excitencia d'escravos.** Nos estados do Sul dos Estˢ Unidos naõ há immigraçaõ, **ninguem as quer!** Na Luisiana aluga se um preto escravo durante a moagem da cana por 40, 50, e até 60 pezos por mez, ficando o que o emprega responsavel pelo seu valor em caso de morte por acidente.

Aos immigrantes Irlandezes o mais que se paga para fazer vallados, e cercas saõ 15 a 18 pesos por mez. Estas informaçoēs eu tive nos lugares mesmos, e da boca dos mais intelligentes Senhores d'engenho entre outros do Temente Governador do Estado Mr. Trasimond Landry.

O outro grande obstaculo no Brazil saõ os alimentos, abundantes(?) mas diversos daquelles a que o Europeo está acostumado &ᶜᵃ &ᶜᵃ &ᶜᵃ.

E com estas difficuldˢ que devemos contar, e que devemos tratar de vencer (!)

☛ **Nao tema porém V. S. nem-um compromettimento por causa das suas idéas a respeito de terras dadas a quém nao cultivar sismarias concedidas sem regra nem medida! Tanta gente tem fallado nisso, que se houvesse compromettimᵗᵒ muitos erao os compromettidos. O que é prudente porém é nao dar a essas idéas o tom de declamçaõ democratica, que as vezes se pode ler nas expressoes de V. S. (He falso isto!) porque isso é perigoso ao paiz.**

Ponho aqui huma parte; que ainda tenha muito que dizer, mas saõ horas

---

*) Diese Behauptung des Sen. Macedo in Betreff der Existenz von National-Land hat sich als bodenlos irrig erwiesen. Die Behauptung, es sei in Brasilien für 200 milreis mehr Land zu kaufen, als 10 Mann bebauen könnten, also für 20 milreis oder für 13 bis 14 Thlr. hinreichender Grundbesitz für einen Mann (natürlich für einen Mann, der eine Familie begründen will, also doch wohl 40 bis 50 Morgen) wird gleichsam zum Racheruf gegen den scheußlichen Parceria-Wucher, der für die bloße Benutzung dieser Bodenfläche die Hälfte der Frucht bittern Schweißes eines früher freien Deutschen auf Jahrzehnte fordert! — Und Sen. Macedo hieß sogar dieses System, nach diesen Briefen, mehrmals „ausdrücklich gut"! Was wäre bei solchen Staatsmännern für Brasilien je zu hoffen gewesen, selbst wäre ihm die Zeit zu ruhigen Reformen geblieben? Nun sehe man aber die Versicherung an, die er mir gab, „daß ich durch meine Aeußerungen über die Landfrage und über die unersättliche Habgier Einzelner nach unmöglich bebaubarem Land, mich keineswegs einer Gefahr aussetzen würde, ja das tägliche Beispiel von Anderen dies lehre, — nur sollte ich hübsch vorsichtig sein und nicht auf demokratischem Wege zu Werke gehen, denn das könne dem Lande Gefahr bringen." Man sehe diese Versicherung und beobachte dann, wie Macedo, nachdem er mir sogar ein Gesetzproject zur Vorlage durch seinen Bruder (damals Deputirter) abverlangt, und nach Eingabe desselben als wohl begründet anerkannt hatte, die rechte Sache völlig im Stiche ließ, und mit ihr mich, der ich dem Parceria- und Landpotentatenthum geopfert wurde — ohne auch nur die Spur von den Ueberzeugungen kund zu geben, welche er so entschieden in seinen Briefen an mich bekannt hatte, geschweige ein Gesetzproject in dem angedeuteten Sinne einzubringen, wie er wohl im Frühjahre 1853 sich gestimmt fühlte (vielleicht um sich durch das Rückhalten desselben, nachdem er der Regierung eine vorläufige Kenntniß davon gegeben, in seinem Posten in London erhalten zu können). So sind die Staatsbeamten Brasiliens! Kann das Land wohl von solchen Leuten gerettet werden?

de fechar. Que me dis deSepastopol? — Recuvio a copia da carta ao Marques de Abrantes. Quanto aos officios repito, responderei officialmente.

Creia-me com a devida consideraçaõ e estima.

De V. S^{a} obro cro e V^{o} S^{or}

S. De Macede.

London, 9. de Agosto de 1855. Do „Horse Gards" foi me remettida uma caixa clavina revolver, e um desenho d'uma espingarda &^{ca} e segundo V. S. me avisó depois enviei áo Governo, isto é áo Ministerio da Guerra pelo paquete que partio hoje de Southampton.

Recebi os papeis que me mandou com suas cartas sobre o imposto a lançar sobre as terras. Pareceu me tudo uma mangaçaõ! Ha muito tempo que V. S. estuda essa materia, e que insiste sobre a necessidade d'este imposto. **Eu que estou convencido della***) o naõ gosto de palavras mas de actos**), pedi-Lhe que reduzisse as suas Jdeas a forma de projecto de Lei que eu me incumbia de fazer appresentar e sustentar. V. S. tomou ainda mais tempo para estudar e colligir documentos e fazer esse trabalho, No fim de tudo manda-me ainda muito papel; mas quando aos actos legislativos reduz tudo as formulas do creador do mundo „Fiat lux!" bem, quando o creador disse isso, a luz se fez, mas o que é certo é que os humanos nunca fizeraõ outro tanto***); Pois V. E. crê que só porque os Camaras legislativas como a sancçaõ do Jmperador dizem — „cobrar-se á um imposto de tanto sobre cada braça de terra" — o imposto ha de entrar para os cofres oe Estado, que cada hum ha de se apressar de medir suas terras, fazer a conta dos meios reaes que deve, e ir leval-o áo Collector das rendas?

Para que huma lei seja lei é preciso que seja accompanhada dos meios de a por em pratica e a executar. Sem isso é letra morta, sobre tudo qto os interesses o as paixoès de todos (?!) saõ contra sua execuçaõ como n'este caso.

---

*) Mir hatte Senhor Macedo diese seine hier frei ausgesprochene Ueberzeugung, daß eine Landtaxe (deren Nothwendigkeit ich allein schon seit 1839 und zuerst vertrat, (siehe des Senators Souza Franco Brief an mich) unerläßlich sei, vorher noch nie so rückhaltslos offenbart. Wie aber hat er sie jemals, auch seit der Zeit unserer Correspondenz kundgegeben?

**) Welches andere Auftreten konnte wohl Senr. Macedo von mir einfachen Staatsbeamten erwartet haben, als das offene Benehmen der Landfrage gegenüber, welches ich schon seit 20 Jahren beobachtet hatte und durch die verlangte Abgabe des gegenwärtigen Gesetzentwurfs, den ich bald darauf, als ich sah, daß Senr. Macedo ihn doch nicht vorbrachte, geschweige verträte, lithographirte und in 400 Abzügen einzeln per Post nach Brasilien, zugleich aber auch an die Regierung und die meisten hervorragenden Staatsmänner einsandte, ohne daß davon in irgend einem Briefe mir eine ausdrückliche Empfangsanzeige gemacht oder in auch nur einem Tagesblatte Notiz davon genommen worden wäre. Ich frage Herrn Macedo nun: welches sind denn seine „Actos" in dieser Sache je gewesen?

***) Die „Menschenkinder" („os humanos"), welche im Genusse von Privilegien sind, haben unseres Wissens noch nie diesen ungezwungen entsagt, selbst nicht der Papst, der die Nächstenliebe repräsentiren sollte, daher müssen sie auch mit kräftiger Hand angefaßt werden. Freilich wenn die Gesetzgebung bis in's Mark corrumpirt ist und die Regierung so schwach, daß sie nicht einmal einen oberflächlichen Census durchsetzen konnte (1843), weil die Geistlichkeit, der ein Theil der dazu erforderlichen Arbeit zugedacht war, aus gottloser Faulheit und weil ihre eigenen unsittlichen Familienverhältnisse dadurch klarer zu Tage kämen, ihre Mitwirkung versagen durfte, so ist auch keine Landtaxe durchführbar. Wenn aber nun Herr Macedo, wie er sagt, von der Nothwendigkeit der Landtaxe zu Brasiliens Rettung überzeugt ist, warum bekennt er diese Ueberzeugung nicht öffentlich und schlägt seine Mittel zur Durchführung derselben nicht vor?

☞ Bemerkt sei hier noch für den Fall, daß es unmöglich wird, meinen damaligen Gesetzentwurf hier wiederzudrucken, daß derselbe aus nur 10 Paragraphen bestand, jedoch mit einer 4 Bogen starken Motivation begleitet war, in welcher alle betreffenden Punkte durch Data und Erfolge in allen Ländern begründet waren.

O problema pois da taxa das terras naõ fica resolvida só porque n'um pedaço do papel escreveráõ os legisladores, que sobre as terras havera uma taxa.

Deixemo-nos pois de declamar contra monopolisadores de sesmarias, e si quizer fazer algum bem áo paiz por este lado o que cumpre é precurar os meios de tornar exequivel huma medida util, e que tantos embaraços e difficuldades encontra alem dos embaraços e difficuldades que encontraõ todas os impostos directos, e mais ainda no Brazil, e mais ainda quando tem de recahir sobre a raro-disseminada populaçaõ agricola constituida em condiçoẽs pecaliares á hum payz novo, regido pelas instituiçoẽs quasi patriarcaes (!) inseparaveis da malfadada instituçaõ do escravidaõ!"!

Verleihung des Ehrendiploms an J. J. Sturz von der Kaufmannschaft von Bahia im Jahre 1842.

Illmo Senr Sturz! A Associaçaõ Commercial desta praça representada por huã Junta Directoria, e em nome d'esta, os abeixo assignados, tem a satisfaçaõ de se dirigirem a V. Sa para lhe significarem o apreço em que o Corpo do Commercio d'esta Praça tem os relevantos serviços que V. Sa lhe tem prestado,' e como o unico meio a seu aleance para prova deste reconhecimento, consista em terem a houra de o appellidar por seu Socio; e confiando que V. Sa aceitará esta demonstraçaõ de apreço dos seus merecimentos, esperaõ que haja de aceitar e incluso Diploma, em que consideraõ a V. Sa por seu Socio honorario.

Approveitaõ os abaizo assignados esta occasiaõ para significarem a V. Sa que saõ com a maior estima. De V. Sa Affos Venes e Crdos

Bahia e Sala da Associaçaõ Comml. 8. de Juno 1842.

J. A. Carvalho, Pre. **J. A. de Salis,** So.

A Junta Directoria da Associaçaõ Commercial da Bahia, penhorada do sincera gratidaõ pelas muitas offertas que V. Sa expontaneamente lhe tem feito de livros e outros imppressos, de utilidade e summo interresse ao Commercio, e futuro desenvolvimento desto Paiz, que V. Sa tem adoptado por sua Patria, o a prol do qual se dá a tantas fadigas, naõ cabendo em suas faculdades offerecer a V. Sa um campo mais vasto em que possa efficazmente desenvolver todo o seu zello e conhecimento (á cerca do que todavia dirigio uma representaçaõ ao Governo Geral como da copia junta, do que ainda naõ teve soluçaõ) naõ pode deixar de dar um testemunho a V. Sa do quanto apprecia os seus trabalhos, fazendo sinceros votos pa que possa V. Sa ter o prazer de os ver coroados com o mais prospero resultado. (!)

A Junta offerecendo se ao serviço de V. Sa lhe renova seus protestos de consideraçaõ e estima. Deos Ge a V. Sa.

Bahia e Sala da Praça do Commercio 16 de Novembro de 1843.

Illmo Sr. Joaõ Diogo Sturz.

Luiz Antonio Vianna P. **Manoel Belem de Lima** S.

Eine mir bereits vor 19 Jahren von der Kaufmannschaft von Bahia zugegangene Anerkennung für meine vorausgegangenen Leistungen, wie ich solche von derselben Corporation seitdem, bis etwa zum Jahre 1854, mehrmals ähnlichen Inhalts, so wie auch von vielen anderen Corporationen Brasiliens erhalten habe. NB. Es war dieses eine Empfehlung an die Regierung, mich zum Geschäftsträger zu machen:

Illmo e Exmo Sr! A Junta Directoria da Associaçaõ Commercial da Bahia vem respeitosamente perante V. Exa exercer ó direito garantido pela Constituiçaõ do Imperio pedindo a V. Exa a adopçaõ de uma medida que se lhe affigura de summo interesse para o incremento da riquesa publica que deve comsigo accarretar o desenvolvimento do Commercio, e da Lavoura, pelo melhoramento do valor de nossos productôs que deve ser o resultado da demanda délles, pela sua admissaõ, e sob mais favoraveis condiçoẽs nos differentes mercados da Europa, e particularmenta da Alemanha.

De todos os paizes com quem o Brazil êntretem relaçoẽs Commerciaes, é talvez a Alemanha aquelle que fornecendo-lhe uma parte des generos que a nossa acanhada industria torna preciza que se importe para o nosso consumo, recebe, e consome, em troca o nosso Assucar, Caffé, Algodaõ, e muitos outros artigos, que a circunstancia de naõ ter ella Colonias, lhe permitte receber sem o gravame de pesados direitos quazi equivalentes a uma prohibiçaõ; sendo alem disso, o lugar d'onde nos pode vir maior numero de industriosos e morigerados Colonos.

Para, porem, se poderem obter todas as vantagens que aquelle favoravel estado de couzas permitte, é mistér que o Brazil tenha ao pé do Zollverein (ou liga das Alfandegas) um seu agente que entendido nas materias importantes de que se trata, e dotado de bastante zello, e actividade possa informar o Governo das occorrencias de que se possaõ tirar vantajosos resultados.

A Junta toma mesmo a liberdade de recommendar respeitosamente ao Governo, como um dos individuos que ella pensa poder melhor desempenhar esse delicado encargo, o Cidadaõ adoptivo J. D. Sturz, ora encarregado do Consulado do Brazil em Berlim, o qual tendo já por honrosos precedentes demonstrado a sua actividade e interesse pela prosperidade do Paiz que adoptára por Patria, e tendo o conhecimento de varias lingoas, e relaçoẽs com pessoas influentes na Europa, poderà ser summamente util, seja deligenciando arranjos reciprocamente proficuos com os diversos Estados da Alemanha, seja promovendo a emigraçaõ de Colonos uteis, seja finalmente transmittindo informaçoẽs valiosos a differentes repeitos.

A Junta sendo únicamente movida pela intima conviçaõ dos proveitosos resultados que se poderá colher da escolha de um zelloso, e perito agente, que promova os nossos interesses na Europa no sentido indicado, espera seja benignamente accolhida a presente representaçaõ formando os mais sinceros, e patrioticos votos para que, so adoptada for, tenha os felizes effeitos que ella teve em vista &ca.

Bahia e Sala da Praça do Commercio 11 de Maio de 1843*)

Illmo Exmo Sr Senador Ho Ho Carneiro Leaõ.

Mro e Sro de Estado dos Ns Estrs

Ml Belens de Lima 1o Secro

---

*) Nach Auffindung dieses längst vergessenen Schreibens wird mir erst ein wahrscheinlich nicht nebensächlicher Grund der langjährigen Unterminirungen gewisser Personen gegen

Illmo Senr Sturz. A Junta Dirrctoria da Associaçaõ Commercial recebeo o Officio de V. Sa de 5 de Novembro p. p., incluindo um projecto de Navegaçaõ pr Vapores entre Hamburgo, e varios portos deste Imperio, o qual conforme os desejos de V. Sa a mesma Junta fez partecipante a Camara Municipal desta Cidade, sentindo a mesma Junta que naõ possa tomar a parte activa que V. Sa deseja na execuçaõ desse projecto, que alias reconhece util, por que se naõ acha para tanto authorisada pelos Estatutos que a regem.

Ds Ge a V. Sa muitos annos. Bahia e Sala da Praça do Commercio 20 de Dezro de 1847.

L. A. Vianna Pres.

Illmo Sr Sturz! A Junta Directoria da Associaçaõ Commercial tem a honra de agradecer á V. Sa a remessa que lhe fez das duas maquinas de descaroçar e empastar o algodaõ, assim como de 10 latas do Arcano de Dr Stolle &ca &ca.

A Junta folgá de confessar que muito grata deve ser a V. Sa a lavoura e industria desta Provincia pelo muito interesse que toma pelo seu progresso, e pela sua parte assim o reconheceo no relatorio que este annô dirigio á Associaçaõ Commercial desta Praça do qual toma a liberdade de offerecerlhe um exemplar; e aproveita a occasiaõ de certificar a V. Sa de sua consideraçaõ e estima. Ds Ge a V. Sa Bahia 18 de 9bro 1852.

Ml Belems de Lima Pe

Ansichten einiger sehr einflußreichen Brasilianer über meine Arbeiten in Brasilien, über meine Bestrebungen in Colonisation, und über die Ursachen meiner Entlassung.

Paris, 20. de Nov. 1858 Ps Pa Depois de acabada esta minha excursaõ venho agradecer-Lhe as rimessas de escriptos e Circulares litografiados relativte a Colonisaçaõ que V. S. me enviou, e dar Lhe noticias, minhas &ca &ca.

Nessa ma excursaõ tive occasiaõ de saber que Alguem por lá tenta por todos os meios obter sua demissaõ e que até emprega a calumnia para esse fim, dizendo que o meu amigo era autor dos escriptos que se publicaraõ contra a emigraçaõ aõ Brazil. A palavra acima empregada he sufficiente para declarar-lhe o valor que dou aos homens que recorren a taõ indignos meios para chegarem áos seus fims, assim como qual seja o conceito que faço do seo elevado character &ca.

Solicito noticias suas e de sua aml familia a quem apresento os meus respe e homenagem, desejo-Lhe muitas felicidades e sou com toda a estima e consn De V. S. Amo velho (de 30 annos!) e cro obro.

---

mich klar. Man glaubte wohl diese Anerkennung meiner Leistungen durch die Vertreter der zweitwichtigsten Stadt Brasiliens, deren Ehrendiplom ich nun bereits 21 Jahre nach Einführung der Dampfschifffahrt dort und längst der Küste besitze, und die hierdurch bereits vor 19 Jahren beantragte Verwendung für einen Posten, den man sich wünschte und erlangt hat, fürchten zu müssen, und daher die Nachstellungen gegen mich.

.... 13. de Marco 1859. So agora me posso voltar para os amᵉ em cujo numero tenho o prazer de contalo. Li com reflexaõ todos os impressos que me enviou sobre a emigracaõ ao Imperio e conforme já lhe disse, adopto ainda as suas idéas como as mais sans e adaptaveis ás circumstancias actuaes e vantagems futuras do Brazil. Ellas vaõ pouco a pouco triumphando, pois se me naõ engano em documento official ou em discurso dos descabidos Ministros, vi reprovar-se o systema de parceria que tanta reprovaçam ha merecido pʳ ahi. — He probavel, que a Sessaõ legislativa proxᵃ resolva esse problema, e que o meu amᵒ possa cantar a victoria e demascarar seus inimigos. Reconhecendo os seus serviços áo Imperio e sendo-lhe devotado como amᵒ naõ me hei esquecido escrever áo Rio a algᵃ amᵉ a seu favor e no intuito de demascarar a calumnia de que he victima, e persuado-me que o Govᵒ Impˡ naõ sera tan falta de senso, que se deixe cahir no laço grosseiro que lhe armaraõ. Pareco-me, que o Senʳ Sergio de Macedo, que bem o conhece, naõ consentirá na demissaõ, maxime quando este acto pôde ser mal interpretado em prejuizo da emigraçaõ espontanea que só nos pode a proveitar &ᶜᵃ.

.... 29. de Julho 1859. Profundᵗᵉ senti que os seus inimigos e desafectos houvessem triumphado perante o Govᵒ Impˡ por meio de suas calumnias e mechericos o conseguissem assim, que elle o posesse em disponibilidade activa (!) em vez de continuar a empregar os seus serviços, reconhecidos talentos e proficua actividade em bem do nosso Brazil. A pezar porem disso eu espero que a injustiça naõ durará por muito tempo e que o meu amᵒ consiga ser reintegrado no posto que taõ proficuamente occupava (!).

Illᵐᵒ Senʳ. A Associaçaõ Commercial de Pernambuco sempre grata a Vᵃ Sᵃ pelos prestimozos documentos que taõ benignamente com ella tem liberalizado em beneficio do Commercio, e em progrésso d'Agricultura e Industria nacional, fazendo dar publicidade pela imprensa a alguns d'elles, e enviando outros aos seus destinos, cumprindo d'esta forma os seus dezejos, rezervava-se para em Solemne deputaçaõ dar á pessoa de Vᵃ Sᵃ qᵈᵒ por esta Provincia houvesse de passar (como assim se annunciava) o mais alto testemunho do seu reconhecimento por taõ assignalados serviços feitos ao Brazil.

Naõ se tendo porem realizado até o prezente a passagem de Vᵃ Sʳᵃ por esta Praça, e reconhecendo a Associaçaõ que vai cahindo em falta para com um dos deveres mais imperiozos da Sociedade qual he a gratidaõ; dirige por intermedio de seus orgaõs a Vᵃ Sᵃ a mais viva expressaõ dos sentimentos de gratidaõ e estima que a animaõ para com huma pessoa, que tendo patenteado os seus decididos disvélos e interesse pelos fins desta Associaçaõ, tanto se tem igualmente dedicado aos melhoramentos do Commercio, Agricultura, e Industria em geral, com proveito manifesto do Imperio do Brazil.

Digne-se pois Vᵃ Sᵃ acceitar os mais Sinceros votos de respeito, consideraçaõ, e estima que esta Associaçaõ consagra á pessoa de Vᵃ Sᵃ a quem Deos, Guarde por muitos annos.

Pernambuco, 26. de Agosto 1844.

Illᵐᵒ Snʳ Jᵒ Dᵉ Sturz, Londres. **Joze Ramos d'Oliveira**, Presᵗᵉ.

Illmo Senr. **A Direcçaõ d'Associaçaõ Commercial d'esta Praça de Pernambuco** a quem foi prezente o officio de V. S. datado de 8. do Nov. p. p. accompanhado de hum seo Communicado sobre os melhoramentos no procésso do fabrico do assucar por Melsens &ca &ca.

Esta Direcçaõ accuza igualmente a recepçaõ de outros muitos Communicados de V. S. sobre diversos assumptos todos de interesse para o Imperio em geral. Ella em nome da Corporaçaõ que reprezenta envia por este meio a V. S. um protesto de reconhecimento e gratidaõ, pelos provas de interesse que V. S. com seos communicados tem Continuado a dar pela prosperidade do Commercio e agricultura deste paiz, assegurando ao mesmo tempo todo o seu respcito, consideraçaõ e estima para com a pessoa de V. S. aquem Deos Guarde por muitos annos.

Pernambuco, 31. de Julho de 1850.

Illmo Snr Jo Do Sturz, C. G. do I. na Prussia.

Thomas d'Aquino Fonseca, Pre.

Illmo Senr. Seria faltar aos deveres os mais sagrados, se a Associaçaõ Commercial de Pernambuco da qual a Direcçaõ tem a honra de ser interprete, retardasse em dar a V. Sa um testemunho de sua mais profunda gratidaõ pelos innumeraveis serviços prestados por V. Sa naõ só áquelle ramo, como a outros muitos, que fazem o engrandecimento e desenvolvimento d'esta Provincia, brioso floraõ do Imperio Brasileiro. Sim Senr verdade é esta incontestavel e que de ha muito devia ser patente.

Incansavel V. Sa. como Digno Representante d'este Imperio, naõ cessa de dar á Patria adoptiva provas irrefragaveis do quanto sinceramente a ama, já fornecendo-lhe os modûlos e desenhos das mais modernas maquinas, já noticiando as descobertas de melhores systemas agrarios, e as utilidades, que operaçoẽs chymicas tem patentado de muitas plantas de nosso rico reino vegetal.

Temos muito prazer de nos ter cabido a honra de transmittir a V. Sa os sentimentos d'esta Direcçaõ, que deliberou em sessaõ extraordinaria dar a V. Sa um voto de graças por tantas e taõ repetidas provas de dedicaçaõ, para o que nos faltaõ as forças precisas; receba porem V. Sa os sinceros agradecimentos quer de Nacionaes, quer d'Estrangeiros, que taõ cabalmente tem conhecimento das emminentes qualidades de V. Sa.

Aproveitamos, Illmo Senr. a opportunidade para lhe apresentarmos os nossos mais profundos respeitos da estima e alta consideraçaõ em que temos a pessoa de V. Sa.

Sala d'Associaçaõ Commercial de Pernambuco aos 22. de Julho de 1852.

Manoel Ignacio d'Oliveira, Pres.

☞ Von ähnlichen Zufriedenheits-Erklärungen habe ich seitdem noch weitere zwei von Pernambuco erhalten.

Beifallserklärungen, wie ich deren aus dem brasilianischen Senate vom Jahre 1843 an bis 1854 noch mehr besitze, von da ab aber hörten sie auch hier auf. In der Deputirtenkammer, der ich stets sehr starke Zusendungen von lithographirten und gedruckten Circularen über die Landfrage &ca machte, nahm man nie Notiz von denselben, wohl weil sie von dem Präsidenten und den ersten Secretairen, die stets im Interesse des Landmonopols handelten, unterdrückt und bei Seite geschafft wurden, worüber selbst ein hier folgender Brief Aufschluß giebt.

Illmo Snr. Tendo o **Senado** recebido os livros, opusculos, gazetas e impressos avulsos remettidos por V. Sra em differentes accazioẽs, assim como o embrulho que acompanhou a carta que V. Sra dirigio a commissaõ de Instrucçaõ Publica o foi apresentada ao Senado por hum de seus dignos Membros, o Snr Mirando Ribeiro, resolveo o Senado em sessaõ de hoje, que pelo intermedio do official Maior do sua secretaria, se fizesse constar a V. Snr que estas offertas tem sido recebidas com muito agrado: O que tenho a houra de levar a conhecimento de V. Snr em comprimento da referida deliberaçaõ. Deos Guarde a V. Sur Secretaria do Senado em 27. de Agosto de 1846. **Geraldo Leite Bastos Sre**

Snr Joaõ Diogo Sturz, em Berlim.

Illmo Sr J. D. Sturz. Tenho presente a sua prezma carta do 9. de Junho na qual me diz ter-me de novo endereçado um caixaõ contendo embrulhos de mappas livros opusculos e mais papeis para serem distribuidos pelos Membros do Senado, Camara dos Depe. ,algse Ministros, Institutos e Soce &ca

Em resposta posso assegurar a V. S. da recepçaõ do mesmo caixaõ e da prompta entrega dos embre em conforme dos rotulos que traziaõ.

Naõ recebi porem os embrulhos que V. S. me remetteo pelo intermedio do porteiro da Camara dos De e tudo me convence de que muitas rimessas feitas por V. S. vaõ sendo descaminhadas o que na verdade he muito lamentavel e difficulta muito os generosos desojos de V. S. na propagaçaõ dos conhecimentos dos factos, e das luzes n'este Imperio. Naõ terminarei esta sem exprimir os meus agradecimentos pela justiça que Va Sra me faz, naõ suppondo me indifferente áo progresso das luzes e civilisaçaõ d'este abençoado Paiz, o pela lembrança que ainda conserva de quem d'esde muito soube dar o devido e bem merecido apreço áos esforços de Va Sra e muito se lisonjeia ser com toda a consideraçaõ.

De V. S. muito affecto venr obro cro **Geraldo Leite Bastos.**

Palacio do Senado, Rio, 23. de Septbro 1854.

☛ Semelhantas accusaçoẽs de recebimento de iguaes rimessas possuio varios do mesmo Senhor Padre e Secreto do Senado até des do anno 1843.

Illmo Snr. O Conselho Administrativo du Sociedade **Auxiliadora** da Industria Nacional certo do zêlo e boa vontade com que V. Sa se presta a contribuir para os progressos da industria n'este paiz, e querendo aproveitar a sua residencia em Londres, me incumbio de pedir-lhe a sua valiosa coadjuvaçáõ para a execuçaõ de um projecto, que muito importa á prosperidade do mesmo paiz &ca &ca.

O Conselho m'incumbio finalmente de agradecer a V. Sa os copiosos e interessantes documentos que lhe tem enviado, como uma prova do alto interesse que toma pelos progressos e prosperidade f'este paiz.

Deus Guarde a V. Sa Rio de Jo 12. de Março de 1851.

Illmo Sr. Joaõ Diogo Sturz. **Dr Fco Le C. Burlamaque.**

Illmo Senr. Tenho a satisfaçaõ de communicar a V. Sa que a Sociedade **Auxiliadora** da Industria Nacional tendo em consideraçaõ os relevantes serviços prestados por V. Sa á mesma Sociedade, acaba de elevar a V. Sa á cathegoria de Socio Honorario, por proposta do Sr. Joaqm Antonio de Azevedo, em sessaõ do 1o do corrente, cujo Diploma remetto a V. Sa.

A Sociedade Auxiliadora da Industria Nacional espera de V. Sa a continnaçaõ de seus valiosos serviços, e a sua prestante coadjuvaçaõ aos progressos da Industria Nacional.

Ds Ge á V. Sa Rio de Jo 2 de Ago 1851.

Ein damals noch sehr freundliches Schreiben des Verwaltungsraths der **Sociedade Auxiliadora de Industria e Agricultura Nacional** (die nun viele Landpotentaten zu Mitgliedern hat) vom 12. März 1851 giebt mir mehrere Aufgaben für die Londoner Ausstellung jenes Jahrs, für die ich als Commissair für Brasilien ernannt war, welches mit oben hervorgehobenen Worten schließt, ein anderes vom 2. August ernennt mich sogar noch zu ihrem Ehrenmitgliede, wohl, wie sich's später ziemlich klar herausstellte, weil man mich zu brauchen glaubte. Von dieser Gesellschaft habe ich seit 1832 eine große Menge Anerkennungen, bin aber auch wohl der opferwilligste Beisteurer zu ihrer Sammlung von Geräthschaften, Modellen und Werkzeugen gewesen, sowie in Herbeischaffung von Informationen; wie zum Theile denn auch in ihren früheren Jahresberichten anerkannt ist, denn ich war ja doch immer nur ein „Estranjeiro" in den Augen vieler Mitglieder, die sich denn später, von 1853 an, beeinflußt durch das Parceria-Interesse, fast alle gegen mich wandten.

Ansichten über Colonisation und Landbesitz des General **Paulo Barboza**, Oberhofstruchseß und bevollmächtigter Gesandter in Berlin, Petersburg und Wien in den Jahren 1848—1850.

Illmo Sr J. D. Sturz. Berlin, 14. de Março 1849. Ps Ps Estou tambem á espéra de que passe a tal Ley para receber instrucçoẽs para a Collonisaçaõ, e no meu fraco entender direi, que quando ella tiver passado, entaõ he que naõ ira mais ninguem collonisar o Brazil. Pertendem os Senadores que cada propritario fique só com as terras que possue a justo titulo! e que os excessos sejaõ para collonisar. Ora que collorarios se podem fazer de sobras e retalhos? Quem há de fazer estas medicoẽs em todo o Imperio? E ao mesmo tempo? Onde estaõ os Engenheiros? Onde o dinheiro para lhes pagar? Minha opiniaõ he fazer collonisar em torno dos capitaes para que os Collonos possaõ vender seus productos e comprar o necessario. Collonias em desertos, limittados a serem consumidores de seus proprios productos naõ podem prosperar.

Europeos saõ como ovelhas que naõ prosperaõ no mato, mas em campo, aberto e perto de habitaçoẽs &ca.

Berlin, 1. de 7bro 1849. As armas de que V. S. falla saõ faceis a imitar (!) mas ha um segredo no cartuxo que pertence ao Governo sem o qual as armas saõ inuteis. (Nao fóraõ faceis a imitar estas armas mas consegui fazel-as imitar já em 1851, naturalmente com os cartuxos.)

Fui descreditado das Cortes de St. Petersburg e de Berlim. Recebi credencial p^{a} na mesma qualidade ir representar em Vienna para onde partirei em 3. dias. Naõ creio que para aqui venha mais pessoa alguma e tanto mais que esta Corte nunca mandou ninguem p^{a} a do Brazil depois d'este Reinado a pezar de ter aqui tido 3., que fóraõ os Sen^{rs} Calmon, Moraes e eu. Se em Vienna lhe poder prestar, occupe-me &c^{a}.

A Assemblea Legislativa Provincial de Minas Geraes accusa o recebimento das diversas memorias que por V. S^{a} lhe foraõ remittidas, e ordenou-me que agradecesse a V. S^{a} o zêlo que mostra pela prosperidade da mesma Provincia.

Deos G^{e} a V. S^{ra}

Dr Jozé Tavares de Mello.

Secr^{a} da Ass^{a} Leg^{a} da Prov^{a} 10. de Avril 1855.

Illmo Senr J. D. Sturz.

Palacio de Presidencia da Provincia de Minas Geraes.

Ouro Preto, 26. de Setembro 1856.

Illmo S^{nr}. Accusando a recepçaõ de huma porçaõ de Mappas Geologicos entre os quaes huma intitulada: Golpe de vista da America do Sul; assim como desenhos de varios pontos da estrada de ferro de Soemmering nos Alpes Noricos da Austria; assim como de muitos outros papeis e memorias sobre Colonisaçaõ, agricultura, topographia e varios ramos da arte technica, cumpre-me agradeçer a V. S. esta prova de seu zêlo e do interesse que toma pelo adiantamento deste paiz, naõ se descuidando de dar prompto conheçimento de tudo quanto lhe pode ser util, quer nas sciencias, quer nas artes e pois ligando a devida importancia de trabalhos desta ordem, espero que V. S. continuará a obsequiar-me com a rimessa de outros semelhantes.

Deus Guarde a V. S. **Francisco Diogo Pereira de Vasconcellos.**

Sr J. D. Sturz, Consul Geral do Brasil em Berlim.

Illmo S^{nr}. Saõ taõ valiosos os serviços por V^{a} S^{a} prestados ao Commercio e a Agricultura do Brasil, quer como funçcionario, quer como simples Cidadao, que a Commissaõ da Praça como orgaõ do Commercio do Rio de Janeiro, apreciando-os devidamente, julgou do seu dever patentear a V^{a} S^{a} os seus agradecimentos naõ só por estes serviços feitos ao Paiz como pela consideraçaõ e deferencia com que V^{a} S^{a} de ha muito tempo, sempre se tem havido para com este corpo collectivo — Sob proposta apresentada em Sessaõ de 27 de Decembro p^{o} p^{o} deliberou a Commissaõ da Praça do Commercio que se votassem a V^{a} S^{a} agradecimentos que eu em nome da Commissaõ acabo de ter a honra de significar-lhe.

A Commissao espera que V^{a} S^{a} acolherá esta prova de sua consideraçao para com a pessoa de V^{a} S^{a}.

Aproveito esta occasiaõ para appresentar a V^{a} S^{a} os protestos da minha cordial estima. — Deos G^{de} V^{a} S^{a}! — Sala das Sessoẽs da Commissas da Praca do Commercio do Rio de Jan^{ro} 14 de Janeiro de 1856.

Illmo S^{nr} J. D. Sturz. **O Sec. da Comm^{ao} Horacio Urpia.**

Illmo Senr. As reiteradas manifestaçoens de affeiçaõ e lembrança que de V. Sa tem recebido a Faculdade de Medicina desta Corte enviando-lhe as Theses das Escolas da Prussia, as quaes tem sido entregues, levaõ-me na qualidade de seu Director, a exprimir a V. Sa os sentimentos de gratidaõ que lhe consagra, e que ja mais se apagaráõ da memoria de seus Membros, e de todos os Alumnas que frequentaõ a Escola de Medicina, por quanto ellas concorrem para formar o Ornamento da Bibliotheca que a todos é franqueada. A Faculdade muito se lisongea que V. Sa se dignasse inclnir taõbem nessas rimessas as producçoens scientificas de igual utilidade de outras Escolas Allemaas onde tantas preciosas obras se encontraõ, e ella faz os mais ardentes votos a favor da conservaçaõ dos preciosos dias de V. S. affim de continuar a prestar nos, e á Sciencia os mesmos serviços que até aqui. D Ge a V. Sa.

Escola de Medicina do Rio 13. de Março de 1847.

J. M. da Cruz Jobim (Senator).

Instituto Hco Gco Brasileiro. Illmo Sr. Em Sessaõ do 22. de Avril do cte anno apresentei ao I. Hco Gco Bro o volume em folio, obra de Paulo Freher „Theatrum Virorum eruditione preclarorum" Norinberga 1688, que V. S. se dignou offertar-lhe e o Instituto recebendo com muito especial agrado este donativo me encarregou que em seu nome eu dirigisse os mais cordiaes agradecimentos á V. S. rogando-lhe que continue a enriquecer a esta Associaçaõ Literaria que reconhece em V. S. o mais fervoroso empenho pela gloria do Brazil e que se ufana de contar a V. Sa em o numero de seus membros.

Deos Ge a V. S. Rio, 7. de Maio 1853.

J. M. de Macedo.

Presidencia da Proa de Minas Geraes. Ouro Preto, 17. de Junho 1854. Ao Engro Fernando Halfeld, se agradece a remessa dos folhetos e mais impressos e espera-se que por parte da Presidencia dirija iqual agro áo Sr Consul J. D. Sturz, rogando-lhe continuaçam de taes remessas que muito se aprecia.

Pernambuco, 20. Jan. 1857. Prezado Senr. A Associaçõ de Colonisaçaõ em Pernambuco Parahyba e Alogoas tendo tomado em devida consideraçaõ as relaçöes commerciaes que V. S. mantem especialte com este Paiz, — assim como o credito e preponderancia que Suas informaçoẽs gozaõ, tomou a deliberaçaõ escolher e nomear a Va Sra para Seu Agente n'essa Cidade de Berlim, e na esperança de que annuira &ca.

Rio, 9. de Fevr. 1855. Illmo Senr J. D. Sturz. Com summo prazer tenho recebido naõ todas as cartas que na sua ulta accusa ter-me dirigido, mas algumas que sobre o interesse que pela sua materia me inspiraõ seguraõ minha attençaõ por partirem de huma pessoa taõ digna de respeito, como V. S. Naõ sou mais Fiscal do Thesouro e por isso impossibilitado de cumprir suas ordens; mas interessado pelo destino das pessoas que bem servem o meu paiz, sinto seos desgostos. Applaudo suas ideas sobre a colonisaçaõ e muito proveito colho das suas communicaçoës.

Sou &ca de V. S. affo amo o obro Sr. **A. M. da Sva Ferraz** (Senator).

Rio, 16. de Março 1857. Naõ se assusto dos effeitos do systema de Colonisaçaõ por parceria instituido pelo Senador Vergueiro. A opposiçaõ latento e constante que todos os homens reflectidos e de vistas claras sobre o futuro lhe tem feito, acha-se em verspera de triumfar.

A quelles mesmos que naõ accreditaraõ no maó exito d'esse systema, na sua improficiencia de povoar o payz, no seu perigo presente e futuro por prevenir una immigraçaõ espontanea qual nos é mister, vaõ-se agora chegando a rasaõ. O Governo vai publicar um regulamento sobre a chamada parceria que terá por fim accabar com ella. As condiçoës que oxigo dos Fazendeiros, as obrigaçoes que lhes impoem a favor dos Colonos (?) saõ taes que raro sera ó prosorietario de terras entre nos, que esteja no caso de aceitar ou mandar vir Colonos parceriarios. — A Compa Central de Coln pue está prestes a funcionar occupar-se-ha principalte em acconselhar, dirigir e proteger os Colonos que vierem estabelecer-se no paiz com inteira liberdade. Ella se encarregará tambem de mandar engajar Colonos parceiriarios, (por em qto) sego o novo regulto do Govo que em meu conceito, naõ tera nem longa nem efficaz execuçaõ &ca.

Rio, 2. de Junho 1857. Meu caro Senr Sturz, P. P. Se da proposta de reforma da nossa defectuosa lei das terras naõ devesse esperar tantas vantagens, me daria ja por satisfeito que ella tivesse provocado esta corrspa de V. S., &ca.

Quando á nossa expediçaõ scientifica sinceramente lhe digo, que sinto que ella naõ se asocié alga notabilidades europeas temo que os nossos jovens naõ venhaõ a estar na altura de uma missaõ em todo o sentido proficua. Pelo que respeita ao Credito Territorial que V. S. propoem, sou eu grande partidista destas associaçoës; mas como naõ estou as vistas por discutir com V. S. e com os Senrs Wagner e de Richthofen, limito-me a dizer-lhe que esta nos meus principios apoiar com todas as ma forças todas as emprezas semelhantes &ca. As reflexoës que faço saõ unicamente tendentes ao que creio facilitaria a comprehensibilidade da nossa gente &ca. Quanto ás obras do Conde van der Strahlen e do Dr Alberdi, eu as aprecio devidamente; com ambos me acho felizmente conforme na maior parte das minhas ideas quanto á civilisaçaõ da America do Sul &ca. Sou do opiniaõ que comecemos pelo principio. Pedindo uma reforma da propriedade territorial completa, o resultado sera naõ obter nada. O principio está no solo; indispensavel he sem duvida o imposto territorial; mas este ao começo deve ser muitmo pequeno, insensivel pois de outro modo naõ se vence; depois será facil duplicar, triplicar &ca. Quanto ao Credito mobiliar-territorial prejudicaria o Brazil o emprestar o seu credito do estabilidade ás republicas visinhas que é a unica cousa de que carecem e com o qual o Brazil as pode vencer, qdo ellas tem melhor clima &ca. Ja vê quo em alga pontos divergimos, bem que muitissimo nos aproximamos em zelo e amor do Brazil. Fui talvez demasiado franco; mas graças a Deos com ama uso de lealdade e sou verdadeiro. Tenho nisso muito de Allemaõ &ca.

Rio, 5. de 7^{br} 1857. Como seu amigo que sou, peço-Lhe no interesse de sua saude e de sua familia que naõ faça mais este trabalho excessivo nem estas despezas e gastos desmedidos ainda que com a louvavel e patriotica intençaõ com que toma a si e por mera vontade sua o trabalho de propagar certas ideas e auxiliar o desenvolvimento *moral* e material do paiz a quem serve com dedicaçaõ; mas em tudo ha hum limite, hum justo meio que a prudencia acconselha. O seu trabalho he immenso e constante, mas creia, que Lhe digo, pouco proveita porque poucos ha que se daõ o trabalho de os ler por causa dos autographos taõ miudos em que na maior parte estaõ, escrptos lithographados &^{ca}.

Obige Mittheilungen wurden mir von einem steten, aber etwas zu gelinden Widersacher der Parceria im Senate gemacht, wo eigentlich nur der gesinnungstüchtige Vicomte de Jequitinonha sich *stets* am Entschiedensten gegen die Parceria aussprach — und zwar um mir Geduld einzuflößen, da ja die Regierung selber ein so sehr den Kolonisten günstiges (!) Reglement erlassen würde, daß dadurch den Pflanzern das Halbpacht-System ganz unmöglich werden würde. — Ich wußte wohl, wie das zu verstehen war. In der That *explicirte* schon am 18. Juni 1857 der Minister Paranhos den Kammern, wie sich Alles *auf einmal* durch das gelbe Fieber und Cholera verändert habe. Die freiwillige Einwanderung sei zwar gut *für die Zukunft*, aber es handle sich um die *Gegenwart*, und *darum den Pflanzern Arbeiter zu verschaffen*. Dazu habe man nun die Central-Colonie-Gesellschaft eingesetzt und ihr den größten Theil der Colonisations-Gelder zur Verfügung gestellt. — Und was geschah weiter? Im Monat November erschien das versprochene Reglement, das eine *wahrhafte Corveen-Disciplin einführt*, noch heute besteht, und nach welchem den Colonisten selbst vor unpartheilichen Richtern, gar keine Redreß mehr bleibt.

So kam es denn, daß, als ich kaum wieder in meiner Stelle eingesetzt war, (und mir von allen Seiten die General-Agenturen in der Meinung angeboten wurden, ich würde sie wohl nicht gut ausschlagen können, da sie gute Zahlung boten), der Parceriaschwindel lustiger denn je vor sich ging. Da im Brasilianischen Sinne es sich mit den Pflichten des General-Konsuls nicht vertrug, Colonisten-Werbungen von der Hand zu weisen, so kam denn auch schnell genug meine Entlassung, und zwar wurde diese mir mit um so weniger Bedenken gegeben, als meine Consular-Collegen, Senr. **Araujo** und einige Deutsche vornehme Herren, sich nach leichtem aber unverkümmerten Verdienste sehnten.

Rio, 5. 9^{bro} 1857. Seu plano de fomentar a emigraçaõ para a America do Sul *geralmente*, a saber para as Provincias do Sul d'este Imperio e o *Estado d'Uruguay* e até as Provincias Argentinas, *logo que respectivte offerecerem as bases de segurança sufficiente*, me parece convir aos interesses de todos nós. Ao menos eu lhe dou a m^{a} plena aprobaçao pois que ha muito tempo que me acho persuadido da necessidade de huma Confederaçaõ Sul-Americana, ou ao menos de uma alliança intima da parte do Brasil com os estados da America do Sul Hespanhola &^{ca}. He preciso termos uma politica *Sul-Americana* de mesmo modo que ha uma politica Nort-Americana &^{ca}. O remedio para sanar os males que soffrem todos nós está em auxilio mutuo, solidariedade de interesses e vivificaçao das interesses internacionaes entre povos que longe de terem proveito na decadencia um dos outros, saõ pelo contrario naturalmente apoio e subsidio reciproco.

Aquelles paizes e o nosso deviaõ ter um codigo de commerao commum, uma Lei sobre casamentos &ca, entre elles deviaõ desaparecer as bareiras fiscaec &ca.

Eu por mim proprio tenho deliberado ser aqui o representante d'estas ideas &ca.

Rio, 8. Março 1858. Illmo Senr Tenho presente o bosquejo de um projecto de Colonisaçao que V. S. teve a bondade de me communicar assim como uma exposiçaõ em que me manifesta as suas ideas a respeito de emigraçao e terras.

Tendo tomado conheçimento da materia, respondo lhe que acho os planos que me representa novos e originaes, e os principios sobre os quaes V. S. os basêa saõs conformes á verdadeira doutrina da economia politica. Dar em ponto grande valor ás terras he augmentar a fortuna publica no Brazil em uma rasaõ muito importante, e todo o projecto fundado em bases iguaes naõ pode nunca deixar de ser muito util ao payz. Com effeito pareçe me igualmente que V. S. he o unico que até aqui tem encarado a questao debaixo do verdadeiro ponto de vista economico e que se propoem abraçar no circulo dos seos esforços toda a America do Sul.

Esta idea he em these uma das que mais me agrada. A America do Sul forma um todo homogeneo, limitado por confins naturaes commums e na minha maneira de ver, respira evidentemente a unnidade de um systema economico baseado na communidade de interresses, e neste sentido compete ao Brazil dar os primeiros passos &ca.

O dividir a America do Sul em duas zonas, uma para a Colonisaçaõ Asiatica mais especialmente e outra para a Europea, he igualmente muito logico e dará excellentes resultados &ca.

Estas consideraçoẽs referem mais especialmente aos Chinas, cuja introducçaõ em grande escala entre nos, me antolha um futuro em que podemos apareçer-como um dos grandes productores naõ já só do algodaõ, mas tambem da seda e do Cha, mercadorias que o valor subido e diminuto volume tornaõ eminentemente proprias para um commercio lucrativo.

Tambem a cessaõ de parte de suas terras pelos proprietarios para assim darem rapidamente maior valor á parte com que ficaõ, he idea original e igualmente muito approveitavel. Estou tambem persuadido que applicada em grande escala, harmonicamente com outros ha de ter resultados muito efficazes. He e sobretudo esta idea e a cooperaçaõ da America Meridional toda com o Brazil, que formaõ o traço characteristico principal do projecto sobre o qual V. S. fez mé favor de mo consultar. Com effeito as cousas em terras novas e de rapido crecimento, devem como condiçaõ indispensavel de successo ser feitas em grande escala, e he só deste modo que julgo consiguiremos desviar em parte do Norte, a corrente da emigraçao que para la exclusivamente se dirige &ca.

Rio, 6. de Julho 1859. P. P. Certo he, que por ser fiel aos seus principios e as suas conviçcoẽs, V. S. tem sido sacrificado a avidez e a calumnia. Que provas mais claras pôdem duzir-se da necessidade de uma reforma radical do nosso systema de terras de quo as quo se achaõ registradas em suas corresps officiaes e particulares e em os muitos impressos, apusculos &ca

que nos têm remettido por estes 15 annos? As terras que deviaõ ser divididas pelos homens intelligentes e laboriosos, brazileiros e européos jazem incultas ainda hoje, aprezar de tudo quanto V. S. tem escripto des de annos paracá, e ainda hoje se achaõ monopolisadas em prejuizo do thesouro Nacional e da naçaõ inteira. Nunca esta podera ser feliz em quando os posterras naõ forem obrigados a cultival-as sob pena de as perder suidores d'esta e de as verem distribuidas a quem as cultive &ca.

O V. do Paraná morreó com, uma consiencia assaz carregada naõ somente por causa da falsificaçaõ da colonisaçaõ, devida principalmente á elle por naõ ter querido bulir cóm a posse das terras, embora elle mesmo e Vergueiro, terem reconhecido ainda em 1856 ser ella insegura no Brasil. O mesmo V. do Paraná até em 1854 na Camara tem reconhecido a necessidade de um imposto na terra sem jamais propor medida algª a esse respeito, — obrando ate em tudo em contrario á elle &ca.

Saõ Paulo 20 de Agº 1859. Permitta-me que com antecedencia faça ver á V S. que tendo lido sempre com Summo prazer todos os escriptos por V. S. enviados aos seos numerosos amigos no Brazil naõ somente encontrei n'elles sempre ideas acertadas e fundadas em grande experiencia em materia de colonisaçaõ, de que V. S. naõ deixa de dar provas em todo e quelquer d'esses escriptos, como igualmente sempre achei essas observacoẽs e ideas as unicas que deveriaõ servir de base naõ somente aos nossos Ministros se em verdade tem por fim promover a Colonisaçaõ, mas tantem as pessóas que como deputados parecem, querer (?) a mesma colonisaçaõ. Jnfelizmente de facto isso naõ accontece &ca.

Rio, 7. Janº 1861. Naõ quero deixar passar o anno novo sem lhe desejar auspiciosas entradas d'elle e propicia fortuna, isto de intimo coracam e com o verdadeiro e sincero affecto quasi fraternal, que sabe ó é notorio, lhe consagro. Recebi suas estim: cartas e mais papeis e as releio sempre o que mostra quanto as aprecio e pezo bem. Accredite que eu vou trabálhar com afinco e energia para adiantar estas questoẽs importantes. E tempo de metter maõ a obra! Continuo firme nos mesmos principios colhidos das suas cartas. Reconheço mais que nunca que o imposto territorial he o meio radical de aliviar os males que nos oprimem, a primeira base e elemento da prosperidade publica. Sem ella naõ pode haver immigraçaõ, e tanpouco em uma reforma radical das nossas pautas, Concordo com meo amigo que para as Provincias do Norte naõ pode haver emigraçaõ senaõ de Chins livres. Ora temos huma grande povoaçaõ de negros e entaõ uma raça sirve para contrabalançar outra. Quanto aos Allemaẽs 'que ha aqui saõ em géral friissimos e sem espirito nem vontade alguma para tudo o que naõ he dizer de bocca maximas e sentenças reformadoras do mundo; mas naõ arredaõ pé para tirar hum seo semelhante da caldeira do inferno, se fosse preciso, nem allevantaõ para isso nem um dedo. Do resto quanto à Colonisacaõ nada se faz absolutte, porque o systema seguido está intte gasto, e n'elle ninguem tem mais fe alguma. Naõ lhe fallo mais d'estas cousas porque tudo isto naõ vai como seria para desejar e é assumpto pouco ameno. Entretanto ha no paiz algs. progressos materiaes e um tal qual desenvolvº intellectual posto que muito superficial. O homen verdad[te] bem intencionado he o Jmperador. Podem-no engannar mas elle procura fazer justica a todos. Oxala fosse o Argus da fabula! Hum grande mal pára nós está na mesquinez de Suas attribuiçoẽs apocadas ainda no curso dos ult[s] 10 annos por influencias oligarchicas, &[ca.] — As ideas que imperaõ saõ os dos Fazendoirós que querem substituir os braços escravos por trab[rs] livros! Isto aqui he tudo materia inorganica que he preciso órganisar primeiro antes que se possa fazer o q. quer que seja!

E tudo custa um trabalho immenso aos poucos que querem trabalhar &[ca.]

Rio, 6. do Ag[o] 1861. Parece-me que tanto aqui como lá, de um e outro lado os Nossos nada entendem o querem entender de colonisaçaõ. A este respeito tenho perdido com V. S. toda a esperança e creio que so o tempo ha de fazer alguma couza. De politica nada ha de referir. As couzas no meo entender iraõ do mal a peior, em quanto nao reforçamos entre nos a prerogativa real, que devia ser a base do todo o nosso systema, mas que hoje naõ a he ja mais!

Nachträglicher Auszug aus einem Schreiben des Grafen v. d. Strathen, von Madrid, 4. August 1856.

Vous avez un espoir, que je partage, de voir le Vte de l'Uruguay favoriser l'adoption du sytsème qui seul peut assurer l'avenir de la colonisation du Brésil. Je constate par les Statuts de la Société centrale l'entrainement des Brés[s] a s'occuper de la colonisation. Une fois que cette grande affaire aurá reçu l'impulsion générale qu'elle comporte et qu'elle exige, vous la verez subir les vicissitudes que vous lui avons prophétisées &[ca].

Verhandlungen des Senats vom 26. Juli 1856. — Jornal do Comm[o] No. 208. vom 28. Juli 1856.

Präsident: Manoel Cavalcanti de Lacerda.

Nach Vorlesung des Protokolls erklärt der zweite Secretair vom Tische, daß eine Sendung von Aufsätzen über verschiedene Gegenstände von J. D. Sturz eingegangen sei und an das Archiv abgegeben würde.

Vicomte de Jequitinhonha. Ich wünsche Ew. Excellenz blos die Frage zu stellen, ob in den Fällen, wenn irgend eine Person an den Senat eine Denkschrift eingiebt, es nicht der Brauch ist, mehr darüber zu sagen, als sie blos an das Archiv abgeben zu lassen, denn es ist notorisch, daß Herr Sturz stark gearbeitet und selbst sein eigenes Geld ausgegeben hat, um uns au jour zu halten in vielen Fragen, welche für unser Reich vom höchsten Interesse sind, und unter andern über solche, welche Bezug haben auf Ackerbau, auf Colonisation, auf die Herstellung von Communicationswegen, auf hydraulische, geographische und geologische Fragen, — mit einem Worte, Herr Sturz ist unermüdlich in der Nachforschung über Alles, was für uns Interesse haben kann, und über Alles sendet er Abhandlungen ein, nicht nur seine eigenen, sondern auch von Personen, die durchaus befähigt sind, solche Gegenstände ins Klare zu setzen. — Nun aber leistet dieser würdige Beamte, — der so großen Eifer für das wahre Wohl Brasiliens besitzt, und dem entschieden nicht die Verpflichtung obliegt, sich mit solchen Arbeiten zu beschäftigen und diese dem Senate, und nicht nur diesem, sondern vielen andern Corporationen des Landes und selbst noch einigen Individuen insbesonders einzusenden, — ohne allen Zweifel dem Lande große Dienste, — und ich weiß nicht, ob nicht das Reglement vorschreibt, daß bei dem Empfang von derlei Denkschriften, welche für das Land selbst von Interesse sind, in dem Protokoll etwas darüber ausgesprochen werde, d. i. daß dieselben mit Dank angenommen worden sind, oder wie immer Ew. Excellenz für gut halten mag.

Präsident. Es wird so eben über den respectiven Fall im Reglement nachgeschlagen. Meinem Gedächtnisse nach verordnet das Reglement, daß solche Gegenstände mit Dank angenommen werden, wenn dieselben von einer Autorität eingesandt werden, jedoch kann ich so eben nicht verbürgen, daß dies genau so ist.

Vicomte de Jequitinhonha. Ew. Excellenz kann mehr oder weniger schon den Beweggrund errathen, aus dem ich diese Bemerkung mache, nämlich: da mir keine Gelegenheit geboten war, diesem würdigen Beamten meine Dankbarkeit darzulegen für den Eifer, den er in der Erfüllung seiner Pflichten zeigt und noch mehr, damit die öffentliche Meinung aufgeklärt werde und in vielen Fragen Nutzen ziehen möge aus diesen Einsendungen, benutze ich diesen Anlaß, um persönlich meine Erkenntlichkeit an den Tag zu legen; denn ich muß nochmals bemerken, daß Herr Sturz sich nicht damit begnügt, diese Denkschriften an die Kammern einzusenden; ich und viele andere Senatoren haben ähnliche Denkschriften erhalten und ich wenigstens habe sie von dem höchsten Interesse gefunden.

Sr Jobim*). Nur schade, daß so Wenige sie verstehen.

Vicomte de Jequitinhonha. Ich wünsche also zu wissen, ob es nicht im Reglement ein Wort giebt, welches diesen würdigen Beamten ermuthigen möge, auf diesem Wege fortzufahren und Andere dazu antreibe, ein Gleiches zu thun. Wollte Gott, daß alle Consuln auf diese Weise zu Werke gingen.

Sr Jobim machte eine halblaute Bemerkung.

Vicomte de Jequitinhonha.**) Ich kann nicht unterlassen, dem zweimaligen Zwischenreden des edlen Senators für Espirito Santo zu antworten, da es scheint, als wolle er die von diesem würdigen Beamten geleisteten Dienste verringern.

Sr Jobim. Ich will sie keineswegs verringern; ich habe nichts gesagt.

---

*) Präsident der Academia de Medicina, von welchem ich mehrere Danksagungsbriefe für meine, wie er zu sagen beliebte, „werthvollen Rimessen, welche die Zierde dieser Akademie bildeten", erhielt; jedoch hatte ich in letzter Zeit meine Sendungen mehr an den Präsidenten der Hygiene publica gesendet, welche unabhängig von der Academie ist.

Dieses Senhor da Cruz Jobim's, seit 18 Jahren Präsident der Arzneischule, Meinung von mir 13 Jahre früher, ersieht man aus seiner nachfolgenden, mir damals gemachten überschwenglichen Anerkennung; da ich aber nicht gerade 25 Jahre lang fortfahren konnte, ihm und der Arzneischule buchstäblich jedes Jahr hunderte der neuesten Dissertation, Programme und Festreden aller Universitäten Deutschlands einzusenden, so wurde auch er, für den die Landfrage eine Sache ohne Wichtigkeit ist, mir abhold.

**) Visconde de Jequitinhonha, indentisch mit dem früheren ausgezeichneten Deputirten Montezuma, 1840—1842 Gesandter in London, war einer der brillantesten Redner und der ersten Rechtsgelehrten Brasiliens, ein Mann von warmem Rechtsgefühl.

Als Beweis, daß ich auch bei dem bessern Theil der Geistlichkeit nicht unbeliebt war, dieser Brief: „Der Erzbischof von Bahia empfiehlt sich dem Herrn J. D. Sturz und übersendet ihm hiermit als Beweis seiner Achtung und Dankbarkeit diesen Strauß von Vogelfedern, der ihm selbst bei der Gelegenheit des Pfingstfestes von den Nonnen der Soledade als Geschenk dargebracht war, und wird sich glücklich preisen, Gelegenheit zu haben, ihm ferner seine besondere Hochachtung und Erkenntlichkeit zu zeigen (Für diesen mächtigen Strauß wurden mir seiner Zeit 40 Pfd. St geboten; ich überreichte ihn jedoch an Ihre Majestät die Königin von England.)

Vicomte de Jequitinhonha. Ich will nur wünschen, daß der Stenograph nichts gehört hat; denn dies könnte nur die Wirkung haben, diesen oder jeden andern Beamten, der dem Lande einen ähnlichen Dienst zu leisten gesonnen ist, zu entmuthigen.

Sr Jobim. Ich habe hier nur eine Privatbemerkung gemacht.

Vicomte de Jequitinhonha. Aber warum hat der edle Senator dieses Alles nicht offen heraus gesagt? Vielleicht hätte er so diesem würdigen Beamten die Arbeit und die Kosten erspart, welche er gehabt und noch hat mit der Einsendung dieser Denkschriften an die Kammern und an mehrere einzelne Mitglieder derselben.

Ich, meine Herren, spreche mit der Hand auf dem Herzen, und danke dem Herrn Sturz sehr für Alles, was er thut, um solche Informationen einzusenden und zwar nicht blos dem Senate, sondern auch mir privatim, und ich benutze diese Gelegenheit, um ihm dieses öffentliche Zeichen von Dankbarkeit zu geben.

Dr. Angelo Muniz Ferraz. Herr Präsident! Unserer Bibliothek fehlen einige Werke, die zu unseren Arbeiten unentbehrlich sind, und ich finde mich genöthigt, den Vorschlag zu machen, daß der Senat Ew. Excellenz autorisiren möge, die nothwendigen Auslagen zu machen für die Requisition und Subscription nicht allein des Moniteur Universel, damit die Sammlung von Zeitungen, die der Senat besitzt, completirt werde, sondern auch der Zeitung, welche die Debatten der Belgischen Kammern publicirt und ferner für die Requisition der Englischen sowohl als der Nordamerikanischen Parlamentsberichte.

Noch schließe ich mich dem edlen Senator für Bahia an, welcher über den Punkt sprach, in welchem er bewies und darthat, wie viel die Mehrzahl von uns Herrn Sturz schuldet, der unermüdet ist, uns alle solche Informationen und Dokumente einzusenden, welche er für die Interessen des Landes nützlich erachtet. —

Der unmittelbar hier nachstehende Brief von dem gegenwärtigen Senator und während 15 Jahren zuvor stets tüchtigen und hochaufgeklärten Deputirten Sr B. de Souza Franco soll beweisen, daß ich Theil gehabt habe an der Gesetzgebung in Brasilien über Land und Colonisation, wenn man auch meine Vorschläge noch bei weitem nicht in ihrem ganzen Umfange angenommen hat, wodurch eben die zu erzielende Wirkung so verspätet wurde. Als Herr de Souza Franco, der von 1847 bis 1850 Minister des Auswärtigen war, diesen Brief schrieb, hatte ich schon 8 Jahre lang in dieser Frage gearbeitet und seit 1843 bis heute habe ich nicht aufgehört, darin zu arbeiten, wenn auch bis jetzt noch ohne vollkommenen Erfolg, werde aber deshalb nicht aufhören, so lange mir noch Kräfte innewohnen, und Gott es mir erlaubt, darin weiter zu arbeiten.

Rio, 12. Sept. 1843. Ew. Wohlgeboren geehrte Zeilen vom 11. Juli sind in meiner Hand und ist es nun wohl Zeit, Ihnen für die verschiedenen Rimessen von Zeitungen, Zeitschriften &c. zu danken, welche Sie mir so oft gemacht haben, und ich wiederhole nur, was ich schon in meinem vorletzten Briefe gesagt habe, nämlich: „daß, wenn Sie nicht gewesen wären und die vielen Informationen über Colonisation, welche Sie nicht nur mir, sondern auch Andern, sowie den beiden gesetzgebenden Kammern überhaupt einsandten, wir ganz sicherlich noch in den Banden der alten Ideen befangen lägen, und daß ich nicht im Stande gewesen wäre, die zahlreichen

Einwendungen zu beantworten, welche in der Deputirtenkammer gegen das Gesetz zur Förderung der Colonisation gemacht wurden, welches Gesetz nun, nachdem es zwei Discussionen bestanden hat, demnächst in die dritte übergehen wird, freilich mit vielen Amendements, welche in kleinen Ausschußvereinen angenommen worden sind.

Sie halten natürlich das Jornal do Commercio und werden daraus ersehen, daß wir auf den Weg der wahren Einwanderung einlenken, und daß Hoffnung da ist, daß wir etwas erreichen, um so mehr, wenn die Regierung in Europa so rüstige und thätige Agenten hat, als Sie sind.

Was Ihr Project der Befahrung des Amazonenstromes mit Dampfschiffen betrifft, so wissen Sie gewiß auch, daß ich dessen Vertheidigung mit Enthusiasmus übernahm und daß, nachdem ich mehrere kleine Abänderungen vorgeschlagen, dasselbe angenommen worden ist und man große Vortheile von dessen Durchführung erwartet. Zum großen Theile durch meine Bethätigung ging dieses Project in der Deputirten kammer durch, denn sehr viele Deputirte, denen jede Art von Aufklärung über die Sache mangelte, begnügten sich, sich meine Meinung anzueignen; nun aber, wo das Gesetz im Senate, und Vasconcellos dagegen ist, wie es auch der verstorbene Barbacena war, habe ich schon weiter keinen Einfluß darauf, und es bleibt mir weiter nichts übrig, als Ihren Wünschen, dasselbe angenommen zu sehen, beizustimmen, und diese Ansicht oft öffentlich auszusprechen. — Wenn es von mir abhinge, so würde es schon angenommen sein, und es wird auch gewiß angenommen werden, wenn ich in irgend einer Art dazu werde beitragen können, worauf Sie mit Sicherheit rechnen mögen, sowie daß ich stets verbleibe Ihr aufrichtig ergebener Freund

Bernardo de Souza Franco. *)

---

*) Dieser Herr war als Deputirter äußerst thätig in dieser Frage; ja ihm verdankte die 9 Jahre lang fortgesetzte Discussion in der Deputirten-Kammer ihre Hauptstütze; nur ließ er in den letzten Jahren die als unentbehrlich erkannte Landtaxe fallen in Uebereinstimmung mit dem vom Senate ausgegangenen Amendement — und in letzter Zeit scheint er sich sogar, nachdem er so lange die freie Einwanderung befürwortet und den Verkauf der Staatsländereien, zu dem Parceria-System hinzuneigen, — wohl weil er mehr als irgend Jemand von der Nothwendigkeit der Einwanderung für's Land überzeugt ist, diese aber auf andere Weise noch nicht ermöglicht sieht und durch seinen Parteigang mit dem Senator Vergueiro (einem der Haupt-Exploiteurs des Landpotentatenthums, obschon monstruoser Weise ein wüthender Republikaner) fortgerissen worden ist. Die bittere Täuschung mit diesem Mann benimmt mir alles Vertrauen auf Brasilianische Charactere

---

Die Stellung des Verfassers in der Brasilianischen Land- und Einwanderungsfrage.

(Auszug aus dem Diario do Bahia, vom 18. September 1856.)

Die Colonisationsfrage, welche der Journalismus noch in kurz vergangener Zeit entweder aus Kurzsichtigkeit, oder weil er gewissen Interessen unterworfen, oder endlich weil er verstrickt war in alten Vorurtheilen, kaum zuweilen, oder nur dann und wann zu berühren wagte, bildet einen der hervorragendsten Gegenstände seiner Tagesbesprechungen, bei Gelegenheit der Discussion des Credits von 6000 Contos zur Unterstützung der Herbeibringung von Colonisten 2c. 2c. sehen wir nun jene Frage in unserem National-Parlament in größtem Maßstabe verhandelt mit seltenem Talente und mit den allerabweichendsten Ansichten.

Ein Theil dieser bewunderungswürdigen Reden, wie sie in beiden Kammern gehalten wurden, ist in diesem Blatte wiedergegeben worden. Es wäre Anmaßung, Licht über eine Materie verbreiten zu wollen, die durch dieselben schon so völlig klar dargestellt. Es ist dies daher auch keineswegs unsere Absicht, und wollen wir nur hiermit eine kleine Arbeit übergeben, welche in der Uebersetzung verschiedener Aufsätze und Einsendungen besteht, welche uns durch den wohlverdienten und unermüdlichen Herrn J. D. Sturz eingesandt worden sind.

Wohl bekannt ist der Eifer und die Thätigkeit ohne Gleichen, womit dieser würdige Staatsdiener seit wohl 18—20 Jahren schon zur Aufklärung seines Adoptivvaterlandes arbeitet, und es wäre hier nicht Raum, die unzähligen Schriften, Drucksachen aus Mittheilungen über alle Branchen nützlicher Kenntnisse anzuführen, welche Herr Sturz geliefert hat, mit einer wahrhaft unbegreiflichen Arbeit, mit der er den besten Theil seines Lebens verbracht hat, so wie einen großen Theil seines Eigenthums und was am meisten zu bedauern ist, selbst seine Gesundheit! In der That ist dieses Vielen wohl bekannt, wenn auch von Wenigen eingestanden und noch weniger belohnt worden!

Leicht zu erkennen ist nun für die, welche wie wir, während eines Zeitraums von beinahe zwei Jahrzehnten, dem Faden seiner Gedanken und dem Inhalte seiner verschiedenartigsten Correspondenz und seiner zahlreichen Mittheilungen gefolgt, daß viele seiner Worte nicht auf unfruchtbaren Boden gefallen, daß wenigstens einige seiner Rathschläge nicht unbenutzt geblieben sind, und daß nur das beträchtliche Contingent in Büchern, Flugschriften und massenhaften Auszügen, welches von ihm herbeigeschafft worden war, zu dem Glanze beigetragen hat, mit welchem diese für das Land so überaus wichtige Frage in unseren Kammern behandelt worden ist.

Wir sagen, daß dieser Antheil, der dem Herrn Sturz so unbestritten zugehört, von Wenigen eingestanden ist, obgleich unter diesen Wenigen Einige sind, deren Zeugniß für das von Vielen gilt; die Herren Vicomte v. Jequitinhonha und Staatsrath Ferraz, haben in der Senatssitzung vom 25. Juli ihm wohlverdiente Gerechtigkeit wiederfahren lassen.

Indem wir unserm Diario die bezüglichen Bemerkungen aus dem Journal do Comercio Nr. 208 überschreiben, haben wir die Genugthuung, so zu diesem ehrenhaften Zeugnisse zu Gunsten des Herrn Sturz, welches aus so ausgezeichneter Quelle floß, beigetragen, und ihm die verdiente Publicität gegeben zu haben.

Schon vor geraumer Zeit (es war wohl 1843 oder 1844) beschäftigte sich unsere schwache Feder mit dieser selben Frage, und auch in neuerer Zeit gaben manche unserer Artikel unsere Denkungsweise darüber zu erkennen. Heutzutage nun, nachdem sie zur Tagesfrage geworden ist, der sich die geschicktesten Federn mit tiefstem Studium gewidmet haben, beschränken wir uns nur auf ein bescheideneres und weniger gewagtes Terrain, indem wir nach unsern Kräften das für den Druck vorbereiten, was wir von Interessantem über diese Frage in den besagten Mittheilungen des Herrn Sturz oder in von ihm eingesandten ausländischen Schriften und Zeitungen vorfinden 2c. 2c.

Auszüge aus einigen Briefen von Engländern aus Rio und London.

Rio, the 5th of March 1844. It is astonishing what you have effected in Brazil by the press with regard to public improvement but especially respecting the labor and Slavery question. It would have been incredible to me, had I been merely told it by others and not seen the effect myself. The truth is, a young people are much more easely led by the press than those who have learnt its venality and humbug &ca.

Rio, 13th of July 1851. Your remittances of circulars, perfils and what not, the whole of them calculated to bring about a thorough conviction amongst these good people of the necessity of radical reforms are a fresh proof, among many, many previously, of your indefatigable zeal in promoting the real interests of this might-be great-country &ca.

Rio, 4th April 1855. My dear Sir, the last packet brought me sundry Papers from you including several Copies of letters to you received from Eminent persons in this country, and but very short observs on your part on them. These and all others I have transmitted to Lt Cl H.....d. I have read with great interest these letters and your answers. I believe the writers to be sincere but morally unable to give weight to their convictions. I find that the opinions of some of the writers harmonize with my ideas on the same subject. You have been killing yourself by an excessive zeal for the benefit of those who are both incapable and unwilling to appreciate it, — you have been throwing pearls before swine &ca.

Rio, 4, Janr 1856. The truth is, as Senr Arnaga told me but the other day you have done much too much for all of them, especially for the Government, and you would be better apreciated here if you did only what the Govt direded you to do. If I recollect right that is the advise which the Marquis d'Abrantes and several other Bras. and myself have given you more than once. Dont be mistaken about the signification of such declarations of which I hand you genuine this day by the enclosed slip from the Cco Ml stating that the I. Hco Gco in their account of proceedings acknowlodged with thanks (empty things!) your valuable communications and supplies. Would the Govtl, the Country were to give you some more substantial proo of their appreciation of your invaluable labours. To me they have beenf invaluable for many a year.

London, the 10th of August 1861. Dear Sir, P. P. I feel bound to state that your long experience with german people combined with your trustworthy character, which having known you for many years I have never heard questioned, appear to me to be recommendations in your favor which aught not to be overlooked whenever the question of german emigration should be seriously entered upon &ca.

Manchester 12 th March 1855. P. P. My dear Sir, I have read with much attention your letter and your address to the Brasilian Minister. The attention and ability you have brought to bear on all subjects connected with Brazil render your opinion of great value, and I therefore am very sorry to find you take so discouraging a view of the possibility of colonizing the Amazon territory. I have stated to Baron Mauá your opinions on this subject and I feel sure he will feel much disappointed &ca.

You will no doubt have heard the report of very rich Goldfields having been discovered in Maranham. It is said they excel the richest discoveries of California & Australia. &ca.

J. H. R. de Castro. (Mauà & Co.)

Manchester, 14. March 1853. In my letters to Senr Irineo I have urged to him the importance of immigration to Brazil and stated how much I thaught you could aid that all important movement.

Manchester 13. July 1853. I think you take too gloomy a view of the future position of Brazil, altho Jam free to confess, that your experience of the way in which affairs are arranged in that country may well lead you to despond. I have written very strongly to Senr Jrineo on the subject of immigration and I hope he will use his great influence in bringing the matter strongly before the Brn. Govt.

Manchester 1. Febr. 1855. P. P. I perceive that my letter of the 30. Oct. never reached you from its bein'g directed to Genoa. My object in writing to you was, to. ask whether you would induce Colonists to emigrate to Para on condition of their obtaining grants of rich lands on the Amazons at a very low rental, the Colonists repaying the Company the cost of their transport &ca. either in kind or by their labor &ca. The Br. Govt. are most desirous to encourage immigration to Para and the Baraõ do Mauá is very wishful to have your opinions of the most, feasible way of accomplishing so important au object. A considerable number of Colonists are going to Para from Portugal. (!)

Aus diesen Briefen des Senhor Castro, Associé des Baron de Maua, dem Rothschilde und allgemeinen Entrepreneur Brasiliens, der auch die Dampfschiff-fahrt auf dem Amazonenstrome betreibt und dazu bereits an 2000 Contos Zuschuß erhalten hat, ist ersichtlich, daß dieses Haus sehr wünschte, daß ich Deutsche Auswanderer selbst für den Amazonenstrom abgäbe! Darauf konnte ich mich natürlich um so weniger einlassen, als ich mich nie hatte entschließen können, auch nur für die bestgelegenen Provinzen Brasiliens die Auswanderung zu befördern, so lange nicht die Landfrage und die confessionellen Schwierigkeiten gelöst wäre, so zwar, daß ich nie auch nur einen einzigen Auswanderer engagirt habe.

Auszug einiger Briefe über Brasilien vorzüglich unterrichteter Franzosen.

Rio, 5. Decbr. 1857. Mon chèr Sturz, P. P. La colonisation en grand de ce pays est une chimère jusqu'au jour où il sera impossible de produire par la main des esclâves. D'ailleurs il n'y a personne ici qui ôsera jamais prononcer sa conviction sur une question si peu entendue et si peu populaire. Ce que cherche l'homme d'état Brésilien, c'est de faire de la popularité à tort et à travers et rien de plus, car cette popularité le porte aux plâces lucratives et voilá tout-ce quil désire; aux autres choses on veut songer aprèsl Quant à une immigration regénératrice on ne s'y prêtera jamais malgré tout ce qu'on dise. Quant aux promesses que vous ont été faites de vous protèger contre la mauvaise volonté que vous portent les grandes proprietaires, je vous ai dit déjà plusienres fois: prenez garde, ne vous fiez à personne, car c'est ici le pays de la dissimulation et du mensonge et pour pour parler le moins dûrement possible, de l'absençe de tout sentiment de responsabilité morale. Relâchez vos efforts pour rémuer ciel et terre à faveur d'une reforme qui jamais s'effectuerá. En verité quant a l'émigration je ne puis croire, selon votre tenue il ya 20. années dans cette question, que vous y songiez sérieusement aujourd'hui surtout sur une grande échelle. Les premiers essais couperaient court toutes les opérations ultérieures, comme il est arrivé j'usquau présent, et le martyr des enfans perdus rendra sâges les autres. Si vous pouviez parvenir à sacrifier assez de vos compatriotes allemands pour que leur travail put revenir au Brésilien d'aussi bon marché que celui des nègres, vous seriez certes hautement loué, bien payé et même distingué par les Brésiliens, mais ce serait une vraie traite de blancs, et mille fois pire que celle des noirs, étant à la discretion des maitres qui ne seraient arrêtés par une des considération de perte de propriété qui font le seigneur epargner quelque fois l'ésclave. Si leur travail au contraire reste á un prix assez haut pour les maintenir à un certain degré de dignité humaine, les Brésiliens ne voudront que des nègres. Gardez vous donc, je vous conjure de modifier les principes, établies par vous même quant à l'immigration dans ce pays, gardez vous de ceder aux invitations brilliantes que vous seront faites de la part de ces hommes d'état qui ne sont que des mediocrités désolantes en dehors de l'intrigue routinière dans laquelle tout Brésilien est dressè par la nature et l'éducation.

Une émigration Allemande en grande échelle à ce pays tel qu'il est aujourd 'hui, avec ses tèrres monopolisés et avec son esclavage conduirait a des complications énormes pour vous et pour l'Allemagne aussi surtout comme pays sans marine. — &ca &ca.

Le Gouvernement ne cherche pas même un appui dans la presse contre les passions des propriétaires qu'il est trop lâche pour effronter seul. Quand á des mesures quelconques tendantes a modifier la situation respective du mâitre et de l'esclave telle qu'elle existe à présent, que l'esclave provienne des achats antérieurs à 1821 ou de 1831, ou posterieurs ou des nègres engâges, a titre de libertos (Africanos livres) provenus des prises Anglaises; personne n'y songe et quand au Gouvernement même, sa tâche aujourd 'hui encore de même qu'il y-a vingt années deja, consiste dans l'elusion de ses plus saintes promesses et en remettant a toujours les besoins les plus pressants du pays. Cest ainsi, en verité c'est la condition de son existence d'eluder toute realité de colonisation par la quelle écroulerait infallivlement le pouvoir de ceux qui font les ministres — les Grands proprietaires et les esclavagistes &ca.

Sur ces faits-là il est évidement dans vos interêts et ceux de votre famille, après des efforts si constants et pourtant si inefficaçes, que vous avez fait, de suivre les conseils de vos amis et de vous tenir tranquil, très tranquil, comme le desirent ceux qui vous avisent, et de satisfaire a ce régard le gouvernment, quoique vous ne lui fassiez la volonté de l'accompagner aussi dans ses plans reéllement anti-colonisatrices &ca.

Auszüge aus Briefen von wohlunterrichteten Deutschen in Brasilien.

Rio, 5. August 18[illegible]0. Mein theurer Freund Sturz! P. P. Ihre Briefe und Einlagen habe ich erhalten. Glauben Sie doch diesen Leuten nicht! Die

Brasilianer heucheln Theilnahme, versprechen gewöhnlich viel und halten Nichts. Bis jetzt ist nicht daran gedacht worden, die Landfrage in den Kammern aufs Tapet zu bringen, ainda que tudo o que V. S. diz a esto respecto e como o Vde do Uruguay lhe disse, „e verdade e pura verdade" — und an eine Landtaxe die Sie wünschen und für die ein jeder aufgeklärte Patriot stimmen muß, denkt noch kein Mensch im Ernste. Sehr wenige Fazenbeiros, ja wohl kaum der zwanzigste Theil haben ihre Landbesitze in die Landamtsregister eintragen lassen, obgleich die für die Nichtbefolgung des betreffenden Gesetzes bestimmte Strafen (Multas) alljährlich sehr bedeutend zunehmen und innerhalb 10 bis 15 Jahren den Werth des Bodens als bloßer Weidegrund schon übersteigen würden. Gerade durch die Nichterfüllung des neuen Landgesetzes wird nun die Gesetzlosigkeit des Grundbesitzes verdoppelt. In diesem Zustande der Dinge liegt, wie Sie so oft dargethan, das Haupthinderniß gegen Einwanderung und die Ursache unsrer Hauptübel, deren größtes uns erst noch bevorsteht. Wenn Brasilien sich durch Einwanderung aus Deutschland stärken will gegen das Unheil das ihm droht durch Verminderung seiner Arbeitskräfte und gegen die sich stets mehrende Theuerung der Lebensmittel, so muß es erst zu der Einsicht kommen, daß es vor allem seine eigenen Bürger, deren Mehrzahl von dem Bodenbesitze ausgeschlossen ist, und eben deshalb das Feld nicht bebaut, zu Besitzern machen muß. Es muß sich erst darüber klar werden, daß es, so lange als dieses nicht geschehen, die Bürger anderer Länder nicht zu sich einzuladen berechtigt ist, und diese in keine untergeordnetere Stellung bringen darf als sie in der eigenen Heimath einnahmen rc. rc., deshalb ist der ganze Colonisationsbetrieb wie bisher nicht bloß eine große Selbsttäuschung, sondern auch eine schreiende Ungerechtigkeit, und beide wurden zum zehnfachen Betruge durch die Verwendung einer erkauften Presse. Weit nützlicher wäre es für das Land und die Regierung, sich seine Mängel stets vorgehalten zu haben. Wohnt ihm wirkliche Anziehungskraft inne, so kann ihm diese durch keine Zeitungsartikel genommen werden. Opposition kann nur zu heilsamen Reformen führen, und so mehr Anziehungskraft geben. Die theure lobhudelnde Presse, welche Brasilien seit 15 Jahren in Deutschland besoldet, hat ihm selbst unsäglich geschadet.

...... 15. Septbr. 1857. Ich weiß in der That nicht, wie ich durch meine Ansichten die Ihrigen vermehren, ich darf nicht sagen, verbessern kann. Wir sind todo coelo auseinander rücksichtlich der Pläne zum Besten Brasiliens. Ihr feuriger, enthusiastischer von den edelsten Gefühlen für Menschenwürde und Freiheit durchdrungener Geist legt seinen Maßstab der allgemeinen Perceptibilität für das Gute, des ewigen Fortschritts an, und in thesi haben Sie Recht, ich muß beistimmen. Nur als Naturforscher betrachte ich mir die Dinge, nicht als Staatsmann und habe erfahren: quam parva sapientia regitur mundus; ich mache mir keine Illusionen über das was der Einzelne in der großen Geisterbewegung des Jahrhunderts erringen kann, ich weiß, daß Wilberforce's 50jährige Bemühung nur dann die Negeremancipation anbahnten, als hundert andere Conjuncturen dem Plane seines Humanitätsstrebens die Hand boten. Ich weiß, daß nur in England, wo selbst die gepriesenste Staatsweisheit oft nichts anders ist, als der Ausdruck des lebendigsten Zeitgeistes, solche Dinge gehen können, oft nicht, weil sie das Beste sind, sondern weil die Philantropie oder der Freiheitsschwindel dem Plane unter die Arme greift', während der Einzelne wenig vermag. Ich greife nicht in das Rad der Zeit, denn es geht unaufhaltsam und — so laß ich Vieles unberührt, was ich nicht ändern kann: die Zeit bringt Rosen!

Ihr Plan ein großes centralisirendes Auswanderungsunternehmen auf Grundankauf und Grundvertheilung ist schön, ist edel. Aber ich glaube, ja ich bin überzeugt, daß bei der Determination Deutscher Geldkräfte ein solches Institut gegenwärtig noch nicht genug Anklang, bei den Brasilianern den heftigsten Widerstand erfahren wird.

Sie hoffen, daß die extratropischen Provinzen Brasiliens von der Sklaverei und dem Landmonopol erlöst mit Deutschen und andern Colonisten bestellt werden könnten. Ich fürchte, daß ein derlei Plan in den Kammern wie im Kaiserlichen Kabinet die lebhaftesten Antipathien erwecken würde, weil diese bis auf's Mark gehende Theilung ein Vorspiel von der Theilung des Reiches, eben so wie in Nordamerika die Quelle unsäglicher Feindschaft und Zerwürfnisse sein würde Ueberall, wo Negersklaverei, schleppt sich dies alte Uebel fort, und nur ein gänzlicher Umschwung wird es endlich aufheben. Noch aber ist dafür die Zeit nicht gekommen. Uebrigens wissen Sie, welches Prognosticon ich Brasilien, so wie allen romanischen Völkern Süd-Amerikas stelle.

Sie haben viel gearbeitet, Lieber Freund und oft mit auf die Gefahr verkannt zu werden. Ich sehe aber, daß die Dinge nun so stehen, daß Sie Sich und Ihrer Familie mehr nützen würden, wenn Sie Sich völlig ruhig verhielten und nicht einen Zug mehr thäten, als man Ihnen zu thun heißt. Ihre lithographirten vertraulichen Mittheilungen machen Ihnen vielmehr Feinde als Freunde. Lassen Sie diese einmal auf ein Jahr liegen; Sie würden dann sicher auf bessere Erfolge für Sich rechnen können, haben Sie denn Columbus, den großen Dulder, ganz vergessen? —

Rio, 7. Mai 1858. Wir haben leider sehr verschiedene Ansichten über das, was in Brasilien geschehen kann, nicht aber über das, was geschehen sollte. Es ist nur zu gewiß, daß der eine Theil der Regierung die freie Einwanderung nicht will, fürchtet, hinausschiebt; der andere sie wohl im liberalen Sinne durchsetzen möchte, aber dazu nicht Entschlossenheit genug hat, und es also nicht kann. Es ist mir ein wahrer Trost, daß redliche Männer, wie Andrée und Kerst ihre Stimme gegen die Verlockung erheben. Ich befürchte, daß die Brasilianer die Zeit verlieren, in der sie eine ihrem National-Charakter congeniale Entwickelung hätten durchmachen können. Dadurch, daß Rath und That, die nun für sie sind gegen sie in die Schranken treten werden, weil sie thatsächlich stets nur wiederholen: „Ihr Fremde bleibt uns als Freie und Gleiche vom Halse!" wird eine Katastrophe vorbereitet, die Brasiliens und der hierher gewanderten Deutschen Verderben sein wird. —

Was wollen Sie, wenn noch im vergangenen Jahre, der Finanzminister gegen freie Einwanderung und für die Parceria-Contracte sprach und sagte: „die Hauptsache sei und bleibe nun einmal, die Sclaven, welche absterben, durch Arbeiter zu ersetzen. Das sei die Frage, welche Leben oder Tod in sich trage. Die Ansprüche, welche die Zukunft machen könnte, könnten ohne Gefahr vertagt werden!" — Der Zustand der Municipal-Kammern in Brasilien ist eines der Haupthindernisse seiner Entwickelung und besonders der Colonisation. Man gestattet ihnen keine selbstständige Einnahmen und doch sind die gesetzlichen Attribute, welche sie hatten, durch fortgesetzte Eingriffe auf fast Nichts reduzirt worden, ohne daß dagegen Protest eingelegt worden ist.

Die übertriebene Centralisation kann zu keinem Heile führen; die Provinzen werden über alle Begriffe maladministrirt; nur das gemeinsame Interesse in der

Aufrechterhaltung der Sclaverei hält die Mehrzahl der Provinzen zusammen. Schon haben die nördlichsten Provinzen nur noch eine schwache Anzahl Sclaven, daher nur auch ein schwaches Interesse daran bedeutende Abgaben nach der entfernten Hauptstadt abzugeben, und dafür von dort weiter nichts zu erhalten, als schlechte Verwalter. Dasselbe Verhältniß wird auch bald im Süden des Reichs bestehen, dann wird die Stunde der Gefahr für die Integrität des Reiches gekommen sein.

Schon früher hatte Marquis d'Abrantes zugegeben, daß eine Landsteuer nothwendig sei, um den Grundbesitz festzustellen und gültig zu machen, und der Deputirte Zacharias Goes behauptete im Jahre 1856 in den Kammern, daß weder die alten noch die neuern Grundbesitztitel in Brasilien, dem Buchstaben des Gesetzes nach gültig seien, und erst legitimirt werden müßten, um das jus dominii zu genießen. Nur eine Landtaxe könne diese unübersehbare Confusion lösen.

Rio, den 5. September 1858. Bis jetzt wollten die großen Staatsmänner Brasiliens, wenn man sie so nennen darf, Nichts, als den Status quo ausbeuten. Auch nicht eine großartige, auf die Zukunft gerichtete Idee, ist von ihnen ausgedacht worden. Seitdem die 1822 in Brasilien gebliebenen Portugiesen „de educaçaõ e instrucçaõ“ ausgestorben, wie José Clemente und Andere, hat sich kein fähiger, hier im Lande geborener Staatsmann gezeigt. Die 4 Millionen Schwarze und 2 Millionen Farbige sind „gado que naõ entra en conta; die Million Weißer, so weit sie nur weiß sind, sind meistens Faullenzer und Unwissende, unwürdig, ein solches Land zu besitzen, und nur durch riesenhafte Einwanderung einer thätigen, intelligenten Rasse zu mehr Verstand zu bringen und zu bessern.

Was haben Ihnen Ihre langjährigen, verdienstlichen Publicationen genützt?

Das Land soll thun, was Recht ist; sagen Sie; aber wer hat die Kraft, es dazu zu zwingen, oder diese Köpfe anders zu machen, als sie sind?

Nur massenhafte Einwanderung nach dem Süden kann die Sache bessern. Dort waren die Deutschen schon vor 10 Jahren so gestimmt, daß Präsident General Andréa, ein ganz gescheidter Mann, in seinem gedruckten Berichte an die Regierung sagte: „Nur sparsam Deutsche nach Rio-Gr. zuzulassen, da sie sich schon gebärden, als wollten sie ein Klein-Deutschland errichten.“ Wohl hat man sich einiger Ihrer schon lange befürworteten, materiellen Verbesserungen in Dampfschifffahrt, Eisenbahnen ꝛc. bemächtigt, Sie selbst jedoch jedesmal dabei ignorirt. Den moralischen Fortschritt, den Sie mit solcher Zähigkeit vertreten haben, vor allem Toleranz und vernunftgemäße Bodenvertheilung, ohne welche eine wahrhafte Moralisirung der Bevölkerung, wegen ihrer Zersplitterung und ihres Mangels an freiem Grundbesitz gar nicht möglich ist, — hat man gänzlich mißachtet. Und so werden die vereinzelten materiellen Fortschritte dadurch, daß sie blos falsche Begriffe geben von den eigenen Leistungen, die doch nur mit ausländischer Intelligenz und Arbeit, und zum größten Theil mit ausländischem Kapital ausgeführt worden und ausgeführt werden, statt zum Segen, zum Fluch für Brasilien.

Glauben Sie mir, daß Ihnen die Auszüge, die Sie aus Dr. Alberdi's Werken gemacht und so sehr verbreitet haben, fast noch mehr übel genommen worden sind, als irgend einer Ihrer keineswegs verblümten Angriffe gegen das Landmonopol, gegen Intoleranz oder gegen das Verfahren mit den Prisen-Negern. Besonders schwer rechnete man Ihnen die auffallende und doch wohlgerechtfertigte Weise an, mit der Sie Alberdi's aufrichtige Erklärung hervorhoben: „Was ist alle Constitution eines Landes, welches keine Bevölkerung hat? Es ist die Constitution einer Wüste ꝛc.“

Ebenso beleidigt fühlte man sich dadurch, daß Sie jenen Rath desselben Mannes an seine Landsleute mittheilten, sich mit arbeitsamen Ansiedlern von einer intelligenten Race zu durchsetzen, so zu beleben und zu regeneriren. Man konnte Ihnen das um so weniger vergessen, daß Sie gerade diese Gedanken, die obenein offenbar von Ihnen mit Bezug auf die sich so unfehlbar dünkenden Brasilianer zitirt worden sind, gaben, weil dieselben von einem Gaucho, dessen ganze Nationalität, wie Sie wissen werden, ja hier mit unendlich vieler Geringschätzung angesehen wird, kommen. Alberdi, der feine Staatsmann, gilt nämlich allgemein hier für einen Gaucho, beweist aber eben durch seine geistige Tüchtigkeit nur die Befähigung seiner Nationalität.

Rio, den 4. Februar 1859. Verehrter Freund! Also so weit mußte es mit Ihnen kommen! Theurer, alter Freund! Und doch ist es keineswegs unerwartet gekommen, wenn man bedenkt, daß früher oder später der Groll und der Unwillen, mit denen man Ihr systematisches, unaufhörliches Hindrängen zu Reformen, von denen man doch hier nun einmal nichts hören will, stets angesehen, sich Luft machen mußten. Wenn Sie zwar auch Ihren Widerstand gegen den Kolonisationsschwindel als einen nur passiven betrachteten und betrachtet haben wollten, so können doch selbst Ihre Freunde nicht leugnen, — Ihre durch das ganze Reich ausgestreuten Manuscripte, Drucksachen und Lithographieen zeugen ja dafür — daß Sie diejenigen Personen, welche von jeher die Regierung nach der falschen Seite hin drängten, geradezu direkt für die Gebrechen verantwortlich gemacht haben, von denen Brasilien bisher heimgesucht war, ist und noch lange heimgesucht sein wird. Es lassen aber auch Ihre Briefe außer dem Eifer, mit dem Sie alle möglichen Verbesserungen und Neuerungen wie mit einem Male nach Brasilien verpflanzt haben wollen, Ihrerseits eine gewisse Geringschätzung gegen Brasilianische Literatur, Kunst und Wissenschaft durchblicken, so daß bei böswilligen Interpretatoren in der That einiger Unwille rege werden mußte. So machten Sie es selbst Ihren Feinden dort und hier leicht genug, von der Regierung gerade Sie als Opfer für Kolonisten-Einfuhr fordern, und Sie so als Haupthinderniß aller monströsen Pläne mit Deutschen Emigranten beseitigen zu können.

Nehmen Sie das nicht als einen Vorwurf, sondern nur als die Wiederholung dessen, was ich schon früher aussprach. Sind wir doch stets in den Hauptprinzipien einig gewesen.

Glauben Sie, es hätte kommen können, wie es kam, wären Sie weniger ungestühm und zäh gewesen, und hätten Sie, statt ganz Brasilien als Zeugen anzurufen, gegen das fehlerhafte Verfahren in der Kolonisations-Angelegenheit sich mit wenigen gutgesinnten, einflußreichen Staatsmännern zu verständigen gesucht, um diese hochwichtige Angelegenheit in die richtige Bahn zu bringen. (Das that ich ja 15 Jahre lang, aber ohne Nutzen.) Sie hätten sich mit einem der einflußreichsten Preß-Organe in Verbindung setzen sollen, um die erforderlichen Wahrheiten zu verbreiten. (Das versuchte ich Jahre lang vergebens; alle waren sie durch entgegenstehende Interessen verschlossen.) So aber zogen Sie vor, unter großem Aufwande von eigenen Mitteln die Circulation ihrer Ideen selbstständig in die Hand zu nehmen und haben auf diese Weise wohl manchem Einzelnen Gelegenheit gegeben, Ihre Gedanken in seinem Interesse auszubeuten, und doch sich dabei diesen nur um so hartnäckiger widersetzen zu können. Ja, auch nicht ein Organ der einflußreichen Tagespresse hat sich seit den letzten drei oder vier Jahren mehr bemüht, Ihre interessante Mittheilungen weiter zu verbreiten, obschon ich in manchen derselben die Benutzung des wichtigen Materials deutlich erkannt habe.

Rio, den 5. November 1859. Wie viel auf die Principien-Consistenz der hiesigen Presse zu rechnen ist, ersehen Sie aus dem Correio Mil. Dieses Blatt, das noch kürzlich die Regierung und die Associacao Cl. unter Hinsicht auf die bisher erzielten Resultate mit Einwanderung, bei entschiedener Verdammung des Parceriasystems auf das ärgste persiflirt hatte, entblödete sich nicht, gleich darauf den Mann des Hochverraths anzuklagen, der den dem Werbesystem entgegengesetzten Principien der freien Einwanderung Geltung zu schaffen sich bemühte und seine Existenz dabei aufopferte. Es ist himmelschreiend, wie Schönbiener und Verläugner aller honneten Principien zu Positionen, Ehrenstellen und Reichthümern in diesem Lande gelangen; während verdienstvolle, ehrliebende Männer der Vergessenheit und dem Mangel anheimfallen, und es ist ekelerregend, zu sehen, wie alle hiesigen Staatsmänner, außerhalb der Position eine Sache verfechten — innerhalb derselben aber eine ganz andere! Wenn es irgendwo der Fall ist, daß man nichts Tadelnswerthes mehr thun kann, wenn man nur reich dabei wird, so ist das hier der Fall, aber auch in Deutschland scheint es in Betreff der Engagements von Deutschen Kolonisten fast ebenso zu gehen; wie könnte sonst der Unfug so lange gestattet worden sein?

Rio, den 18. 9^br. 1861. Ich hatte nie so retrograde Ideen erwartet, als in der Eheangelegenheit. Was ist aus der ehemaligen religiösen Toleranz der Brasilianischen Staatsmänner geworden? da sehen Sie nur, was das hiesige französische Blatt über Sinimbu sagt, von dem Sie vormals so hoch dachten, der sich aber als Minister als ein ebenso pauvrer Sire zeigte, als andere gemeine Bachareis. Schreibt hier einer von diesen nur ein paar Verschen, so giebt es gleich schon eine clique que o proclama grande poeta, läßt einer nur einige halbliberale Phrasen los und hat einige mächtige Feudal-Verwandte und Freunde in einer Provinz, so proclamirt man ihn sogleich als einen grande politico, er steigt hinauf, wird alles, um zuletzt zu zeigen, daß er nichts weiter zu thun verstand, als schwere Gehalte einziehen und seine Verwandten unterbringen. So sagt das Blatt über Sinimbú bei Gelegenheit von dessen Empfang des Hannoverischen Großkreuzes: „Pouvions-nous laisser passer sous silence une telle faveur? Si nous osions ajouter, entre parenthèse, que M. de Sinimbú est un de ces homme dignes des honneurs par leur desintéressement, nous ne manquerions pas l'occasion de le faire. Et s'il nous était permi de prouver qu'il s'occupe plus des intérets de son pays que du bonheur de sa famille, nous ne nous ferions pas prier longtemps. Essayons une seule preuve. Si elle n'agrée pas aux lecteurs, nous serons plus discret, une autre fois. Le noble senateur qui, au su de tous, porte haut l'etendart du catholicisme romain, dans une des seances orageuses du sénat, lorsque le foudroyant D. Manoel, liberal en thèse général, mais fort en matière d'eglise temporelle, persuadait a son auditoire que tous les ennemis du pape seraient damnés, y comprris les protestants; le noble sénateur, M. de Sinimbù, disons-nous, se leva avec enthousiasme et remercia de tout son coeur M. D. Manoel du châtiment qu'il appelait sur les hérétiques. Quel ne fut pas l'etonnement des personnes présentes qui n'ignoraient pas que la noble épouse de M. de Sinimbú était protestante. Ou M. de Sinimbú ne remercïait pas sérieusement M. D. Manoel qui réclamait une place dans l'enfer pour les protestants et par conséquent pour Mme de Sinimbú, ou M. de Sinimbú!, ce qui est invraisemblable, sacrifiait l'amour sacré de la familie à l'eglise romain. Nous qui assistions à cette discussion politico-theologique, selon l'expression de M. le Vicomte de Jeqnitinonha, nous avons pensé que M. de Sinimbú, dans son zèle apostolique, avait oublié cette fois qu'il sacrifiait plus que lui même.

Einige Auszüge von deutschen Briefen aus Deutschland über Brasilien und Auswanderung an den Verfasser.

Hamburg, 19. März 1850. Mein theurer lieber Freund! Es ist der letzte Abend den ich noch in Deutschland zubringe. Die meisten Ihrer Briefe und Packete habe ich wegen der Verspätung bereits vorausgesandt, besonders die nach Bahia und Pernambuco. Ich nehme nur noch die an Abrantes, Schüch &ca. mit mir. Für die Vertheilung drüben aller Ihrer Sachen werde ich treulich sorgen, beziehe mich aber wiedrum hinsichtlich der Zukunft auf meine Briefe aus Brasilien und bitte Sie nochmals Ihre Gesundheit und ihr Geld zu schonen, da man Ihnen diese Sachen doch wenig Dank weiß. Ja man feindet Sie noch darum an, wie ich ganz sicher weiß. Ob sie aber jetzt viel zu befürchten haben bezweifle ich doch; nur dürften Sie leicht in der Zukunft ernstlich in Ihrer Stellung bedroht werden, wenn sie von Ihrem bisherigen System nicht ablassen.

Sie schrieben mir letztlich Sie seien hohl und ausgearbeitet und erschöpft und entmuthigt für die Zukunft hinsichtlich der Landfrage — ich bin es nicht minder, sehe aber doch ein daß die Sache, wie Sie sie wollen, und wie auch ich bisher dafür gestrebt (Nicht so! sondern: hätte streben sollen nach dem 1846 schon mit mir getroffenen Einverständnisse, das er aber nicht hielt sondern ihm gerade entgegenhandelte indem er sich durch Schenkungen selbst zum Landpotentaten machen ließ) auf keinen grünen Zweig kommt. Von der Regierung und General-Association ist nun einmal nichts zu erwarten, also muß das Ding anders angefaßt werden wenn überhaupt noch etwas zu Stand kommen soll und dahin werde ich fortan streben. Wir müssen tüchtige Auswanderer herüber ziehen, Land ankaufen (Herr Blumenau besaß es damals schon) und parcelliren und so allmählig der Sache Bahn brechen bis wir einmal stark genug sind ein ernsteres Wort zu sprechen.

Die Brasilianer selbst müssen mit ins Interesse gezogen werden, dadurch daß man ihnen Land abkauft und es vertheilt, und sich dergleichen von der Provinzial-Assemblea geben läßt. (!) Anders läßt sich die Sache nicht thun oder man muß die Sache ganz aufgeben, wozu ich keine Lust verspüre. Aber bei dem steten politischen Spectakel dort wird auch alles eine Sisiphusarbeit sein. Fangen erst die Yankees an Landschenkungen zu machen, wer geht dann nach Brasilien? Also muß rasch begonnen werden und dafür habe ich seitdem gearbeitet. Ich bin nur ängstlich, daß man mir mein Land am Ende wieder nimmt. Wäre das der Fall so ginge ich nach Chile oder Californien, doch hoffe ich, daß man vernünftig sein und mich nicht gar zu schlecht tractiren wird, wenn ich das von Manteuffel *) erhaltene Schreiben vorlege. Ich bezweifle, daß Schroeder ein gutes Geschäft mit Joinville machen werden. Ihre Direction ist

*) Es wäre interessant zu wissen, wie diese Empfehlung begründet war, und von wem sie erwirkt worden war; ob nicht auch vielleicht schon von dem damaligen Vorsitzenden eines gewissen Vereins?

schlecht, wäre Dr. Schmidt dabei, der zwar ein Jesuit ist, so käme die Sache eher in Schwung, denn er ist wenigstens praktisch &c. Der Preis von 2 Thlr. per Acker ist viel zu hoch, wo so viel Land ungemein billig zu haben ist. (Dennoch rechnete Dr. B. bald darauf 4 und 6 Thlr. per Acker wo er doch 12 Legeas unbebautes Hinterland besaß!) Dr. Blumenau.

Berlin, 23. Juli 1851. Lieber College! Hiermit sende ich Ihnen ihre Aufsätze über Südbrasilien und Uruguay &c. mit Dank zurück, so wie die interessanten Briefe aus Paraguay, worüber ich mit den Herren G... und B. gesprochen habe, die mit mir der Ansicht sind, daß sich die Sache nicht so schnell machen läßt. Weltbegebenheiten brauchen Jahre um zu reifen. Die Idee zur Unterbringung der Deutschen Auswanderung ist großartig und hätte ich 500,000 Thlr., so würde ich 300,000 daran wagen und mein Leben dazu. Man will aber heutzutage fast allgemein ärndten, ohne vorher zu säen &c.

Wm. Theremin, (20 Jahre lang General-Consul in Brasilien.)

Obige Aufsätze bezogen sich auf Vorschläge von großen Landankäufen in Rio Grande und Uruguay, die damals fünfmal billiger waren als heut.

Frankfurt a. M., 2. October 1854. Werther Freund! Ich theile vollkommen Ihre Ansicht über die bessere Lenkung unserer Auswanderung und darüber, daß wir gar keinen Grund haben, die um sich greifende Politik Nord-Amerikas zu unterstützen und ihre Ausführungsmittel durch die jährliche Lieferung großer Menschenmassen zu vermehren......

Wir müssen aber vor Allem eine Handelspolitik aufgeben, die den Consum vertheuert und den auswärtigen Handel matt legt. Thun wir das so wird dann auch unsere Auswanderung nach den in so kräftigem Aufblühen begriffenen La Plataländern, besonders Uruguay, und selbst die südlichen Theile Brasiliens sehr viel zur Ausdehnung unseres Handels mitwirken. Daß die inneren Einrichtungen dieser Staaten noch manche Aenderung wünschenswerth machen, mag wohl richtig sein und sind Sie durch Ihr Verständniß derselben und durch Ihre Stellung gewiß am ersten befähigt, darüber geeignete Rathschläge zu ertheilen und die zweckmäßigsten Mittel anzuempfehlen.

So weit ich es zu beurtheilen vermag, waltet in den La Plataländern, wie in Südbrasilien ein Geist, der im Allgemeinen dem verständigen Vorwärtsgehen geneigt ist. Wo übrigens Toleranz herrscht, wie jetzt in allen La Plataländern, ist die Hauptbedingung für den Fortschritt in allem Andern gegeben und die Einwanderung, je zahlreicher sie ist, wird desto schneller alle weiteren wünschenswerthen Bedingungen auf die friedlichste Weise erringen und sich sichern.

Berlin, 28. Januar 1859. Indem ich Ihnen die gütigst mitgetheilten brieflichen Nachrichten über die Sächsische Expedition in Brasilien hiermit zurücksende, bemerke ich, daß ich dem Cultus-Minister heute einen Brief als redliches Zeugniß für Ihre edlen Bestrebungen in der Deutschen Auswanderungsangelegheit zugestellt habe, für den Fall, daß er von seinen Geschäftscollegen zu dieser großen Frage in Anspruch genommen werden sollte. Um darüber vertraut zu sein, legte ich ihm mehrere Documente bei, die ich schon seit langer Zeit über diese Frage und über Ihre persönlichen Verhältnisse dazu besitze. Da er ein Freund Ihres Herrn Bruders Henry war, wir er sich gewiß auch für Sie interessiren.

Die Vorfälle zwischen den Herren der Sächsischen Expedition sind allerdings sehr unerfreulich und ihr Eingehen auf ihnen in Rio gemachte Anerbieten ominös. Mit bekannter Freundschaft Ihr ergebenster **C. Ritter**, Prof.

Wien, den 18. Mai 1861. Ich theile Ihre Ansichten über unsere Auswanderung vollkommen und betrachte seit meinen Reisen Südamerika, — wie ich Nord-Amerika, zumal Canada und Columbia und Australien für das Mittel und den Schauplatz der nationalen Wiedergeburt, der Verjüngung Englands halte, — als das den Deutschen gelobte Land. Natürlich meine ich damit nur die gemäßigten Striche, vorzüglich die Gegenden am unteren La Plata von Uruguay mit Einschluß des südlichsten Theiles von Brasilien. Jener Theil Amerika's bis hinüber nach Chile, und von dort hinab bis nach Patagonien ist das Theater, auf welchem der germanische Stamm die nächste Geschichtsperiode aufzubauen berufen ist.

Friedlich aber sicher, allmälig aber um so fester, da es durch die Weltgeschichte geboten, wird sich dies Ereigniß von selbst erfüllen zum Segen und Heil der jetzigen dortigen schwachen Bevölkerung, schwach in Zahl wie in Arbeitskraft. Allmälig wird diese unter der deutschen aufgehen, sie trotz eigener Schwäche aber nicht verschlechtern. — — — —

In Nord-Amerika verliert der Deutsche die letzten besseren Reste seiner Eigenthümlichkeit. Hier kann er ohne Kampf und ohne Mühe sich national wiederfinden, und nach einigen Jahrzehnten vielleicht, jedenfalls nach einem Jahrhundert, ohne Kampf und Mühe durch bloße Uebung seiner angeborenen Tugenden, unter diesen vorzüglich Arbeitsliebe und Familiensinn, seine politische, d. h. jene weltgeschichtliche Bedeutung, wie sie sich nach der Umgestaltung unserer Zeiten als eine Nothwendigkeit herausstellt, wiedergewinnen, die er im alten Vaterlande vergebens anstrebt. Ich betrachte meine Landsleute als die Pioniere der Civilisation und gönne ihnen daher vor allen Anderen die gesegneten Gefilde jener Landstriche. Wie oft habe ich nicht gewünscht, daß ein redlich denkender Deutscher Fürst mit der Schwere seines Namens, oder ein weitdenkendes Genie mit der Macht seines Einflusses den Plan einer Centralisation der gesammten Deutschen Auswanderung nach Amerika aufnehmen! Das wäre eine der schönsten, unblutigsten Eroberungen, die jemals die Erde erlebt hätte. Aber die Kurzsichtigkeit unserer Politik läßt kaum an die Ausführung einer solchen einfachen Idee glauben -- Die Geschichte jedoch geht ihren unabweisbaren Weg, und erst wenn zu den 3 Millionen, die wir bereits nutzlos für uns an ganz Amerika abgegeben und verloren haben, auch noch eine vierte dahingezogen, wenn vielleicht aber Hunderttausende aus Mangel an aller vernünftigen Leitung zum Opfer gefallen sein werden, wird eine berechtigte Nation von thatlosen Regierungen Rechenschaft für ihre abgezogenen Angehörigen verlangen, weil diese, statt zu Unterstützern des Vaterlandes und seiner Industrie, zu seinen politischen und industriellen Gegnern geworden sind.

Ohne vorläufige Sicherung großer Landstrecken in den Gegenden, wohin man die Einwanderung gerichtet sehen will, wäre es eine Thorheit überhaupt, eine derselben als Wanderziel anzupreisen. Die Wirthschaft mit dem Lande am La Plata ist auch noch nicht die beste und in Brasilien ist sie ganz unvernünftig, wie sie selbst bewiesen haben. Sollte man diese durch Einwanderung noch prämiiren, und dabei zugleich das Gedeihen der letztern verkrüppeln wollen? Der Deutsche soll da, wo er hinzieht, Mann an Mann sich aneinander anlegen können, in einer jährlich wachsenden Zahl, ohne dem Landwucher zur Beute zu werden, oder planmäßig verzettelt zu werden rc.

Auszug aus einem Briefe des Präsidenten der **Gemeinnützigen Gesellschaft in Basel**, Herrn **H. David**, an den Verfasser dieser Schrift:

Basel, 6. März 1862. Geehrter Herr! „Längere Zeit in Rio wohnhaft und während einiger Jahre als General-Consul der Eidgenossenschaft genöthigt mich der unerquicklichen Brasilianischen Auswanderungs-Frage anzunehmen, konnte ich nicht umhin auch von Ihnen vielfach zu hören und Ihren Bestrebungen volle Gerechtigkeit wiedrfahren zu lassen. Ich betrachte Sie daher nicht als einen Unbekannten und erlaube mir eine Bitte an Sie zu richten." (Diese betraf die Einsendung der von mir in Aussicht gestellten Fortsetzung meiner Schrift: „Soll ein Neu-Deutschland geschaffen werden?") Die Schweizerische Gemeinnützige Gesellschaft nämlich hat eine Commission niedergesetzt, welche ergründen soll, „was dazu beitragen kann, die Auswanderung (obschon die Schweiz keine Marine Interessen in ihr hat) auf eine fürsorgliche Weise zu organisiren, in jedem Fall aber einen Vorschlag zur Regulirung der wirklich stattfindenden Auswanderung zu hinterbringen."

In dem Vorberichte dieser Commission findet sich folgender Ausspruch: „Wenn einerseits in der Auswanderung viel Uebertreibung herrscht, sie aber jedenfalls besteht, andererseits darin gewissermaßen ein Wink der Vorsehung erkannt werden muß, besonders bei einzelnen Volkstheilen, so ist die Schutzaufsicht, die Organisation und die Leitung der Auswanderung zugleich ein Werk der Vaterlandsliebe, der Weisheit und einer erleuchteten Philantropie."

Es handelt sich nämlich jetzt darum, ob in der Schweiz — von der aus bereits zwei Colonien am La Plata, die eine in der argentinischen Provinz von Sancta Fé, die andere in Rosario (Uruguay), welche letztere sehr prosperirt, — gegründet worden sind, — eine von der Regierung von Costa Rica angebotene Landschenkung behufs Colonisation angenommen und eine Commission für den Landerwerb, die Anordnung der Reise und die Erleichterung der Reisemittel für die Auswanderung ernannt werden soll.

Vorstehende Briefe und andere Schriftstücke bilden nur einen sehr kleinen Theil der Correspondenz, die ich als Beweis meiner Haltung in Brasilien während eines Zeitlaufs von 25 Jahren zur Einsicht achtbarer Männer, die sich hinreichend in den beregten Fragen interessiren, vorlegen kann. Wenn ich einen Theil derselben in dem Original-Texte publicirte, so that ich es in der Gewißheit, daß ich Brasilien so einen großen Dienst leiste und jedenfalls eine schnellere Entscheidung der Land- und Colonisationsfrage, (freilich jetzt auch so zu spät), welche eine frühere Annahme von Maßregeln zur Milderung der Sklaverei und ihre Abschaffung vorbereiten wird, als anderswie der Fall sein würde, veranlasse. Jedenfalls wird so Brasilien am schnellsten einige seiner ersten Staatsmänner und Diplomaten zu würdigen und dafür Sorge zu tragen lernen, daß es von diesen in Zukunft in seinen Lebensfragen mit mehr Aufrichtigkeit bedient werde.

he Vertretung im Auslande.	Fremde diplomatische Vertretung im Lande.
tr. 2 S. 6 A. •	
• 2 • 6 •	8 BM. 4 Gtr. 5 S. 1 A. 1 K
• 10 MR. 5 S. 3 A.	16 • 4 • 15 • 12 • 2 •
• 9 • 20 • 9 • 1 K. 1 D.	15 • 4 • 6 MR. 11 S. 10 A. 1 K.
• 1 S. 1 A.	2 Gtr. 3 MR. 1 S.
• 5 MR 12 S. 24 AH.	9 BM. 6 Gtr. 3 MR. 9 S. 6 A. 1 K.
. . . .	1 • 4 • 3 • 1 • 1 K
• 5 AH.	2 • 5 • 1 •
	•
• 4 MR. 8 S. 3 AH.	8 • 2 • 6 • 7 S. 5 A. 1 K. 1 Hand.-B.
	5 • 2 MR. 9 S. 4 A. 1 K.
• 1 • 2 • 6 •	4 Gtr. 2 MR.
• 1 • 57 • 30 • 27 K. 10 D. 2 MA.	33 BM. 14 Gtr 6 MR. 38 S. 52 A. 3 K 3 MA. 2 PA.
— • — • 5 • 2 • 2 • 1 •	8 • 3 • 2 • 9 • 6 • 1 • 3 Pol.-Ag.
— • 28 • 63 A. 6 D. 4 Aerzte.	26 • 6 • 5 • 29 • 23 • 3 • 1 MA.
3 • 1 • 2 • 3 K.	14 • 3 • 1 • 5 • 1 • 1 •
2 •	10 • 1 • 1 • 1 • 1 •
2 • 2 •	13 • 1 • 3 • 1 • 1 •
2 •	8 • 2 •
1 •	7 • 3 •
1 • 4 S. 1 A.	5 • 1 • 1 • 4 • 2 • 1 •
1 • 3 •	2 • 1 • 2 • 2 • 1 • 1 •
4 • 8 • 1 • 1 K. 3 D. 3 Pol. A.	12 • 5 • 5 • 7 • 8 • 1 •
3 • 18 • 9 • 2 • 7 •	22 • 7 • 8 • 21 • 19 • 1 D 4 MA.
— — 2 •	— — 2 • 2 MR 1 Attaché.
2 • 5 • — — 1 D. 1 Pol. A.	3 • 1 • 1 • 7 S. 5 A. 1 K. 4 D. 1 Arzt
2 • 6 • 16 A.	11 • 6 • 2 • 4 • 7 • 2 MA.
M. 26 S. 14 A. 4 K. 6 D. 1 Bl. A.	25 • 7 • 11 • 20 • 22 • 4 K. 2 MA. 1 PA.
A. 3 G. 3 Aerzte.	
17 S. 35 AH. 11 D. 6 MA. 1 Pol. A.	17 • 6 • 2 • 23 • 11 • 1 D. 4 MA.
4 MR. 4 S. 1 A. 1 •	17 • 2 • 2 • 15 • 6 AH.
4 • 9 • 7 A. 1 K. 1 D. 2 MA. 1 G.	9 • 2 • 4 • 9 • 5 A. 1 K,
2 S. 1 MA. 1 Pol. A.	8 • 4 • 1 • 9 • 4 • 1 •
rubricirt; vor der Hand werden noch in en Vertreter Sardiniens und Siciliens geführt, wie folgt:	8 MB. 6 Gtr. 9 S. 7 A. 1 K. 1 G.
M. 9 Gtr. 2 MR. 12 S. 8 A. 3 D.	
. 7 Gtr. 8 S. 6 A. 1 D. 1 K.	
4 MR. 23 S. 29 A. 1 K. 2 D. 4 MA.	15 • 3 • 2 • 15 • 13 AH. 2 K.
6 S 5 A. 1 D. 1 Pol. A.	10 • 5 • 3 • 19 • 13 AH. 4 K. 40 D. 2 G. 4 A. 2 PA
1 •	1 • 6 • 2 • 1 S. 3 AH.
1 •	5 • 2 • 2 • 1 •
14 S. 5 AH.	10 MB. 5 Gtr. 5 MR. 12 S. 12 A. 2 K.
3 S. 2 A. 1 AH.	10 • 2 • 2 • 6 • 4 • 1 •

Erklärungen der auf Tabelle I. vorkommenden Abbreviaturen.

BM.	=	Bevollmächtigter Minister.
Gtr.	=	Geschäftsträger.
MR.	=	Minister-Resident.
S.	=	Legations-Sekretair.
A.	=	Attaché.
AH.	=	Außerordentlicher Handels-Bevollmächtigter.
K.	=	Kanzler.
D.	=	Dolmetscher.
MA.	=	Militair-Attaché.
Pol. A.	=	Politischer Agent.
Bl. A.	=	Bevollmächtigter Agent.
G.	=	Geistliche.

Erklärung der auf Tabelle II. vorkommenden Abbreviaturen.

GK.	=	General-Konsul.
K.	=	Konsul.
VK.	=	Vice-Konsul.

Des Verfassers Stellung zur Sclaverei.

Ueber meine Stellung zur Sclavenfrage überhaupt glaube ich um so mehr der Sache so wie mir selbst schuldig zu sein, hier einige Aufklärung zu geben, als die Sclaverei von jeher das größte Hinderniß freier Einwanderung in Brasilien war. Wenn ich diese Stellung in dem ersten Haupttheile meiner Schrift nicht näher berührte, so geschah das, weil ich meine Person nicht in den Vordergrund stellen mochte. Hier jedoch, wo ich der Vollständigkeit dieses Nachtrages wegen gezwungen bin, noch einige Briefe bedeutender Männer zu veröffentlichen, ist eben sowohl Gelegenheit wie sogar die Nothwendigkeit vorhanden, es zu thun.

Nachdem ich volle 6 Jahre in Brasilien verlebt und in den letzten zwei Jahren selbst Mitverwalter einer Goldmine, Congo Soco, der reichsten Brasiliens, für englische Rechnung, von 1831—33, gewesen war, dabei etwa 500 Neger unter meiner Fürsorge gehabt, mithin die Sclaverei in ihrem ganzen Wesen kennen gelernt hatte, setzte sich in mir der Gedanke fest, nach meinen Kräften dazu beizutragen, Brasilien von einem das Land wie die Leute verunstaltenden Frevel zu befreien. Die Sclaverei Brasiliens von damals, also vor 30 Jahren, hatte einen ganz anderen Charakter als sie nun besitzt. Damals war sie gewissermaßen patriarchalisch, auf dem Lande wenigstens. Der bedeutend vermehrte Kaffeebau aber und die durch großartige Fabriken ebenso gesteigerte Zuckerindustrie, der in Folge gewinnbringenden Exports gekommene Luxus, Genußsucht und Eitelkeit der Brasilianer, welche beide letzteren durch die Dampferlinien zwischen Brasilien und Europa noch vermehrt wurden, bewirkten zusammen eine völlige Entartung der Sclaverei.

Da diese durch den Contrebandhandel aus Afrika genährt wurde, und selbst die Regierung ihn tractatswidrig zuließ, so that ich mein Möglichstes wenigstens gegen diesen, obwohl bisweilen nicht ohne Lebensgefahr. Ich gab mir alle nur erdenkbare Mühe, Kunde von den Ausrüstungen, die vorgingen, und von den Landungen die erwartet wurden, zu erhalten und fügte so den Sclavenhändlern manchen empfindlichen Nachtheil zu.

Manches Sclavenschiff wurde in Folge meiner Andeutungen sowohl an der Küste Brasiliens wie Afrikas genommen und das Mißlingen der im Jahre 1844 von Hamburg ausgegangenen Expedition nach Lagos unter einem als portugiesischen Consul verkappten Sclavenhändler, der dort sein wohl verdientes Loos fand, wurde um einiges durch mich beschleunigt. Hierüber werden später von mir zu veröffentlichende Documente Aufschluß geben, da ich trotz des jetzt geheuchelten Abscheus vor dem Sclavenhandel Niemand in Gefahr bringen will.

Aber nicht bloß eine directe Bethätigung gegen den Conterband und so gegen die Sclaverei selbst, darf ich mir zuschreiben, ich veranlaßte auch durch meine zahlreichen und bedeutenden Verbindungen eine möglichste Verbreitung aller der Ueberzeugungen, welche nothwendig waren, um die Arbeit der Schwarzen den Freien nachzustellen. Diese Aufgabe suchte ich sowohl durch allgemeine Aufklärung über die Land- und Bodenverhältnisse nebst Vertheilung des Grundbesitzes, wie auch durch die Empfehlung mechanischer Kräfte und verbesserter Werkzeuge zu lösen. Diese Arbeit war eine überaus schwere, theure und langwierige und trug ihre Früchte erst Jahrzehnte hernach, in der That gerade zu der Zeit, als Brasilien sich meiner entledigte, um ungebunden gegen alle meine Rathschläge handeln zu können. Noch in den Jahren 1841—42, wo ich noch nicht Brasilianischer Staatsdiener war und in London lebte, hatte ich wiederholte Besprechungen mit Lord Brougham, diesem zweiten Schutzengel der schwarzen Race. Ich darf mir wohl erlauben zu sagen, daß ich jedesmal dem großen Manne zu seinen welterschütternden Reden gegen die Sclaverei den ausgiebigsten Stoff unter vier Augen gegeben habe, indem er mich stets am Morgen des Tages seiner Rede zu sich beschied. Wenn Lord Brougham die strengen Maaßregeln Englands im Jahre 1844 gegen Brasilien bewirkt, so kann ich behaupten, dadurch daß ich die Wahrheit über die Vorgänge in Brasilien sagte, dem Betrugsysteme dort ein Ende gemacht zu haben. Ich bin mir bewußt, hierdurch Brasilien einen bessern Dienst bewiesen zu haben, als ihm je von einem oder selbst von 100 seiner besten Bürger gethan worden ist. Zwar konnte dem bis auf das Aeußerste getriebenen Sclavenschmuggel erst 6 Jahre später ein Ende gemacht werden und selbst während dieser wurden noch trotz Allem 60—70,000 Neger pro Jahr hereingebracht und mit ihnen das gelbe Fieber, — aber Lord Broughams Donnerworte wirkten doch endlich.

Den Zusammenhang dieser meiner Thätigkeit mit der Land- und Einwanderungsfrage, so wie mit den Parceria-Werbungen wird der Leser aus dem früher Gesagten leicht ersehen können.

Hier lasse ich noch einige Schriftstücke folgen, welche meine Stellung, gegenüber der Sclavenfrage, überhaupt darthun.

Dies thue ich, um mich gegen die hinterlistigen Anfeindungen Brasilianischer Sclavenhändler, Landmonopolisten und Verräther an dem Glück deutscher und anderer Colonisten ein für allemal zu sichern, denn alle meine Handlungen standen jenen vorerwähnten Personen eben so schroff gegenüber, als die Sclaverei der freien Einwanderung.

Von vielen Documenten, welche sowohl durch Namen wie durch den Gegenstand selbst Interesse zu erwecken im Stande sind, lasse ich hier nur wenige folgen, welche meine hier beregte Position aufklären können. Ich lege zuerst einen Brief vor von Joseph Hume, dem berühmten englischen Statistiker und wahrhaften Staatsökonom, dem 46 Jahr hindurch stetig wiedergewählten Parlamentsmitgliede, dem Reformator und Menschenfreund.

Bryanston Square, 13th Jan. 1842.

Dear Sir!

I have duly considered the plan you this morning submitted to me for checking if not destroying the slavetrade, which is carried on by the Portugueze and Spaniards to the Brazils and to Cuba, and I think it well worth the consideration of the British Government, which has done so much to put an end to the slave trade.

The principle of your plan being to make it more profitable to the crews of slaveships to bring the ships and their cargoes into a British port, than to carry them to Cuba or Brazil, is very kindred to the principle on which W. Bromley, to whose observations you alluded, and with whose opinion you agreed, has proposed to proceed.

He seems confident that if labour is permitted to be brought from the Coast of Africa to Trinidad and to the other West-Indian, Islands, that the Planters there will soon be able to make sugar enough for the British Consumption, and at a cheaper rate than the slavelabour in the Brazils can be supplied, and I believe the slavetrade will never be put a stop to until free labour can be procured cheaper than slavelabour.

Your plan, if fairly acted upon, would come greatly in aid of M. Bromley's plan, and therefore is fit to be tried. But it can only succeed if the British Government take it up and I would suggest your making it known to Lord Aberdeen without delay, and not wait my communication with M. Bromley who could only take it up in Trinidad with the approbation of the Colonial Office and the Government.

The plan is new to me, but may not be so to the Government, but I shall willingly obtain from Lord Aberdeen its consideration if you have no better means of being introduced to his Lordship.

I remain yours sincerely
Joseph Hume.

John James Sturz Esquire.
26. Camdenroad-Villas.

Der Brief beweist, daß ich bereits im Januar 1842 einen ihm, und wie es sich gleich darauf zeigte, auch der englischen Regierung völlig neuen Plan zur Unterdrückung des Sclavenhandels gemacht habe. Derselbe war kurz ausgedrückt der: daß die englische Regierung proclamire, es werde den Matrosen eines jeden Schiffes, welches mit Indicien einer beabsichtigten Reise zur Sclaveneinnahme am Bord in englische oder Colonial-Häfen eingebracht würde, der volle Lohn einer Fahrt nach Afrika und zurück unverweilt ausgezahlt und der Antheil an den Werth des Schiffes zugesichert. Ebenso solle den Matrosen eines mit Sclaven beladenen eingebrachten Schiffes das gleiche Prisengeld, wie der englischen Flotten-Mannschaft ausgehändigt werden."

Mein Vorschlag wurde im geheimen Staatsrathe der Königin (Privy Council) unter Zuziehung der Kronrichter (Crown-Judges) berathen und so entschieden wirksam befunden, daß sich viele Stimmen für dessen Annahme erklärten, welche jedoch dennoch nicht durchging, weil die Kronrichter und Lords of the Admiralty ihre Bedenken betreffs der „möglichen, nicht vorauszubestimmenden" Folgen einer solchen Maaßregel auf die „Handhabung des Mutiny-Acts, worauf die ganze Seedisciplin beruht," nachdrücklich geltend machten.

Wäre mein Plan zur Ausführung gekommen, so würden nahe an 2 Millionen Schwarze weniger nach Amerika gebracht worden, hunderttausende weniger zur See und Millionen in Afrika nicht bei Sclavenjagden und den daraus entstandenen Stammfeindseligkeiten umgekommen sein, und höchst wahrscheinlich würde nun Afrika nach 20jähriger Beruhigung in seinem Innern, Europa vollen Ersatz in Baumwolle für den in Nord-Amerika erfahrenen Ausfall bieten.

Ein zweiter Brief welcher hier folgt, zeigt, wie ich auch der Regierung der Niederlande bestimmte Rathschläge zur Durchführung einer kostenfreien Emancipation auf Surinam und zur steten Verwerthung des ausgedehnten Bodenbesitzes jener Colonien auf Terra firma bei künftiger Einwanderung freier Schwarzen oder Asiaten im Jahre 1857 vorgelegt habe. Der Autor des Briefes Mynherr Myers, der kurz vor meinem Antrage und meiner Vorstellung an ihn einen von dem meinigen abweichenden Vorschlag eingebracht, wurde, nachdem dieser abgelehnt worden war, als Gouverneur nach Batavia versetzt und der vormalige Gouverneur, Herr von Rochussen, früher Minister der Niederlande in Berlin, dem ich bekannt bin, nahm seine Stelle ein, und leitete mit vorsichtiger Hand die vollkommenen Maaßregeln ein, auf welche die nun durchgeführte holländische Emancipation basirt ist. In dieser finden sich alle von mir angedeuteten Grundzüge wieder. Sie kostet dem Sclavenherrn nicht sein Eigenthum und zieht den Schwarzen allmählig bei Selbstabtragung seines billig abgeschätzten Werthes zum Genusse der Freiheit heran, und giebt ihm die Aussicht zum Bodenbesitze.

Meine oben erwähnten Vorschläge an die Holländische Regierung waren übrigens in der That mehr für Brasilien und für dessen hundertfach massenhaftere Sclaverei, als für Surinam berechnet, deshalb theilte ich auch den ganzen Vorgang gleichzeitig der Brasilianischen Regierung mit, erhielt jedoch nicht einmal eine Empfangsanzeige; weshalb ich den ganzen Vorgang in einem lithographirten Schriftchen niederlegte und dieses etlichen 60 der hervorragenden Brasilianern mittheilte.

MINISTERIE VAN KOLONIEN.

B. Wordt verzocht, in het antwoord, de dagteekening, de letter en het nommer dezes, naauwkeurig uit te drukken.

Lett. B.

No. 22.

Getal der bijlagen. Diverse.

's Gravenhage den 5 September 1857.

Ik heb de eer gehad to ontvangen Uere missive van den 12. Augustus met een aantal bijlagen, haudende Uwe beschauwingen over de emancipatie der Slaven en het bevolken van Guyana met landverhuisers; en waarby Ult Ed Gestr. op allesins verpligtende wyse aanbiedt, om die onderwerpen in persoon nader to komen toelichten.

Met belangstelling heb ik van een een ander kennis genomen.

Ik beting U: mynen opregten dank voor Uer vriendlyk aanbod hetwelk zoo loffelyk gotuigt van Uere warme belangstelling in het lot der Slaven in de Kolonie Suriname en in den voorspoed dier bezitting maer het ik my angenaam U. te mogen mededeelen, dat door my reeds voorstelleu aan de Wcetgewente-magt in Nederland aangeboden zyn tot afschaffing der Slaverny in onze West Indische Kolonien en dat de Gouverneur van Suriname aan het bestuur alhier een plan van immigratie heeft voorgelegd, hetwelk thans nog in overwegnig is.

Van de Wets-ontwerfen tot emancipatie, heb ik de eer U hierby een afdruck aantebieden, terwyl tevens hot Uwe informatie, woordt aangeheehend, dat het plan vau eenige Kapitalisten om eene som van fl. 50 million aantewenden tot het coloniseren en exploiteren der Kolonie Suriname in onderzoek is. Ook dat plan hab ik de eer, onder weder aanbieding der van U ontwangen stukken, hierby he voegen.

De Minister van Kolonien
Myers.

Aan den Heer J. D. Sturz,
Brasilianische Consul General in Pruissen te Dresden.

Ein dritter Brief ist folgender von Herrn Carl Schurz als V. Staaten-Minister in Madrid über einen nun bereits 15 Monate gedruckten Vorschlag zur Abschaffung der Sclaverei in Nord-Amerika und Entfernung aus Nord-Amerika der befreiten Neger insgesammt, mit Angabe der Mittel hierzu, der bereits im Monat Juni v. J. den Beifall M. Wright's, des damaligen Gesandten der Vereinigten Staaten in Berlin, erhalten hatte, und ebenso bald darauf von dem gegenwärtigen Gesandten dahier M. Judd und noch von einigen anderen amerikanischen Gesandten in Europa in seinen Hauptzügen gut befunden worden war.

Madrid, 5. Novbr. 1861.

Geehrtester Herr!

Für die Uebersendung ihrer Denkschrift, die ich vor mehreren Tagen erhalten habe, danke ich Ihnen verbindlichst. Ihr Vorschlag für die allmälige Aufhebung der Sclaverei in den Vereinigten Staaten und die Exportation der Negerbevölkerung ist sehr sinnreich und eine unzweifelhafte Verbesserung des Planes, nach welchem die Sclaverei in einigen der Nordstaaten abgeschafft worden ist. Ein Theil desselben, die Beschränkung der gezwungenen Arbeitszeit, ist bereits von der spanischen Regierung in Cuba eingeführt, und hat vielen Negern ihre Freiheit gegeben. Daß dort die Wirkung auf die Sclaverei im Allgemeinen nicht durchgehend gewesen ist, liegt wohl theils daran, daß die Zahl der Sclaven durch die fortwährende illegale Importation beständig vermehrt wird, und theils daß die Kinder der Sclaven immer wieder in das gezwungene Dienstverhältniß ihrer Eltern treten. Auf diese Weise wird die Zahl der freien Neger vermehrt, ohne daß sich die Zahl der Sclaven vermindert.

Was die Anwendung ihres Planes auf die Vereinigten Staaten betrifft, so halte ich ihn für den besten der präsentirt worden ist, vorausgesetzt, daß der Versuch in ruhigen Zeiten gemacht würde.

Der Ausnahmezustand in dem sich die große Vereinigte Staaten-Republik befindet, hat dem ganzen Problem eine neue Form gegeben. Ihr Plan setzt eine ruhige Vereinbarung mit den augenblicklich in Rebellion begriffenen Staaten voraus und die ist, wie die Dinge stehen, unmöglich. Nur eine entschiedene Niederlage des Südens könnte die Sache practicabel machen; und es fragt sich, ob eine so entschiedene Niederlage ohne Adoptirung allgemeiner Emancipationsmaßregeln von Seiten der Regierung schnell zu bewerkstelligen ist.

Auf jeden Fall aber würde es ein verdienstvolles Werk sein, Ihre Ideen in Amerika zu propagiren, und einen so klaren und unter günstigen Umständen ausführbaren Plan der populären Discussion zu unterbreiten. Dazu aber würde es unbedingt nöthig sein, die Schrift ins Englische zu übersetzen. Dazu findet sich leicht ein Mittel in einer neuen Zeitschrift, die, wie ich benachrichtigt worden bin, entweder schon gegründet ist, oder sehr bald wird gegründet werden.

Sie heißt „The Interpreter" und hat den Zweck, das amerikanische und das deutsche Wesen einander näher zu bringen.

Vielleicht aber würde es Ihnen lieber sein, die Sache in Broschürenform vor das Publicum zu bringen, und im Buchhandel zu verkaufen. Hätte ich Zeit, so würde ich die Schrift übersetzen und mit einer Vorrede und Noten versehen, aber meine Beschäftigungen sind der Art, daß ich vorläufig an solche Arbeiten nicht denken kann. Vielleicht aber in einigen Wochen.*)

In Bezug auf Vertrieb der Schrift in deutscher Sprache hat es seine Schwierigkeiten. Es wird außer den Zeitungen nicht besonders viel in den Vereinigten Staaten gelesen; doch kann der Versuch gemacht werden. Die beste deutsche Buchhandlung in New-York ist die von Westermann, und der Mann, der am meisten Interesse an diesen Gegenständen nimmt und Ihnen am dienlichsten sein wird, besonders wenn Ihnen die Uebersetzung Ihres Werkes in dem „Interpreter" genehm sein sollte, ist Herr Friedr. Kapp, 122 Broadway, New-York. Er ist der Verfasser eines sehr werthvollen Buches über die Sclaverei in den Vereinigten Staaten. Ich will, sobald ich einigermaßen Zeit habe, meine Correspondenzliste durchsehen und Ihnen dann Näheres sagen über einige Adressen, an die im Kreise meiner Bekanntschaft das Buch geschickt werden könnte.

Mit ausgezeichneter Hochachtung der Ihrige. C. Schurz.

Diesem Brief war der folgende vorausgegangen, den Herr Schurz in Unkenntniß des Namens des Verfassers an die Druckerei adressirt hatte:

Madrid, 15. October 1861.

Dear Sir!

I have the honor to acknowledge the receipt of several sheets on the „abolition of slavery and the exportation of the slaves" and I am sincerely grateful for the favor. But I regret to say that while I received duplicates of several of the sheets, others have not reached me. Taking a very great interest in this subject, I should be greatly

*) Die Uebersetzung war bereits am 10. December in den Händen des Präsidenten Lincoln.

obliged for a complete copy of the pamphlet. For what I have read, I beg leave to return my sincerest compliments to the author. I am Dear Sir, truly yours

C. Schurz.

Zum Schluß will ich noch einen Brief von dem Präsidenten der Schwarzen-Republik Liberia an mich, während seines Hierseins in Berlin geschrieben, mittheilen. Die Ursache dafür waren die Belege für meine Stellung zum Sclavenhandel und in der Sclavenfrage, welche ich ihm in umfangreicherem Maße als irgend Jemand vorlegen konnte.

Dies letzte Document möge als eine gerechte Kritik meiner Lebensbestrebungen, und vielleicht als die wahrste, da sie von dem Repräsentanten eines ersten wahrhaft freien Negerstaates und zugleich dem intelligentesten Vertreter der schwarzen Race kommt, diese Reihe von Briefen würdig beschließen.

Hotel St. Petersburg, Berlin, July 27. 1862.

Sir!

I received your letter last evening dated the 25th with the documents accompanying it, which you had the kindness to send for my perusal, for which I beg your acceptance of my thanks.

The documents are very interesting and fully evidence the enlarged views and philantropic principles, by which you have been so praiseworthily influenced for many years.

I regret to have to say that I am not vested with authority by the legislature of Liberia to entertain any other system or plan of emigration of colored people from North-America, or elsewhere, to Liberia, than that embodied in the Commissions of the Liberian Commissioners, three in number, who where appointed early this year by the Government of Liberia, and who are now laboring in the United States for that special object.

I exceedingly regret, that my stay here will of necessity be so short and occupied, as to deprive me of the pleasure of still exchanging views with you on this and kindred subjects, as it would be a pleasure to me to do were it otherwise.

I feel very grateful to and honored by, Prof. Dove for the allusion kindly made to me at your last meeting on the 4th.

I return herewith the documents kindly sent for my perusal, and beg that you will accept the assurance of my highest respect.

Yours truly

J. J. Sturz Esq. Stephen A. Benson.

Noch eines Unternehmens will ich hier Erwähnung thun, welches offengesagt eben so sehr eine Besserung der Lage meiner Familie bezweckte, als es einen völligen Abschluß meiner Bestrebungen betreffs der Civilisation und Anerkennung der Neger-Race herbeigeführt haben würde.

In der sichern und nunmehr bereits bestätigten Voraussicht, daß nach einer Beendung des Vereinigten Staaten-Krieges die bisherigen Sclaven-werden auswandern müssen, daß Hayti, die englischen und französischen Inseln Westindiens, holländisch und besonders englisch Guyana einen großen Theil jener Neger anziehen werden, erscheint mir natürlich, daß selbst manche englische Niederlassungen Afrikas bis zum Nil hinauf allmälig der Einwanderung freier Schwarzer theilhaftig gemacht werden müssen. Das Capital wird entschieden in diesen Unternehmungen seine Rechnung finden, vorzüglich in der Hand von Baumwollenproductions-Gesellschaften.

Auch Liberia dürfte bedeutende Anziehungskraft auf die aus Nordamerika davonziehenden Schwarzen ausüben. Erst vor Kurzem hatte ich Gelegenheit dem Präsidenten der ebengenannten Republik einen

Plan mitzutheilen, welcher vermittelst eines leicht zu bewerkstelligenden Anleihens Liberia einen allmäligen Zuwachs von 50,000 Schwarzen innerhalb weniger Jahre sichern könnte. Meine Absicht nämlich war nach Dahomey zu gehen und den König dieses Landes zu bewegen eine oder mehrere Freistätten für wenige tausend oder vorerst auch nur hunderte nordamerikanischer Schwarzen zu bewilligen. Um dies zu erreichen, wollte ich einige Muster von Haus-, Gewerbe- und Ackergeräthen, kleine Maschinen in natura und größere in effigie mitnehmen, ihren Nutzen zeigen und ferner erklären, wie die beabsichtigten Negercolonien die Ausgangspuncte für Civilisation und gewerblichen Aufschwung werden würden. Im Fall des Gelingens wußte ich voraus, daß die größeren Seemächte und besonders die Vereinigten Staaten auch bald für die Erfüllung der gemachten Zugeständnisse Sorge tragen würden.

So wandte ich mich also an alle Missionsvereine Englands und des Continents für Afrika wegen einer Unterstützung in einer Expedition nach Dahomey, deren Kosten ich auf 500 £ ganz bescheiden veranschlagte. Dazu forderte ich eine Lebensversicherungspolice von 500 £ als Sicherung für meine Wittwe, für den Fall, daß ich nicht mehr zurückkehrte. Wäre ich ja doch mit der festen Ueberzeugung gegangen, daß meine Arbeiten oder auch Opfer zur Herstellung eines sicheren Gedeihens der Deutschen Auswanderer und zur Verwerthung der Deutschen Auswanderung im nationalen Sinne nicht ganz verloren sein würden.

Diese Versicherungssumme wäre nur die Hälfte von der gewesen, für die ich mich zum Besten meiner Familie bereits seit 14 Jahren in der Crown Life Assurance Company in London mit 44 £ pro Jahr versichert hatte, welche ich jedoch, nachdem ich meiner Stellung beraubt worden, zu veräußern genöthigt war.

Mein Anbieten nach Dahomey zu gehen fand nirgends Anklang. Alle Missionsvereine lassen sich durch ihre Heidenmissionarien nur zu leicht falsche Begriffe betreffs ihrer Erfolge beibringen, daher verschließen sie sich hartnäckig gegen die practischen Wege geistiger Aufklärung durch nützliche Arbeit und schlugen auch mir mein Gesuch ab, trotz der ihnen vorgelegten Ausweise über meinen Charakter, meine Befähigung zu dem Unternehmen und trotz des unzweifelhaften Ernstes meines Vorsatzes. So mußte denn mein Versuch, mich um die Civilisation des schwierigsten Theils von Afrika verdient zu machen und zur Verbreitung der in Nordamerika freigewordenen Schwarzen auch unter den Negern Dahomeys beizutragen, vereitelt werden.

Nach diesem Ueberblick über verschiedene von mir fast schon vergessene Episoden meines mühevollen Lebens fällt mir unwillkührlich jenes Ereigniß ein, welches meine Laufbahn als brasilischer Staatsbeamter in so erniedrigender Weise für die brasilianische Regierung selbst, beendigt. Ich meine hiermit die mir ganz widerrechtlich von brasilianischen Landpotentaten und betrügerischen Diplomaten erwirkte Entlassung. Nachdem ich für Brasilien bereits schon fast zwei Jahrzehnte vor meinem Eintritt in den Staatsdienst das Möglichste gethan hatte, während meines 16 Jahre währenden Consulats meine Pflicht gegen Kaiser und Land im wahrsten Sinne des Wortes erfüllt habe, sich jedoch die brasilianische Regierung nicht entblödete, auf das Drängen von Leuten hin, welche das ganze Land ins Verderben führen und die ich in ihrem Thun störte, mich zu verabschieden, halte ich mich auch zu einem Schritte berechtigt, der den Ausdruck meiner Verachtung enthält.

Ich erkläre hiermit, daß es durchaus nicht in meiner Absicht liegt, den Kaiser Don Pedro II. persönlich verletzen zu wollen, aber die Ehrenzeichen, welche ich von dem Kaiser ohne jegliches Ansuchen meiner Seits, nur als Anerkennung meiner Leistungen empfangen habe, werden von einer jetzt schon so großen Zahl erbärmlicher Creaturen getragen, daß ich nicht mehr länger Lust haben kann, mit diesen gleich dekorirt zu sein.

Ferner jedoch wünsche ich die brasilianische Regierung von dem auffallenden Widerspruch zu befreien, demzufolge man einem langgeprüften und wohlbewährten Staatsdiener ohne wirklichen Anlaß und irgend welche Erklärung nach 16jährigen treuen Diensten und einem an Aufopferungen und Entbehrung reichen Leben, in einem Alter von 60 Jahren, die er mit wenig Unterbrechung der Hauptcivilisationsfrage Brasiliens gewidmet hat, in Besitz einer zahlreichen Familie, die wegen Jugend oder Krankheit noch größtentheils seiner als Stütze bedarf, sein Amt nahm und damit, weil er sein Vermögen im Dienste des Staates, dessen Wohl geopfert hatte, auch die letzten Mittel abzuschneiden suchte, seine Familie und sich zu erhalten — und doch gleichzeitig ihm die brasilianischen Orden und Ehrenzeichen ließ!

Jetzt, wo ich hierdurch meine brasilianischen Orden niederlege, will ich jedoch allen denjenigen, die da wissen, an wen S. Maj. der Kaiser von Brasilien unwissentlich nur zu oft Ehrenzeichen abzugeben gezwungen ist, mittheilen, auf welche Weise ich in den Besitz der meinigen gelangt bin.

Im Jahre 1847 empfing ich für die Brasilien nach früher gegebenen Belegen erwiesenen Dienste, so wie ganz besonders deßhalb, weil ich Brasilien in einer gefahrvollen Zeit seine Küstendampfschifffahrt herstellte und dadurch den Abfall revoltirter Provinzen verhinderte, das Ritterkreuz des brasilianischen Christus-Ordens. Im Jahre 1852 folgte diesem das Commandeur-Kreuz des Rosen-Ordens und zwar für meine Bemühungen, den Präsidenten von Paraguay zu einem Bündniß gegen Dictator Rosas bestimmt, so wie die für einen Krieg unentbehrlichen militairisch-technischen Vorbereitungen getroffen und die bestmöglichsten militairischen Kenntnisse verbreitet zu haben.

Ich entsage beiden Kreuzen um so lieber, als sie sicher auch von Sclavenhändlern und von den Vermäklern deutscher Landsleute an Sclavenherren getragen werden, mit der Hoffnung, daß der von mir in dieser Brochüre angeregte Plan zur Concentrirung deutscher Auswanderung vermittelst eines Vereins, respective einer Gesellschaft, mir Gelegenheit geben werde, in der kurzen Lebenszeit, die mir noch beschieden sein mag, mein Wissen und meine Kräfte zum Besten meines Vaterlandes verwenden und zu dem bisher über dem Geschick eines undankbaren Reiches vernachlässigten Wohle meiner Familie wirken zu können.

Wie wenig ich mich übrigens in meiner Ansicht über Brasilien getäuscht habe, ersehe ich, wenn auch mit Wehmuth, bei der Erinnerung meines Aufenthalts, vom Alter von 23 Jahren an, wo noch das herrliche Land in der ganzen Fülle seiner Naturreize, fast unberührt von dem Gifthauche des späteren Kaffeepflanzerthums war, aus einem Schlußartikel „Brasilien und Colonisation“ von Elisée Reclus in der Revue des deux Mondes, welcher mit folgenden Worten endet:

„Still und stumm steht die Sclaverei zur Seite des jungen Reichs und bedroht seine Existenz. Um die Catastrophe zu beschwören, um den Kampf zwischen der freien und der Sclavenarbeit, der ausbrechen muß, zu vermeiden, giebt es nur ein Mittel, das ist, sich ernst mit der Emancipation der Schwarzen zu beschäftigen und nicht darauf zu warten, — wie man thun zu können glaubt, — daß eine gütige Vorsehung die Sclaverei allmälig verschwinden lassen möge. Freiheit nur kann das Mittel sein, eine Aera wahrhafter Prosperität herzustellen. Leider kann man nicht erwarten, daß dieses Mittel von den Pflanzern angenommen werden wird. Sie könnten nur zu leicht verleitet werden, wie ihre Gefährten in den Südstaaten Amerikas sich den schrecklichen Chancen, die ihnen die Zukunft vorbehält, auszusetzen und sich im Voraus der wilden Nemesis, welche die Unterdrückten aller Racen rächt, zu weihen; sie könnten leicht darauf bestehen wollen unter civilisirten Menschen die letzten zu sein, welche sich das Recht zuschreiben, ihresgleichen zu kaufen, zu verkaufen und zu peitschen. Aber sie werden dann auch auf ihre Kosten lernen, daß die wahre Civilisation nicht im Bauen von Städten und in der Einweihung von Eisenbahnen und nicht in einer massenhaften Ausfuhr besteht, denn eine ungeheure Catastrophe wird ihnen zeigen, daß nur Gerechtigkeit die dauerhafte Grundlage der Reiche macht. Nur freie Menschen die einen freien Boden bebauen, können das brasilianische Reich retten und es der ihm bevorstehenden Desorganisation entreißen."

Nach der am 14. v. Mts durch Präsident Lincoln an eine Deputation von Farbigen gehaltenen offenherzigen Ansprache über die Unmöglichkeit des Zusammenlebens großer Communitäten von freien Schwarzen und Weißen scheinen sich diese Voraussagungen des geistreichen Franzosen eher verwirklichen zu sollen, als er selbst dachte, als er sie vor zwei Monaten niederschrieb. Die nun offen von dem Oberhaupte der Vereinigten Staaten ausgesprochene, aus dem innersten Gemüthe aller Nordamerikaner entnommene Ueberzeugung von einer unausfüllbaren Kluft zwischen beiden Racen, welche ihre staatliche Verbindung als Freie ohne unberechenbaren Schaden für beide Racen unmöglich macht, macht die Auswanderung aller Schwarzen nach ihrer Befreiung, die unvermeidlich ist, zur unabweisbaren Nothwendigkeit. Die von dem so wohlmeinenden Präsidenten angedeutete Richtung nach Central-Amerika wird sich nicht als die beste bewähren; jedoch werden die Farbigen selbst die für sie günstigsten Wanderziele schnell ausfinden, und das Capital aller Länder wird ihnen dabei behülflich werden. Hayti ist ihr naturgemäßes Canaan, muß aber dazu erst organisirt werden, und das kann nur von einem Mann wie dem jetzigen Kaiser der Franzosen geschehen, der die Aufgabe auch unternehmen und durchführen und sich so um die Race der Schwarzen und um ganz Afrika durch das gegebene Beispiel der Perfectibilität und allmäligen staatlichen Bildungsfähigkeit derselben ein Verdienst sichern wird, das jedes andere staatsmännische Verdienst, das ihm zugeschrieben werden mag, vielfach übersteigt. Alle Französischen und Englischen Westindischen Inseln werden auch diese Einwanderung an sich ziehen und allmälig zu ausschließlich Farbigen-Communitäten werden, zu ihrem Glücke und zum Glücke der **Bewohner des Festlands** Amerikas, wo doch überall allmälig die aus der Racenmischung entstehenden Uebel sich geltend machen müssen.

Im hohen Grade wünschenswerth ist aber auch die Verbreitung der Nordamerikanischen Schwarzen über alle Theile der Westküste Afrikas, wo sie die Apostel des christlichen Glaubens und der Arbeit zugleich unter ihren Stammesgenossen werden müssen. Auch dazu werden sich allmälig die Mittel und Wege in den Capitalien und durch die **Bedürfnisse** Europas finden. Von tiefer Bedeutung in der Weltgeschichte wird die Befreiung des Africaners in Amerika und dessen **Rückwanderung** nach **seinem Ursprungslande** gerade zu einer Zeit, wo die weltliche Macht des Papstes vernichtet wurde, die vor mehr als zwei Jahrhunderten dieselben Afrikaner in den Dienst des Mammons als Leibeigene überlieferte und so die Ursache wurde von einem Opfer von wohl hundert Millionen Schwarzer in Afrika selbst und von unsäglichen Leiden der Menschheit und von der innersten Verabscheuung der Christen in Afrika. Und diese Rückwanderung und die Entwickelung eines mit europäischen Institutionen versehenen freien Musterstaats von Afrikanern, Liberia's, findet statt gleichzeitig mit dem Falle Roms als weltliche Macht und ohne daß je die Bulle, die den Afrikaner dem Europäer als Eigenthum überlieferte, zurückgenommen wäre.

Und gäbe es Jemanden, der die Weltbewegungen unserer Zeiten nur während der letzten zwanzig Jahre scharf beobachtet und auch erkannt hat, daß der Begriff von Menschenrecht und Freiheit ein zehnfach verstärkter von dem ist, der er vor dreißig Jahren war, und daß dieser Begriff ein **solidarisches** Gefühl zwischen allen Völkern und Racen herstellt; glaubt Jemand, ja selbst ein Spanischer, Havaneser oder Brasilianischer Staatsmann, — wo doch Spanien und Brasilien zusammen kaum 5 pCt. der heutzutage wirksamen Seemacht der Welt besitzen, — die Sclaverei würde sich auf Cuba und in Brasilien auch nur noch zehn Jahre behaupten lassen? Sollten sie es wirklich glauben, so werden es jedenfalls die Spanischen und Brasilianischen Staatscreditoren nicht glauben, wie es sich von nun an an dem stetigen Weichen der Preise der Fonds dieser beiden Länder genugsam bewähren wird. Den Staatsmännern aber, die dennoch auf solcher Meinung zu beharren vorgeben, denn ein wirklicher Glauben der Art scheint unmöglich, können wir nur als Mene tekel die Worte Lord Broughams auf dem letzten Anti-Slavery-Meeting (vom 20. Juni d. J.) in Exeter-Hall entgegen halten, die lauteten:

Hear the just law, the judgement of the skies: —
He who hates truth, shall be the dupe of lies;
And he who will be cheated to the last,
Delusions strong as hell shall bind him fast.

Zur genauen Kenntniß des Wortlauts sowie der Tragweite und Wirkungen dieser von Senhor Araujo als Minister-Resident in Preußen mit dürftigen Colonisten abgeschlossenen Contracten verweisen wir auf das „Magazin der L. d. A." vom Mai 1862, auf das „Ausland" vom Juli 1862, auf das Buch des Monf. Charles Reybaud, le Brésil, und die deutsche Bearbeitung desselben mit empfehlendem Commentar des Herrn Dr. Geffken (1857); ferner auf die Lohnschriften des Chevaliers Hormeyer, des Dr. Friedr. Schmidt u. a. m., und zugleich auf „Bras. Zustände und Aussichten im Jahre 1862;" ferner auf die im Jahre 1856 veröffentlichten Skizzen des Herrn Dr. Carl Andrée „Brasilianische Werbegaunerei" und die des Herrn G. R. Kerst „Brasilianische Menschenjagd", endlich auf die Berichte der Herren Dr. Lallemant und von Tschudi.

(Abdruck der durch einen vereideten Translator unterm 24. Juli 1852 angefertigten Uebersetzung aus dem Portugiesischen eines aus dem Kais. Brasilianischen Generalkonsulate in Hamburg seiner Zeit hervorgegangenen Dokuments.)

Kraft Bevollmächtigung durch Seine Excellenz den Herrn Vicomte de Baependy, Grundbesitzer in Rio de Janeiro, ist die folgende Uebereinkunft [1]) abgeschlossen worden zwischen

Marcos Antonio de Araujo,

Ritter des Ordens von Unserer lieben Frau da Conceiçao da Villa Viçosa, Commandeur des Christus-Ordens, Ehren-Garderobenmeister Seiner Majestät des Kaisers von Brasilien und

dessen Minister-Resident in Preußen

und zwischen dem Endes-unterzeichneten Colonisten (das ist Parceria-Colonisten) . . . .

Art. 1.

. . . ., **dessen Ehefrau** . . . . . . **und deren** . . . . . . **Kinder,** im Alter von . . . . und . . . . Jahren,

---

[1]) Identische Contracte mit diesem waren bereits im Jahre 1847 von demselben Senhor Araujo, damals General-Consul für die Hanseatischen Städte gemacht worden, und zwar als Hauptagent des im vergangenen Jahre verstorbenen sehr einflußreichen Senators Vergueiro, dessen markirtester Charakterzug sowohl in seinem politischen wie in seinem Privatleben Feindseligkeit gegen alle Ausländer war, die er nur aus überwiegendem Eigeninteresse und als Hörige duldete. — Herr von T. sagt in seinem Berichte, Vergueiro habe ein „Geschäft" aus dem Herbeiziehen von Halbpartkolonisten gemacht; das ist nicht ganz richtig, denn Senhor Araujo hat sie für ihn im voraus durch seine vielen Agenten herbeigezogen.

verpflichtet sich, in diesem Hafen von Hamburg nach der Stadt Rio de Janeiro in der gleichnamigen Provinz des Kaiserreichs Brasilien, am Bord des Schiffes . . . . Kapitain . . . . abzugehen.

Art. 2.

Die im Artikel 1 benannten Colonisten haben sich, sobald als sie in den genannten Hafen von Rio de Janeiro ankommen, Sr. Exc. dem Herrn Vicomte de Baependy (siehe Anhang 1.) zur Verfügung zu stellen, welcher sie aufnehmen, beköstigen und zu ihren Bestimmungen weiter führen lassen wird. [1])

Art. 3.

Seine Excellenz der Herr Vicomte de Baependy verpflichtet sich gegen den . . . . dessen Ehefrau, und dessen Kinder zu Folgendem: 1) Die erforderliche Summe zu deren Ueberkunft nach Rio de Janeiro und von dort nach dem Gute vorzuschießen. 2) Ihnen, sobald sie auf dem genannten Gute angekommen sind, die benöthigte Unterkunft zu beschaffen, [2]) imgleichen die Lebensmittel und sonstigen Auslagen, deren sie bedürfen möchten, insoweit als sie solche nicht aus dem Ertrag ihrer Arbeit bestreiten könnten. 3) Ihnen die Anzahl von Kaffeebäumen zu überweisen, deren Wartung sie nach Maßgabe ihrer Kräfte übernehmen können, und deren Frucht sie einsammeln und zu gut zu machen haben. 4) Ihnen eine Fläche geeigneten [3]) Bodens einzuräumen, um die für ihren Lebensunterhalt nöthigen Gewächse anzupflanzen. 5) Die Colonisten nicht zu verabschieden [4]), so lange sie sich friedfertig betragen und ihre Obliegenheiten erfüllen. 6) Ihre Rechte zu schützen, im Fall sie Beleidigungen erlitten.

Art. 4.

. . . . nebst Frau und **Kindern** verpflichten sich zu Folgendem: 1) Friedfertig zu leben, die ihnen anvertraute Kaffeepflanzung mit Thätigkeit zu pflegen, die Früchte einzusammeln und sie an den dazu bezeichneten Ort hinzubringen, sie dem Empfangnehmer massenweise abzuliefern, und später zu gut zu machen. 2) Den Grundeigenthümer für Auslagen schadlos zu halten, welche er für **ihre** Ueberkunft, Beköstigung, Bekleidung, Genesung in Krankheitsfällen so wie für alle sonstigen Ausgaben, welche er für deren Erfordernisse gemacht haben würde, und hierzu wenigstens den dritten Theil des Reinertrags, den sie jährlich beziehen würden, zu verwenden; sofern sie sich aber nicht innerhalb vier [5]) Jahren nach ihrer Niederlassung aus ihrem Schuldverhältniß befreit hätten, alsdann ihr Schuldquantum nach dem gesetzlichen Zinsfuß zu verzinsen. 3) Ihre Stellung nicht zu verlassen, so lange sie dem Grundeigenthümer

---

[1]) Nach Herrn von Tschudi's Bericht ist diese letztere Zusage so ausgelegt worden, daß dieses Alles auf Kosten des Colonisten geschah, und zwar zu so ungeheuren Preisen, daß diese Aufnahme, Beköstigung und Transport nach der Fazenda die Gesammtkosten der Ueberfahrt von Europa oft um Vieles überstieg, und in einigen Fällen die Summe sogar von 500 Thlr. für eine einzige Familie!

[2]) Warum sagte man nicht gleich: „vorzuschießen“ oder „auf Credit zu geben“?

[3]) Dieses ist nicht immer erfüllt worden, weder in Qualität noch in der unentbehrlichen Ausdehnung.

[4]) Durch diese schlaue Einschaltung wurde den armen Colonisten gleich eine Bangigkeit um den möglichen Verlust des ihnen bevorstehenden Glückes beigebracht, und neue Anwerbungen erleichtert.

[5]) Hier hätte füglich auch gesagt werden dürfen Vierzehn Jahre!

noch irgend[1]) eine Summe schulden, so daß sie sich zwar, wenn sie nichts mehr schuldig sind, entfernen können, jedoch unter der alleinigen Bedingung, den Grundeigenthümer 6 Monate zuvor davon in Kenntniß zu setzen, und zwar bei einer Geldstrafe von 50,000 Reis per Kopf, wenn sie ohne solche Kündigung sich entfernen. 4) Sich ohne ausdrückliche Genehmigung des Grundeigenthümers keinerlei Handelsgeschäften zu widmen. 5) Der durch die Colonisten eingesammelte Kaffee wird im Namen und Auftrag des Grundeigenthümers zu Markt geführt und verkauft, und nachdem von dem Erlös sämmtliche Transportkosten von dem Gute bis nach dem Markt, und die dortigen Commissionsgebühren[2]) für den Verkauf, endlich eine Gebühr für die zur Zubereitung benutzten Geräthschaften[2]), in Abzug gestellt worden, wird der Rein-Ertrag in 2 gleiche Theile getheilt, der eine für den Colonisten, der andere für den Grundherrn. 6) An den durch die Colonisten verzehrten Lebensmitteln participirt der Grundeigenthümer nicht (!), erhält jedoch die Hälfte derjenigen die er veräußert hat. (!) 7) Alle zwischen den kontrahirenden Theilen sich erhebenden Streitfragen werden durch Schiedsrichter (!) vor der zuständigen Behörde entschieden ohne weiteres Erkenntniß oder Appellation. (!) 8) Die Endesunterzeichneten Colonisten erklären, die in vorstehenden Paragraphen auseinandergesetzten Bedingungen anzunehmen, und erkennen sich vorerst und bereits Schuldpflichtig für die Summe von . . . . . . spanischen Piastern für . . . . . Personen, aus denen **ihre** Familie besteht.

Zur Urkunde dessen haben die Endesgenannten diesen Contrakt dreifach unterzeichnet.

Hamburg, den 1852.

---

[1]) Durch dieses Wort hat man die Haftbarkeit der Kinder, selbst der unmündigen Kinder, für die ganze Schuldenlast der verstorbenen Aeltern und Geschwister, ja sogar anderer „angeschlossener," der Familie wildfremder Personen, (oft Krüppelhafte, Blödsinnige, sogar Blinde, auch Dirnen mit Kindern und Vagabonden), gerechtfertigt! Was werden hierzu deutsche Rechtsgelehrte zu sagen haben? Werden sie die Aufstellung eines solchen Contractes auf deutschem Boden nicht als dem Gesetze zuwider erachten müssen? Werden sie es nicht für ihre Pflicht erachten, die Auslegung desselben auf solidarische Haftbarkeit nicht bloß der Kinder, selbst der erwachsenen, geschweige **unmündiger Waisen,** sondern selbst der Frau, als Wittwe, nach dem römischen Recht, das auch in Brasilien gilt oder doch gelten sollte, sondern dem einfachsten Naturrecht nach als himmelschreiend ungerecht und jedes Land entehrend zu erklären? — Keine Entschuldigung ist die soeben in den Actenstücken Brasilianischer Seits angeführte zur Aufrechthaltung eines solchen Unrechts, daß in der Aufstellung dieser Contracte kein Jurist zugezogen worden sei. Die Unthat liegt vor, sei sie entstanden aus welchen Motiven immer im Verbande mit Mangel an jedem humanen Gefühle oder auch nur aus Unwissenheit, sie **muß beseitigt werden.** Aber selbst die Behauptung, es sei kein Jurist dabei betheiligt gewesen, ist falsch, denn Senhor Araujo, der sie aufstellte, ist Doctor und sogar vormaliger Brasilianischer Professor des Römischen Rechts, und zwar wie verlautet, selbst utriusque!

[2]) Diese Commissions- und Benutzungs-Gebühren waren und sind in manchen Fällen wahrhaft enorm.

Verhältniß der Größe der freien Bevölkerung der Union zu der Brasiliens und zu der in beiden Ländern gleich großen Sklavenzahl.

Es kommen 4 Millionen Sklaven auf < 27½ Millionen weiße Freie in Nord-Amerika und
3½ „ gemischte und weiße Freie in Brasilien.

Nothwendigkeit der Bildung

eines

Deutschen Central-Vereins

für Auswanderungs-Angelegenheiten

aus

dringenden **nationalen** Gründen.

Bei einem Rückblick auf die Geschichte der Völker Europa's, insbesondere der Germanen, fällt es sofort ins Auge, dass stets und unter allen Bedingungen ein gewisser Auswanderungsstoff vorhanden war, welcher sich dann auch mehr oder weniger geltend machte. Fast ausschliessliches Auswanderungsziel waren bisher die Vereinigten Staaten. Dieselben verschlangen in einem Zeitraum von etwa 50 Jahren weit über 2 Millionen Deutsche, welche für ihr Vaterland so gut wie verloren gingen, und obenein dazu beitrugen, die Vereinigten Staaten zu einer Macht zu erheben, welche in industrieller Beziehung Deutschland schon längst zu gefährden begann.

Erst durch den Bürgerkrieg drüben ist jener Jahre hindurch anhaltenden Auswanderungsströmung Einhalt gethan worden. Unwillkürlich drängt sich da nun die Frage auf, von welcher Bedeutung dieser Stillstand und diese Hemmung einer normalen Bewegung ist?

Dass neben seiner hohen politischen Bedeutung der jetzige Krieg in den Vereinigten Staaten, — welcher wie der 30jährige ein ganzes Jahrhundert des Staatslebens zur raschen Entwickelung bringt, — noch einen fast unberechenbaren zeitigen Einfluss besitzt, ist so klar, dass es nur der Erwähnung bedürfte, wenn nicht auch Deutschland auf das Empfindlichste davon berührt würde.

Und zwar sind die Folgen des Unionskampfes doppelte, direkte und indirekte.

Seit Beginn desselben liegt ein Handelszweig, welcher in den commerciellen Listen, zumal Englands, mit colossalen Zahlen bezeichnet ist, todt darnieder. Die rohe Baumwolle, welche sonst die Vereinigten Staaten fast allein exportirten, ist bereits beinahe aus dem Verkehre verschwunden. Das zur Baumwoll-Industrie früher nöthige Kapital ist in seiner Fluktuation gehemmt und staut sich mit jedem Jahre immer mehr an. Damit Hand in Hand geht natürlich auch ein momentan unverwendbarer Ueberschuss an Menschenkräften.

Wenn England, welches durch seine grossartigen Colonien diesen Uebelständen abhelfen kann, sogar schmerzlich hierdurch leidet, so ist Deutschland verhältnissmässig noch viel schlimmer daran.

In den Erz- und Riesengebirgischen Spinner- und Weberei-Districten macht sich schon jetzt das Elend der Arbeitslosigkeit in kläglicher Weise geltend. Eine Fabrik nach der andern stellt ihre Thätigkeit ein. Wenn die Baumwoll-Spinnereien feiern, feiern auch die Baumwoll-Webereien, die Kattundruckereien, Färbereien und Appreturanstalten, Stickereien u. s. w. Indess nicht nur auf diese, auch nach rückwärts erstrecken sich die Wirkungen. Wenn nichts zu spinnen, zu weben, zu färben, zu drucken und zu sticken ist, braucht man auch keine Spinnmaschinen, keine Webstühle, keine Appreturmaschinen, Druckmaschinen etc. Es ruht also auch der Maschinenbau; durch diesen ruht zum Theil wenigstens die Eisenproduktion, der Bergbau, die Kohlenindustrie u. s. w. In Sachsen allein ist man auf einen durch die Baumwoll-Crisis hervorgerufenen Ausfall von 1,200,000 Ctr. gefasst. Der Maschinenbau, Handwerke, Gewerbe und Geschäfte, mögen sie nun mit dem gedachten Industriezweig in näherer oder entfernterer Beziehung stehen, sind durch sein Darniederliegen gleichviel benachtheiligt. Dass bei dem Mangel an Produktion die Konsumtion abnimmt, und auch dadurch wieder ein beträchtlicher Ausfall entsteht, braucht kaum erwähnt zu werden. Ebenso deutlich wird Jedem, wie der Mangel an Absatz nach den Vereinigten Staaten, der bisher bedeutend war und erst jetzt durch die erhöhten amerikanischen Einfuhrzölle, durch den verminderten Bedarf und ein wohl gerechtfertigtes Misstrauen gegen die jenseitigen Handelshäuser auf ein Minimum beschränkt ist — das Seinige dazu beigetragen hat, die Beschäftigung der Hände auch in anderen Industriezweigen und der Kapitalien allgemein zu verringern. — Das sind nun direkte Folgen des Krieges in den Vereinigten Staaten. Die indirekten, welche mit der Lösung der Sklavenfrage in dem engsten Zusammenhang stehen, sind nicht minder wichtig.

Die durch die Aufhebung der Sklaverei freigewordenen schwarzen Arbeiter verheissen durch ihre Verbreitung über die Aequatorialzone Amerikas und Afrikas und den Sporn zur Arbeit, den sie ihren Blutsverwandten geben, in Verbindung mit der gleichen Bewegung der Asiaten, eine Tropencultur, welche die Production von Baumwolle, Kaffe, Zucker und Tabak zu einer nie vorhergeahnten Höhe steigern und durch die Verwohlfeilerung der beiden letzten, deren Anbau in Deutschland staatswirthschaftlich unmöglich machen wird.

England, welches ohne die Baumwolleneinfuhr von Nordamerika vor der Hand ungeheure Nachtheile hat, bahnte sich schon 2 Jahre vor Ausbruch des Krieges Wege an, durch seine Colonial-Production jedem Ausfall in Baumwolle-Zufuhr vorzubeugen. Seine Arbeiten tragen bereits gute Früchte und England sichert sich so für alle Fälle einen hinreichenden Bedarf.

Die reissend schnelle Civilisirung von Englisch Ostindien, die friedliche Verkehrsvermittelung von China und Japan, die Zwangscultivirung Cochin-Chinas und Anams — alles das sind indirecte Folgen der Ahnung und politischen Voraussicht jenes Kriegs, welcher durch die Hemmung nothwendigster Zufuhren aus den Vereinigten Staaten die Industrie Englands und Frankreichs gefährdet. Daher die Eisenbahnbauten in Englisch Ostindien zum Belaufe von 200 Millionen Thaler, daher die Besetzung der Mündungen des grössten Flussgebiets Cochinchinas durch Frankreich. Der Process, den der Krieg in den Vereinigten Staaten hervorgerufen hat, ist schnell und mächtig und gebietet ihm gegenüber eine ebenso entschiedene als kräftige Stellung. Die Frage, wie sich Deutschland solchen Erscheinungen gegenüber zu verhalten hat, ist wohl mehr als gerechtfertigt.

Die Vereinigten Staaten werden wohl nach dem Kriege, wenn auch erst in 10—15 Jahren, mächtig dastehen, wie nie zuvor und wir glauben ohne einen Sklaven mehr, und ohne die Verkürzung ihres Gebiets um eine Scholle.

Die unlängst erlassene Heimstättebill (eine Schenkung von 120 Morgen executionsfreien Landes an jeden 20jährigen Mann), welche auch als ein Lockmittel zu betrachten ist, um Soldaten und Theilnehmer an hohen Abgaben zu erhalten, und mit ihr das unfehlbar später eintretende Prohibitivsystem, welches letztere jeden Handel Deutschlands mit Nordamerika völlig abschneiden und der hohen Löhne wegen eben so sicher eine starke Anziehungskraft auf deutsche und englische

Arbeiter ausüben wird — sind zusammen mit dem Stillstand vieler Baumwollfabriken, der dadurch entstehenden Arbeitslosigkeit und der Zunahme an unverwendbaren Menschenkräften in Deutschland, die ersten Punkte, welche Deutschland klar ins Auge zu fassen hat.

Das überflüssig gewordene Menschenkapital selbst wird versuchen sich von dem Drucke zu befreien, welcher durch das Niederliegen gewisser industriellen und commerciellen Zweige ausgeübt wird, und vermehrt durch die ohnehin von den von Nordamerika abgehaltenen Auswanderungslustigen, beginnt sich schon allgemach ein lebhaftes Bedürfniss geltend zu machen, die heimischen Fluren mit anderen mehrversprechenden zu vertauschen. Der Ausweg ist natürlich, da Deutschland nicht wie England in eigenen grossartigen Colonien für seine Angehörigen Verwendung hat. Sei es nun hier gestattet, von all jenen Ländern, nach welchen sich die normale Bewegung richten kann, eine kleine Uebersicht zu geben. Jetzt schon ohne Weiteres zu sagen, wohin sich die deutsche Auswanderung wenden werde, wenn ihr nicht bestimmte Zielpunkte gegeben sind, wäre reine Vermuthungssache. Wohl aber lässt sich beweisen, welches Land als Zielpunkt für die deutsche Auswanderung das geeignetste ist.

Als Maasstab der Bedeutung überseeischer Länder für deutsche Ansiedelung ist deren doppelte Fähigkeit, das Wohl des deutschen Auswanderers zu garantiren und Deutschland selbst von seinen ausscheidenden Gliedern annähernd diejenigen Vortheile zu sichern, welche England von seinen Auswanderern in seinen Colonien hat, in Betracht zu ziehen. — Selbst glücklich und für sein Vaterland vortheilhaft angesiedelt ist der Deutsche nur da, wo er

1) nicht bedrängt wird von einer gewaltigen Nationalität;
2) wo ihm seine bürgerlichen Rechte nicht verkümmert werden;
3) wo er seine Religion bewahren, seinen Cultus frei üben, seine Schulen haben und seine Sprache erhalten kann;
4) wo alle ehelichen und Familienverhältnisse in deutscher Reinheit aufrecht erhalten und die Erbschaftsverhältnisse unangetastet bleiben;
5) wo der Auswanderer seinen heimathlich gewohnten Ackerbau mit den ihm gang und gebe gewordenen Geräthen, Pflug und Fuhrwerk fortführen, wo er seine Milch- und Viehwirthschaft haben und sein Korn, seine Kartoffeln, seinen Kohl, Hopfen u. s. w. pflanzen kann;
6) wo das Zusammenleben der Deutschen unter und nebeneinander erleichtert ist, sich also schnell Dörfer und Marktflecken bilden können;

7) wo das Clima sich dem heimischen möglichst annähert, und jedenfalls nicht tropisch ist;
8) wo dem deutschen Auswanderer leichte Gelegenheit geboten wird, seine Producte bald und gut verwerthen zu können;
9) wo das Land und seine Bebauung dem Auswanderer wenigstens so viele Behaglichkeit sichert, als er zur Entfaltung seiner geistigen Kräfte nothwendig hat.

Sind alle diese Bedingungen vorhanden, welche besonders die Lage des Einwanderungslandes an einer Flussmündung und nicht fern vom Meere erfordern, wodurch ein steter Verkehr mit der Heimath, bequemer Briefwechsel und der Empfang vaterländischer Blätter und Bücher ermöglicht wird, so werden sich unwillkürlich die deutschen Ansiedelungen zu überseeischen deutschen Emporien gestalten. — Bei einer Critik der Ansiedelungsländer kommt schon nach Nummer 7. der Bedingungen die Aequatorialzone, wo entweder Sklaverei oder Negerraçe vorherrscht, gar nicht in Betracht. Die englischen aussertropischen Colonien, so vortrefflich sie auch eingerichtet und gelegen sein mögen, eignen sich auch nicht für deutsche Ansiedelung, weil sie durch ihre nationaleinheitliche Natur das deutsche Element noch schneller verzehren, als es bisher in Nordamerika geschah. Canada, Australien, Neuseeland und Süd-Afrika vom Cap bis Port Natal fallen daher bei unsern Betrachtungen gänzlich aus. In Amerika ist von Mexiko aus bis Chili, ausser dem letzten, kein Land wahrhaft für deutsche Auswanderung befähigt. Chili jedoch besitzt kein durch schiffbare Flüsse vermitteltes Hinterland und eben so wenig eine hinterliegende Bevölkerung. Die Schifffahrt dahin von Deutschland ist langwierig, kostspielig und wegen des Cap Horn sogar gefährlich. Somit kann Chili nicht das erste Ziel einer grossen deutschen Auswanderung werden. — Wegen der in Südbrasilien noch obwaltenden Sklaverei und seiner wenigen und schlechten Häfen bleiben als Einziges wirklich allen Anforderungen entsprechendes Auswanderungsziel nur die La Plata-Länder übrig.

Dass die La Plata-Staaten Betreffs ihrer natürlichen Verhältnisse das empfehlenswertheste Ziel für die Auswanderung sind, wurde schon seit langer Zeit, sogar als sie noch nicht die Segnungen des Friedens genossen, von den grössten Autoritäten Deutschlands in Auswanderungs-Angelegenheiten und von den angesehensten Organen der Presse anerkannt; von letzteren ist es während der vergangenen 8 bis 10 Jahre fast unzählige Male auf die gründlichste Weise geschehen, ohne dass auch nur ein Widerspruch erhoben worden wäre. Geh. R. Gottfried Kerst, Abgeordneter zur Preuss. Kammer, der mehrere Jahre in den La Plata-Staaten war, äussert sich in seinen Schriften wie folgt: „Clima und Boden der La Plata-Länder sind für deutsche Ansiedelungen ausserordentlich günstig; die Landbau treibende Bevölkerung ist noch sehr gering, und da der Deutsche den Vorzug grösserer Betriebsamkeit vor dem dortigen Bewohner hat, so arbeitet er sich leicht empor. Uebrigens ist der Landbau in den La Plata-Staaten sehr einfach und leicht und die hauptsächlichsten Culturpflanzen sind dieselben als in Deutschland. Der Absatz der Producte kann sehr leicht bewerkstelligt werden; auch die Viehzucht ist sehr lohnend" etc. Professor Wappeus hat bereits im Jahre 1846 in seiner Schrift: „Deutsche Auswanderung und Colonisation" mit Nachdruck auf die La Plata-Länder und besonders auf Uruguay hingewiesen, sowie zugleich auf die Nothwendigkeit der Benutzung des bereits damals von allen jenen Staaten anerkannten Bedürfnisses einer compacten Bevölkerung durch grosse deutsche Gesellschaften behufs Landankauf und Besiedelung des acquirirten Bodens. Professor Dr. Franz Löher, Dr. Carl Scherzer und Dr. Moritz Wagner, welche insgesammt lange Zeit in Nordamerika waren und eben so der ausgezeichnete geogr. Schriftsteller Dr. Carl Andrée sprachen sich entschieden günstig in Bezug auf die Bedeutung der La Plata-Staaten für deutsche Ansiedelung aus. Dr. August Petermann, Redacteur der geographischen Mittheilungen, Dr. Carl Müller, Redacteur der „Natur" und Professor Dr. Burmeister, der wieder nach den La Plata-Staaten zurückgekehrt ist, erklären sich wie die früher Erwähnten, ausser Herr Dr. Andrée, von dem ich jedoch kein Schreiben besitze, in Briefen an mich in gleichem Sinne. Julius Froebel sagt in seinem Werke „die deutsche Auswanderung in ihrer kulturhistorischen Bedeutung:" „Der dem deutschen Auswanderer assimilirte spanisch-amerikanische Geist wird dem anglo-amerikanischen, welcher bisher so viele deutsche Talente und Anlagen in sich verschlungen und sich durch dieselben gestärkt habe, mit der Zeit bei einer richtigen Benutzung der deutschen Auswanderung ein Gegengewicht bieten. Dazu sei der deutsche Geist berufen und um diesen Beruf ganz zu erfüllen, müsse er sich ein eigenes Gebiet durch friedliche Einwanderung in Südamerika erwerben. Eine deutsche Ansiedelung könne überhaupt nur in Südamerika gelingen und sich als deutsche erhalten. Dort sei es insbesondere das La Plata-Gebiet, wo das deutsche Element zu eigenen Kräften zu kommen im Stande wäre. Ueber die Vortheile einer solchen Colonisation in ihrer Rückwirkung auf den deutschen Unternehmungsgeist und die deutsche Production kann kein Zweifel sein. Die deutsche Nation müsse dem allgemeinen Zuge folgen, der die Völker aus den engen Verhältnissen in das Weite treibt, ausser sich einen Raum der Wirksamkeit zu finden. Dahin strebten alle Völker, denen die Zukunft eine dauernde Action verheisst."

Die Verstorbenen, Freiherr von Gagern, Alexander von Humboldt, Dr. Carl Ritter, Dr. A. Wiedemann, Moritz Rugendass, Freiherr Dr. von Rheden und Consul Wm. Theremin haben sich mir gegenüber zum Theil schon vor einem Jahrzehnt schriftlich und mündlich für die ausschliessliche Auswanderung Deutscher nach den La Plata-Staaten und Südbrasilien unter Umständen bestimmt, welche nun in den La Plata-Staaten und in ihrer Fülle vorerst in Uruguay eingetreten sind.

Im Anschluss an die indirecten Folgen des Vereinigten Staaten-Krieges dürfte es nicht unangemessen sein, noch zwei Möglichkeiten ins Auge zu fassen, die beide gleich wichtig für Deutschlands Zukunft sein werden.

Vorausgesetzt, dass die Vereinigten Staaten das Prohibitivsystem, in das sie eintreten, eine Reihe von Jahren durchführen, vermittelst der durch jenes herbeigeführten hohen Löhne und der Heimstättebill, trotz der schweren Staatsabgaben dennoch wieder die deutsche Auswanderung an sich zögen, und sich bei einem ungeheuern innern Markt, bei dem grossen Unternehmungsgeist und unvergleichlichen natürlichen Vortheilen von den Nachwehen des gegenwärtigen Krieges befreiten, — so wäre nicht anzunehmen, dass die Vereinigten Staaten bei einer fortwährenden Thätigkeit in den verschiedensten Fabrikzweigen nicht erst recht als Exporteurs von Manufakten in den Weltmärkten erscheinen sollten. Dass unter solchen Umständen von einem Absatz deutscher Producte selbst auch nur an die deutschen Emigranten nicht die Rede sein kann, erkennt aus dem Vorhergesagten jeder, der noch nicht einsieht, dass eben diese deutschen Emigranten noch Concurrenten der deutschen Industrie werden.

Das ist die eine Möglichkeit; eine zweite droht aber Deutschland nicht minder. Angenommen: Es bräche das amerikanische Prohibitivsystem zusammen und zwar in Folge eines grossartigen Staatsbankerotts, der die ganze ungeheure Nationalschuld mit Einschluss der Emancipationsentschädigungen tilgte; angenommen: die Vereinigten Staaten adoptirten dann klugheitsgemäss das Princip der niedrigsten Zölle, und zögen so fast gewaltsam den Auswanderungsstrom ganz Europas an sich, welche Aussicht bliebe dann wohl Deutschland auf die nationale Verwerthung seiner Auswanderung? Welche Aussicht wäre dann für Deutschland auf einen dauernden Absatz seiner Manufacte an die an Menschenkräften, Intelligenz und Baarschaft sich jährlich immer mehr stärkenden Vereinigten Staaten? Welche Hoffnung endlich für eine Concurrenz der deutschen mit der nordamerikanischen Industrie, die bei Alleinherrschaft auf den inländischen Märkten durch Wohlfeilheit auch auf dem Weltmarkt das deutsche Manufact verdrängen würde?

Eine dritte Conjunktur ist folgende: Frankreich stärkt sich durch die Vermehrung seiner Colonial-Dominien, — zu denen sich noch das überaus fruchtbare Hayti binnen Kurzem hinzugesellt, das durch einen starken Zuzug von freier schwarzer Bevölkerung aus den Vereinigten Staaten zur höchsten Colonialproduktion gebracht werden wird, -- im Export von Manufacten, und monopolisirt zusammen mit England und Holland die Colonialien und die Baumwolle. Was bleibt dann für Deutschland, welches bei seiner heimischen Zucker- und Tabaksproduktion nicht genug Tauschmittel zu nehmen vermag, um eine starke Rhederei und nationale Flotte zu erhalten? Wie soll eine deutsche, resp. preussische Flotte Stärke bekommen, wenn Deutschland ruhig zusieht, wie sich England, Frankreich und Holland alle Hauptfrachten aus den Tropenländern sichern und ihm gar nichts bleibt?

Deutschland, oder doch Preussen, und der in Handelssachen mit ihm gehende Theil Deutschlands, dessen Verbindung mit dem von nun an mehr als je nationales Leben gebenden Weltmeere ohnediess unterbunden ist durch die Hansestädte und durch die fiscalische Isolirung Mecklenburgs, kann und darf die Zeit nicht Herr über sich werden lassen; wie in allem Andern muss es auch durch Vermehrung überseeischer Verbindungen sich stärken und verjüngen, wie es andere grosse Nationen thun. Wie erst durch den Zusammenbruch des Colonial-Systems durch Canning der deutsche überseeische Handel zuerst aufkam, so eröffnet sich auch für diesen jetzt ein unvergleichlich wichtiger Zeitabschnitt durch das Eintreten von 600 Millionen Asiaten in den Weltverkehr. Die Wirkungen hiervon auf das Seewesen sind unberechenbar und werden jedenfalls so gewaltig werden, dass der bisherige Verkehr mit allen südamerikanischen Ländern, wie sie jetzt sind, verhältnissmässig ein nur geringer dagegen scheinen dürfte.

Aber eine einseitige Ausbeutung dieses Verkehrs in einer oder der andern Richtung ist nicht ausführbar — die Kräfte müssen sich erst auf Vorstationen geltend gemacht haben, müssen allgemein geübte sein. Wie zwischen den unbeweglichen und beweglichen Gütern ein gesundes Gleichgewicht bestehen soll, so müssen von nun an auch die Leistungen eines grossen Volkes zur See mit dessen Kräften zu Land im Einklang stehen; sonst kann es seine Geltung in der Weltwaage von nun an nicht mehr behaupten, und thut es das nicht, so wird es in seiner Industrie erdrückt, der Unterhalt seines Volkes verkümmert und es werden diesem die physischen und finanziellen Kräfte mangeln, die nur zu häufig noch beansprucht werden dürften bei den Kämpfen, die bevorstehen, bis völlige Abrechnung zwischen den Nationalitäten durch das Schwert gehalten ist. —

Ich kann nicht umhin, noch auf jenen Umstand hinzudeuten, dass die La Plata-Staaten viele deutsche Industrieproducte consumiren und der Handel mit Deutschland, zumal in der letzten Zeit, in Folge der sehr liberalen Regierungen, welche den Handel, so viel als nur irgend möglich, von allen Zöllen und Lasten befreit haben, — durch die ungehindertste Flussschifffahrt im Innern einen sehr bedeutenden Aufschwung genommen hat. Sicher ist, dass dieser Handel und dieser Absatz unserer Industrieproducte mit der Zunahme der Bevölkerung in den La Plata-Staaten, namentlich mit der Zunahme der deutschen Ansiedelung und zwar in stärkerem Grade als diese selbst, sich steigern wird, und daher muss es vom Standpunkte der Handelspolitik für eine höchst wichtige Aufgabe gehalten werden, die deutsche Auswanderung nach jenen Ländern zu leiten. — Zuvörderst die Nähe des Weltmeeres, dann das nirgends so grosse Netz schiffbarer Ströme, welche erst das grosse Binnenland dem deutschen Waaren-Verkehr öffnen und die Colonial-Production in den Tropengegenden desselben vermitteln — sodann das Deutschthum der in grosser Zahl geschaarten deutschen Emigranten, welches zum Gefühl seiner Bedeutung gelangt und so nur um so förderlicher für das Vaterland sein wird — das sind so ungeheure Vorzüge des bezeichneten neuen Auswanderungszieles, dass es bei der handelspolitischen Bedeutung der Emigration wohl von Belang ist, auch die öffentliche Aufmerksamkeit darauf hinzulenken, und thatkräftige Ueberzeugung zu verbreiten.

Wenn die Jetztzeit es klar genug beweist, dass nur durch die Presse und Vereine wirklich auf das Volk im grossen Ganzen eingewirkt werden kann, die Presse aber lediglich politischen Zwecken offen steht, so bleibt gar kein ander Mittel, als die in der Auswanderungsfrage übereinstimmenden Meinungen, um Zersplitterungen vorzubeugen, in einem Vereine zu sammeln. „Vereint macht stark" ist ein altes, wahres Sprichwort, und desswegen ergeht an alle Diejenigen, welche nicht mehr länger unthätig zusehen wollen, wie sich deutsche Kräfte draussen zu ihrem und zu ihres Vaterlandes Nachtheil verzetteln und aufreiben, wie sie entnaturalisirt werden und andere Nationen zu Deutschlands Verlust stärken, und die auch ein warmes Herz für die in die Fremde ziehenden Glieder ihres Vaterlandes haben, der Aufruf, sich an einem Vereine betheiligen zu wollen, welcher darauf hinarbeiten soll, die La Plata-Länder und vorerst Uruguay zum Hauptwanderziele der Deutschen zu machen und dort mit der Zeit ein Neu-Deutschland zu schaffen.*)

Im Folgenden will ich versuchen, die Grundzüge eines solchen Vereins aufzustellen, und über seine formelle Bildung, seine Thätigkeit und Zwecke ein klares Bild zu geben.

---

*) Ausführlicheres über die nationalöconomische Verwendung der Auswanderung findet sich in der Schrift des Verfassers „die Krisis der deutschen Auswanderung und ihre Benutzung für Jetzt und Immer.“

Grundzüge der Statuten des Vereins.

Kapitel I.

Namen, Sitz und Zweck des Vereins.

§. 1.

Durch gegenwärtiges Statut wird ein Verein gegründet, welcher den Namen führt:

Deutscher Central-Verein für Auswanderungs-Angelegenheiten.*)

Er hat seinen Sitz in Berlin.

§. 2.

Der Zweck des D. C. V. f. A. soll sein:

1) den deutschen Auswanderungsstrom nach denjenigen Ländern zu leiten, welche von dem Verein in jeder Beziehung als die dem geistigen und leiblichen Wohl der Auswanderer zuträglichst erkannt werden und zu dauerhaften Verbindungen mit dem Mutterlande geeignet sind;
2) einen Punkt zu schaffen, wo der deutsche Auswanderer sich Rath und Hülfe holen kann;
3) die Interessen der deutschen Auswanderung in der Presse wahrzunehmen und zu vertreten.

§. 3.

Die Erreichung dieser Zwecke bedingt für den Verein

1) die Errichtung eines Bureau's;
2) die Gründung einer Zeitung, deren persönlich haftender Verleger der Director (nach III. §. 1.) sein wird, und
3) die Bildung einer Gesellschaft, welche in den für nationale Benutzung für deutsche Auswanderung geeignetsten Ländern Grundbesitz erwirbt und denselben an deutsche Auswanderer wieder verkauft oder pachtweise abgiebt.

§. 4.

Die Aufgaben des Vereinsbureau's sind:

1) Herausgabe und Expedition der Vereins-Zeitung, so wie der auf Kosten des Vereins gedruckten Brochuren, Karten etc.;
2) schriftliche oder mündliche Auskunft an deutsche Auswanderer.

---

*) Der Kürze wegen wird in Folgendem die Firma mit D. C. V. f. A. bezeichnet werden.

§. 5.

Die Thätigkeit und der Zweck der Zeitung sind:

1) der deutschen Nation eine richtige Anschauung von der Bedeutung der deutschen Auswanderung für sie zu geben;
2) die deutsche Nation mit den politischen, socialen, ackerbaulichen, industriellen und commerciellen Verhältnissen in überseeischen Ländern und besonders in Uruguay vertraut zu machen;
3) das active Leben des Vereins nach allen seinen Richtungen hin darzustellen;
4) eine directe briefliche Verbindung durch offene Correspondenzen zwischen Auswanderern und ihren heimischen Angehörigen, so wie mit Kaufleuten und Gewerbetreibenden zu unterhalten;
5) in populairer Form das Culturleben in fremden Ländern zu schildern;
6) die Politik durch eine Wochenschau so weit in den Kreis der Besprechungen zu ziehen, als sie auf industriellen und commerciellen Verkehr, Auswanderung, Wissenschaft und Kunst Einfluss hat.

§. 6.

Aufgabe der nach §. 3. Nr. 3. in Aussicht genommenen Gesellschaft soll es werden: Grundbesitz in den für nationale Verwerthung der deutschen Auswanderung passendsten Ländern anzukaufen, zu parcelliren und an deutsche Auswanderer zu verschleissen, resp. zu verpachten.

Um den Auswanderern die Erwerbung eigenen Besitzes thunlichst zu erleichtern, wird die Gesellschaft das Verfahren der in England sehr verbreiteten Colonial-Landverkaufs-Compagnien und Land-Societies sich zum Muster nehmen.

Kapitel II.

Von den Mitgliedern und den Beiträgen.

§. 1.

Die Mitgliedschaft des D. C. V. f. A. kann Jeder erlangen.

§. 2.

Jedes Mitglied übernimmt ausser der moralischen Pflicht, welche jeder Verein auferlegt, die Vereins-Sache zu wahren, die Verbindlichkeit, zwei Thaler Beitrag pro Jahr zu entrichten.

§. 3.

Eine Baarzahlung von 20 Thlrn. begründet eine Mitgliedschaft auf Lebenszeit.

Ausserordentliche Beiträge zur raschen Förderung des Zwecks des D. C. V. f. A. werden jederzeit angenommen, als solche quittirt und die Namen der Geber in der Vereinszeitung veröffentlicht.

§. 4.

Jedes Mitglied ist berechtigt, den Versammlungen des Vereins beizuwohnen. Es empfängt die Zeitschrift und alle sonstigen von dem Verein ausgehenden Veröffentlichungen.

§. 5.

Die Beiträge der Mitglieder werden in Gestalt von Abonnements auf die Zeitschrift erhoben (15 Sgr. pro Quartal) und die Zeitung selbst durch die Post debitirt.

Kapitel III.

Von der Verwaltung.

§. 1.

Die Angelegenheiten des D. C. V. f. A. werden verwaltet und deren Interessen wahrgenommen:

Durch die General-Versammlung der Mitglieder, durch den Verwaltungsrath, unter Vorsitz eines von ihm selbst gewählten Präsidenten, und den vollziehenden Director.

Der Verwaltungsrath, als berathendes und beschliessendes, der Director als ausführendes Organ, bilden zusammen den Gesammtvorstand des D. C. V. f. A.

§. 2.

Die Generalversammlung findet alljährlich im Monat Mai statt, wird durch den Verwaltungsrath berufen und der Tag der Zusammenkunft durch die Zeitung bekannt gemacht.

Jedes Mitglied hat eine Stimme und ist zum Erscheinen in der General-Versammlung gegen Vorzeigung seiner Mitgliedskarte berechtigt.

Jede statutenmässig berufene General-Versammlung ist beschlussfähig. Die Beschlüsse werden nach einfacher Stimmenmehrheit gefasst und in ein Protocoll aufgezeichnet. Die gefassten Beschlüsse sind für alle Mitglieder bindend. Die Gegenstände, welche vor die General-Versammlung gebracht werden müssen und nur durch diese Erledigung finden können, sind folgende:

1) der Bericht des Gesammtvorstandes über die Ausdehnung, die Thätigkeit und die Erfolge des Vereins;
2) die Wahl der Mitglieder des Verwaltungsraths;
3) die Abänderung oder authentische Auslegung der Statuten.

Die gefassten Beschlüsse werden in der Vereinszeitung veröffentlicht.

§. 3.

Der Verwaltungsrath besteht aus 12 Gliedern und erneuert sich alljährlich zu einem Viertheil. Die Ausscheidenden werden durch das Loos bestimmt. Sie können sofort wieder gewählt werden.

§. 4.

Der Gesammtvorstand versammelt sich zur Erfüllung seiner Pflichten so oft als es nöthig ist, mindestens aber monatlich zweimal. Allen seinen Versammlungen hat der Director mit berathender Stimme beizuwohnen. Die Versammlung des Gesammtvorstandes leitet ein aus der Mitte der Verwaltungsräthe auf bestimmte Zeit erwählter Präsident, oder dessen in gleicher Weise gewählter Stellvertreter. Die Beschlüsse werden nach Stimmenmehrheit gefasst; über die gefassten Beschlüsse ist Protocoll zu führen.

§. 5.

Der Director ist der erste Beamte des Vereins. Er wird von den Verwaltungsräthen gewählt. Die Dauer seiner Anstellung und seine Besoldung werden durch besondern Dienstvertrag geregelt, welcher von den Verwaltungsräthen abgeschlossen und für den D. C. V. f. A. bindend unterzeichnet wird. Die Functionen des Directors bestehen hauptsächlich darin:

1) alle Geschäfte des D. C. V. f. A. in Gemässheit der im Gesammtvorstande gefassten Beschlüsse auszuführen;
2) den Geschäftsgang, das Bureau, die Correspondenz zu leiten und die verantwortliche Redaction der Zeitung zu führen;
3) den D. C. V. f. A. zu vertreten;
4) mit allen Kräften bestrebt zu sein, den D. C. V. f. A. zu einem für das Nationalwohl segensreichen Unternehmen zu machen;
5) jedem einzelnen Auswanderer nach bestem Wissen und Gewissen zu rathen.

Der Unterzeichnete ersucht alle diejenigen Herren, welchen dieser Vorschlag zu Gesicht kommen, zeitgemäss erscheinen sollte, und die sich in Folge dessen gestimmt fühlen dürften, einem Comité beizutreten, unter dessen Auspicien der hier vorgeschlagene Verein ins Leben gerufen wird, durch gefällige briefliche Einsendung der geehrten Namen ihre Mitgliedschaft bei dem Begründungs-Comité

des deutschen Central-Vereins für Auswanderungs-Angelegenheiten

erklären zu wollen.

Berlin, am 25. September 1862.

J. J. Sturz,
Hollmannsstrasse 10.

P. S. Da sich bereits schon vor dem Drucke Dieses nahe an zwölf höchst achtbare Herren bereit erklärt haben als Comitémitglieder einzutreten und da die Erfahrung und Geschäftskenntniss
des Herrn Geheime Rath Dr. Engel,
des Herrn Hauptmann Harkort, Abgeordneter,
der Herren Justizräthe Strass und Ulfert und
des Herrn Prof. Dr. von Holtzendorff,
welche zu obiger Zahl gehören, volle Gewährleistung für eine wirksame und segensreiche Handhabung des Vereins geben, so dürfte wohl um so eher auf den baldigen Eintritt einer grösseren Zahl solcher Herren gerechnet werden, deren Name aus ihren eigenen Kreisen und aus dem ganzen vaterländischen Publicum jene bedeutende Anzahl von Mitgliedern herbeiruft, wie sie die öconomischen Einrichtungen und die erforderliche schnelle Wirksamkeit des Vereins erheischen.

Besonders wünschenswerth und förderlich sowohl für den Zweck des Vereins als für die Interessen der ländlichen Gemeinden in ganz Deutschland wird der Eintritt der Gemeindevorstände als Subscribenten des Vereinsblattes sein, da in diesem Blatte alle Informationen, die so häufig in Gemeinden über Auswanderungsangelegenheiten noth thun, auf das zuverlässigste gegeben werden, mit Vermeidung jeglicher Anregung zur Auswanderung.

www.ingramcontent.com/pod-product-compliance
Lightning Source LLC
Chambersburg PA
CBHW020341030726
47496CB00007B/1969
9783743406469